Martin Moder

Niedere Tatra und Slowakisches Paradies

62 ausgewählte Touren

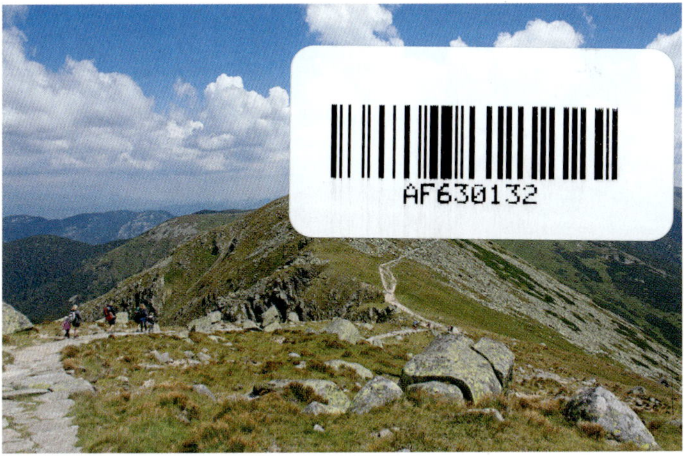

ROTHER
BERGVERLAG

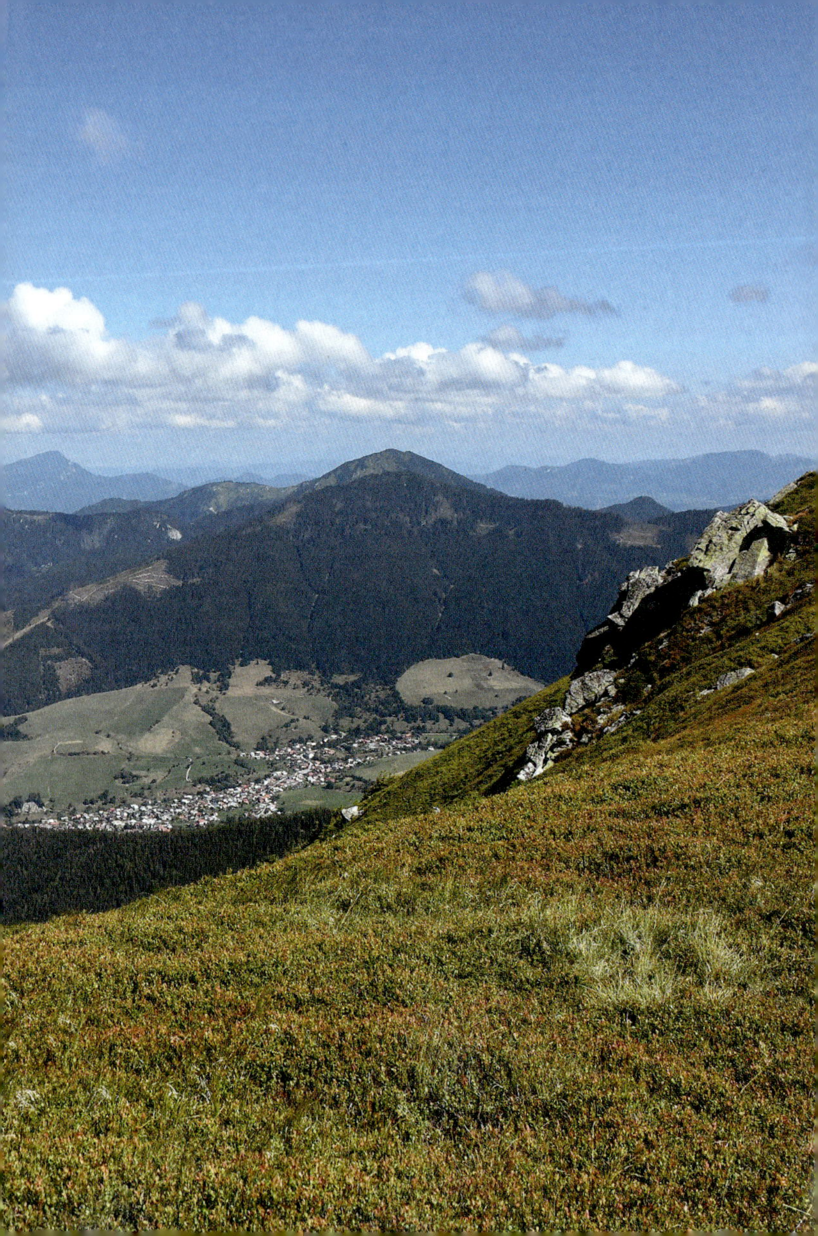

Vorwort

Die Niedere Tatra und das Slowakische Paradies sind zwei attraktive Wandergebiete im Herzen der Slowakei. Sie sind zweifelsfrei ein Geheimtipp für diejenigen, die die Einsamkeit lieben und Naturerlebnisse suchen, die unvergessen bleiben sollen. Für jeden ist etwas dabei: Sei es ein einfacher Spaziergang in Talnähe, eine Kammüberschreitung mit zum Teil mehreren Übernachtungen oder Fernsichten bis weit in die Nachbarländer hinein. Auch Flora und Fauna haben einiges zu bieten, wobei die Möglichkeit einer Bärensichtung als absoluter Höhepunkt in weiten Teilen der hier vorgestellten Gebiete immer wahrscheinlicher wird.
Die Niedere Tatra ist nur im Bereich der drei höchsten Gipfel etwas überlaufen, da es hier einen Seilbahnanschluss gibt. Im Slowakischen Paradies sind die attraktiven und versicherten Schluchten auf der Nordseite gut besucht und es kann etwas voller werden. Auf allen anderen hier vorgestellten Touren geht es deutlich ruhiger zu und Sie werden nur selten anderen Wanderern begegnen. Die Niedere Tatra und das Slowakische Paradies sind zu jeder Jahreszeit einen Besuch wert. Eine Winterwanderung auf Ďumbier und Chopok mit herrlichen Aussichten, der Besuch der Predná Magura oder des Aussichtsturms bei Brezno im Frühjahr, die Begehung der atemberaubenden Schluchten des Slowakischen Paradieses im Sommer oder herrliche Gipfel wie Skalka oder Siná im Herbst sind nur Inspirationen für einen Urlaub, an den man sich lange zurückerinnern wird.
Die in diesem Buch vorgestellten Tourenvorschläge wurden von mir im Laufe des Jahres 2022 alle komplett »mit dem Buch in der Hand« erwandert und vollständig überarbeitet. Die Zielorte sind zum Teil jetzt noch besser mit dem öffentlichen Personennahverkehr erreichbar und auch einige Routenänderungen und alle neuen Attraktionen fanden Berücksichtigung.
Aufgrund von Natureinflüssen oder durch menschliche Hand können sich Gegebenheiten in kürzester Zeit verschlechtern. Sollten Sie Veränderungen am Weg feststellen, wäre ich Ihnen sehr dankbar, wenn Sie den Verlag informieren würden. So kann ich alle Wanderungen auf einem möglichst aktuellen Stand halten.
Mein persönliches Dankeschön geht an Familie Zachar, die mich bei der Erstellung der zweiten Auflage dieses Führers unterstützt hat.
Ich wünsche Ihnen erlebnisreiche sowie vor allem unfallfreie Wanderungen in der Niederen Tatra und dem Slowakischen Paradies mit vielen unvergesslichen Momenten.

Liptovský Mikuláš, im Sommer 2023 — Martin Moder

Liptovská Lúžna und Salatín vom Hauptkamm aus gesehen (Tour 22, 1. Etappe und Tour 18, 2. Etappe).

Inhaltsverzeichnis

Vorwort . . . 3

Übersichtskarte . . . 6

Allgemeine Hinweise . . . 8
- Symbole . . . 9
- Vorsichtsmaßnahmen bei Begegnungen mit Bären . . . 11
- GPS-Tracks und Koordinaten der Ausgangspunkte . . . 13
- Wandern im Gebirge . . . 14
- Top-Touren . . . 16
- Wichtige Internetseiten und Telefonnummern . . . 18

Die Wanderregion . . . 26
- Die zehn höchsten Berge der Niederen Tatra . . . 28
- Die fünf höchsten Berge des Slowakischen Paradieses . . . 37
- Die höchsten Wasserfälle im Slowakischen Paradies . . . 40

Niedere Tatra

	Nr.	Dauer	Tour	Seite
	1	8.15 Std.	Von Poprad nach Liptovská Teplička	46
	2	10.00 Std.	Rundweg von Liptovská Teplička zur Kráľova hoľa, 1946 m	50
	3	5.00 Std.	Liptovská Teplička – Hütte Andrejcová – Pohorelá	54
	4	7.00 Std.	Rundweg von Liptovská Teplička zur Hütte Andrejcová	58
	5	2.45 Std.	Kleine Runde um Liptovská Teplička herum	61
TOP	6	8.30 Std.	Über Ohnište, 1538 m, und Rovná hoľa, 1723 m	64
	7	4.00 Std.	Runde über den Lehrpfad von Liptovský Ján	68
	8	9.00 Std.	Rundweg von Liptovský Ján auf den Ohnište, 1538 m	71
	9	7.00 Std.	Über die Berghütte Štefánika nach Trangoška	74
	10	7.00 Std.	Rundweg über die Poludnica, 1549 m	78
	11	8.15 Std.	Über die Krakova hoľa, 1752 m, nach Liptovský Ján	82
	12	8.30 Std.	Von Jasná zum Chopok und Ďumbier	86
	13	3.30 Std.	Rundweg über Stodôlky, 1213 m, und Ostredok, 1167 m	90
	14	9.15 Std.	Siná, 1560 m, und Bôr, 1888 m	94
	15	3.45 Std.	Predná Magura, 1171 m	98
	16	2.00 Std.	Zu den Travertinkegeln von Liptovské Sliače	101
	17	8.00 Std.	Rundweg von Ludrová auf den Salatín, 1630 m	103
	18	3 Tage	Von Ružomberok nach Banská Bystrica	106
	19	4.15 Std.	Von Ružomberok nach Vlkolínec	116
	20	10.30 Std.	Rundtour Liptovská Lúžna	120
	21	6.30 Std.	Rund um Korytnica über Donovaly	124
TOP	22	5 Tage	Von Donovaly nach Telgárt	128
	23	1.00 Std.	Rund um Špania Dolina	142
	24	1.00 Std.	Zur Burg von Slovenská Ľupča	144
	25	10.00 Std.	Brusno – Veľká Chochuľa, 1753 m – Nemecká	146

	26	9.45 Std.	Rundtour von Jasenie zur Útulňa Ďurková	150
	27	8.15 Std.	Predajná – Hrb, 1255 m – Podbrezová	154
	28	9.30 Std.	Rundweg über den Skalka-Kamm, 1980 m	158
	29	9.30 Std.	Rundweg vom Hotel Partizán zum Dereše, 2004 m	162
	30	6.30 Std.	Rundwanderung von Brezno zur Höhle von Bystrá	166
	31	2 Tage	Von Brezno über den Ďumbier nach Liptovský Mikuláš	170
	32	3.00 Std.	Waldmuseum Čierny Balog	176
OP	33	8.15 Std.	Von Trangoška über die höchsten Gipfel der Niederen Tatra	178
	34	9.15 Std.	Von Bacúch über Čertovica und Beňuška nach Beňuš	182
OP	35	9.15 Std.	Polomka – Veľký Bok, 1727 m – Závadka nad Hronom	186
	36	7.15 Std.	Rundweg von Heľpa auf die Veľká Vápenica, 1691 m	190
	37	3.00 Std.	Rundweg zum Wasserfall von Pohorelá	194
OP	38	7.15 Std.	Rundweg von Telgárt auf die Kráľova hoľa, 1948 m	198

Slowakisches Paradies

	39	6.30 Std.	Von Telgárt nach Dedinky	202
	40	6.30 Std.	Von Dedinky zur Eishöhle Dobšiná	206
	41	6.15 Std.	Über Geravy zur Havrania skala	210
	42	5.00 Std.	Rundtour von Dedinky nach Dobšiná	214
	43	2.45 Std.	Kleine Runde um Dedinky	218
OP	44	2.30 Std.	Zejmarská roklina	221
OP	45	6.30 Std.	Von Dedinky nach Spišské Tomášovce	224
	46	6.45 Std.	Von Dedinky nach Spišská Nová Ves	228
	47	5.30 Std.	Rundweg von Novoveská Huta auf die Veľká Knola	232
	48	5.45 Std.	Rundweg zur Medvedia hlava	236
	49	2.30 Std.	Kleine Runde um Čingov herum	239
	50	6.15 Std.	Kyseľ-Schlucht (Klettersteig)	242
	51	3.15 Std.	Von Čingov über Kláštorisko nach Podlesok	246
	52	3.45 Std.	Von Čingov über die Tomášovský výhľad nach Podlesok	250
OP	53	4.30 Std.	Hornád-Durchbruch	254
	54	4.00 Std.	Rundweg über die Schlucht Kláštorská roklina	258
	55	3.15 Std.	Rundtour von Podlesok zur Klosterruine Kláštorisko	261
OP	56	4.30 Std.	Sokolia dolina	264
	57	3.15 Std.	Malý Kyseľ	268
	58	3.30 Std.	Veľký Kyseľ	271
OP	59	4.30 Std.	Schlucht Suchá Belá	274
	60	5.30 Std.	Schlucht Piecky	278
	61	6.00 Std.	Podlesok – Glac – Dedinky	282
	62	6.45 Std.	Veľký Sokol	286

Stichwortverzeichnis ... 290
Kleines Wörterbuch Slowakisch – Deutsch ... 294

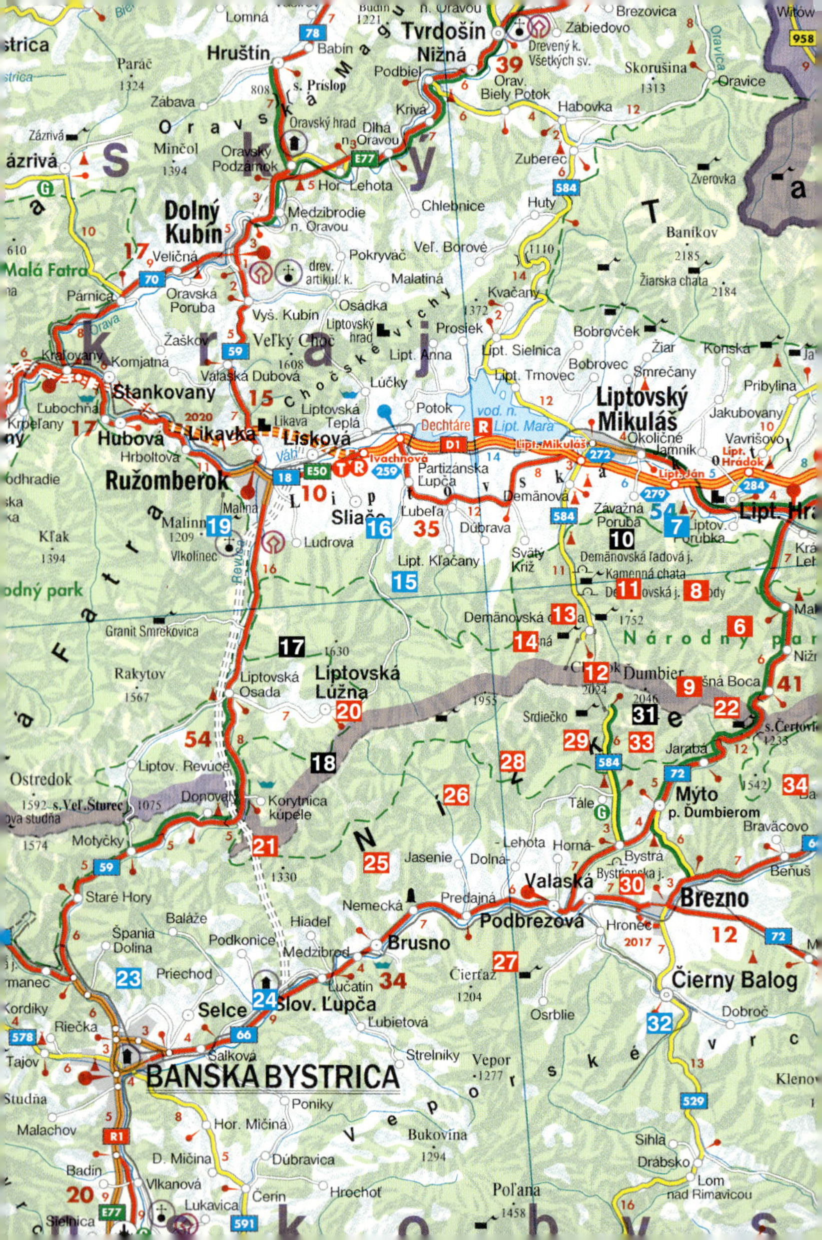

Tvrdošín
Nižná
Brezovica
Zábiedovo
Drevený k. Všetkých sv.
Hruštín
Lomná
Babín
Paráč
1324
Zábava
s. Príslop
Podbiel
Orav. Biely Potok
Skorušina
1313
Oravice
Habovka
Oravský hrad
Dlhá n. Oravou
Krivá
Zázrivá
Minčol
1394
Oravský Podzámok
Hor. Lehota
Zuberec
Zverovka
Dolný Kubín
Medzibrodie n. Oravou
Chlebnice
Huty
Baníkov
2185
Žiarska chata
2184
Veličná
Pokryvač
Veľ. Borové
Malá Fatra
Párnica
Oravská Poruba
drev. artikul. k.
Malatiná
Kvačany
Osádka
Vyš. Kubín
Liptovský hrad
Prosiek
Bobrovček
Žaškov
Veľký Choč
1608
Lipt. Anna
Lipt. Sielnica
Žiar
Konská
Kraľovany
Komjatná
Valaská Dubová
Lúčky
Lipt. Trnovec
Bobrovec
Smrečany
Pribylina
Stankovany
Ľubochňa
Potok
vod. n. Lipt. Mara
Dechtáre
Liptovský Mikuláš
Jakubovany
Krpeľany
Hubová
Likavka
Lisková
Liptovská Teplá
Okoličné
Vavrišovo
Hrboltová
Ružomberok
Ivachnová
Partizánska Ľupča
Lipt. Mikuláš
Jamník
Lipt. Hrádok
Lipt. Ján
Malinné
1209
Malina
Sliače
Ľubeľa
Dúbrava
Demänová
Závažná Poruba
Liptov. Porubka
Kľak
1394
Vlkolínec
Ludrová
Lipt. Kľačany
Svätý Kríž
Demänovská ľadová j.
Kamenná chata
Demänovská j.
Granit Smrekovica
Demänovská dolina
1752
Národný park
Rakytov
1567
Liptovská Osada
Liptovská Lúžna
1630
Chopok
2024
Ďumbier
2046
Srdiečko
Liptov. Revúce
1955
Jaraba
s. Čertovica
1233
Ostredok
1592
s. Veľ. Šturec
1075
Donovaly
Korytnica kúpele
Tále
Mýto p. Ďumbierom
Bravácovo
1574
Motyčky
Lehota
Horná
Bystrá
Beňuš
1330
Jasenie
Dolná
Bystrianska j.
Staré Hory
Nemecká
Predajná
Valaská
Brezno
Baláže
Podbrezová
Hronec
2017
Špania Dolina
Podkonice
Hiadeľ
Medzibrod
Brusno
Priechod
Čierťaž
1204
Čierny Balog
Ľučatín
Selce
Slov. Ľupča
Osrblie
Dobroč
Kordíky
Riečka
Ľubietová
Tajov
Šalková
Strelníky
Vepor
1277
BANSKÁ BYSTRICA
Studňa
Poniky
Hor. Mičiná
Malachov
Bukovina
1294
Sihla
D. Mičiná
Dúbravica
Drábsko
Badin
Vlkanová
Čerín
Hrochoť
Poľana
1458
Lom nad Rimavicou
Lukavica
Sielnica

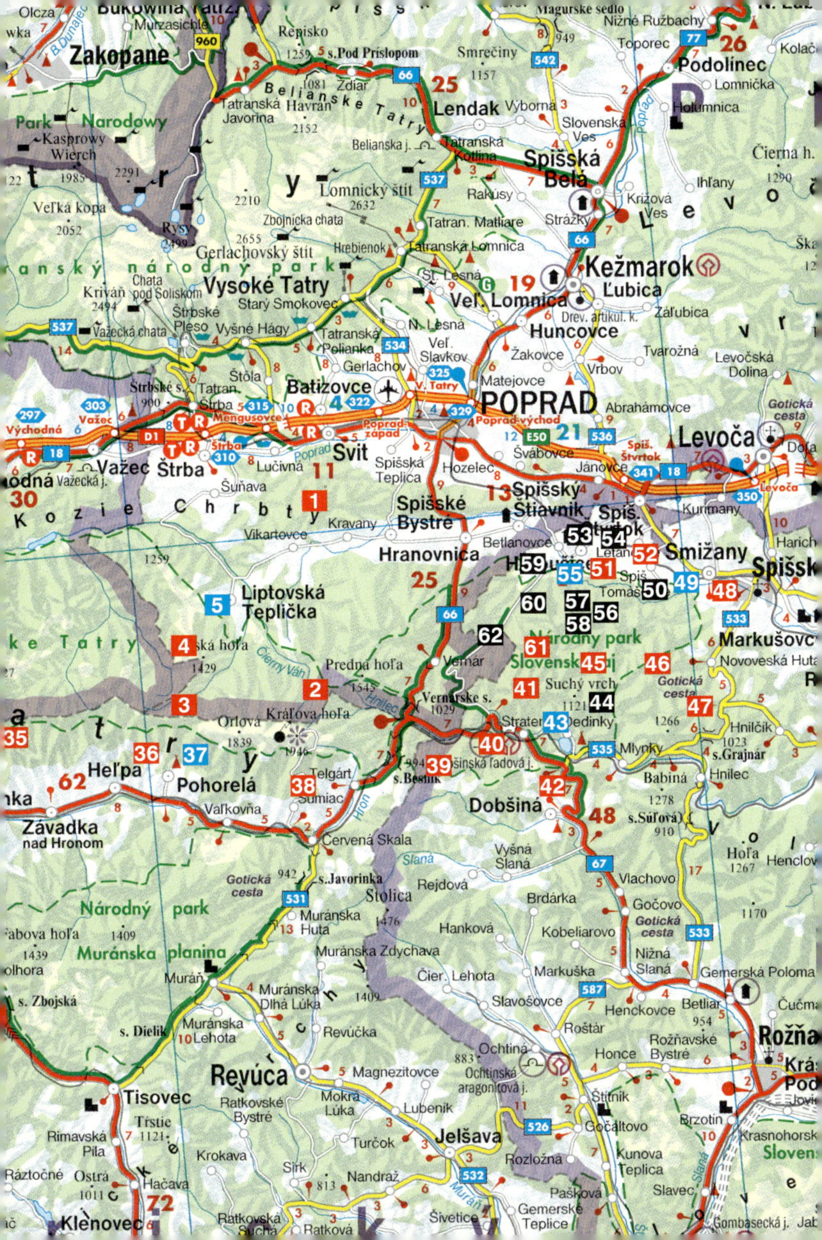

Zakopane
Murzasichle
Repisko
s.Pod Prislopom
Smrečiny
Magurské sedlo
Nižné Ružbachy
Toporec
Podolínec
Lomnička
Holumnica
Ždiar
Tatranská Javorina
Havran
Belianske Tatry
Lendak
Výborná
Slovenská Ves
Park Narodowy
Kasprowy Wierch
Belianska j.
Tatranská Kotlina
Spišská Belá
Krížová Ves
Ihľany
Čierna h.
Veľká kopa
Lomnický štít
Rakúsy
Strážky
Rysy
Zbojnícka chata
Tatran. Matliare
Gerlachovský štít
Hrebienok
Tatranská Lomnica
Kežmarok
Ľubica
Kriváň
Chata pod Soliskom
Vysoké Tatry
Starý Smokovec
St. Lesná
Veľ. Lomnica
Drev. artikul. k.
Záľubica
Štrbské Pleso
Vyšné Hágy
N. Lesná
Huncovce
Važecká chata
Tatranská Polianka
Veľ. Slavkov
Žakovce
Tvarožná
Levočská Dolina
Gerlachov
Vrbov
Štôla
Batizovce
V. Tatry
Matejovce
Štrbské s.
Tatran. Štrba
Mengusovce
POPRAD
Abrahámovce
Gotická cesta
Východná
Važec
Poprad-západ
Poprad-východ
Levoča
Spiš. Štvrtok
Švábovce
Svit
Spišská Teplica
Hozelec
Jánovce
Važec
Štrba
Lučivná
Važecká j.
Šuňava
Spišský Štiavnik
Kurimany
Kozie Chrbty
Spišské Bystré
Kravany
Vikartovce
Betlanovce
Letanovce
Smižany
Hranovnica
Spišská
Spiš. Tomášovce
Harichovce
Liptovská Teplička
Markušovce
Národný park Slovenský raj
Predná hoľa
Vernár
Novoveská Huta
Čierny Váh
Suchý vrch
Orlová
Kráľova hoľa
Vernárske s.
Stratená
Dedinky
Hnilčík
Heľpa
Pohorelá
Mlynky
s.Grajnár
Dobšinská ľadová j.
Telgárt
s.Besník
Babiná
Hnilec
Šumiac
Závadka nad Hronom
Vaľkovňa
Dobšiná
s.Súľová
Červená Skala
Hron
Slaná
Vyšná Slaná
Hoľa
Henclová
Gotická cesta
s.Javorinka
Stolica
Rejdová
Brdárka
Vlachovo
Národný park
Muránska Huta
Gočovo
Hanková
Kobeliarovo
Fabova hoľa
Muránska planina
Muránska Zdychava
Nižná Slaná
Markuška
Gemerská Poloma
Muráň
Čier. Lehota
Muránska Dlhá Lúka
Slavošovce
Henckovce
Betliar
Čučma
s. Zbojská
Roštár
Rožňava
s. Dielik
Muránska Lehota
Revúčka
Ochtiná
Rožňavské Bystré
Honce
Magnezitovce
Ochtinská aragonitová j.
Revúca
Tisovec
Ratkovské Bystré
Mokrá Lúka
Lubeník
Štítnik
Brzotín
Rimavská Píla
Trstie
Turčok
Jelšava
Gočaltovo
Krasnohorská
Krokava
Rozložná
Kunova Teplica
Ráztočné
Ostrá
Hačava
Sirk
Nandraž
Slavec
Paškova
Klenovec
Ratkovská Suchá
Ratková
Muráň
Šivetice
Gemerské Teplice
Gombasecká j.

Allgemeine Hinweise

Zum Gebrauch des Wanderführers

Alle Touren in diesem Wanderführer sind so ausgesucht und konzipiert, dass sie mit öffentlichen Verkehrsmitteln erreicht werden können. Zumindest im Sommer gibt es mindestens eine Verbindung am Morgen und auch zum Ende der Tour wieder zurück in die größeren Zentren der Gebiete. Der Autor selbst hat alle beschriebenen Touren ohne eigenes Fahrzeug zurückgelegt. Wer mit seinem eigenen Auto unterwegs ist, kann seine Wanderung natürlich individueller planen und ist so zeitunabhängig. In der Regel ist an jedem Startpunkt auch eine Parkmöglichkeit vorhanden.

Die Wanderungen sind in drei verschiedene Schwierigkeitskategorien eingeteilt:

Leicht Es handelt sich um sehr einfache Wanderungen oder Spaziergänge, die in der Regel auch für Kinder geeignet sind. Sie führen über Asphaltstraßen, breite Forstwege oder auch über Pfade, die nur in Einzelfällen steil sind. Da die Höhenunterschiede in der Niederen Tatra sehr ausgeprägt sind, befinden sich solche Touren eher am Rand des Gebirges.

Der Hauptkamm östlich der Zadná hoľa (Tour 22, 4. Etappe und Tour 35).

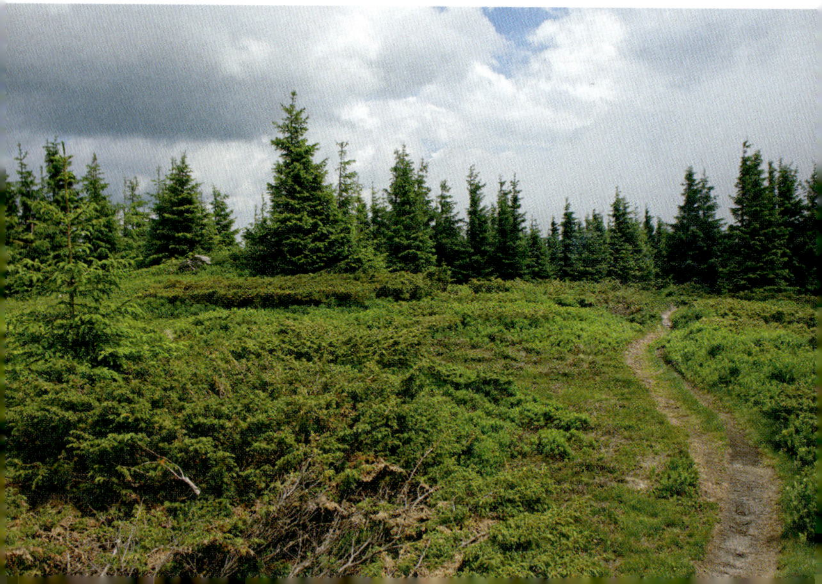

Symbole

	mit Bahn/Bus erreichbar		Abzweig
	Einkehrmöglichkeit unterwegs		Gipfel
	für Kinder geeignet		Höhle
			Aussichtsplatz
	Bushaltestelle		Aussichtsturm
	Bahnhof		Pass, Sattel
	Ort mit Einkehrmöglichkeit		Brücke
	Einkehrmöglichkeit		Klettersteig, Steighilfen
	Schutzhaus, Unterstand		Wasserfall
P	Parkplatz		Quelle

Mittel Die meisten Touren in der Niederen Tatra sind dieser Kategorie zugeordnet. Die Wanderungen sind meist ziemlich lang und erfordern Ausdauer und Kondition. Oftmals ist man auf schmalen Pfaden unterwegs, die in Einzelfällen Trittsicherheit erfordern. Die Anstiege betragen sehr häufig über 1000 Höhenmeter. Obwohl fast alle Wege und Pfade markiert sind, ist an einigen Orten – z. B. bei der Querung von Wiesen – etwas Orientierungssinn gefragt.

Schwierig Die Touren sind den erfahrenen Bergwanderern vorbehalten. Oftmals handelt es sich um ausgesetzte Pfade, die ab und an auch durch Absturzgelände führen. Da ist es mehr als logisch, dass Trittsicherheit und Schwindelfreiheit unabdingbare Voraussetzung sind. Im Slowakischen Paradies wurden alle Schluchtdurchquerungen als schwierig eingestuft. Die Wege sind hier mit technischen Hilfsmitteln wie Kettensicherungen, Eisentritten, Stahlseilen, Leitern und mehr versichert. Neben ausgezeichneter Kondition ist auch angemessene Bekleidung erforderlich, insbesondere hohe Bergschuhe.

Tourenplanung und -vorbereitung

Jede Aktivität im Hochgebirge verlangt eine sorgfältige Vorbereitung. Bereits im Vorfeld eines Wanderurlaubs sollte man sich die notwendige Fitness aneignen. Die Ausrüstung ist zu überprüfen. Ist die Regenkleidung noch dicht? Sind die Stiefel noch funktionsfähig oder beginnt sich die Sohle bereits abzulösen? Fehlt noch ein Ausrüstungsgegenstand, den man besser vorab besorgt? Wer dies alles berücksichtigt, kann später im Urlaub eine Menge kostbarer Zeit einsparen und die Wandererlebnisse in vollem Umfang genießen. Vor einer Tour sollte der Wanderer auch ehrlich zu sich selbst sein und sich die folgenden Fragen stellen: Bin ich körperlich in der Lage, die ausgesuchte

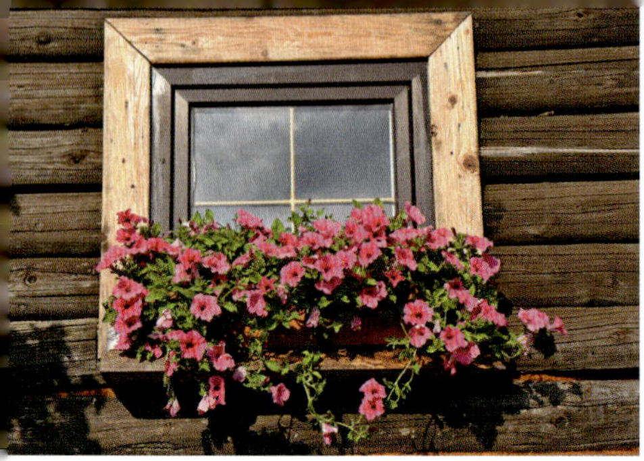

Útulňa Andrejcová.

Strecke zu gehen? Habe ich die notwendige Erfahrung für die genannten Anforderungen? Eine Vielzahl von Bergrettungseinsätzen sind heutzutage auf Blockaden zurückzuführen – d.h., dass die Wanderer sich in schwierigem Gelände weder nach vorne noch zurück trauen und von der Bergwacht gerettet werden müssen. Selbstüberschätzung kann auch Bergretter in Gefahr bringen. Alle als mittel und schwierig eingestuften Wanderungen sollten nur mit knöchelhohen Bergschuhen mit griffiger Sohle gegangen werden. Auch bei gutem Wetter am Morgen gehört Regenkleidung in das Gepäck, denn nicht selten bilden sich über den Tag Schauer und Gewitter.

Kinder

Im Wanderführer ist bei einigen Touren auch speziell das Symbol »Kinder« aufgeführt. Dabei handelt es sich um Wanderungen, die nicht allzu lange sind oder auch in gekürzter Form einen für Kinder spannenden Wegverlauf ohne großes Gefahrenpotenzial bieten. Kinder darf man beim Wandern auf keinen Fall überfordern.

Je nach Leistungsfähigkeit und Erfahrungsgrad, ist es durchaus möglich, Kinder mit in die als »schwierig« eingestuften Schluchten des Slowakischen Paradieses mitzunehmen. Auch hier sei nochmals auf die Selbstüberschätzung hingewiesen – wer sich seinem Tun bewusst ist und vor allem kleinere Kinder in der Schlucht mit einem Seil sichert, kann für ein unvergessliches Erlebnis sorgen.

Gehzeiten

Die in diesem Wanderführer angegebenen Gehzeiten sind lediglich Richtzeiten und keinesfalls für jeden verbindlich. Ein Wanderer mit durchschnittlicher Kondition sollte bei einem mittleren Tempo von etwa 4 km pro Stunde jedoch in der Lage sein, die Zeiten einzuhalten. Die Wegzeiten auf den Hinweisschildern vor Ort sind oft richtig – manchmal passt es aber auch überhaupt nicht. Ich bin alle vorgestellten Touren persönlich abgelaufen. Alle Zeiten wurden notiert und dann in Verbindung mit Kartenmaterial und Wegweisern geprüft, abgewogen und so letztlich die Zeitangaben für den Führer festgelegt. Wer fit ist, kann wesentlich schneller unterwegs sein. Ein eher langsamer Wanderer und Genießer sollte lieber noch einmal eine Stunde mehr einplanen, zumal Pausenzeiten nicht einbezogen sind.

Gefahren

Bevor man zu einer Wanderung aufbricht, muss ein Blick auf die Wetterkarte erfolgen. Speziell bei den Touren über die höchsten Gipfel der Niederen Tatra und bei den sehr langen Wanderungen empfiehlt sich ein früher Start und trockenes Wetter mit guter Sicht ist von Vorteil. Da viele Touren über steile und zum Teil erdige Pfade führen, ist es von Vorteil, wenn es bereits zwei oder drei Tage nicht mehr geregnet hat. Besonders in den Sommermonaten bilden sich immer wieder Wärmegewitter. Ein Blick auf die Wolken gibt Aufschluss auf die Wetterentwicklung der nächsten Stunden. Auch wenn Gewitter innerhalb kurzer Zeit entstehen können, so zeigen am sommerlichen Morgenhimmel bereits oft Federwolkenformationen an, dass im Tagesverlauf eine hohe Gewitterwahrscheinlichkeit besteht. Wetterseiten im Internet shmu.sk (auch auf Englisch) oder wetteronline.de bieten verlässliche Wettervorhersagen und auch Radarbilder mit aktuellem Wettergeschehen an. Für Touren im Herbst muss bedacht werden, dass die Tage bereits wieder deutlich kürzer werden.

Die Niedere Tatra und das Slowakische Paradies sind Wandergebiete, die nur an den touristischen Sehenswürdigkeiten überlaufen sind. Abseits davon ist man meist völlig alleine unterwegs und wird im Laufe des Tages niemandem begegnen. Oftmals werden von den Einheimischen Warnungen ausgesprochen – der Bär sei sehr gefährlich. Bei den Recherchen zur zweiten Auflage sind mir besonders im Bereich zwischen Krakova hoľa und Liptovská Ján sowie in der Gegend um Pohorelá zahlreiche Losungen aufgefallen, die eindeutig dem großen Säugetier zuzuordnen waren. Es gibt also zahlreiche Bären und sie treffen auch immer wieder auf Menschen, wie im Internet kursierende Videos belegen. Als Vorsichtsmaßnahmen sollten folgende Hinweise unbedingt beachtet werden:

Vorsichtsmaßnahmen bei Begegnungen mit Bären

- Bären mögen keinen Lärm (wer in der Gruppe unterwegs ist und sich unterhält, wird dem Tier mit hoher Wahrscheinlichkeit aus dem Weg gehen). Wer alleine geht, kann singen, sprechen oder sonstige Geräusche von sich geben.
- Ruhe bewahren, wenn tatsächlich ein Bär auftaucht. Stehen bleiben und sich nicht bewegen heißt die Devise. Abwarten und keine unüberlegten Dinge tun. Sich nicht für bessere Fotos unnötig in Gefahr begeben. Im Normalfall denkt der Bär dasselbe wie der Wanderer und sondiert, was er jetzt tun muss. Sich auf keinen Fall Bärenkindern nähern – die Mutter ist in unmittelbarer Nähe und wird ihre Kleinen verteidigen. Eventuell an einen langsamen und geordneten Rückzug ohne viel Aufsehen denken.
- Keiner frischen Bärenspur folgen! Hunde an der Leine führen.
- Bedrohen Sie das Tier nicht! Schreien oder Steine werfen können das Tier aggressiv machen. Richtet sich der Bär auf, ist das keine Drohgebärde, sondern er versucht nur, die Nase hoch in den Himmel zu stecken, um die Situation besser überblicken zu können.

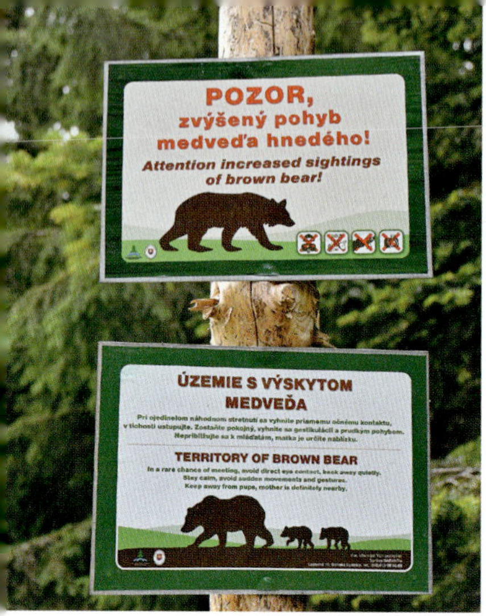

Besonders bei Winterwanderungen ist eine Vielzahl von Fährten zu sehen. Vor allem im Slowakischen Paradies sind Wolfsspuren an der Tagesordnung. Der Wolf ist für den Menschen völlig ungefährlich.

Verpflegung

Auf einigen Touren gibt es auch Einkehrmöglichkeiten und so ist es möglich, die Rucksackverpflegung unter Umständen auf ein Minimum zu reduzieren. Soweit es sinnvoll ist, sind auch alle nützlichen Quellen am Wegrand vermerkt. Dort kann der Wanderer seine Getränkevorräte mit schmackhaftem und natürlichem Wasser kostenfrei auffüllen.

Oben: Hinweis auf Bärensichtungen.
Unten: Gewitteraufzug unter dem Gipfel des Diel (Tour 30).

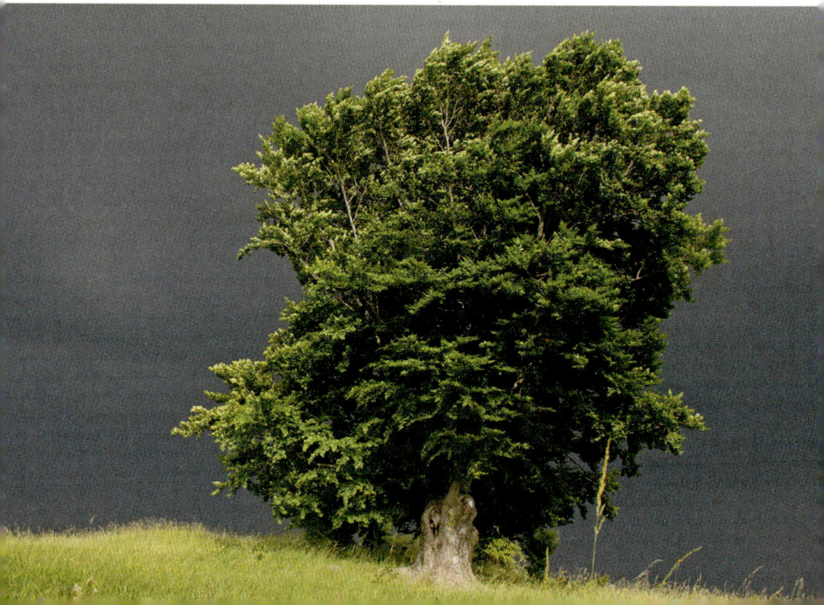

Markierung und Orientierung

Die meisten der hier vorgestellten Wanderungen sind mit Farbmarkierungen gekennzeichnet, auf die im Text auch hingewiesen wird. Trotzdem kommt es immer wieder vor, dass ein Baum mit Markierung umfällt und so die Orientierung etwas erschwert ist. Auch durch Forstarbeiten oder Natureinflüsse kann sich ein Gebiet oder ein Weg innerhalb kurzer Zeit völlig verändern. Jeder, der Veränderung am Weg feststellt, ist herzlich dazu eingeladen, dies dem Verlag mitzuteilen. Somit wird sichergestellt, dass auch für nachfolgende Wanderer eine exakte Wegbeschreibung vorliegt.

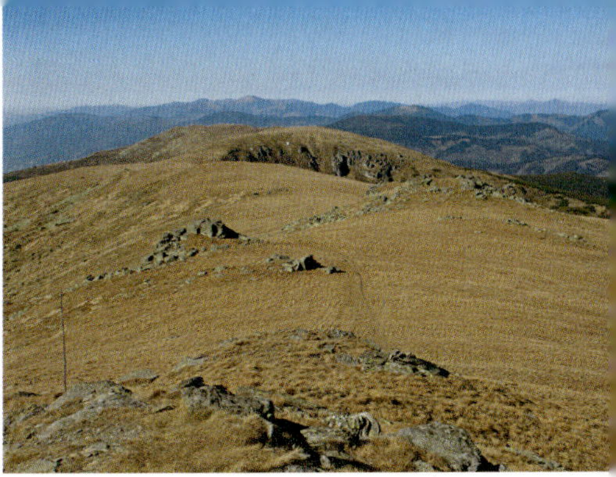

Blick von der Kráľova hoľa nach Westen.

Für jede Tour in diesem Buch gibt es ein kleines Wanderkärtchen, das einen Überblick über den Verlauf der Route und die Wegpunkte des GPS-Tracks ermöglicht. Das Gebiet der Niederen Tatra wird mit zwei Kartenblätter im Maßstab 1:50.000 vollständig abgedeckt. Im Slowakischen Paradies genügt eine Karte, die im Maßstab 1:25.000 wesentlich genauer ist. In allen Karten sind die markierten Wanderwege mit ihrer dazugehörigen Farbe eingezeichnet. Für Planungen am Computer bieten sich auch kostenlose Online-Karten (mapy.cz oder freemap.sk) an.

GPS-Tracks und Koordinaten der Ausgangspunkte

Auf **gps.rother.de** stehen zu diesem Wanderführer GPS-Tracks und die Koordinaten der Ausgangspunkte zum kostenlosen Download bereit. Dieser QR-Code führt direkt zum Download.
2. Auflage, Passwort: 455602nhs
Die GPS-Tracks können in die **Rother App** importiert werden. In der App kann man unterwegs stets sehen, wo man gerade ist und wo es langgeht. **Anleitungen dazu: rother.de/gps**
Trotz sorgfältiger Prüfung können wir Fehler und zwischenzeitliche Veränderungen nicht ausschließen. Verlassen Sie sich für die Orientierung niemals einzig und allein auf die GPS-Daten, sondern beurteilen Sie die Verhältnisse vor Ort.

Wandern im Gebirge

- Vor der Fahrt in die Berge sollte der Wanderer bereits über eine gewisse Fitness verfügen und schon zu Hause zumindest ein paar Eingehtouren absolviert haben.
- Jede Tour sollte sorgfältig geplant sein. (Wie fit bin ich? Wie wird das Wetter? Habe ich die notwendigen Materialien und Ausrüstungsgegenstände dabei? Gute Verpflegung vor und während der Wanderung ist notwendig! In der Unterkunft mitteilen, wo gewandert wird.)
- Langsam beginnen! Sich nicht selbst überfordern! Eine Gruppe ist immer langsamer unterwegs und benötigt mehr Zeit als angegeben.
- Ausreichend rasten! Alle 2 Stunden sollten 10 Minuten Pause eingeplant werden. Im Zweifel lieber umkehren, wenn eine Person nicht mehr über die nötigen Kraftreserven verfügt.
- Genügend trinken und dafür sorgen, dass ausreichend Flüssigkeit mitgeführt wird. Quellen am Wegrand zum Nachfüllen nutzen. Achtung: Durch Wetter- und Umwelteinflüsse können Quellen unter Umständen kein Wasser führen!
- Kinder nicht überfordern. Besonders beim Wandern mit Kindern steht das Erleben im Vordergrund. Nur wenn ein Kind beim Wandern Spaß hat, wird es wieder mitgehen wollen.
- Akklimatisieren – auch bei Höhen von 2000 Metern sollte man sich am ersten Tag nicht zu viel zumuten. In der Regel steckt eine anstrengende Anfahrt in den Knochen und eine kleine Wanderung bietet die Möglichkeit, sich an das Klima zu gewöhnen.
- Wettergefahren nicht unterschätzen! Gewitter und Nebel sind sehr gefährlich. Bei instabiler Wetterlage lieber auf lange Touren im Hochgebirge verzichten.
- Auf dem Weg bleiben! Wenn man sich verlaufen hat, sollte zum letzten bekannten Ort zurückgekehrt werden. Standort mit Karte und eventuell GPS abgleichen.
- Auf jeden Fall ein Erste-Hilfe-Set mitführen. Bei langen Touren ist auch ein Biwaksack für den Notfall äußerst sinnvoll. Eine Stirnlampe sollte immer im Gepäck sein. Besonders im Herbst, wenn sich die Tage verkürzen und die Hütte oder der Zielort nicht mehr rechtzeitig erreicht werden kann, ist es sehr hilfreich, eine Lampe dabei zu haben.

Zu allen Wanderungen existieren GPS-Daten. Der Satellitenempfang ist in weiten Teilen der beiden Gebirge sehr genau. Lediglich in den engen Schluchten des Slowakischen Paradieses ist es möglich, dass das GPS wegen der hoch aufragenden Felswände nur eingeschränkt funktioniert und es zu ein paar Metern Differenz zwischen tatsächlichem Weg und GPS-Aufzeichnung kommt. In den tiefen Tälern ist der Streckenverlauf aber durch Markierungen oder gut sichtbare Pfade klar vorgegeben, sodass man sich nicht verlaufen kann. Jeder Wegpunkt besitzt eine feste Höhe, die in den meisten Fällen aus vorhandenem Kartenmaterial übernommen und abgeglichen wurde. Auch vor Ort ist auf den Wegweisern meist eine Höhenangabe vorhanden. Diese stimmt jedoch nicht immer mit der realen Höhe überein. In solchen Fällen wird direkt darauf hingewiesen. Bei Schildern mit Angabe der Gipfelhöhe, die sich deutlich unter dem höchsten Punkt befinden, wurde die tatsächliche Höhe vor Ort angegeben.

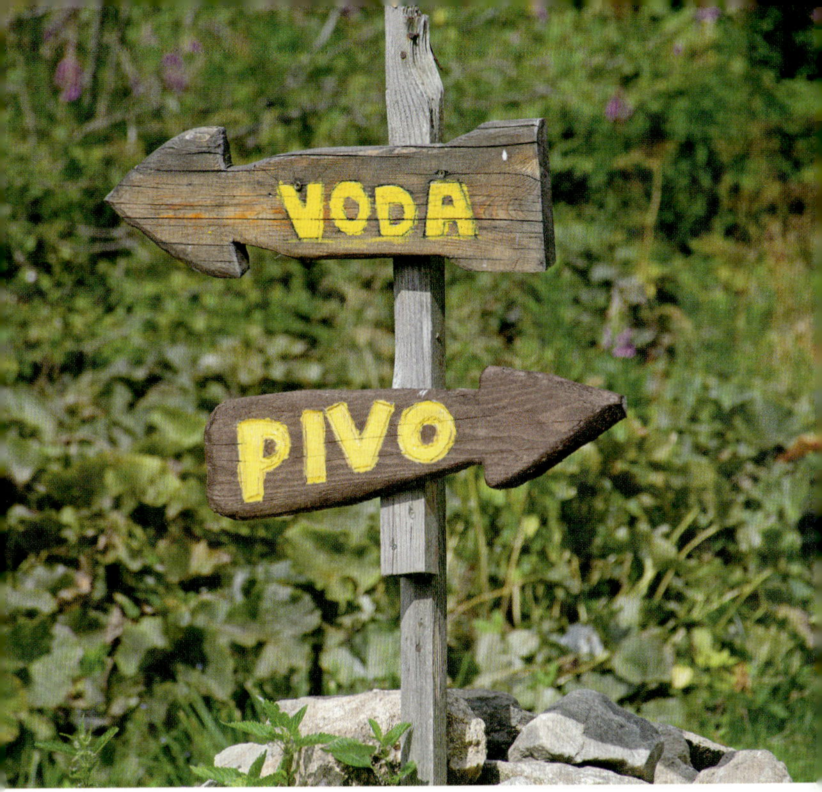

Links die Wasserquelle, rechts die Bierquelle an der Útulňa Andrejcová.

Allgemeine Verhaltensregeln für Touren im Gebirge

Wer die zehn hier vorgestellten Ratschläge zum Wandern im Gebirge beherzigt, wird mit Sicherheit viel Freude an den Touren finden.

Kein Gipfelsieg um jeden Preis. Ein vernünftiger Bergwanderer bricht die Tour ab, wenn die Bedingungen (Fitness, Wetter, etc.) nicht stimmen!

Die Niedere Tatra und das Slowakische Paradies sind Gebiete, die grundsätzlich zu jeder Jahreszeit zum Wandern einladen. Auf die Wege, die aus naturschutzrechtlichen Gründen nur zu gewissen Zeiten begangen werden dürfen, wird in der jeweiligen Tour hingewiesen. Wer im Winter unterwegs ist, muss bedenken, dass bei einigen Touren Steigeisen oder Grödeln mitzuführen sind. Vor allem bei extremen Bedingungen sollte man keine Tour »über das Knie brechen«.

Top-Touren

Über Ohnište, 1538 m, und Rovná hoľa 1723 m

Zwei Berge, deren Besteigung unterschiedlicher nicht sein könnte. Eine der abwechslungsreichsten Wanderungen in der Niederen Tatra (Tour 6, 8.30 Std.).

Von Donovaly nach Telgárt

Für mich die mit Abstand beste Wanderung über den kompletten Hauptkamm der Niederen Tatra von West nach Ost. Unvergessliche Tage mit jeder Menge Abenteuer und Gipfeln (Tour 22, 5 Tage).

Von Trangoška über die höchsten Gipfel der Niederen Tatra

Tagestour durch das Herz des Gebirges und auf alle zugänglichen Berge über 2000 Meter. Traumhafte Aussichten belohnen am laufenden Band für die Mühen des Aufstiegs (Tour 33, 8.15 Std.).

Polomka – Veľký Bok, 1727 m – Závadka nad Hronom

Der Ausblick vom Veľký Bok auf die Niedere, die Westliche und die Hohe Tatra ist ein absoluter Traum (Tour 35, 9.15 Std.).

Rundweg von Telgárt auf die Kráľova hoľa, 1948 m

Auf den östlichsten Gipfel des Hauptkamms der Niederen Tatra mit fantastischen Panoramen und im Tal einem romantischen Ort mit traditionellen Holzhäusern (Tour 38, 7.15 Std.).

Zejmarská roklina

Kürzeste und einzige Schlucht auf der Südseite des Slowakischen Paradieses – geballtes Abenteuer auf wenig Raum mit Besuch der Karsthochebene Geravy (Tour 44, 2.30 Std.).

Von Dedinky nach Spišské Tomášovce

Wanderung von Süd nach Nord über die Karsthochebene Geravy, durch ein romantisches Tal und zum Schluss hinauf zum imposanten Aussichtspunkt Tomášovský výhľad (Tour 45, 6.30 Std.).

Hornád-Durchbruch

Mit vielen Holzleitern, Eisengittern und Kettensicherungen durch ein atemberaubendes Flusstal. Mehrmals sind wir direkt über dem Wasser unterwegs (Tour 53, 4.30 Std.).

Sokolia dolina

Mein absoluter Geheimtipp – wegen dem langen Zustieg nicht so oft begangen. Der Aufstieg neben dem höchsten Wasserfall über eine Kombination aus Leitern und Brücken ist der absolute Höhepunkt (Tour 56, 4.30 Std.).

Suchá Belá

Bekannteste und mit Sicherheit auch meistbegangene Schlucht des Slowakischen Paradieses. Viele technische Hilfsmittel begleiten den spektakulären Aufstieg (Tour 59, 4.30 Std.).

Schreibweisen

Die slowakische Sprache verfügt über eine Vielzahl von Sonderzeichen, die bei uns völlig unbekannt sind. Der Einfachheit halber werden im Buch immer die lokalen Namen der Orte genutzt – genau so, wie es auch in allen Wanderkarten und auf den Wegweisern angegeben ist. Alle Städte besitzen darüber hinaus auch einen deutschen Namen. Da diese jedoch im Land nicht weiterhelfen, wird nur bei den Gebietsbeschreibungen darauf eingegangen. Bei allen Wanderungen findet sich nur die slowakische Schreibweise.

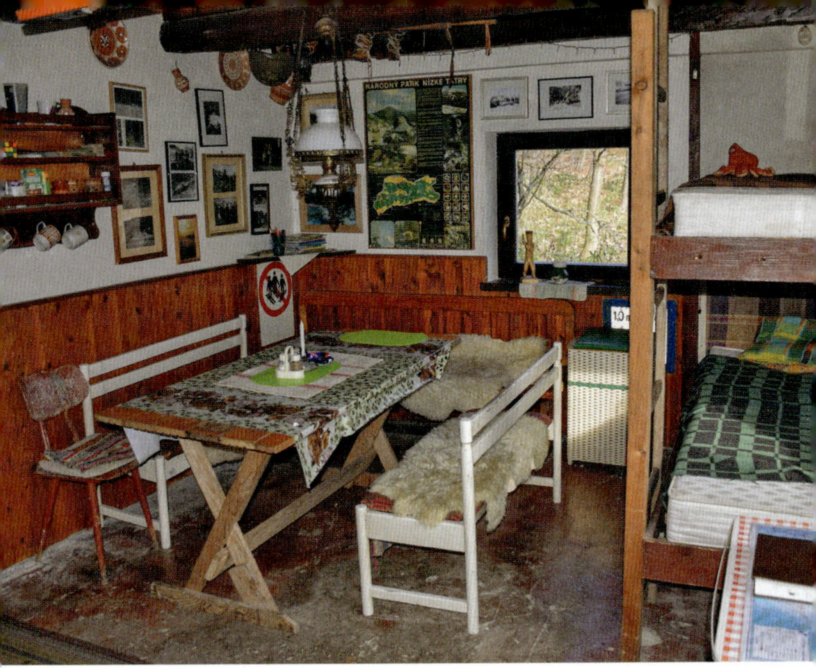

In der Útulňa pod Kečkou.

Sicherheit

Die Slowakei ist grundsätzlich ein sehr sicheres Reiseland. Natürlich kann es auch hier vorkommen, dass ein Taschendiebstahl geschieht – vor allem im ländlichen Raum der Niederen Tatra und im Slowakischen Paradies ist die Wahrscheinlichkeit jedoch sehr gering. Die Leute sind in der Regel sehr ehrlich und so ist es auch nicht verwunderlich, dass ein im großen Supermarkt vergessenes Mobiltelefon an der Information abgegeben und nicht einfach für die eigenen Zwecke mitgenommen wird.
In Westeuropa hört man immer wieder, dass man sich vor »Zigeunern« in Acht nehmen soll. Besonders im Osten der Slowakei leben tatsächlich eine Vielzahl von Roma, die hier seit vielen Jahren fest angesiedelt in Häusern wohnen. Die Roma sind normalerweise überaus freundlich und neugierig gegenüber Wanderern. Oftmals versuchen sie, einen in ein Gesprach zu verwickeln. Negative Erlebnisse hatte ich zu keinem Zeitpunkt. Die uns fremde Kultur wird jedoch das eine oder andere Mal für eine Überraschung sorgen – so trocknen die Roma ihre Wäsche oft über dem Gartenzaun, anstatt auf der Wäscheleine.

Wichtige Internetseiten und Telefonnummern

Bergrettung

Telefon 18300 oder 112
hzs.sk

Polizei

Notrufnummer 158

Feuer/Unfallrettung

Notrufnummer 112
Feuerwehr 150
Unfallrettung 155

Slowakisches Wetteramt – Slovenský hydrometeorologický ústav

shmu.sk
Gute Darstellungsform von Internetwetter für viele Orte in unserem Gebiet. Sehr detailliertes Regenradar. Die Seite kann bei Bedarf auf Englisch umgestellt werden.

Öffentlicher Personennahverkehr

busy.sk
Die perfekte Internetseite, wenn man mit Bus und Bahn zur Wanderung und auch wieder damit nach Hause fahren will. Die Seite kann auch auf Deutsch angezeigt werden.

Niedere Tatra

nizketatry.sk/de.html
Die Internetseite ist in Deutsch und verfügt über jede Menge Informationen zu den wichtigsten Orten in der Niederen Tatra.

Slowakisches Paradies

slovenskyraj.sk/de.html
Die Internetseite ist ebenfalls in Deutsch und verfügt über jede Menge Informationen zu den wichtigsten Orten im Slowakischen Paradies.

Tourenplanung

mapy.cz (kostenlose Online-Karte mit Möglichkeit zum Planen von Touren)
alpenvereinaktiv.com (kostenpflichtiges Tourenportal)

Kartenmaterial

Gutes Kartenmaterial vom gesamten Gebiet wird von zwei Verlagen vertrieben. Am bekanntesten und vor allem auch im Ausland erhältlich sind (z. B. über die Internetseite von Freytag & Berndt) die Karten des tschechischen-Verlags SHOCart.

- Niedere Tatra: SHOCart Blatt 1094 Nízke Tatry Chopok und SHOCart Blatt 1102 Nízke Tatry Kráľova hoľa im Maßstab 1:50.000.
- Slowakisches Paradies: SHOCart Blatt 1106 Slovenský raj im Maßstab 1:50.000 und SHOCart Blatt 704 Slovenský raj im Maßstab 1:25.000.

Berghütten in der Niederen Tatra

- Útulna Ďurková (40 Lagerplätze, Reservierung ist nicht möglich), Tel. +421 944 165853, ganzjährig geöffnet, Preise pro Übernachtung: 7 €. Eine Quelle befindet sich etwa 200 Meter von der Hütte entfernt.
- Kamenná chata (20 Betten in 4 Zimmern), Tel. +421 48 6170039, ganzjährig geöffnet, kamennachata.sk, kamienka@kamennachata.sk, Hüttenwirtin: Anna Pažitná, Preis pro Übernachtung inklusive Frühstück: 42 € (Kammgeher mit Nachweis erhalten 20 % Rabatt).

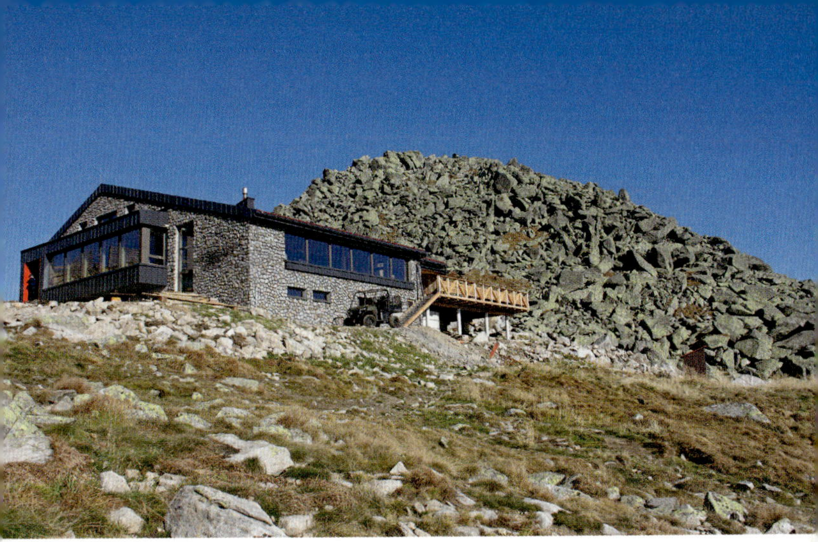

Die Kamenná chata unter dem Chopok.

- Chata Štefánika (70 Betten), Tel. +421 904 978439, ganzjährig geöffnet, Hüttenwirt: Igor Fabricius, chatamrs.sk, fabricius.chatamrs@gmail.com, Preis pro Übernachtung inklusive Frühstück und warmer Dusche: 35 €.
- Útulňa Andrejcová (30 Lagerplätze, im Sommer gibt es Zelte im Umfeld der Hütte), Tel. +421 904 906776, ganzjährig geöffnet, Facebook: facebook.com/andrejcova/, Übernachtung 5 € im eigenen Schlafsack, kleine Speisen und Frühstück. Eine Quelle befindet sich in unmittelbarer Nähe zur Hütte.
- Chata Trangoška (78 Betten und Lagerplätze), Tel. +421 917 998431, ganzjährig geöffnet, chata-trangoska.business.site/, chatatrangoska@gmail.com, Hüttenwirt: Pavol Černý, Übernachtung ab 24 €.
- Chata Zázvor (28 Betten), Tel. +421 918 500 277, ganzjährig geöffnet, chatazazvor.sk, info@chatazazvor.sk, Übernachtung mit Frühstück ab 25 €.
- Chata pod Hrbom, Tel. +421 915 854 418, ganzjährig geöffnet, Facebook: facebook.com/ChatapodHrbom, chatapodhrbom.1935@gmail.com, Übernachtung im Lager: 10 € und ein Bett pro Person 30 €.
- Chata Kosodrevina (240 Betten), Tel. +421 905 516519, ganzjährig geöffnet, chatakosodrevina.sk, chatakosodrevina@gmail.com, Hüttenwirt: Pavol Černý, Übernachtung je nach Zimmerausstattung ab 28 €.
- Chata Opalisko (50 Betten), Tel. +421 44 554 71 78 und +421 903 806 204, ganzjährig geöffnet, chataopalisko.sk, chata@chataopalisko.sk, Übernachtung zwischen 13 und 15 €.

Berghütten im Slowakischen Paradies

- Chata Kláštorisko (seit ein paar Jahren werden keine Hütten mehr vermietet) Tel. +421 911 144601 (zu Öffnungszeiten) und +421 910 402401 (wenn die Hütte geschlossen ist), letanovce.sk/bufet-klastorisko, klastorisko@letanovce.sk, nur im Sommer täglich geöffnet, aktuelle Öffnungszeiten über die Internetseite einsehbar.
- Hotel Geravy (57 Betten), Tel. +421 911 463504 und +421 911 110978, ganzjährig geöffnet, geravy.sk, ivuska.ondrejkova@gmail.com, Übernachtung zwischen 15 und 18 €.

Freizeitmöglichkeiten

- Dom na streche (Haus auf dem Dach), Ráztocká 031 05 Liptovský Mikuláš domnastreche.sk, Eintritt 8 €.
- Fantázia Liptov Park, Tehliarska 158, 031 05 Liptovský Mikuláš , Freizeitarreal für Kinder und Erwachsene, das fortlaufend ausgebaut wird, fantazialiptovpark.sk, Eintritt ab 7 €.
- ILUSIA - die Welt der optischen Täuschungen, Hollého 4456/1, 031 01 Liptovský Mikuláš , ilusia.sk, Eintritt 8 €.
- Labyrint na Liptove an der Landstraße zwischen Liptovský Mikuláš und dem Tatralandia, größtes Holzlabyrinth in der Slowakei und ein Spaß für Groß und Klein, Eintritt 6 € für Erwachsene und 3 € für Kinder, es gibt im Sommer auch einen Buggy-Verleih.

Die Chata Kláštorisko – einer der schönsten Rastplätze im Slowakischen Paradies.

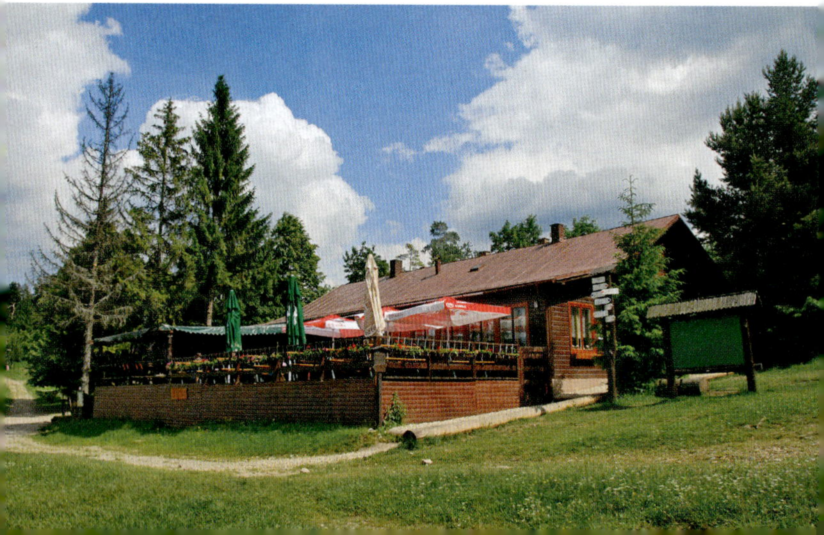

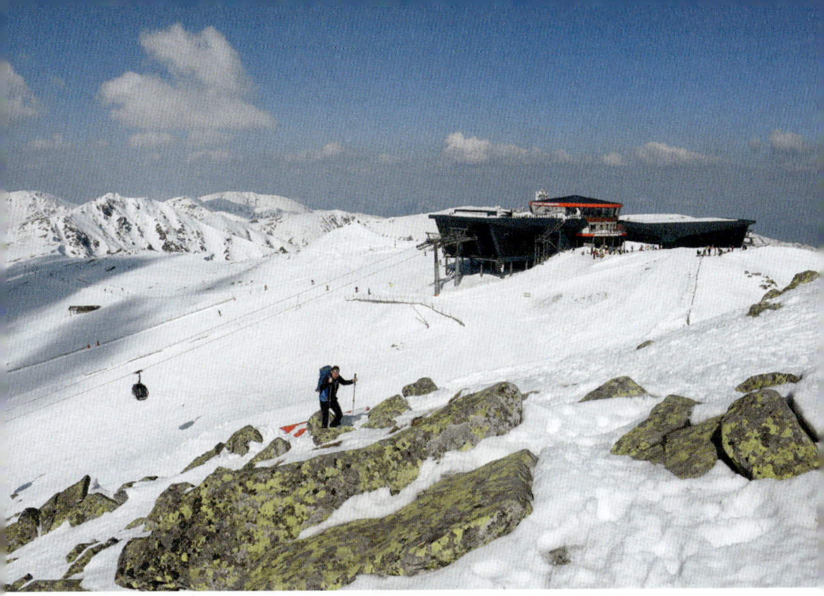

Skiparadies Chopok.

- Go Kart-Bahn »Monaco Grand Prix« in Závažná Poruba, monacograndprix.sk.
- Aquapark Tatralandia, tatralandia.sk.
- Thermalbad Bešeňová, besenova.com/en.
- Slowakisches Museum des Naturschutzes und der Höhlenforschung, Školská 4, 03101 Liptovský Mikuláš, smopaj.sk/en (auf Englisch), zahlreiche Exponate aus dem Tierreich und Mineralien, für Kinder kleine Höhle im Keller.

Weitere Freizeitmöglichkeit auf der Südseite des Gebirges:

- Rafting auf dem Hron, splav-hrona.sk/en und rafting-hron.sk.
- Für Kinder gibt es im Zentrum des Touristenkomplexes Čingov einen Kinderklettersteig, der vom März bis Oktober geöffnet hat, de.cubeadventure.sk/klettersteige-fur-kinder/#info.

Reiten

- Malý Majer in Podlesok (Restaurant, Reiten, Übernachtung), malymajerpodlesok.sk (nur auf Slowakisch).
- Ranč U Trapera in Podlesok (Reiten und Übernachtung), rancutrapera.sk.
- Ranč pod Ostrou skalou bei der Eishöhle (Restaurant, Reiten, Übernachtung), ranc-ladova.sk.

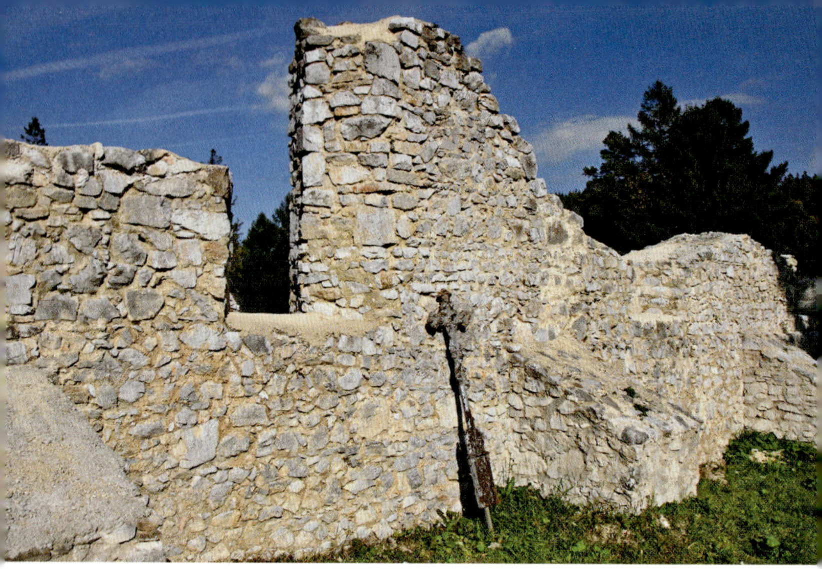

Ruine des ehemaligen Kartäuserklosters Kláštorisko.

Skifahren

- Das größte Skigebiet in der Niederen Tatra befindet sich am Chopok und ermöglicht sowohl Abfahrten auf die Nord- als auch auf die Südseite. Insgesamt stehen 44,5 km Pisten in allen Schwierigkeitskategorien zur Verfügung, jasna.sk/en.
- Das größte Skigebiet im Slowakischen Paradies ist Mlynky-Gugel. Es gibt zwei Skilifte und sieben Pisten mit einer Gesamtlänge von 5,5 km, slovakia.travel/de/ski-mlynky-gugel.

Höhlen

Besonders an Schlechtwettertagen bietet es sich an, eine der vielen Höhlen zu besuchen. Auf der Internetseite ssj.sk/de gibt es die wichtigsten Informationen auch in deutscher Sprache (Öffnungszeiten, Preise, Besichtigungstouren).
Auf dem Weg von Trangoška zur Chata Štefánika gibt es noch eine ganz besondere Höhle, deren Besuch streng limitiert ist. Nähere Informationen zur »Höhle der toten Fledermäuse« findet man unter jmn.sk (nur auf Slowakisch).

Hochseilgärten

- Tarzania, Tarzania Tále und Tarzania Jasná (Niedere Tatra), tarzania.sk.

Zoo

In Spišská Nová Ves gibt es auch einen Zoo, der ganzjährig geöffnet hat, zoosnv.sk (nur noch auf Slowakisch).
Auf dem Gelände des Zoos befindet sich auch ein Hochseilgarten für Kinder.

Anfahrt

Die Anfahrt in die Niedere Tatra und das Slowakische Paradies kann mit dem eigenen Auto, dem Bus oder der Bahn erfolgen. Wer mit dem Flugzeug anreisen möchte, muss nach Wien oder nach Košice fliegen und von dort mit Bus oder Bahn weiterfahren. Mit den anderen öffentlichen Verkehrsmitteln oder dem Auto kommt man entweder über Wien oder über Prag in die Slowakei. Die Autobahn D1 führt von Bratislava nach Ružomberok, Liptovský Mikuláš und Poprad – Spišská Nová Ves liegt ein paar Kilometer neben der Strecke. Für die Anfahrt in die südlichen Teile der beiden Gebiete ist die Schnellstraße R1 die beste Alternative. Von Trnava geht es über Nitra und Zvolen nach Banská Bystrica und von dort zieht sich die Bundesstraße 66 über Brezno und Telgárt bis nach Dedinky.
Wer ohne eigenes Auto unterwegs ist, sucht sich die aktuellen Abfahrtszeiten der Busse und Bahnen am besten über die Internetseite busy.sk. Auch in deutscher Sprache steht ein perfektes Portal zur Verfügung, das sogar über aktuelle Verspätungen der Züge informiert.

Eine der seltenen Tatra-Gämsen unter dem Ďumbier.

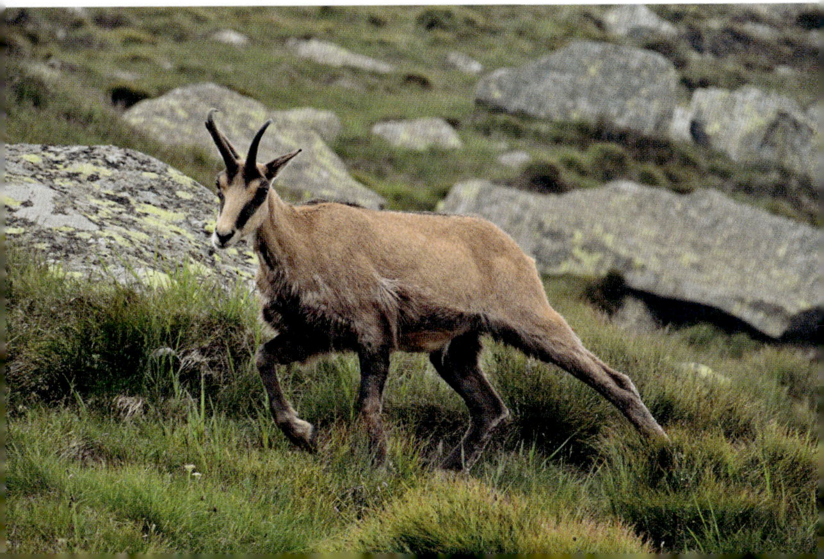

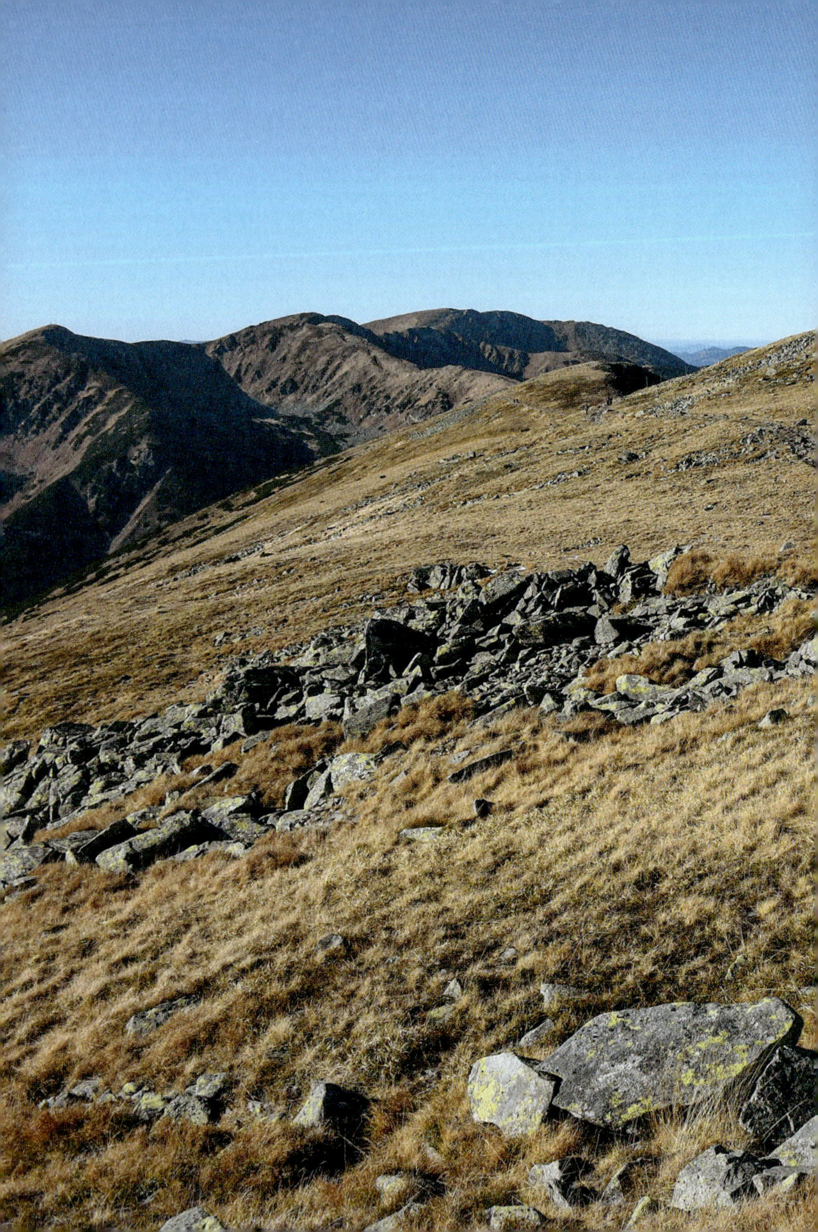

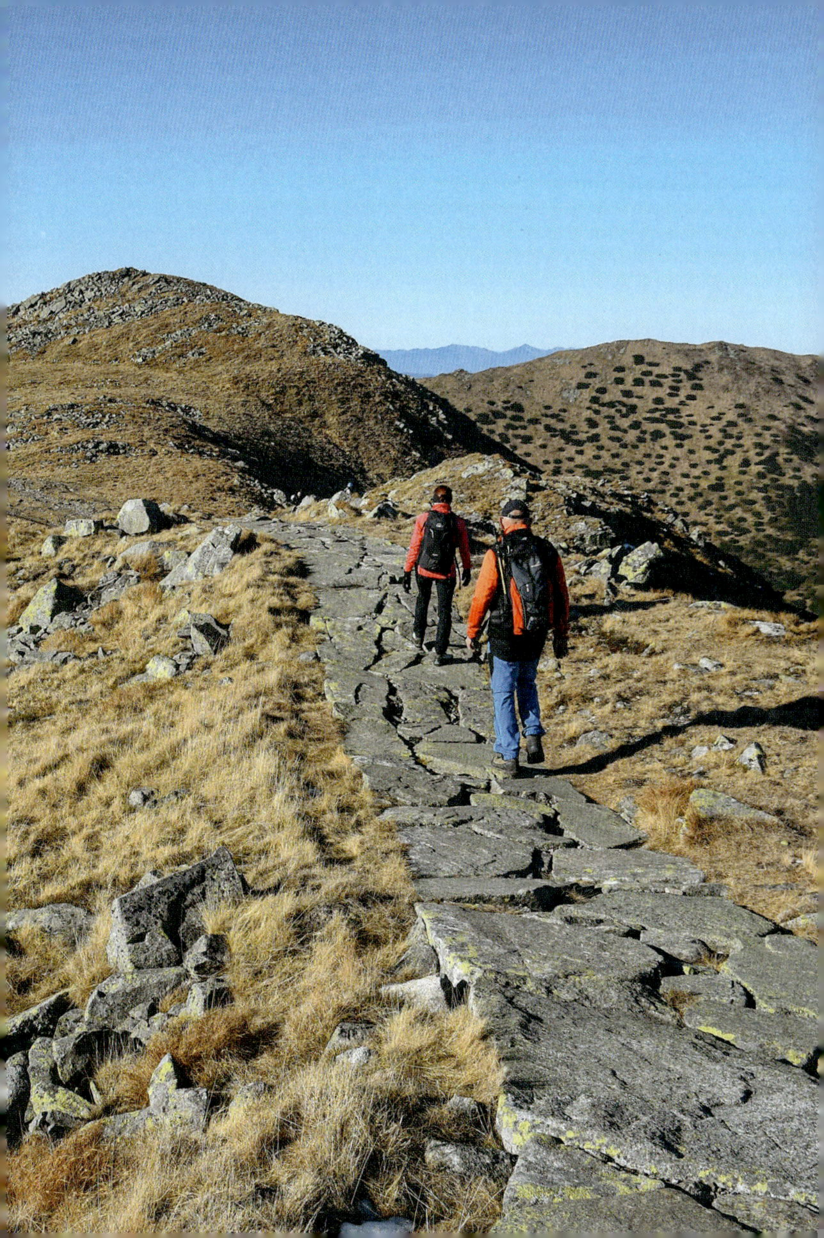

Die Wanderregion

Die Niedere Tatra

Die Niedere Tatra ist ein Hochgebirge, das sich ziemlich genau in der Mitte der Slowakei befindet. Es liegt genau genommen etwa 15 Kilometer nördlich des Berges Hrb, der als der offizielle Mittelpunkt der Slowakei bezeichnet wird. Den Namen bekam das Gebiet durch den slowakischen Geologen Dionýs Štúr. Im Hinblick auf die nördlich gelegene Hohe Tatra benannte er das Gebirge »Nižšie Tatry« was damals so viel wie »Untere Tatra« bedeutete. Aufgrund eines Übersetzungsfehlers ins Ungarische und deren Rückübersetzung in die slowakische Sprache wurde das Gebiet später »Nízke Tatry« und somit »Niedere Tatra« genannt.

Die Niedere Tatra hat eine Längs-Erstreckung von gut 80 Kilometern (die Kammlänge beträgt aufgrund der etwas gebogenen Form 95 Kilometer) und ist zwischen 15 und 25 Kilometer breit. Sie ist Teil der Karpaten und wird dort entweder dem inneren Karpatenbogen oder den Westlichen Karpaten zugeordnet. Das Gebirge besteht aus einem zentralen Hauptkamm, der sich von West nach Ost erstreckt und mehreren Seitenkämmen, die jeweils nach Norden oder Süden verlaufen. Die Niedere Tatra bedeckt eine Fläche von über 800 Quadratkilometern.

Das Gebirge ist von mehreren Bergzügen und Talkesseln umgeben. Im Nordosten erhebt sich der sehr kleine Gebirgszug Kozie chrbty. Nach Westen schließt sich die Podtatranská kotlina (der Untertatrakessel) an. Dort befinden sich die beiden größeren Städte Liptovský Hrádok und Liptovský Mikuláš. Hier durchfließt auch der Váh die Senke. Der aus dem Zusammenfluss von Weißem und Schwarzem Váh entstehende Fluss grenzt die Niedere Tatra von der deutlich höheren Westlichen und Hohen Tatra ab. Der in den Jahren 1965 bis 1975 errichtete Stausee Liptovská Mara (Liptauer Stausee) ist der größte Wasserspeicher der Slowakei und wurde vor allem als Hochwasserschutz errichtet. An seinem Auslauf befindet sich auch ein 200-Megawatt-Wasserkraftwerk. Im Nordwesten, bei der Stadt Ružomberok, und im Westen grenzt die Niedere Tatra an die Veľká Fatra an. Das kleine und wenig bekannte Gebirge Starohorské vrchy begrenzt das Gebiet nach Südwesten hin. Obwohl dieser kleine Gebirgszug als eigenständiges Gebirge gesehen wird, so gehören Teile

Abendstimmung an der Ďurková (Tour 22, 1. Etappe und Tour 26).

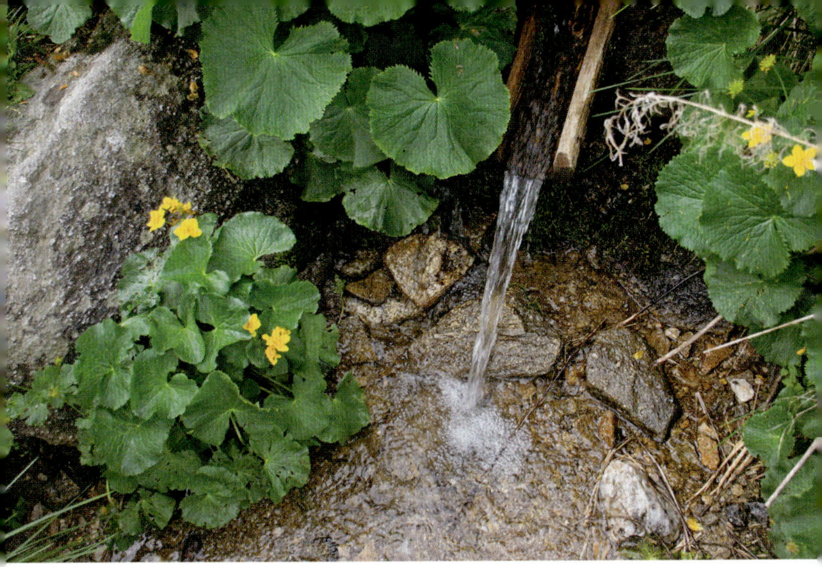

Die Quelle des Schwarzen Váh unter der Kráľova hoľa (Tour 2).

davon noch zum Nationalpark Niedere Tatra. Im Süden begrenzt das Hron-Tal die Niedere Tatra. Im Osten schließt sich das Slowakische Paradies an, das bereits zum Slowakischen Erzgebirge gehört.
Die Niedere Tatra war und ist auch heute noch eine natürliche Grenze auf dem Gebiet der Slowakei. Während sie früher das Königreich Ungarn begrenzte, so sind es heute die Regionen Liptov (Liptau), Spiš (Zips) und Horehronie (Region um den Fluss Glan) oder die Bezirke von Banská Bystrica (im Süden), Žilina und Prešov (im Norden), deren Grenzlinien jeweils durch das Gebirge verlaufen.
Geologisch gesehen besteht die Niedere Tatra zum einen aus kristallinen Gesteinen und zum anderen aus Kalk und Dolomit. Wenn man einen Blick auf das Gebirge wirft, fällt schnell auf, dass vor allem der Hauptkamm und die Südabdachung des Gebirges aus Granit und Gneis bestehen. Der nördliche Teil der Niederen Tatra besteht meist aus Kalkstein und Dolomiten. In genau diesem Bereich hat auch eine massive Verkarstung eingesetzt, was die Vielzahl von Höhlen im nördlichen Bereich des Gebirges bestätigt. Das Demänovská-Tal besteht nahezu vollständig aus chemisch reinem Gutenstein-Kalkstein und zählt zu den wichtigsten Karstgebieten der Slowakei. Im südlichen Teil des Gebirges gibt es nur an vereinzelten Stellen Kalksteine. So befindet sich am Südosthang des Ďumbiers ein Kalkfelsen, der in diesem Bereich etwas Besonderes darstellt.

Der geologische Aufbau der Niederen Tatra setzt sich auch in den benachbarten geomorphologischen Einheiten fort. So bestehen auch die Starohorské vrchy und die Kozie chrbty aus einem kristallinen Kern. Darüber haben sich aber in der jüngeren Erdgeschichte Sedimente abgelagert und diese Schichten aus Konglomeraten waren reich an Erzen und wurden in der Vergangenheit auch abgebaut (z. B. Špania Dolina).
Die Berge der Niederen Tatra waren schon immer eine kaum zu überwindende Gebirgsbarriere. Ursprünglich hatte diese Schwelle die Form eines Bogens. Später zerbrach dieser jedoch in eine Vielzahl von tektonischen Blöcken. Das geschah, als das Gebiet begann, sich im Tertiär zu heben. Im sich anschließenden Quartiär dauerte die Hebung an, obwohl sich die Täler in diesem Zeitraum bereits absenkten. Die Vergletscherungen der letzten Eiszeit formten die wilden Täler der Niederen Tatra. Dank der tektonischen Bewegung ist das Gebirge heute das zweithöchste Gebirge der Slowakei. Vier Gipfel erreichen eine Höhe von über 2000 Metern und 10 Berge überragen eine Höhe von 1900 Metern.

Die zehn höchsten Berge der Niederen Tatra

Ďumbier	2043 Meter	(zentraler Hauptkamm – Tour 12, 22, 31, 33)
Štiavnica	2025 Meter	(zentraler Hauptkamm – Gipfel ist gesperrt!)
Chopok	2023 Meter	(zentraler Hauptkamm) – Tour 12, 22, 29, 33)
Dereše	2004 Meter	(zentraler Hauptkamm - Tour 22, 29, 33)
Skalka	1980 Meter	(südlich des Hauptkamms – Tour 28)
Chabenec	1955 Meter	(westlicher Hauptkamm – Tour 22)
Kráľova hoľa	1946 Meter	(östlicher Hauptkamm – Tour 2, 22, 38)
Kotliská	1937 Meter	(westlicher Hauptkamm – Tour 22, 28)
Krúpova hoľa	1922 Meter	(zentraler Hauptkamm – Tour 12, 22, 31, 33)
Zákľuky	1915 Meter	(nördlich des Hauptkamms – Tour 14)

Aus geomorphologischer Sicht bilden die Berge der Niederen Tatra eine eigenständige Einheit in der Fatra-Tatra-Region der Inneren Westkarpaten. Sie sind in zwei Teilbereiche und mehrere kleinere Einheiten unterteilt. Die beiden großen Gebiete wurden nach den Namen ihrer jeweiligen Gipfel benannt – so liegt im Westen die Ďumbierske Tatry und im Osten die Kráľovohoľské Tatry. Die Grenze der beiden Teile verläuft östlich des Bergs Štiavnica durch das Tal von Malužiná und Vyšná Boca bis zum Sattel Čertovica.

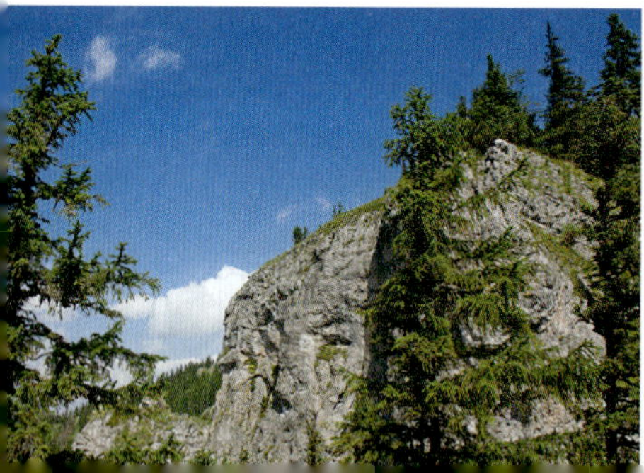

Eindrucksvolle Felsformation unterhalb der Siná (Tour 13).

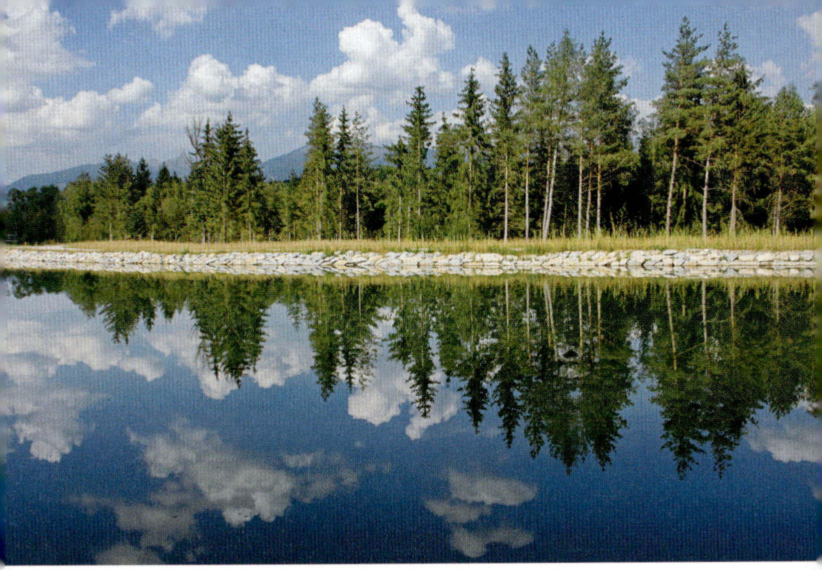

Der aufgestaute Váh zwischen Liptovský Ján und Liptovský Hrádok (Tour 7).

Die Ďumbierske Tatry ist der größere und stärker zerklüftete Teil der Niederen Tatra. Ihr Hauptkamm befindet sich genau in der Mitte des Massivs und verläuft von Westen nach Osten. Im westlichsten Abschnitt driften die Berge nach Süden ab. Auf dem bogenförmigen Kammbereich befinden sich große Almwiesen und Latschenkiefern. Der erste Gipfel, der zur Niederen Tatra gezählt wird, ist im Westen die Prašivá. Dieser Berg stellt eine Art Achse für diesen Bereich dar, denn ab hier zieht sich der Kammbereich nach Süden. Höchste Erhebung in diesem Abschnitt ist die Veľká Chochuľa mit 1753 Metern. Ein sehr markanter Bereich ist das Gebiet um den Salatín. Das komplizierte System von Hügeln und Tälern ist vom Hauptkamm der Niederen Tatra vollständig abgetrennt. Die beiden größten Täler sind das Ludrovská-Tal (von Ludrová ausgehend) und das Ľupča-Tal (von Partizánska Ľupča ausgehend). Grund für die Abtrennung vom Hauptkamm waren weniger widerstandsfähige mesozoische Gesteinsschichten.
Der größte Reichtum des Gebirges ist der Karst. Besonders abwechslungsreich hat er sich im Demänovská-Tal entwickelt. Wie bereits angeführt, befinden sich die Karstgebiete im nördlichen Teil des Gebirges, wo sich auch die meisten Sedimentgesteine des Mesozoikums befinden – Kalkstein und Dolomit. In der Regel wurden die Karstgebiete nach dem Tal, dem Berg oder der Ortschaft benannt, die in der unmittelbaren Nähe des Gebiets liegen. Aufgrund von massiver Flusserosion haben sich eine Vielzahl von Höhlengän-

gen gebildet. Alleine im Demänovská-Tal hat man bis heute 170 Höhlen entdeckt. Als Beispiel sei hier der Gebirgsbach genannt, der unterhalb des Ďumbiers entspringt. Er fließt an der Oberfläche – einen Teil seines Wassers verliert sich unterhalb von Jasná auf der Hochebene Lúčky im Untergrund. Komplizierte Höhlensysteme führen hier durch das gesamte Demänovská-Tal – sogar viele der bekannten Höhlen sind so miteinander verbunden, sodass sich ein über 30 Kilometer langes System von unterirdischen Gängen gebildet hat. Interessanterweise floss der Gebirgsbach zum Beginn des Quartärs einige Hundert Meter höher durch das Tal. Während sich die Berge in der Umgebung aufgrund der Tektonik und Plattenverschiebung weiter erhöhten, grub sich der Bach immer tiefer in den Kalkstein ein.

Eine der schönsten Höhlen Europas ist sicherlich die »Demänovská jaskyňa Slobody« oder zu deutsch die Demänováer Freiheitshöhle. Sie verfügt über einzigartige Tropfsteinverzierungen und mit einer Gesamtlänge von mehr als 8400 Metern gehört sie zu den größeren Höhlen. Besonders sehenswert sind die zahlreichen riesigen Hohlräume, die als Saal oder Dom bezeichnet werden und Ausmaße von bis zu 75 Metern x 45 Metern x 65 Metern aufweisen. Auch gibt es Seen in der Höhle. Der große See ist bis zu 52 Meter lang und 7 Meter tief. Es herrscht eine durchschnittliche Temperatur zwischen 6,1 und 7,0 Grad Celsius und eine relative Luftfeuchtigkeit von 94 bis 99 %. Diese klimatischen Bedingungen sind auch bei Erkrankungen von Atemwegen und Allergien günstig und können zur Heilung beitragen.

Eine weitere öffentlich zugängliche Höhle ist die Demänovská ľadová jaskyňa – die Demänováer Eishöhle. Sie ist die zweitgrößte ihrer Art und bereits seit dem Mittelalter bekannt. Die vorhandene Eisfüllung stammt vermutlich aus der Zeit vor etwa 400 bis 500 Jahren. Hier wurden auch die Überreste von Höhlenbären gefunden, die man vor über 200 Jahren noch für die Knochen eines Drachen hielt. Insgesamt 7 Fledermausarten sind in der Höhle heimisch. Von 1750 Metern an Gängen sind 850 Meter für Besucher offen. An der östlichen Seite des Demänovská-Tals ist noch eine Höhle zu finden, die »okno« – also Fenster genannt wird und sich 150 Meter oberhalb des Demänovská-Bachs befindet. Auch im östlich anschließenden Ján-Tal gibt es umfangreiche Karsterscheinungen wie Höhlen, Quellen, Schlucklöcher und Dolinen. Die bekannteste und auch für die Öffentlichkeit zugängliche Höhle ist die Stanišovská jaskyňa – die älteste bekannte Höhle der Slowakei. Im Hang der Krakova hoľa liegt eine weitere Höhle namens Starý hrad (alte Burg), die mit 432 Metern außerordentlich tief ist. Am Berg Ohnište befindet sich die Veľká

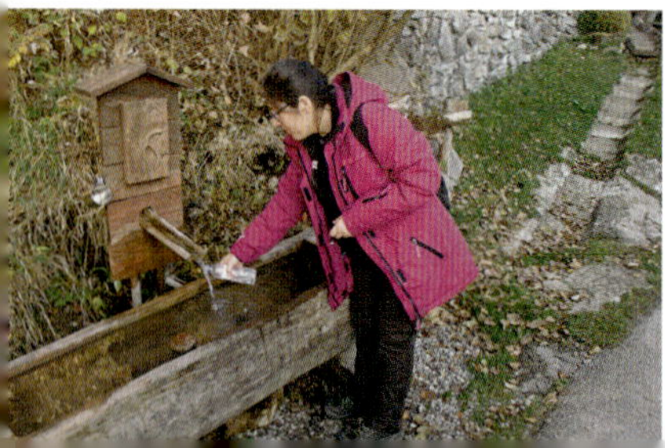

Quellbrunnen in Donovaly.

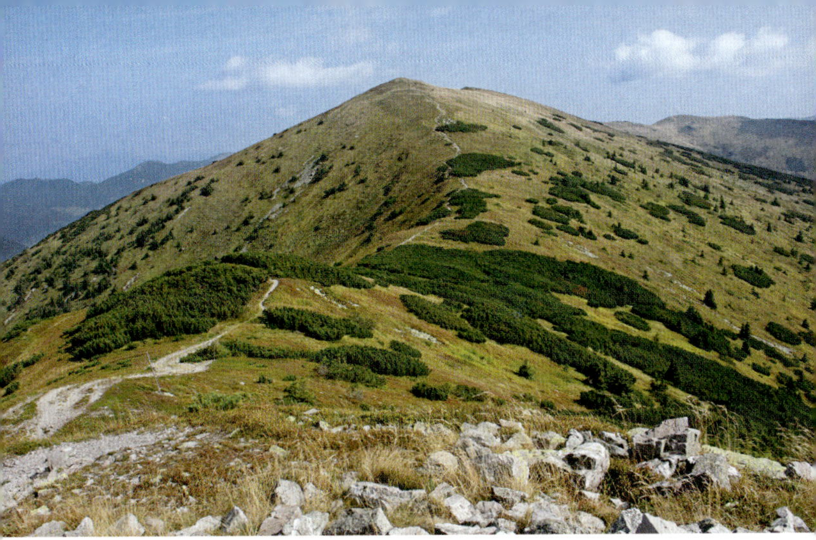

Die Malá Chochuľa im Westen der Niederen Tatra (Tour 18, 2. Etappe und Tour 22, 1. Etappe).

ľadová priepasť (die große Eislücke). Es ist eine 125 Meter tiefe Höhle mit einem riesigen Eiskegel in ihrem Inneren.
In der Ďumbierske Tatry befinden sich die sechs höchsten Berge der Niederen Tatra. Bis auf einen Gipfel (Chabenec) befinden sich alle zwischen dem Sattel Sedlo pod Skalkou im Westen und dem Sattel Čertovica im Osten – somit ziemlich komprimiert im Mittelteil des Gebirges. Vom Hauptkamm ziehen sich zahlreiche seitliche Grate und Täler nach Norden und Süden. Der größte Grat ist der Skalka-Kamm, der am Kotliská beginnt und über den gleichnamigen Gipfel nach Süden ausläuft. Die Seitenkämme im nördlichen Bereich um die Demänovská-Berge sind länger und wesentlich felsiger – Beispiele sind die Kämme mit den Gipfeln Siná (1560 Meter), der Krakova hoľa (1752 Meter) und des Ohnište (1538 Meter) mit seinem berühmten Felsenfenster. Die Hänge auf der Südseite sind meist mit Wiesen oder Schuttfeldern bedeckt. Bei den nördlichen Hängen überwiegen steile Felswände, wie es bei Ďumbier oder Dereše zu sehen ist. Ursache hierfür war die unregelmäßige Vereisung in der Eiszeit. Die nördlichen Täler waren deutlich stärker vergletschert. Auf dem Gebiet der Niederen Tatra gab es damals 16 Gletscher – der größte Eiskörper war mit wahrscheinlich 6050 Meter Länge der Krížňanský-Gletscher und der Gletscher am Berg Štiavnica (im heutigen Ján-Tal) war nur etwa 350 Meter kürzer. Der größte Gletscher auf der Südseite befand sich im Bystrá dolina und war etwa 5 Kilometer lang.

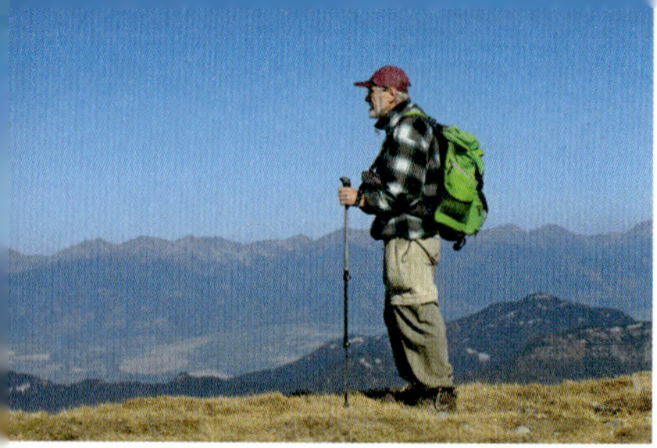

Aussicht vom Hauptkamm zwischen Poľana und Dereše (Tour 22, 2. Etappe).

Die im östlichen Bereich der Niederen Tatra liegenden Kráľovohoľské Tatry ist das zweite Untergebiet des Gebirges. Der Hauptkamm dieses Abschnitts befindet sich relativ nah am Fluss Hron. Aufgrund dieser Position sind die südlichen Seitenkämme und Täler nur sehr kurz. Der westliche Teil des Gebiets besteht aus den Priehyba-Bergen – der Hauptkamm ist in diesem Einzugsbereich deutlich niedriger und befindet sich in einigen Abschnitten sogar unterhalb der Baumgrenze. Nur um die Berge Homôľka (1660 Meter) und Zadná hoľa (1620 Meter) sowie Veľká Vápenica (1691 Meter) und Andrejcová (1520 Meter) herum gibt es die typischen Bergwiesen. Ansonsten sind die Gipfel vorwiegend bewaldet. Der in dieser Berggruppe liegende Veľký Bok (1727 Meter) sticht diesbezüglich in besonderem Maße aus den anderen Bergen heraus. Das gewaltige Massiv zählt für die Wanderer zu einem der schönsten Aussichtspunkte auf der Nordseite der Niederen Tatra. Der östliche Bereich der Kráľovohoľské Tatry beginnt am Sattel Ždiarske sedlo und endet mit den Ausläufern des von Weitem sichtbaren und mit einer großen Fernsehantenne bestücktem Plateau der Kráľova hoľa. Die Gipfel in diesem Bereich sind meist von Wiesen und Steinen bedeckt. Die Kráľova hoľa ist die höchste Erhebung in der Kráľovohoľské Tatry und wird in unzähligen Gedichten und Liedern gepriesen. An der Nordseite des Bergs befanden sich früher drei kleinere Gletscher – heute finden wir hier bewaldete Hügel. Östlich der Kráľova hoľa und dem Ort Liptovská Teplička liegt noch eine Randgruppe, die zur Niederen Tatra gezählt wird – die höchste Erhebung in diesem Bereich ist die 1546 Meter hohe Predná hoľa.

Die Starohorské vrchy werden heute nicht mehr zur Niederen Tatra gezählt. Allerdings befindet sich ein Teil davon noch innerhalb des Nationalparks. Das sich südwestlich anschließende kleine Gebirge besteht aus bewaldetem Hochland und der höchste Gipfel ist der 1330 Meter hohe Kozí chrbát, der auch im Rahmen einiger Touren in diesem Buch bestiegen werden kann.

Das Gebirgsmassiv Kozie chrbty ist etwa 40 Kilometer lang und 5 Kilometer breit und schließt sich nord-

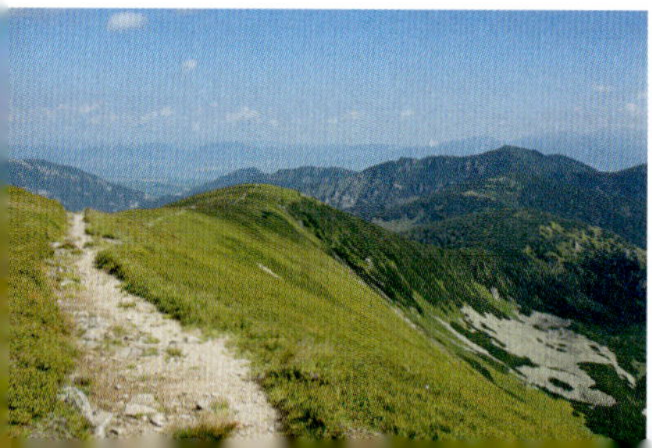

Auf dem Seitenkamm, der zur Krakova hoľa führt (Tour 31, 2. Etappe).

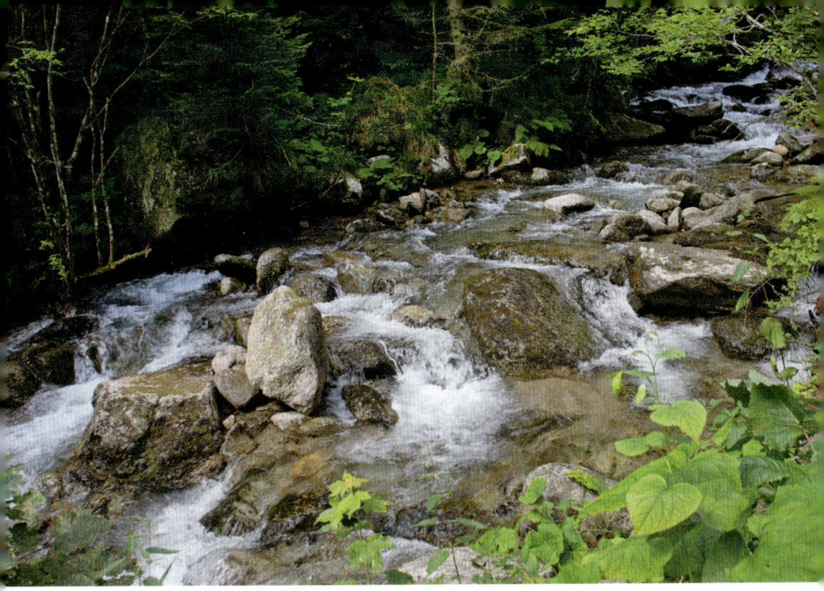

Unterwegs im Vajskovská dolina (Tour 28).

östlich an die Niedere Tatra an. Der höchste Punkt – der 1255 Meter hohe Kozí kameň – kann im Rahmen der Wanderung 1 bestiegen werden und bietet von seinem Kamm den wohl besten Blick auf die Berge der Hohen Tatra.

Das Klima in der Niederen Tatra ist rau. Die über der Waldgrenze liegenden Hochgebirgsgipfel zeichnen sich durch extreme Kälte, durch Feuchte und starken Wind aus. Während die durchschnittliche Temperatur im Winter –8 Grad Celsius beträgt, so werden im Sommer Durchschnittswerte von etwa +9 Grad Celsius erreicht. Der Chopok im Zentrum des Gebirges hat eine Jahresdurchschnittstemperatur von gerade einmal 0 Grad Celsius.

Die meisten Niederschläge fallen im Bereich der höchsten Gipfel. Die Gesamtmenge für den Berg Chopok beträgt 1600 Millimeter Niederschlag im Jahr, wobei die Hauptmenge zur kalten Jahreszeit als Schnee fällt. Durchschnittlich hält sich die Schneedecke auf den höchsten Gipfeln des Hauptkamms an 130 Tagen im Jahr. In geschützten Nordlagen und den ehemaligen Gletscherkesseln des Gebirges kann der Schnee sogar an die 200 Tage im Jahr überdauern. An Talorten wie zum Beispiel Jarabá unter dem Sattel Čertovica fällt im Jahresmittel etwas mehr als 1000 Millimeter Niederschlag (im Vergleich hierzu Frankfurt am Main mit 658 Millimeter durchschnittlicher Niederschlag pro Jahr). Die beste Jahreszeit für Winterwanderungen ist zum

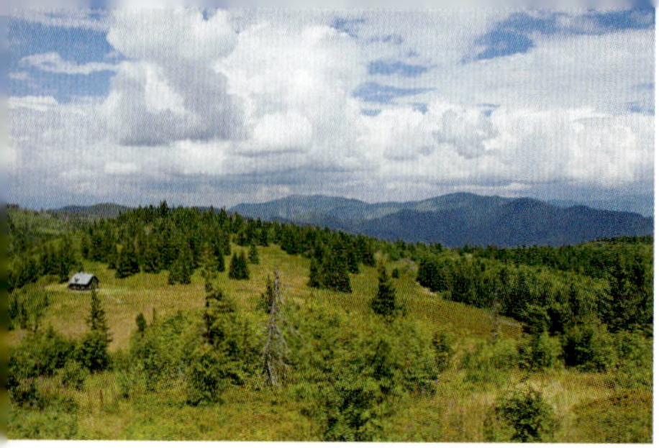

Aussicht vom Sedlo za Lenivou auf die östlichen Gipfel der Niederen Tatra (Tour 34).

Ende des Winters, wenn der Schnee stabiler ist. Im Hochsommer haben wir in der Niederen Tatra mit instabilen Wetterverhältnissen zu kämpfen – häufig bilden sich Gewitter mit zum Teil heftigen Regenschauern aus. Der Herbst mit seinem trockenen und stabilen Wetter ist die idealste Zeit zum Wandern. Allerdings muss bedacht werden, dass die Tage bereits wieder deutlich kürzer sind.

Die Kráľova hoľa im Osten der Niederen Tatra stellt einen wichtigen Trennungspunkt in der Slowakei dar. An ihren Hängen entspringen der Schwarze Váh, der Hnilec und der Hron – drei wichtige Flüsse des Landes. In den anderen Bereichen der Niederen Tatra fließen die Bäche im Süden in den Hron und im Norden in den Váh. Einige Wasserläufe verlaufen auch unterirdisch. Grund hierfür ist die bereits genannte Verkarstung – insbesondere in den Tälern Demänovská dolina und Jánska dolina. Der höchste Wasserfall befindet sich im nordwestlichen Teil des Gebirges. Der Brankovský vodopád ist 55 Meter hoch. Ein Besuch lohnt sich jedoch nur bei Vereisung im Winter – im Sommer sind es oft nur ein paar Tropfen, die von oben herunterfallen. Der Wasserfall des Hnilec unter Martalúzka ist mit 50 Metern nur etwas weniger hoch und die 30 Meter hohe Kaskade im Vajskovská-Tal dürfte der schönste Wasserfall in der Niederen Tatra sein. Bergseen sind rar in der Niederen Tatra. Der Vrbické pleso bei Jasná ist mit seinen 6,2 Hektar Gesamtfläche der bedeutendste See des Gebirges. In den Bereichen mit tektonischen Verwerfungen gibt es mehrere bedeutende Heilquellen. Die beiden Orte Korytnica und Liptoský Ján sind am bekanntesten. Jedoch gibt es weitere Quellen mit lokaler Bedeutung in Bacúch, Pohorelá oder Magurka und den Tälern Jasenianska dolina und Hiadeľská dolina.

In der Niederen Tatra werden drei Landschaftstypen unterschieden: Wald, Bergwiesen und Felsen. Am weitesten verbreitet ist der Wald, der bis zu 90% der gesamten Fläche ausmacht. In den tieferen Lagen gibt es vor allem Fichtenbestand oder Mischwald. Bei Brezno existiert auch ein größerer Eichenbestand. Die Waldgrenze verläuft auf der Nordseite in einer Höhe

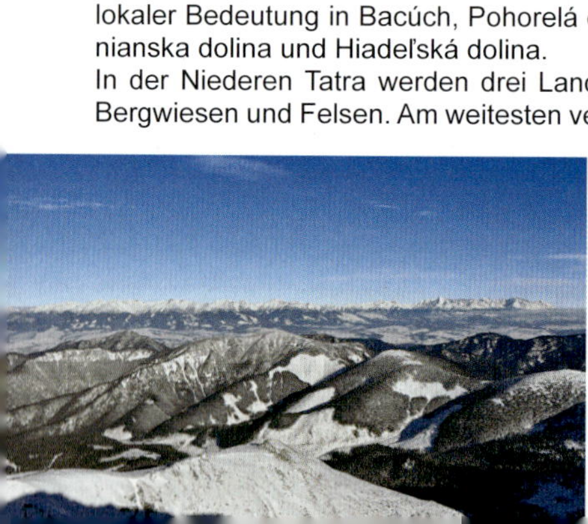

Wintertraum am Chopok.

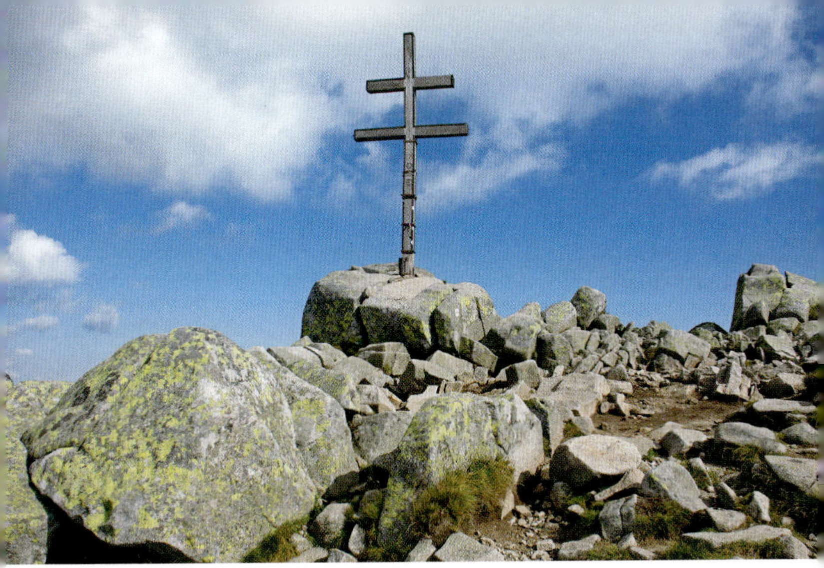

Der Ďumbier ist mit 2043 Metern die höchste Erhebung der Niederen Tatra.

von etwa 1150 Metern – im südlichen Teil des Gebirges bei etwa 1300 Metern. Danach beginnt die Latschenzone, die jedoch nur 0,3% der Fläche der Niederen Tatra ausmacht. In den höheren Lagen sind Bergwiesen dominant. Um die Massive von Salatín, Siná, Krakova hoľa und Ohniště bietet sich eine reichhaltige Flora mit seltenen Pflanzen wie z. B. der Alpen-Hahnenfuß, die Clusius-Gämswurz, das Edelweiß, die Slawische Kuhschelle oder die Weiße Silberwurz.

Die Niedere Tatra wartet mit einer besonderen Vielfalt an Tieren auf ihre Besucher. Neben Rotwild und Wildschweinen sind auch Wolf, Fuchs, Luchs und Bär heimisch. Steinadler und Murmeltiere sind hier ebenfalls anzutreffen. Eine Besonderheit sind die Tatra-Gämsen, die in den 1970er-Jahren aus der Hohen Tatra hier angesiedelt wurden. Sie sind am wahrscheinlichsten um den Ďumbier oder der Skalka zu sehen.

Am 14. Juni 1978 wurde der Nationalpark Niedere Tatra (NAPANT) eingerichtet, der wie bereits erwähnt, neben der Niederen Tatra auch Teile der Nachbargebirge Starohorské vrchy und Kozie chrbty mit einschließt. Mit einer Gesamtlänge von 100 Kilometern umfasst er den kompletten Hauptkamm. Die Kernzone besteht heute aus einer Fläche von 72.842 Hektar und die Schutzzone aus 110.162 Hektar. Es ist der größte Nationalpark der Slowakei, der eine Gesamtfläche von 3,7 % des Staatsgebiets ausmacht. 61% der Gesamtfläche des Nationalparks befinden sich im Besitz des Staates, der Rest ist privates oder kommunales Eigentum. Mehrere ausgewählte Gebiete des Nationalparks wurden unter besonderen Schutz gestellt – das größte Gebiet umfasst mit 2660 Hektar den Bereich der Skalka.

Das Slowakische Paradies

Das Slowakische Paradies, ein Nationalpark in der Slowakei, der sich im Osten an die Niedere Tatra anschließt, ist Teil des Slowakischen Erzgebirges. Innerhalb des Slowakischen Erzgebirges wird das Gebiet dem Spišsko-gemerský kras (Zipser-Gemer-Karst) zugeordnet. Das Slowakische Paradies bildete schon zu Zeiten des Mittelalters die natürliche Grenze zwischen den Regionen Spiš (Zips) und Gemer. Heutzutage befindet es sich nahezu vollständig innerhalb der Region Košice. Größte Stadt in der Nähe des Slowakischen Paradieses und auch Sitz der Nationalparkverwaltung ist Spišská Nová Ves.
Der geologische Aufbau des Gebiets ist verhältnismäßig kompliziert. Es besteht aus zwei Einheiten. Die kleinere westliche Einheit nennt sich Bebravská und die größere östliche Einheit heißt Severogemerické synklinórium oder auf Deutsch Nordgemer-Einheit. Beide Teile bestehen überwiegend aus Sedimentgesteinen des Mesozoikums – Kalksteine und Dolomite. Das Slowakische Paradies ist durch eine starke Karstbildung gekennzeichnet. Das können wir vor allem in den begehbaren Schluchten sehen, wo das Wasser der Bäche immer mal wieder für ein paar Meter verschwindet und etwas später wieder an der Oberfläche erscheint. Nur im südöstlichen Rand des Gebirges

Freie Aussicht auf die Gipfel der Hohen Tatra (Tour 52).

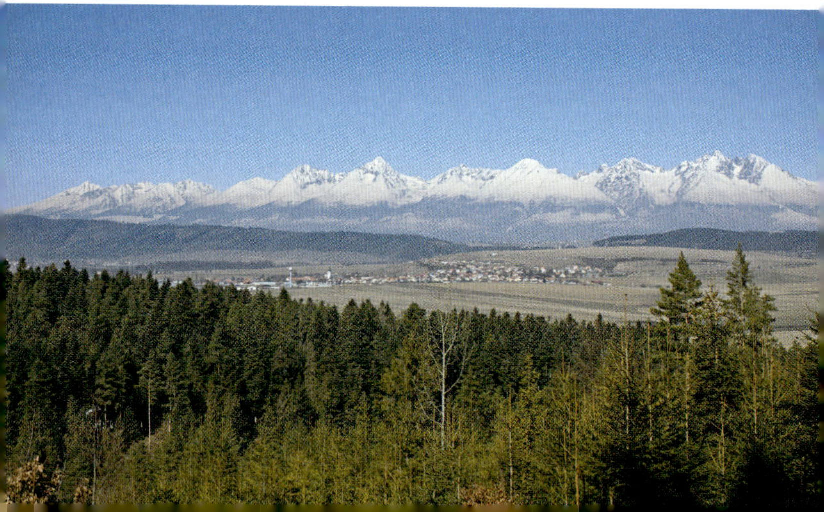

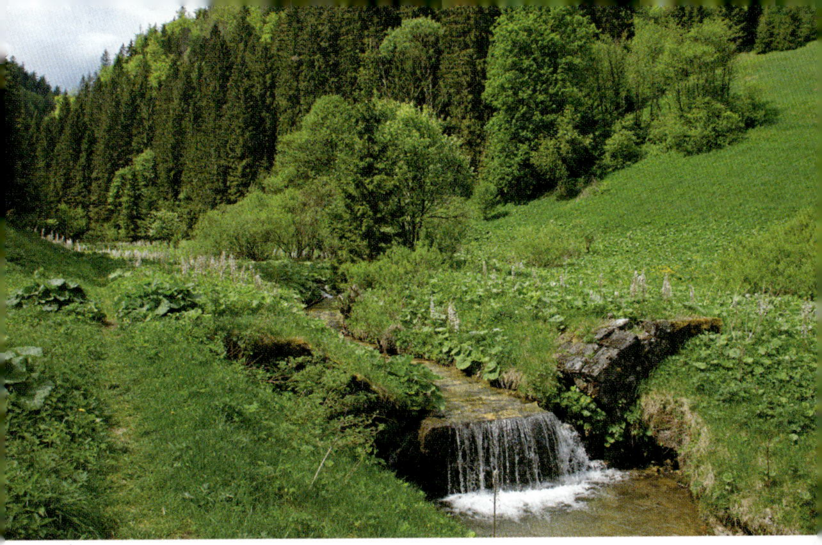

Im Tal Tiesňavy (Tour 40).

tauchen auch ältere Nichtkarstgesteine wie Sandsteine, Quarze und Schiefer auf, die im Palöozoikum entstanden sind. Ganz am westlichen Rand des Slowakischen Paradieses – genau im Übergang zur Niederen Tatra findet sich auch kristalliner Schiefer und Granitgesteine. Der erdgeschichtlich jüngste Teil des Slowakischen Paradieses befindet sich im Norden und das hier vorkommende Gestein wird von den Geologen als Innerkarpatenflysch bezeichnet. Sandsteine und Schiefer wechseln hier und lagern über Schichten von Kalkkonglomeraten.
In der jüngeren Entwicklungsetappe des Gebiets – genauer gesagt im jüngeren Tertiär und Quartiär – hat sich das Gelände durch tektonische Verschiebungen angehoben. Die vorhandenen Flüsse und Bäche haben sich tief in das Gelände eingegraben und es entstanden die vielen Schluchten und Täler, die im Rahmen der hier vorgestellten Wanderungen begangen werden können. Interessant ist, dass das Relief des Gebirges vom Norden in den Süden ansteigt. Sind die nördlichen Berge um den Fluss Hornád etwa 700 bis

Die fünf höchsten Berge des Slowakischen Paradieses

■ Ondrejisko	1272 Meter	
■ Borovniak	1270 Meter	(Variante Tour 39)
■ Strmá prť	1198 Meter	(Variante Tour 39)
■ Vyšná záhrada	1197 Meter	
■ Javorina	1186 Meter	

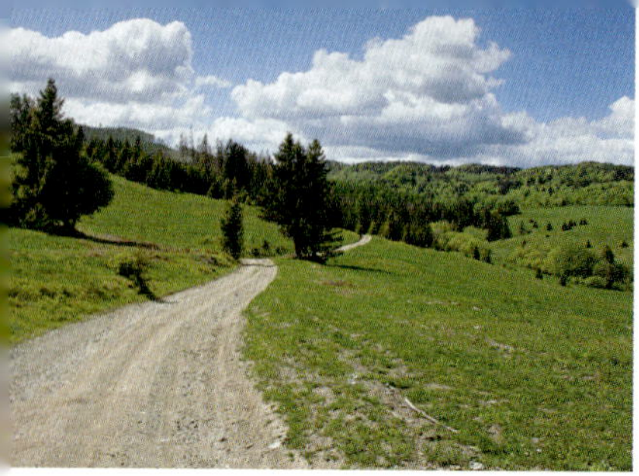

Auf der Karsthochebene Pelc (Tour 39).

800 Meter hoch, so finden wir im Süden viele Gipfel, die über die 1000 Meter-Marke herausragen. Die höchsten Berge des Slowakischen Paradieses finden sich alle im Südwesten des Gebiets. Alle höheren Gipfel im Osten gehören bereits zum Nachbargebirge Volovské vrchy.

Das am weitesten verbreitete Gestein ist der Kalkstein, der sich an der Oberfläche noch relativ gut erhalten hat. Im Inneren ist das gesamte Gelände jedoch durchlöchert, und es gibt mehr als 200 Höhlen. Das Wasser, das durch den Kalkstein leicht in den Untergrund gelangen konnte, hat komplexe Höhlensysteme geschaffen. Die größte Höhle ist die 1974 entdeckte Stratenská jaskyňa, wo mittlerweile über 20 Kilometer Gänge erforscht sind. Es handelt sich somit um die zweitgrößte Höhle der Slowakei. Leider bleibt der Besuch Höhlenforschern vorbehalten. Die einzige für die Öffentlichkeit zugängliche Höhle ist die Dobšinská ľadová jaskyňa (Dobschauer Eishöhle). Die 1870 entdeckte und durch die Strömungsaktivitäten des Flusses Hnilec entstandene Höhle gehört zu den größten Eishöhlen

Silberdisteln.

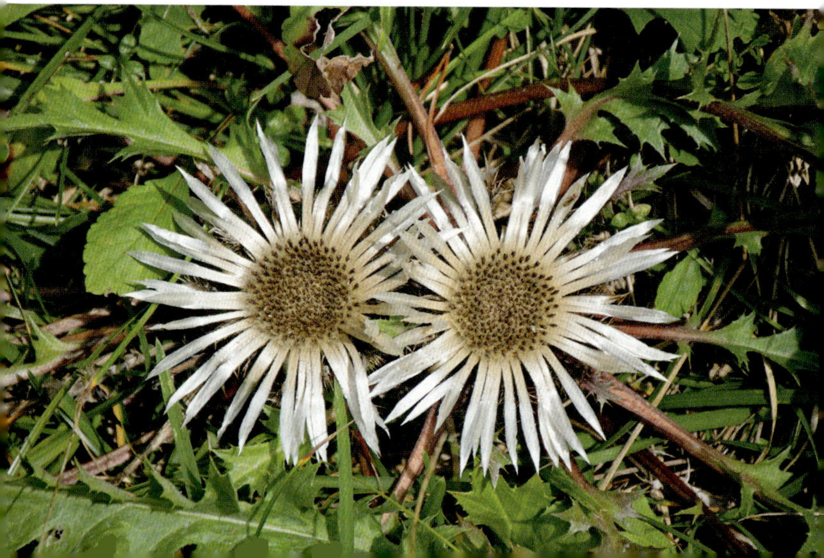

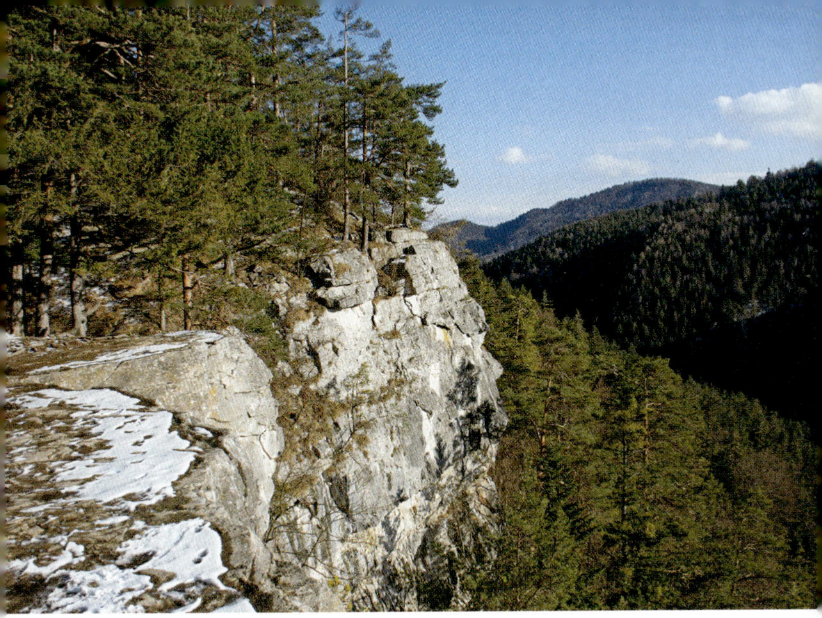

Die wilde Abbruchkante an der Tomášovský výhľad (Tour 52).

Europas. Insgesamt 110.000 Kubikmeter Eis befinden sich hier. Die Temperatur in der Höhle beträgt zwischen –3,8 C° und +0,5 C°, sodass die Eisdecke auch langfristig erhalten bleibt. Die Eisdicke im großen Saal der Höhle beträgt 26,5 Meter – von keiner Eishöhle in Europa sind größere Werte bekannt. Da sich aufgrund der vielen Besucher bereits mikroklimatische Veränderungen ergeben haben, wurden die Besuchszahlen reguliert und eine spezielle Beleuchtung installiert, die nur sehr wenig Wärme abstrahlt. Eine weitere interessante Höhle im Slowakischen Paradies ist die Medvedia jaskyňa (Bärenhöhle), wo viele Überreste des bereits ausgestorbenen Höhlenbären gefunden wurden. Die Knochenfunde werden auf 15.000 Jahre geschätzt. In der Höhle Zlatá diera befindet sich eine sprudelnde Karstquelle.
Das Slowakische Paradies besteht aus einer Vielzahl von Karsthochebenen, die sich im Rahmen der tektonischen Bewegungen um etwa 500 bis 600 Meter über das Niveau des Flusses Hornád angehoben haben. Das größte und am besten erhaltene Plateau heißt Glac und liegt im Norden des Gebiets. Die meisten zugänglichen Schluchten haben hier ihren Ursprung. Weitere bekannte Karstplateaus sind Geravy und Pelc, die sich auf der Südseite befinden. Die Täler, die diese Karsthochebenen durchschneiden sind alle extrem eng. Insgesamt 14 Täler haben einen klammähnlichen Charakter – die meis-

Die höchsten Wasserfälle im Slowakischen Paradies

■ Závojový vodopád	65 Meter	(Sokolia dolina – Tour 56)
■ Obrovský vodopád	60 Meter	(Kyseľ – Tour 50, 57)
■ Karolinyho vodopád	25 Meter	(Kyseľ – Tour 50, 57)
■ Kaplnkový vodopád	15 Meter	(Kyseľ – Tour 50)
■ Okienkový vodopád	15 Meter	(Suchá belá – Tour 59)

ten davon liegen auf der Nordseite des Gebirges. Alle diese Schluchten besitzen ein sehr unausgeglichenes Profil. Es gibt mehrere Felsstufen und die Bäche haben teilweise mächtige Wasserfälle gebildet. Forscher vermuten, dass einige Schluchten auch durch das Einstürzen von Decken im Innern des Massivs entstanden sind. Am südlichen Ende des Slowakischen Paradieses befindet sich das Tal des Hnilec. Es wird als eines der ältesten Täler der Westkarpaten eingeschätzt. Während das Tal im Bereich um Stratená und Prostredný Hámor aufgrund der Kalksteine und Dolomite sehr eng und tief ist, so ist es im Bereich des Stausees Palcmanská Maša relativ weit – Grund hierfür soll laut Forschern vorhandenes und deutlich weicheres Schiefergestein in diesem Gebiet sein.
Ein besonders schönes und atemberaubendes Durchbruchstal hat der Fluss Hornád geschaffen. Dem Hornád ist es nicht gelungen, in weichere Sedimente auszuweichen. Er wurde zum Verbleib in den widerstandsfähigen Kalkstei-

Spannende Wegführung im Tal Tomášovská Belá (Tour 45 und 56).

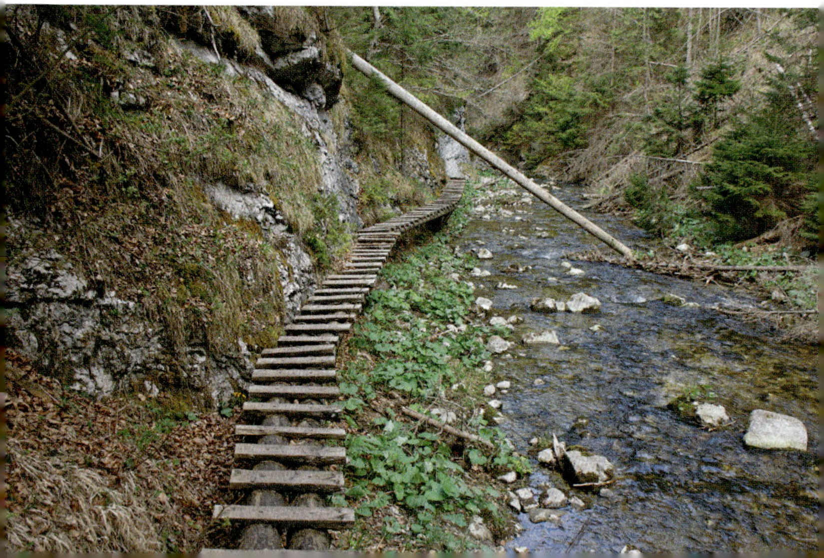

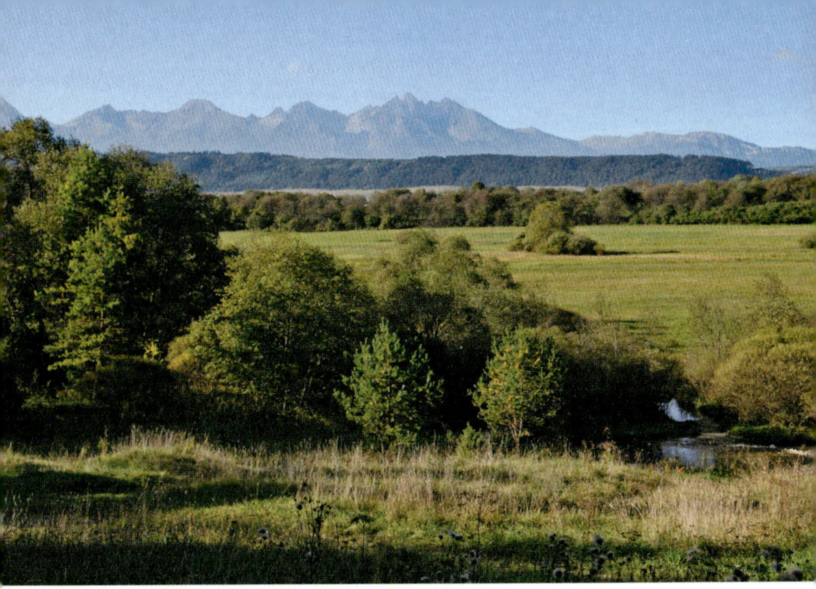

Podlesok – Ausgangspunkt vieler Wanderungen im Slowakischen Paradies.

nen und Dolomiten gezwungen und hat somit sein herrliches Durchbruchstal geformt, das im Rahmen der Wanderung 53 besucht werden kann.
Das Slowakische Paradies befindet sich klimatisch gesehen an der Grenze des warmen und trockenen Hornádbeckens im Norden und dem kühleren und feuchten Slowakischen Erzgebirges im Süden. So sind die Gebiete um Podlesok und Čingov mäßig warm und nass mit kalten Wintern. Die Durchschnittstemperatur im Sommer liegt bei immerhin + 16 Grad Celsius. Die Niederschlagsmengen betragen im jährlichen Durchschnitt etwa 650 Millimeter, wobei der meiste Regen im Sommer fällt und die Winter relativ trocken sind. Die höher gelegenen Karsthochebenen und das Hnilec-Tal sind merklich kühler und feuchter. Die Sommertemperatur liegt je nach Lage zwischen + 12 und + 16 Grad Celsius und die durchschnittliche jährliche Regenmenge im Hnilec-Tal bei der Dobschauer Eishöhle beträgt mit knapp 1000 Millimeter deutlich mehr, als an den nördlichen Rändern der Region. Auch schneit es hier mehr und bei Geravy hält sich im Schnitt an 118 Tagen eine geschlossene Schneedecke – bei einer Höhe von gerade einmal 1000 Metern schon sehr beachtlich.
Auf dem Gebiet des Slowakischen Paradieses gibt es 17 Quellen auf den Karstplateaus, die nicht sehr wasserreich sind und nur das Gebiet um den direkten Einzugsbereich versorgen. Die 21 Talquellen dagegen stoßen alle

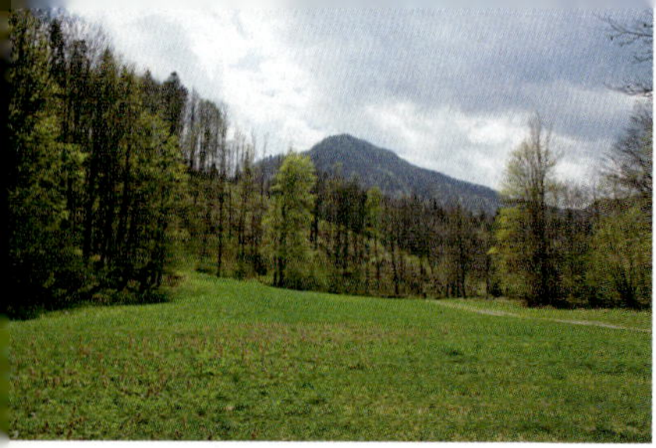

Die Červená skala von Klauzy aus gesehen (Tour 45).

sehr viel Wasser aus und treten vor allem an der Grenze zwischen Karstgestein und undurchlässigem Untergrund auf. Eine Besonderheit stellt die Občasný prameň (Gelegentliche Quelle) dar. Hier steigt das Wasser nur zu bestimmten Zeiten an die Oberfläche. Je nach Jahreszeit, Menge des Grundwassers und des vorangegangenen Niederschlags ist der Ausstoß der Quelle größer oder sehr gering.

Alle vorhandenen Gewässer des Slowakischen Paradieses fließen im Norden in den Hornád und nehmen im Süden den Umweg über den Hnilec, der jedoch später auch in den Hornád mündet.

Da das Slowakische Paradies zum großen Teil aus Karst besteht, dominieren Kalkböden. Auf den Karsthochebenen haben sich auch an einigen Stellen noch Lößböden erhalten. Die Flora und Fauna auf dem Gebiet ist ungeheuer vielfältig. Gut 90% des Territoriums ist von Wald bedeckt – vorwiegend finden sich Fichten, Tannen, Buchen und sogar Kiefern. Auf den Karsthochebenen gibt es auch große gerodete Flächen, auf denen vor allem Wiesenpflanzen wachsen. Insgesamt 930 unterschiedliche Pflanzenarten haben die Forscher

Im Hornád-Durchbruch (Tour 53).

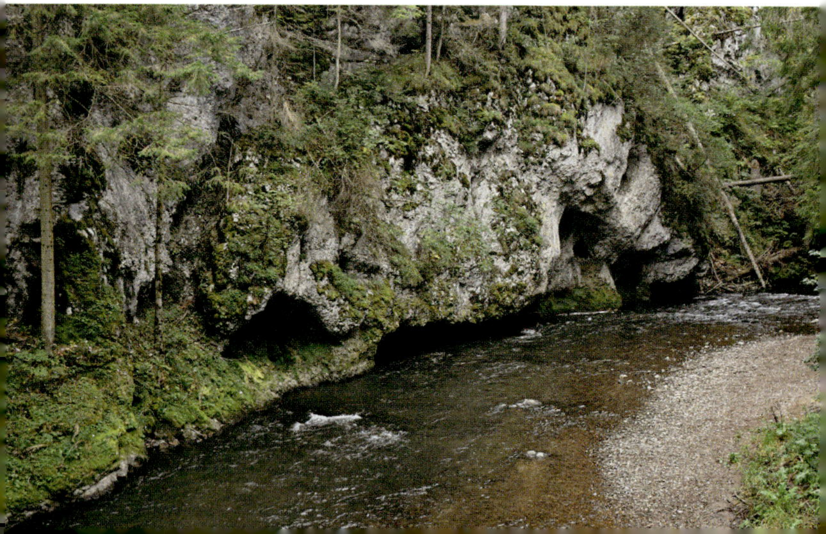

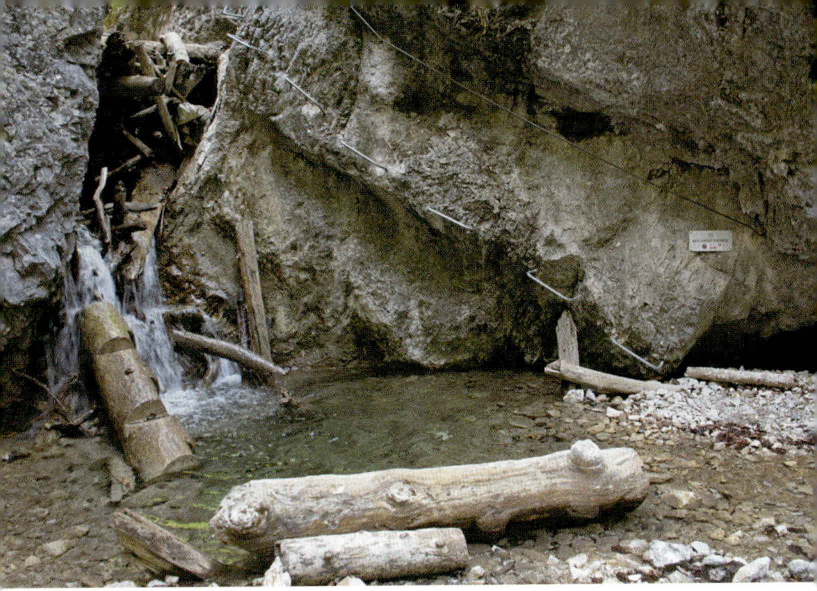

Kaplnkový vodopád in der Schlucht Kysel' (Tour 50).

gezählt – 19 davon kommen nur in den Westkarpaten vor, 6 Pflanzenarten gibt es nur hier. Eine der größten Besonderheiten ist die Vielzahl von Schmetterlingen, die im Slowakischen Paradies anzutreffen sind – 2000 verschiedene Arten wurden gezählt. Zudem gibt es auch über 450 unterschiedliche Arten von Käfern. Die bekanntesten Säugetiere, die wir hier im Nationalpark antreffen können sind Rotwild, Wildschweine, Marder, Luchs, Wolf und Bär. Neben zahlreichen Raubvögeln gibt es auch verschiedene Singvogelarten wie beispielsweise den Birkenzeisig, den Tannenhäher oder die Ringdrossel. In den Gewässern leben vor allem Äschen, Döbel und Forellen.

Der Nationalpark Slowakisches Paradies wurde am 18. Januar 1988 gegründet. Er schließt sich im Westen direkt an den Nationalpark Niedere Tatra an und endet im Osten an den Ausläufern der Volovské vrchy. Die höchste Erhebung im Nationalpark ist der Berg Predná hoľa, der jedoch geografisch noch zur Niederen Tatra gezählt wird. Die Fläche des Nationalparks besteht aus dem Kernbereich mit einer Größe von 197,63 km² und einer sich anschließenden Schutzzone mit einer Größe von 130,11 km². Auch diesen Nationalpark hat man in mehrere Unterbereiche gegliedert – der größte besonders geschützte Bereich ist mit knapp 950 Hektar die Kyseľ-Schlucht.

Folgende Doppelseite: Auf dem Chopok, dem meistbesuchten Gipfel der Niederen Tatra.

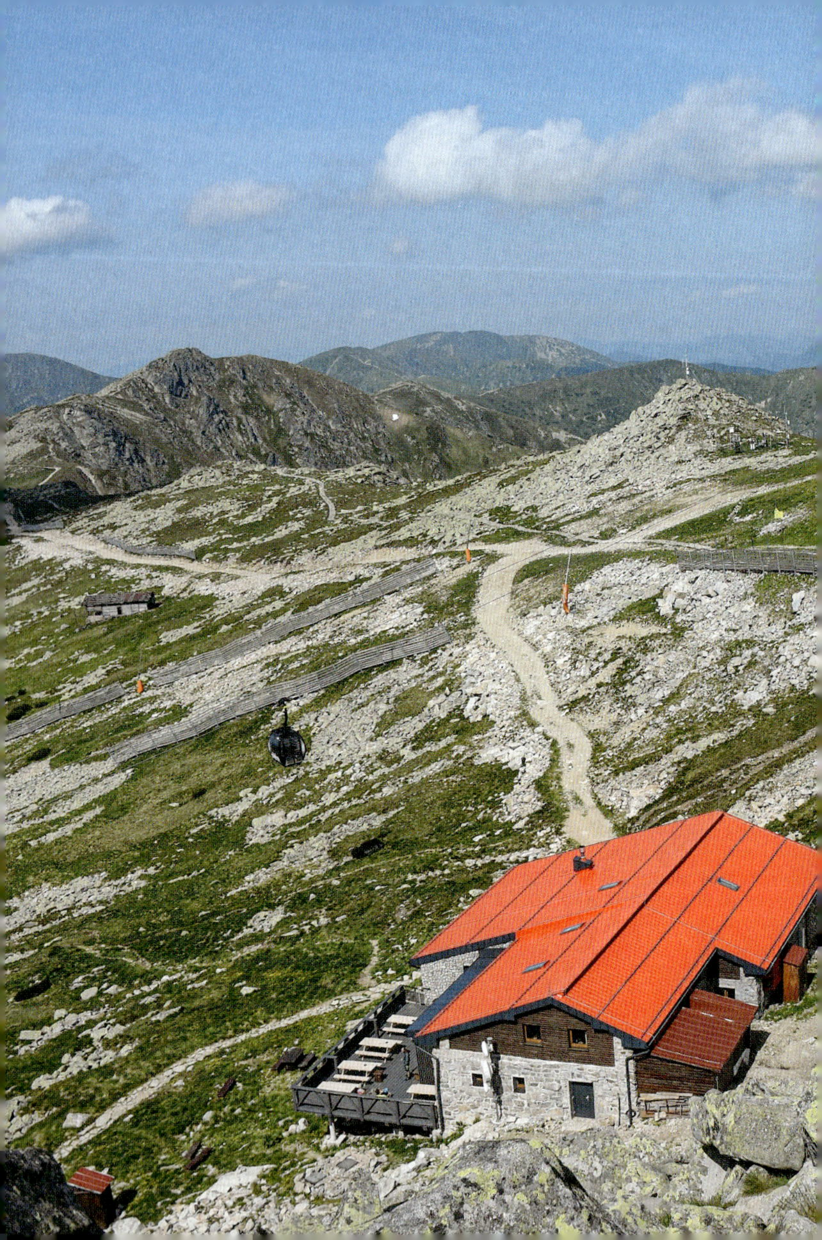

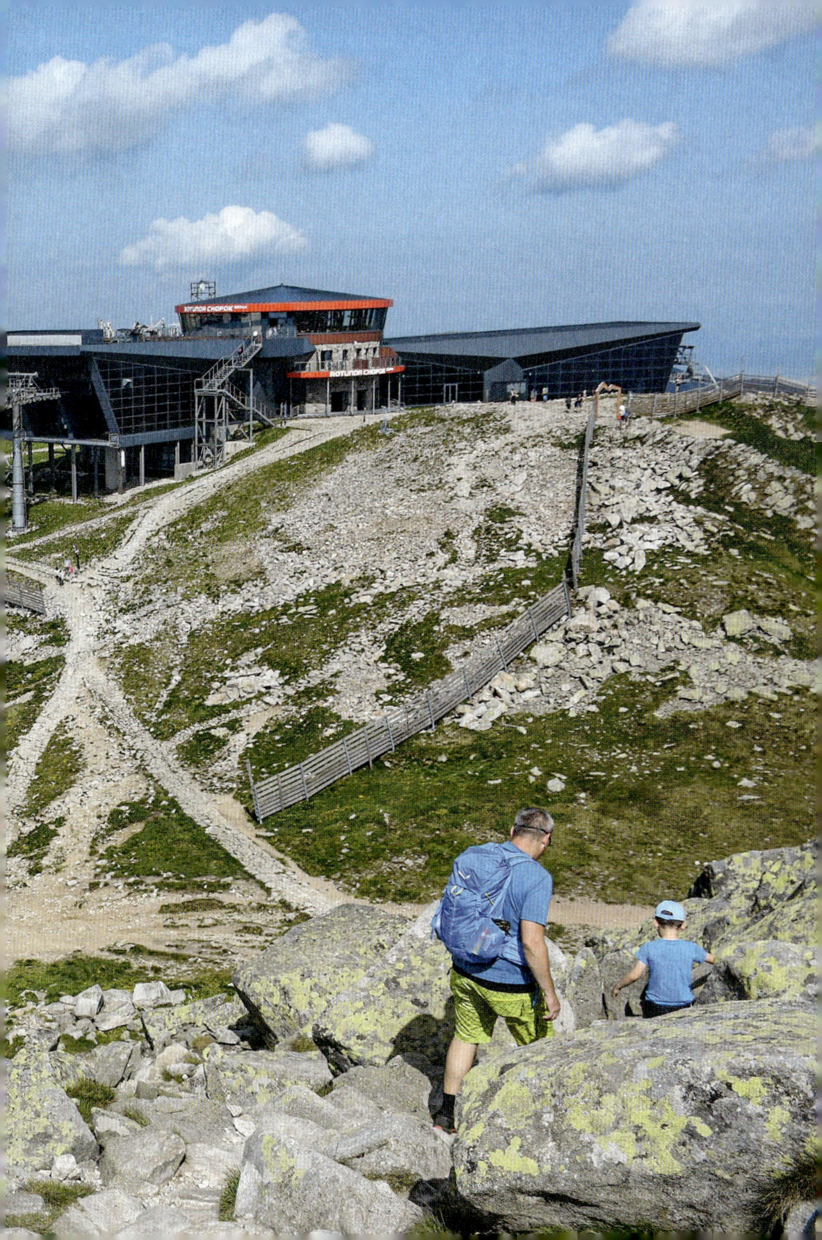
ROTUNDA CHOPOK
ROTUNDA CHOPOK

1 Von Poprad nach Liptovská Teplička

8.15 Std.

Von der Großstadt an den Fuß der Niederen Tatra

Poprad ist mit 51.000 Einwohnern die zehntgrößte Stadt der Slowakei und idealer Ausgangspunkt für Wanderungen in der Niederen Tatra und dem Slowakischen Paradies. Auf unserer Tour gehen wir vom Bahnhof zunächst zu den ersten Erhebungen des kleinen aber eigenständigen Gebirges Kozie chrbty, das sich genau zwischen Poprad und der Niederen Tatra befindet. Aussichtsreicher Höhepunkt ist die Besteigung des 1255 m hohen Bergs Kozí kameň. Im Abstieg bietet sich vom Kamm aus ein herrlicher Blick auf die Hohe Tatra. Über die Ortschaft Vikartovce wandern wir durch Wald,durch Gebiete, die sich im Nachwachsen befinden und über Felder nach Liptovská Teplička.

Ausgangspunkt: Bahnhof von Poprad, 672 m, kostenlose Parkmöglichkeiten in der Umgebung, sehr gute Bus- und Bahnanbindung aus dem gesamten Land.
Endpunkt: Liptovská Teplička, 919 m.
Höhenunterschied: 1080 m im Aufstieg und 830 m Abstieg.
Anforderungen: Anspruchsvolle und lange Tageswanderung mit großem Höhenunterschied, mit Ausnahme der Region um den Kozí kameň sind wir meist auf breiten Wegen unterwegs. Dort sind einige Passagen im Auf- und Abstieg auch sehr steil.
Einkehr: In Poprad und in Spišská Teplica gibt es Einkehrmöglichkeiten. Am Endpunkt in Liptovská Teplička befindet sich nur etwa 1 km außerhalb ein Restaurant. An allen Orten auf der Strecke können Lebensmittel besorgt werden.
Variante: Nur den Kozí kameň besteigen und im Abstieg auf dem Kamm die traumhafte Aussicht auf die Hohe Tatra genießen.
Karte: SHOCart 1102 – Nízke Tatry Kráľova hoľa 1:50.000.

Vom **Bahnhof** in **Poprad (1)** gehen wir auf dem Bürgersteig zunächst zum Hotel Gerlach, dort rechts zur Ulica Alžbetina und links weiter bis zum Kreisverkehr. Die Ausfahrt mit dem Hinweis auf die Sackgasse (Ulica Huszova) leitet durch ein ruhiges Wohngebiet an das Ufer des Flusses Poprad heran und geht dort in einen Radweg über. Nach knapp 300 m wird nach einer Linkskurve die Bundesstraße unterquert. Nach zwei Lagerhallen verlassen wir den Weg und gehen geradeaus auf einem **Pfad (2)** ins Feld. Dieser wird zu einem Feldweg und verläuft an Ackerflächen und Wiesen vorbei zu einer

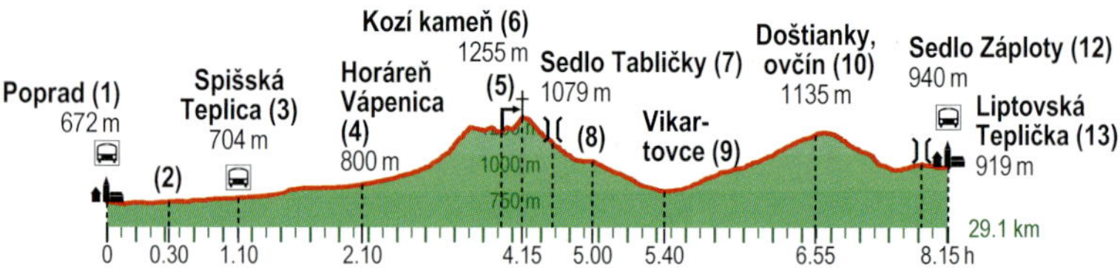

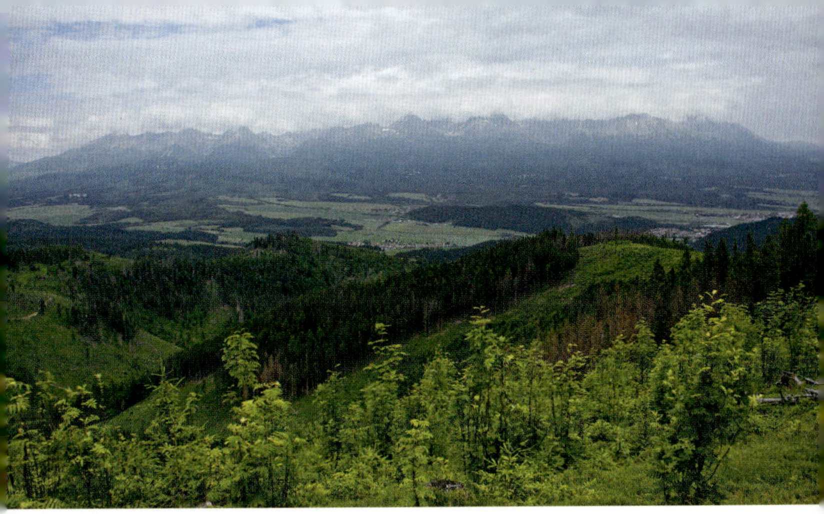

Im Abstieg vom Kozí kameň bietet sich ein herrlicher Blick auf die Hohe Tatra.

Landstraße. Über den neu errichteten Radweg geht es links neben der Landstraße bis nach **Spišská Teplica (3)**.

Ab hier ist die Tour mit der blauen Wandermarkierung gekennzeichnet. Über die Straßen Ulica Obrancov mieru und Lesná verlassen wir den Ort in Richtung einer bewaldeten Hügelkette und gelangen über einen kleinen Sattel an die Rückseite des Massivs. Die Straße bleibt uns bis zum Forsthaus **Horáreň Vápenica (4)** erhalten. Hinter der letzten Einzäunung zieht sich links ein unbefestigter Forstweg in ein Seitental hinein. Diesem wird bis zu seinem Ende bei einem Hochstand gefolgt. Ein kleiner Waldweg führt rechts sehr steil hinauf zu einer ersten Anhöhe mit traumhaften Ausblicken. Im zweiten Teil des Anstiegs sind einige Abschnitte im Sommer etwas zugewachsen. Nach der Querung eines Hangs im Abstieg, heißt es kurz darauf nochmals aufpassen – ein kaum erkennbarer **Pfad (5)** zweigt nach rechts ab und ist im weiteren Verlauf wieder besser zu sehen. Über die südöstliche Flanke geht es nochmals steil hinauf zum Gipfel **Kozí kameň (6)**.

Nach einem Eintrag ins Gipfelbuch heißt es Abschied nehmen. Der Pfad verläuft über den Bergrücken in westliche Richtung nach unten. Im Abstieg bietet sich ein fantastischer Ausblick auf die Hohe Tatra. Am **Sedlo Tabličky (7)** folgen wir der grünen Markierung nach links über den Wegweiser **»Jakubčáková« (8)** bis zu einem großen Platz, wo links abgebogen wird. Nach etwa 100 m zweigt nochmals ein Waldweg nach rechts ab. Eine Gabelung hat keine Bedeutung, da beide Wege kurz darauf wieder zusammen und nach **Vikartovce (9)** hinunter führen.

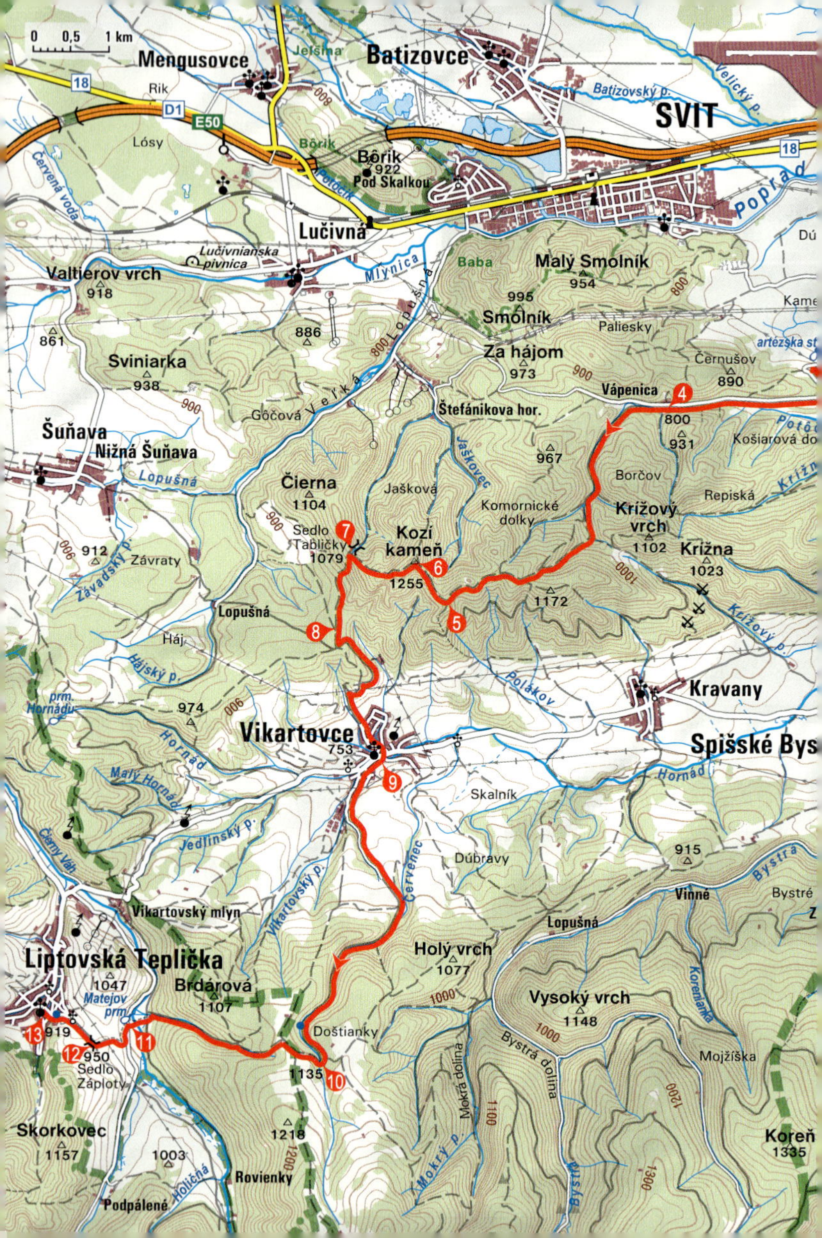

0 0,5 1 km
Mengusovce
Batizovce
Jelšina
Rik
Lósy
SVIT
Batizovský p.
Velický p.
D1
E50
18
Bôrik
922
Pod Skalkou
Potôčik
Červená voda
Poprad
Lučivná
Lučivnianska pivnica
Mlynica
Baba
Malý Smolník
954
995
Smolník
Paliesky
Valtierov vrch
918
861
886
Lopušná
Za hájom
973
Černušov
890
artézska st
Sviniarka
938
Gôčová
Veľká
Vápenica
800
931
Štefánikova hor.
Košiarová do
Šuňava
Nižná Šuňava
967
Borčov
Čierna
1104
Jašková
Jaškovec
Komornické dolky
Krížový vrch
1102
Repiská
Krížna
1023
Sedlo Tabličky
1079
Kozí kameň
1255
1172
912
Závraty
Závadský p.
Háj
Hájský p.
Polákov
Krížový p.
Kravany
prm. Hornádu
974
Vikartovce
753
Spišské Bys
Hornád
Malý Hornád
Skalník
Jedlinský p.
Čierny Váh
Vikartovský p.
Červenec
Dúbravy
915
Vinné
Bystrá
Bystré
Vikartovský mlyn
Lopušná
Holý vrch
1077
Liptovská Teplička
1047
Brdárová
1107
Matejov prm.
Vysoký vrch
1148
Korenianka
919
950
Sedlo Záploty
Doštianky
1135
Mojžíška
Mokrá dolina
Bystrá dolina
Skorkovec
1157
1003
1218
Rovienky
Podpálené
Holičná
Mokrý p.
Koreň
1335
1000
1100
1200
1300
4
5
6
7
8
9
10
11
12
13

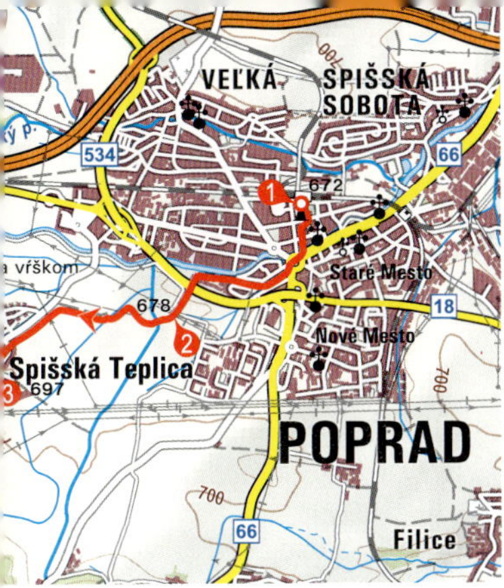

Das grüne Wanderzeichen leitet rechter Hand an der Hauptstraße entlang bis kurz vor eine Brücke und dort nach links. An den folgenden drei Gabelungen ist genau auf die Markierung zu achten Die Straße geht in einen Schotterweg über, die sich stetig ansteigend in ein weites Tal hineinzieht. Nach knapp 1.30 Std. ist die Kreuzung **Doštianky, ovčín (10)** erreicht.

Ein Forstweg leitet mit blauem Markierungszeichen rechts zu einer Wiese. Wir halten uns nach einem Hochstand an der Baumreihe, bis ein blauer Pfeil nach links weist. An den Bäumen hinter der Wiese beginnt ein Weg, und auch Markierungen sind wieder gut auszumachen. Es geht direkt ins Tal zu einer Straße hinunter. Ein paar Meter links von uns führt eine Treppe in einen sumpfigen Bereich, der mittels Holzbohlen überquert wird. Am nächsten Schotterweg muss nochmals aufgepasst werden. Am **Abzweig (11)** biegt die blaue Markierung erst rechts und direkt hinter einem Baum im 150-Grad-Winkel links ab und zieht sich über Felder hinauf zum **Sedlo Záploty (12)**. In nur 10 Min. gehen wir rechts hinunter nach **Liptovská Teplička (13)**, wo die Tour im Zentrum endet. Der Bus fährt hier direkt nach **Poprad (1)** zurück.

Die historischen Keller in Liptovská Teplička.

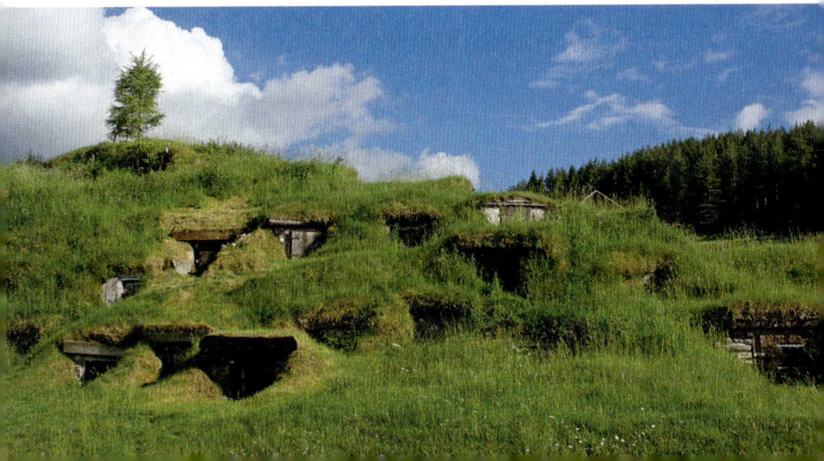

2 *Rundweg von Liptovská Teplička zur Kráľova hoľa, 1946 m*

10.00 Std.

Zum höchsten Berg im Osten des Gebirges

Die Kráľova hoľa gehört zu den markantesten und meistbesuchten Bergen der Niederen Tatra. Es handelt sich zwar nur um eine Kuppe. Aufgrund ihrer über 100 m hohen Antennenspitze ist sie von weit her bereits sichtbar. Von hier werden auch heute noch Radio- und Fernsehprogramme in die östlichen Landesteile ausgestrahlt. Unterhalb des Gipfels befindet sich einer der Quellen des Váh – mit 403 Kilometern der längste Fluss der Slowakei und im Abstieg kommen wir an den Felsformationen Martalúzka vorbei, die in einer sehr idyllischen Lage unzählige Fotomotive bieten. Bei extrem guter Fernsicht wurden vom Gipfel bereits die über 300 Kilometer Luftlinie entfernten Berge der Munții Apuseni in Rumänien beobachtet.

Ausgangspunkt: Liptovská Teplička, 919 m, Parkmöglichkeiten im Dorf, Bushaltestelle am Ausgangspunkt, gute Bus und Straßenanbindung an Poprad.
Höhenunterschied: 1260 m.
Anforderungen: Anspruchsvolle und sehr lange Tageswanderung mit großem Höhenunterschied auf meist guten Pfaden und Wegen, im Bereich unter der Kráľova hoľa ist der Pfad steil.
Einkehr: Mehrere Lebensmittelläden in Liptovská Teplička, im Zentrum gibt es ein Gasthaus, das Restaurant der Pension Dolinka befindet sich etwa einen Kilometer vom Ausgangs- und Endpunkt entfernt am oberen Ortsende, auf der Tour keine.
Variante: Von der Kráľova hoľa besteht die Möglichkeit, ins Hron-Tal abzusteigen oder über den Kammweg zur Útulňa Andrejcová zu wandern.
Karte: SHOCart 1102 – Nízke Tatry Kráľova hoľa 1:50.000.
Tipps: An der Váh-Quelle und später hinter dem Smrečinské sedlo die Wasservorräte auffüllen (Im August 2022 führte die Quelle im Dorf gar kein Wasser!). – Ein paar Meter westlich der Sendeantenne befinden sich die Felsen der Kráľova hoľa. Von hier aus kann man die komplette Niedere Tatra bestaunen. – An den Felsen Martalúzka bieten sich fantastische Ausblicke auf ein wildes Seitental.

Wir folgen in **Liptovská Teplička (1)** der grünen Wandermarkierung, die uns bis hinauf zum Gipfel leitet. Vorbei an der Quelle und dem Friedhof geht es hinauf zum **Sedlo Záploty (2)** und hinunter ins Nachbartal zur Kreuzung **Výpad (3)**. Ein asphaltierter Weg steigt nun ganz langsam an und bringt uns so in 1 Std. zum **Wegweiser »Horáreň Veľký Brunov« (4)**. Wir zweigen rechts auf einen Weg ab und folgen diesem zunächst bis hinter eine weite Linkskurve mit Bachquerung. An den nun folgenden Gabelungen wird erst links und später rechts abgebogen. Später beginnt rechts ein Pfad, der direkt zum neben einer Bergwiese liegenden **Sedlo Záturňa (5)** führt. Kurz hinter dem Sattel leitet ein Waldweg rechter Hand hinauf und vor einem Bachlauf zweigt erneut rechts unser steil ansteigender Pfad ab. Im Rahmen einer Hangquerung gehen wir nochmals ein paar Meter im Auf und Ab zur **Váh-Quelle (6)**.

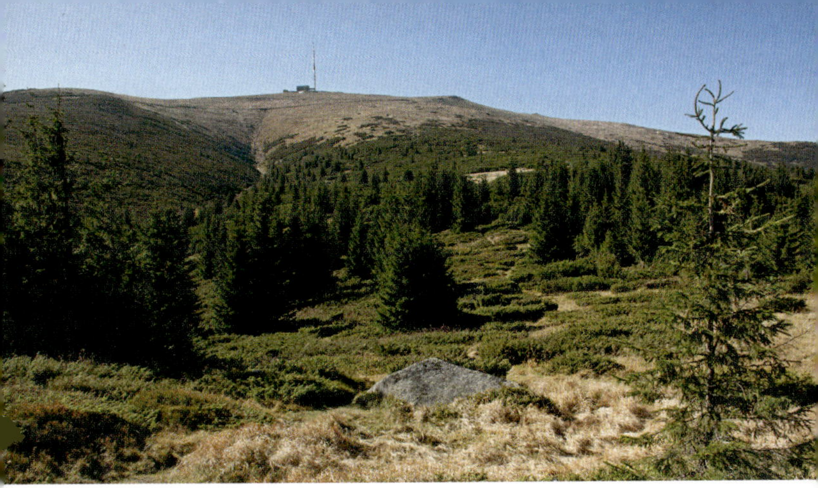

Blick zurück von Martalúzka zur Kráľova hoľa.

Es ist eine der beiden Quellen, des längsten Flusses der Slowakei. Die Bäume werden weniger und unser schmaler Pfad schlängelt sich über Wiesenhänge direkt hinauf zur Antenne auf der **Kráľova hoľa (7)**.

Von hier ab führt uns die blaue Wandermarkierung direkt an der Abspannung der Antenne vorbei bergab. Wir queren die Zufahrtsstraße und steigen nahezu geradeaus hinunter zum **Wegweiser »Martalúzka« (8)**. Die wilde Felsformation befindet sich ein paar Meter weiter rechts vom Weg. Dem Verlauf der Kammlinie folgend geht es weiter zum **Smrečinské sedlo (9)**, wo die grüne Markierung dazustößt, die den Weiterweg weist. Nach einigen Metern geradeaus wird links auf eine Wiese abgebogen. Der Pfad verläuft zwischen einem Schuppen und einer Hütte vorbei, wo ein unbefestigter Zufahrtsweg beginnt. Breite Waldwege leiten am **Sedlo Madejovo (10)** vorbei zu einer großen Wiese. An deren Ende zieht sich eine unbefestigte Forststraße nach links zum **Wegweiser »Doštianky, ovčín« (11)**.

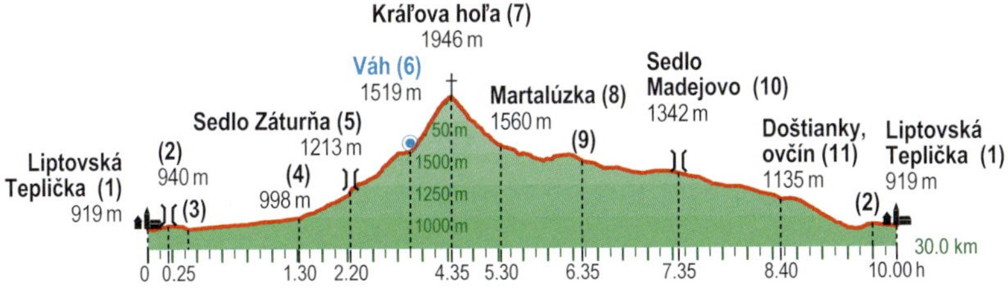

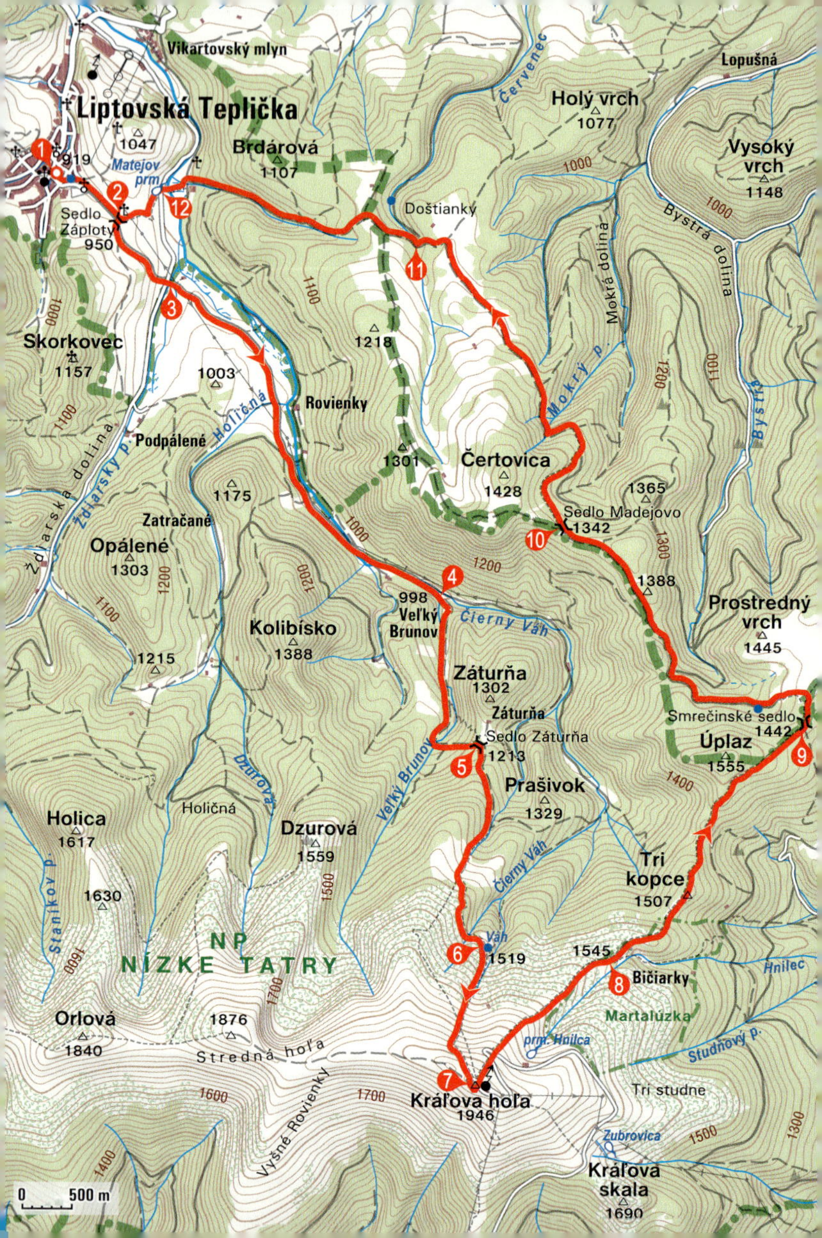
Vikartovský mlyn
Liptovská Teplička
Lopušná
Holý vrch
1077
Vysoký vrch
1148
Brdárová
1107
1047
919
Matejov prm
Sedlo Záploty
950
Doštianky
Červenec
Bystrá dolina
Mokrá dolina
Mokrý p.
Bystrá
Skorkovec
1157
1218
1003
Rovienky
Podpálené
Holičná
1301
Čertovica
1428
1365
Sedlo Madejovo
1342
1388
Prostredný vrch
1445
1175
Zatračané
Opálené
1303
998
Veľký Brunov
Čierny Váh
Kolibisko
1388
Záturňa
1302
Záturňa
Sedlo Záturňa
1213
Smrečinské sedlo
1442
Úplaz
1555
1215
Ždiarska dolina
Ždiarsky p.
Dzurová
Holičná
Prašivok
1329
Veľký Brunov
Holica
1617
Dzurová
1559
Tri kopce
1507
1630
Staníkov p.
NP NÍZKE TATRY
Váh
1519
1545
Bičiarky
Hnilec
Martalúzka
Orlová
1840
1876
Stredná hoľa
prm. Hnilca
Studňový p.
Kráľova hoľa
1946
Tri studne
Vyšné Rovienky
Zubrovica
Kráľova skala
1690
0
500 m

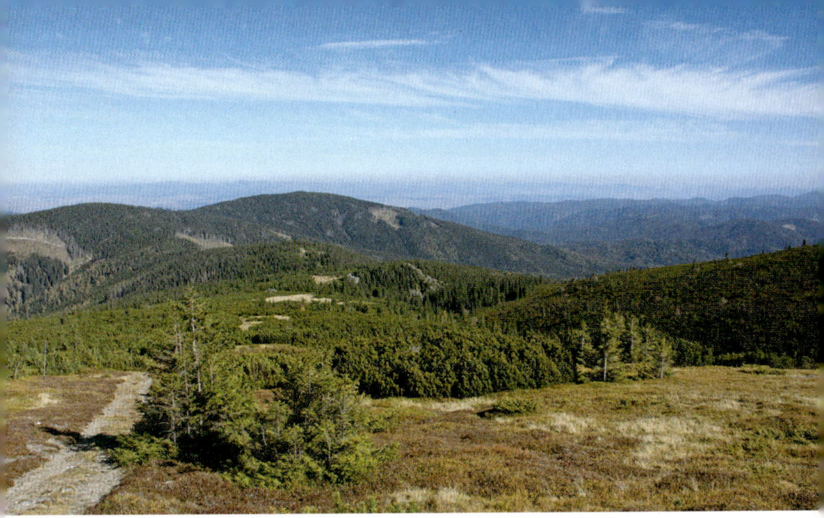

Die östlichen Ausläufer der Niederen Tatra mit dem deutlichen tieferen Slowakischen Paradies.

Auf blauer Markierung gehen wir geradeaus weiter zu einer Wiese und da an einem Hochstand vorbei neben einer Baumreihe entlang bis zu einem Markierungspfeil, der nach links weist. An den Bäumen hinter der Wiese beginnt ein Waldweg und auch Markierungen sind wieder gut auszumachen. Es geht direkt ins Tal zu einer Straße hinunter. Ein paar Meter links von uns führt eine Treppe in einen sumpfigen Bereich, der mittels Holzbohlen überquert wird. An der nächsten Forststraße muss nochmals aufgepasst werden. Am **Abzweig (12)** biegt die blaue Markierung erst rechts und direkt hinter einem Baum im 150-Grad-Winkel links ab und zieht sich über Felder hinauf zum **Sedlo Záploty (2)**. Liptovská Teplička ist bereits zum Greifen nah. In nur 10 Min. geht es rechts zum **Ausgangspunkt (1)** zurück.

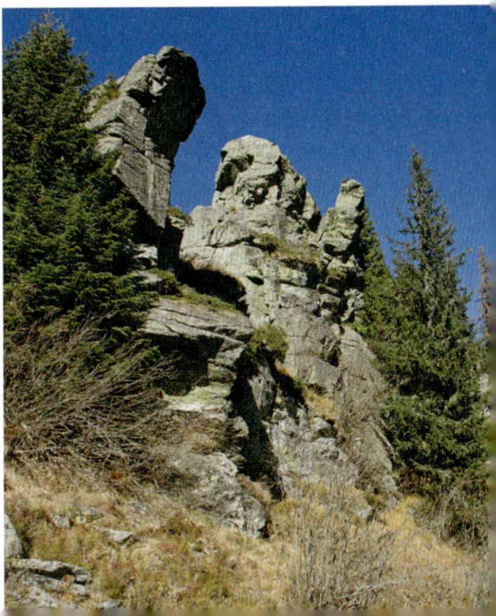

Martalúzka aus dem oberen Zadná dolina aus gesehen.

3 Liptovská Teplička – Hütte Andrejcová – Pohorelá

5.00 Std.

Von Nord nach Süd über den östlichen Teil der Niederen Tatra

Es ist die mit Abstand einfachste Tour, um den Hauptkamm der Niederen Tatra zu überschreiten. Vom Dorfzentrum in Liptovská Teplička führt sie zunächst ins östlich gelegene Paralleltal Ždiarska dolina und dort auf breiten Asphalt- oder Schotterwegen bis zum Hauptkamm. Eine der schönsten Hütten der Slowakei lädt mit Panoramablick auf die Hohe Tatra zum Rasten oder sogar zum Übernachten ein, bevor wir über steile Wege und Pfade auf die Südseite ins Hron-Tal absteigen.

Ausgangspunkt: Liptovská Teplička, 919 m, Parkmöglichkeiten im Ort, Bushaltestelle direkt am Ausgangspunkt.

Endpunkt: Dorfplatz von Pohorelá, 750 m, Bushaltestelle in direkter Umgebung.

Höhenunterschied: 560 m Aufstieg und 730 m im Abstieg.

Anforderungen: Mittelschwere Tageswanderung auf meist breiten Wegen oder Forststraßen.

Einkehr: In Liptovská Teplička gibt es mehrere Läden. Das einzige Restaurant im Dorf befindet sich in der Pension Dolinka am oberen Ortsausgang (etwa 1 Kilometer vom Ausgangspunkt entfernt). Schönste Einkehrmöglichkeit ist in der Útulňa Andrejcová, wo auch einfache Speisen und Getränke angeboten werden. Die Übernachtung im Lager oder im Sommer in den Zelten um die Hütte herum kostet 5 € pro Person. Reservierung erwünscht! Die Hütte ist ganzjährig geöffnet. Von Anfang Mai bis Ende Oktober ist die Hütte bewirtschaftet – außerhalb der Saison mit Einschränkung nur am Wochenende (facebook.com/andrejcova/).In Pohorelá gibt es direkt am Endpunkt der Wanderung ein Restaurant und Einkaufsmöglichkeiten.

Variante: Von der Berghütte können wir auf dem Hauptkamm nach Osten in Richtung Kráľova hoľa oder nach Westen zur Veľká Vápenica weitergehen und von dort nach Heľpa absteigen.

Karte: SHOCart 1102 – Nízke Tatry Kráľova hoľa 1:50.000.

Tipp: Trinkflaschen an der Quelle im Ždiarska dolina oder bei der Hütte füllen (Im August 2022 führte die Quelle im Dorf kein Wasser!).

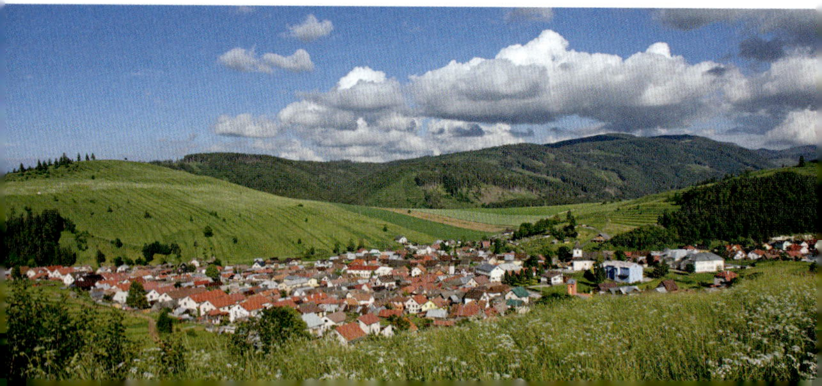

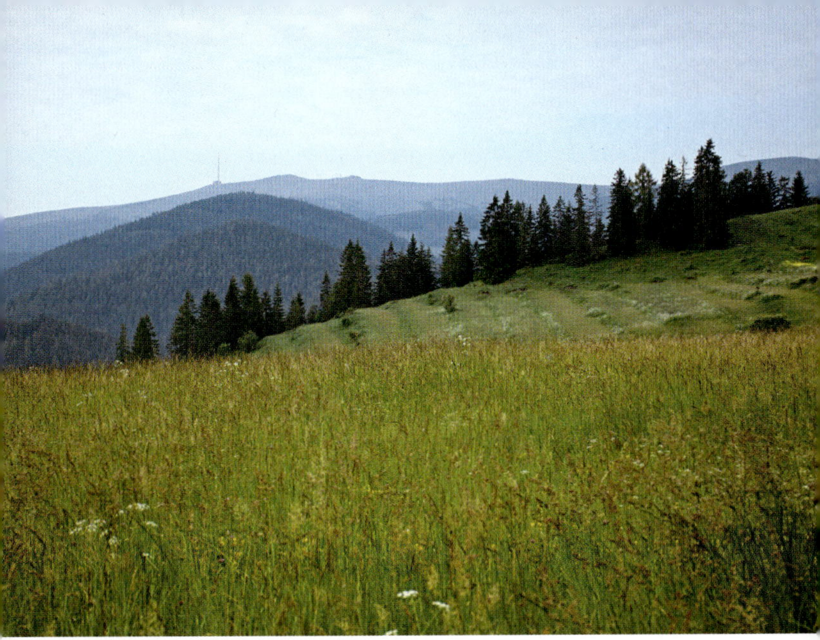

Oben: Blick vom Sedlo Záploty auf die Kráľova hoľa.
Links: Liptovská Teplička.

Vom Ortszentrum von **Liptovská Teplička (1)** leitet uns zunächst die grüne Markierung an einer Quelle, den interessanten Kellern und dem Friedhof vorbei auf den **Sedlo Záploty (2)**. Bei einem Jesuskreuz lädt eine Bank zum Verweilen und Bestaunen der terrassierten Felder ein. Von hier oben folgen wir dem Feldweg hinunter ins Nachbartal zur Verzweigung **Výpad (3)**. Rechts zieht sich eine Teerstraße in ein Tal hinein. Von hier bis zum Endpunkt ist die Wanderung blau markiert. An einer Brücke endet der Asphalt und ein unbefestigter Fortweg verläuft am Gehöft **Staníkovo (4)** und der Verzweigung

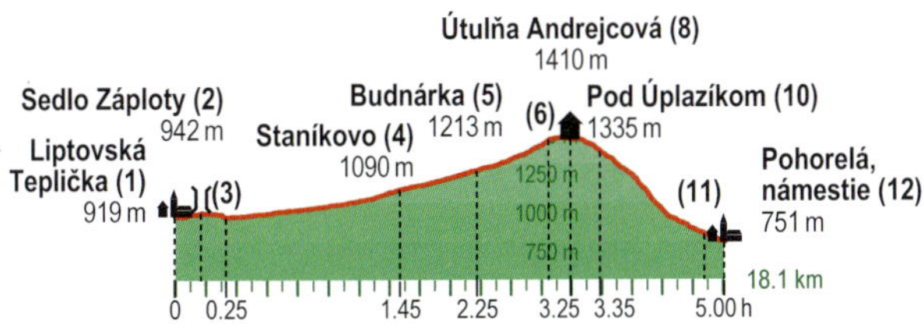

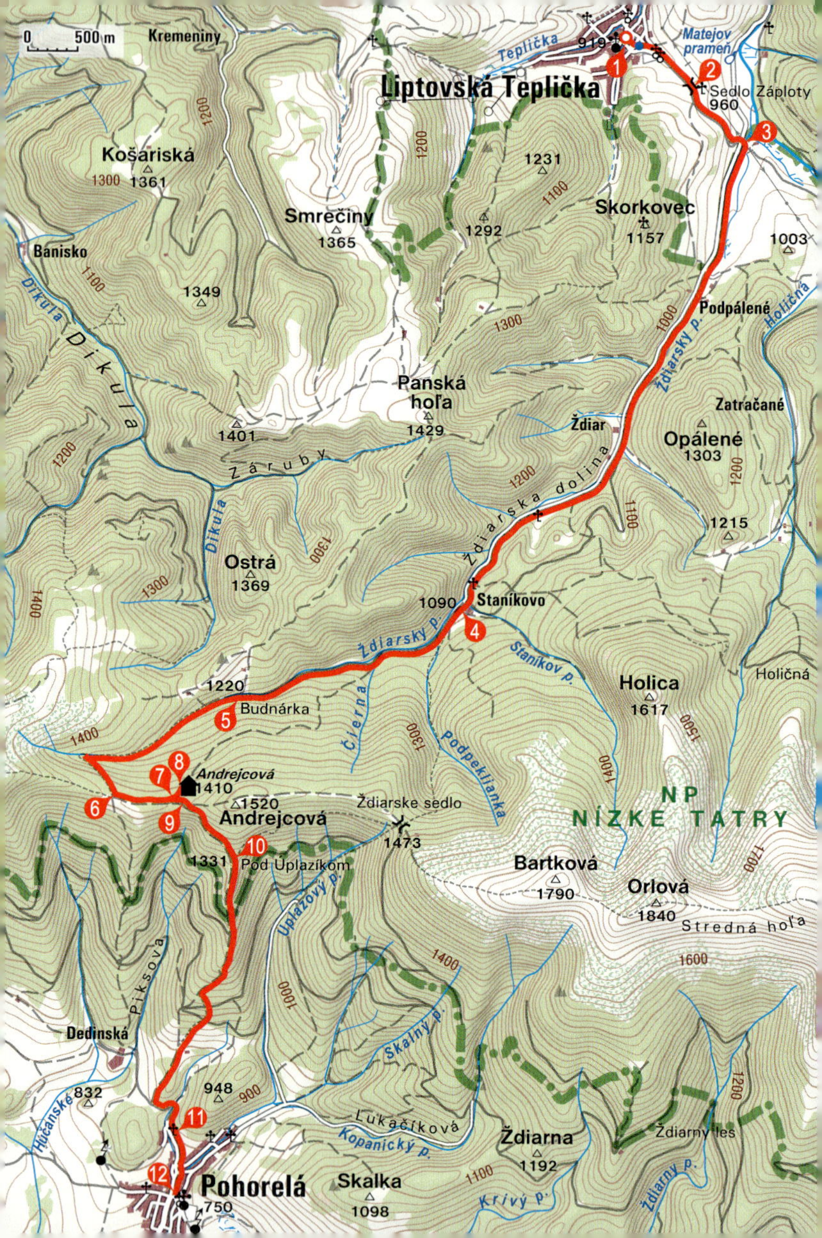

0 500 m
Kremeniny
Liptovská Teplička
Teplička
919
Matejov prameň
Sedlo Záploty
960
Košariská
1361
Smrečiny
1365
1231
1292
Skorkovec
1157
1003
Banisko
1349
Dikula
Podpálené
Ždiarsky p.
Holičná
Panská hoľa
1429
Zatračané
1401
Ždiar
Opálené
1303
Záruby
Ždiarska dolina
1215
Ostrá
1369
1090
Staníkovo
Staníkov p.
1220
Budnárka
Čierna
Podpeklianka
Holica
1617
Holičná
Andrejcová
1410
1520
Andrejcová
Ždiarske sedlo
1473
NP NÍZKE TATRY
1331
Pod Úplazíkom
Úplazový p.
Bartková
1790
Orlová
1840
Stredná hoľa
Piksová
Dedinská
Skalný p.
Hučianské
832
948
Lukáčiková
Kopanický p.
Ždiarna
1192
Ždiarny les
Ždiarny p.
Pohorelá
750
Skalka
1098
Krivý p.

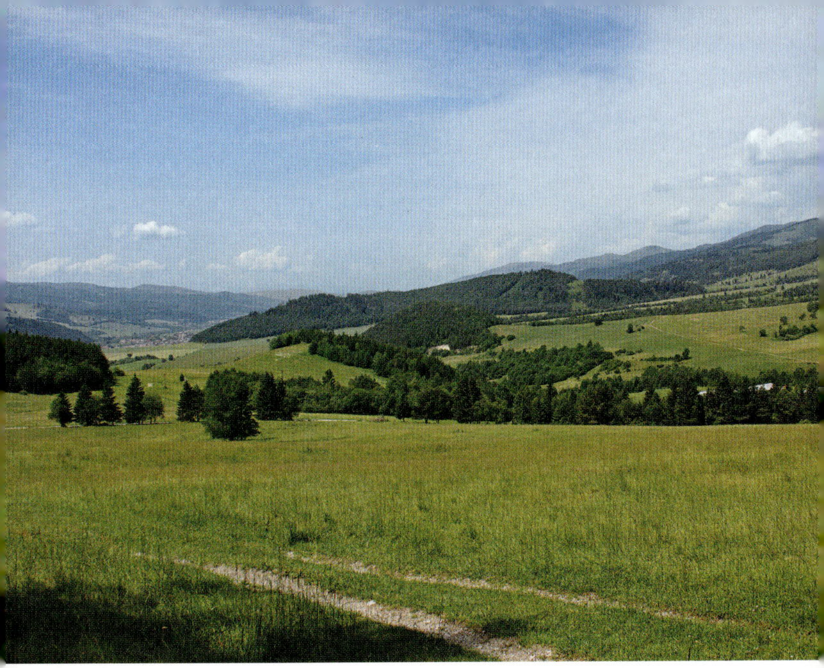

Abstieg ins Hron-Tal.

Budnárka (5) vorbei. Langsam wird es steiler. Nach einer weiten Kurve stößt der Weg auf die Kreuzung **Pod Košariskami (6)**. Auf dem Hauptkamm geht es nach links in etwa 10 Min. zu einem hölzernen Hinweisschild – dem **Abzweig** zur **Útulňa Andrejcová (7)**. Die **Hütte (8)** befindet sich etwa 100 Meter weiter links.Von hier gehen wir wieder zum Kammweg zurück und finden direkt links davon den **Wegweiser »Andrejcová« (9)**. Leicht schräg nach rechts in Richtung eines Jesuskreuzes zieht sich unser schmaler Pfad. Zunächst nur langsam – später deutlich steiler – führt der mittlerweile breite Waldweg am **Wegweiser »Pod Úplazíkom« (10)** vorbei zu einem größeren Platz. Geradeaus weiter geht es zunächst auf einem schmalen Pfad und später einem Wiesenweg in Richtung Tal. Nach zwei Querwegen im Abstieg folgt eine Wiese. Wir orientieren uns am vor uns liegenden Wald, und gehen an seinem rechten Rand zu einem Schotterweg hinunter. Dieser bringt uns nach links in einer Schleife herunter zu den ersten Häusern und am **Wegweiser »Pohorelský medokýš« (11)** vorbei zum Ende der Wanderung am **Hinweisschild »Pohorelá, námestie« (12)**. Über Telgárt und Poprad fahren Busse zum **Ausgangspunkt (1)** zurück.

4 Rundweg von Liptovská Teplička zur Hütte Andrejcová

7.00 Std.

Aussichtsreich zu einer der schönsten Hütten der Slowakei

Es bietet sich förmlich an, den Weg zur Útulňa Andrejcová über den Gipfel der Panská hoľa zu führen. Die Aussicht von hier oben ist zwar nicht besonders lohnend. Dafür bieten die Feldwege zwischen dem Sattel pod Doštiankou und dem Berg herrliche Aussichten. Wir können den Hauptkamm der Niederen Tatra vor und die höchsten Berge der Slowakei in der Hohen Tatra hinter uns bewundern.

Ausgangspunkt: Liptovská Teplička, 919 m, Parkmöglichkeiten im Dorf vorhanden, Bushaltestelle am Ausgangspunkt, gute Bus- und Straßenanbindung an Poprad.
Höhenunterschied: 810 m.
Anforderungen: Anspruchsvolle Tageswanderung mit mäßigem Höhenunterschied, die jedoch sehr lang ist, im Bereich des Sedlo pod Doštiankou und hinter der Panská hoľa müssen wir genau auf den Wegverlauf achten, da die gelben Markierungen nur sehr spärlich vorhanden sind. Der Abstieg nach Budnárka ist sehr steil.
Einkehr: Mehrere Lebensmittelläden und Unterkünfte in Liptovská Teplička, im Zentrum gibt es ein Gasthaus. Am Ortsausgang befindet sich in der Pension Dolinka das einzige Restaurant. Einkehrmöglichkeit bietet die Útulňa Andrejcová, wo einfache Speisen und Getränke angeboten werden. Die Übernachtung im Lager oder im Sommer in den Zelten um die Hütte herum kostet 5 €. Reservierung erbeten! Die Hütte ist ganzjährig geöffnet. Von Anfang Mai bis Ende Oktober ist die Hütte bewirtschaftet – außerhalb der Saison mit Einschränkung nur am Wochenende (facebook.com/andrejcova).
Variante: Im Rahmen einer Übernachtung auf der Útulňa Andrejcová bietet es sich an, auf dem Hauptkamm nach Osten zur Kráľova hoľa oder in westliche Richtung zu wandern.
Karte: SHOCart 1102 – Nízke Tatry Kráľova hoľa 1:50.000.
Tipp: Die Hüttenübernachtung mit Lagerfeuer und Blick auf die Hohe Tatra ist ein einmaliges Erlebnis.

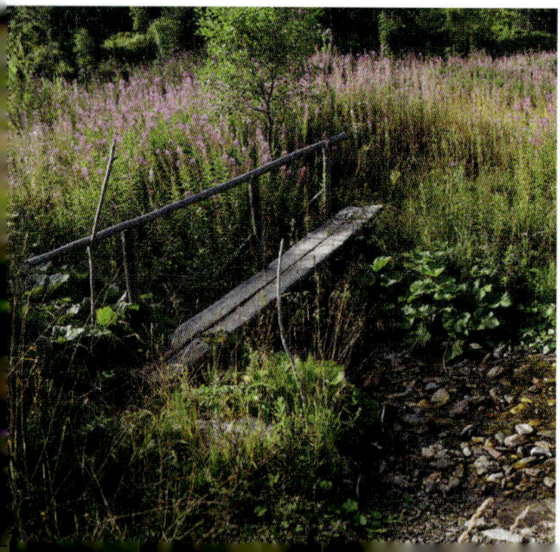

Über die Straße Ulica Štefana Náhálku wandern wir auf blauer Markierung aus **Liptovská Teplička (1)** heraus und biegen vor einem Skilift nach rechts auf einen Feldweg ab. Steil geht es empor bis zum **Sedlo pod Doštiankou (2)**. Hinter dem Jesus-Kreuz wird zweimal direkt hintereinander links abgebogen (gelbe Markierung) und auf einem Feldweg zu einem Skilift aufgestie-

Schmaler Steg bei Budnárka.

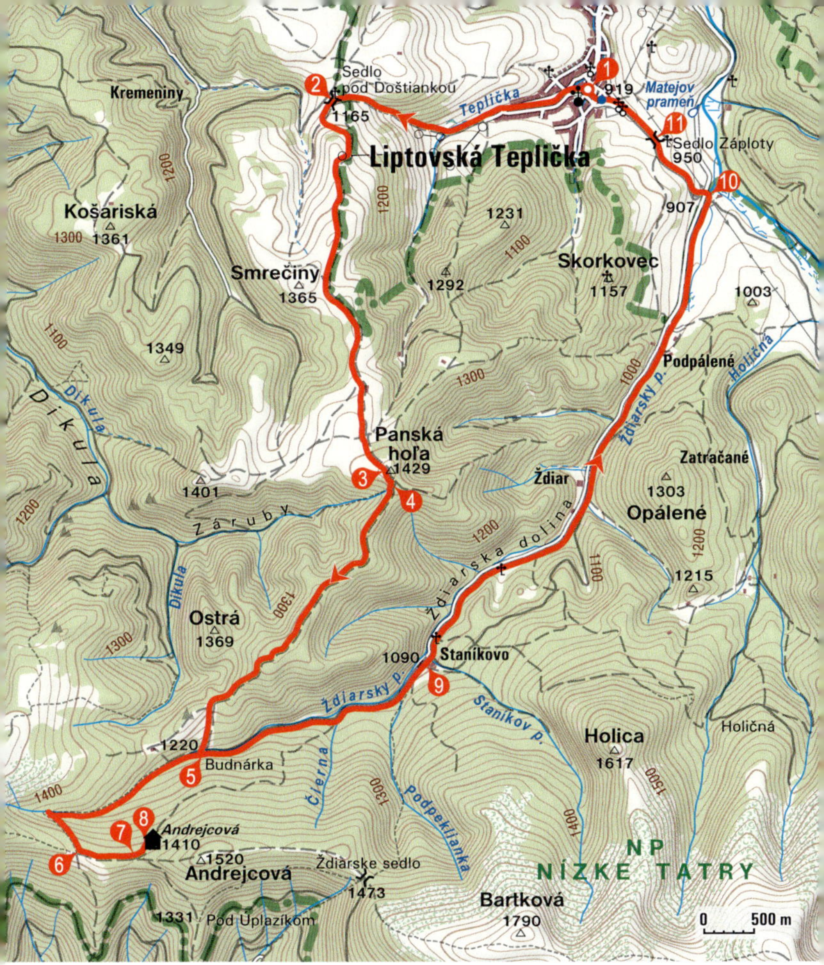

gen. Mit jedem Meter bessert sich die Aussicht auf die Gipfel der Hohen Tatra und das Dorf im Tal. Über offene Wiesenlandschaft geht es über einen Bergrücken dem Hauptkamm der Niederen Tatra entgegen und an einer alten Schäferhütte vorbei. Ein breiter Weg mit auffallend hellen Steinen leitet uns direkt hinauf zur **Panská hoľa (3)**.

Vom Gipfel werden ein paar Meter zu einem **Abzweig (4)** abgestiegen, wo ein Feldweg beginnt, der im Auf und Ab über einen Seitenkamm und an-

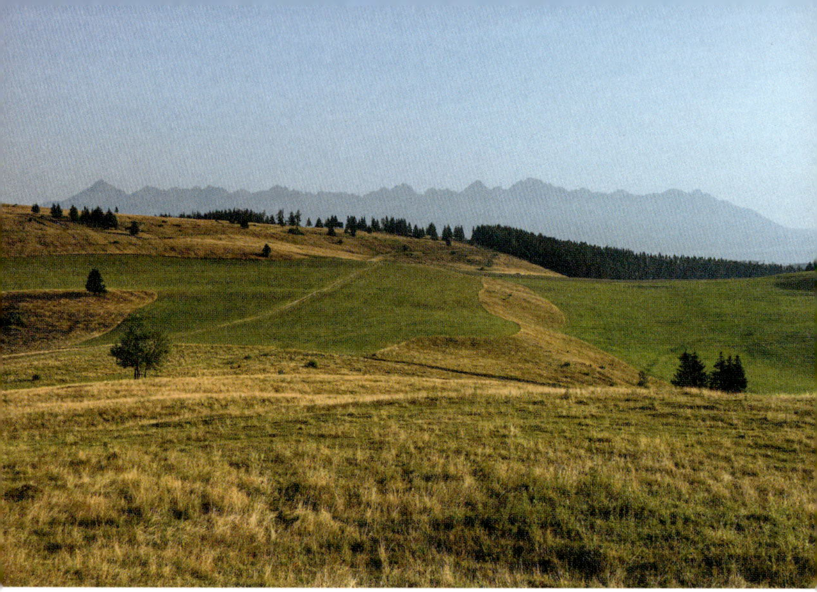

Oberhalb des Sedlo pod Doštiankou.

schließend hinunter nach **Budnárka (5)** im Tal leitet. Ein unbefestigte Forstweg führt mit blauer Markierung nach rechts in das Tal und weiter oben in einer großen Schleife hinauf zum Hauptkamm. Von der großen Wiese **Pod Košariskami (6)** bringt uns ein breiter Weg nach links in etwa 10 Min. zum **Wegweiser (7)** in Richtung **Útulňa Andrejcová**. Die **Hütte (8)** befindet sich etwa 100 m weiter links und bietet eine der herrlichsten Aussichten auf die Berge der Hohen Tatra.

Bis nach **Budnárka (5)** steigen wir auf gleicher Strecke wieder ins Tal hinab und folgen von hier dem breiten Forstweg über das Gehöft **Staníkovo (9)** und später der Asphaltstraße bis zur Kreuzung **Výpad (10)**. Links führt ein Feldweg hinauf und über den Sattel **Sedlo Záploty (11)** zurück nach **Liptovská Teplička (1)**.

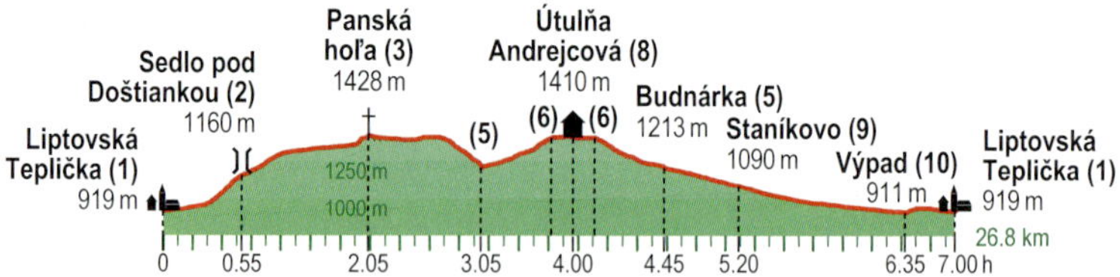

2.45 Std.

Kleine Runde um Liptovská Teplička herum

5

Kleiner Spaziergang in der näheren Umgebung des Dorfes

Die 1634 erstmals erwähnte, von Goralen besiedelte Gemeinde, befindet sich an den Nordhängen der Niederen Tatra. Spuren deuten darauf hin, dass hier bereits im 13. Jahrhundert Menschen lebten. Belegen lässt sich das an der besonderen Form der terrassierten Felder um das Dorf herum. Einzigartig sind auch die in die Erde gebauten Keller, die zum Teil heute noch zum Lagern von Kartoffeln und Gemüse verwendet werden. Auf dem Gemeindegebiet grenzen die drei slowakischen Regionen Liptov, Spiš und Horehronie. Die Aussicht auf die Berge der Hohen Tatra nördlich von Liptovská Teplička ist ein absoluter Traum.

Ausgangspunkt: Liptovská Teplička, 919 m, kostenlose Parkplätze an der Gemeindeverwaltung oder an der Pension Dolina, Bushaltestelle am Ausgangspunkt, gute Bus- und Straßenanbindung an Poprad.
Höhenunterschied: 340 m im Aufstieg und Abstieg.
Anforderungen: Einfacher Dorfspaziergang ohne nennenswerte Schwierigkeiten, vom Sattel zum Aussichtspunkt Tatrablick weglos, der Abstieg zurück ins Tal ist steil, ansonsten breite Wege.
Einkehr: Zahlreiche Lebensmittelläden in Liptovská Teplička, im Zentrum gibt es eine Kneipe. In der Pension Dolinka gibt es auch ein Restaurant (direkt an der Strecke).
Karte: SHOCart 1102 – Nízke Tatry Kráľova hoľa 1:50.000.
Tipp: In der Pension Dolinka gibt es eine Bowlingbahn.

Liptovská Teplička.

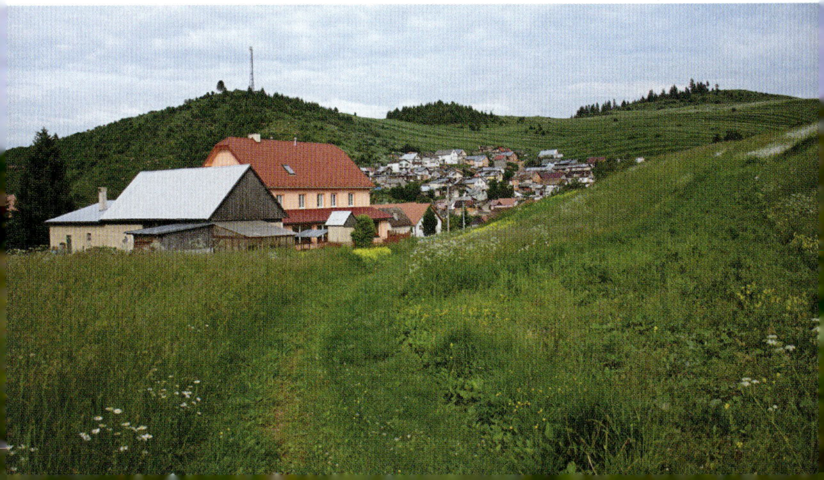

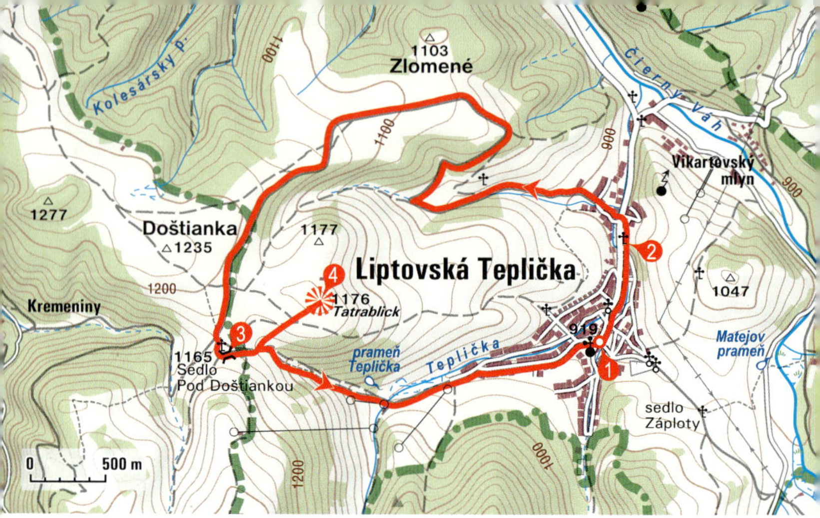

Vom Wegweiser im Zentrum von **Liptovská Teplička (1)** gehen wir der Dorfstraße folgend in nördliche Richtung und somit leicht bergab bis zu einer Bushaltestelle, wo links ein asphaltierter **Weg (2)** von der Hauptstraße abzweigt.

Die Roma-Siedlung des Dorfs.

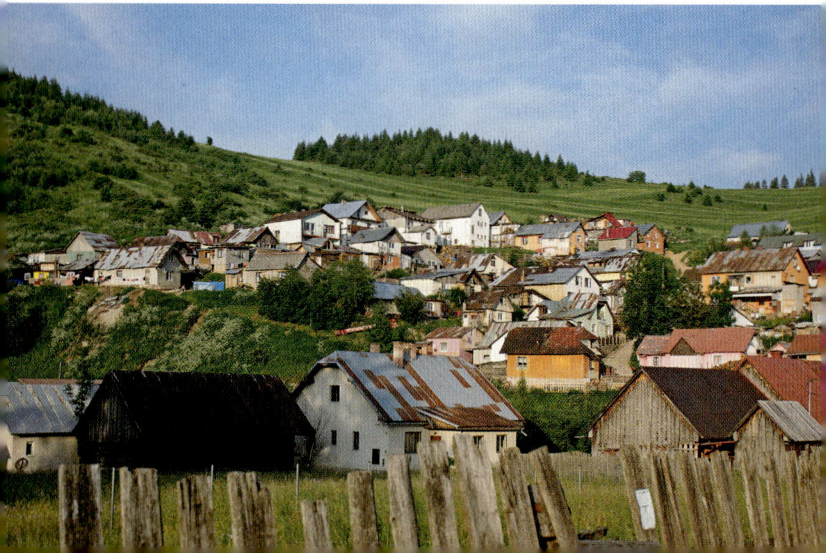

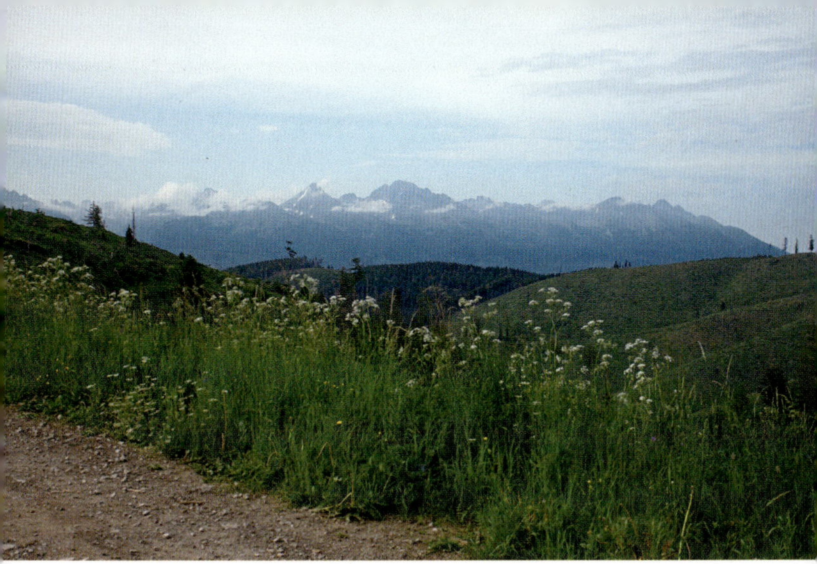

Im Aufstieg wird der Blick auf die Hohe Tatra frei.

Vor einem Parkplatz geht es links in die Ulica Ráztocká und am Abzweig zur Ulica Pilisko endet der Asphalt. Ab hier führt ein unbefestigter Schotterweg in ein Seitental hinein und dort später in einer Schleife weiter nach oben. Erstmals öffnet sich der Blick auf die Hohe Tatra. An einem frei stehenden Baum mit Jesuskreuz befindet sich der Sattel **Sedlo pod Doštiankou (3)**.
Über einen mit blauer Markierung versehenen Wiesenweg gehen wir ein paar Meter in Richtung Tal hinunter und peilen danach links von uns eine Kuppe an. Weglos über Wiesengelände geht es so zu einem **Aussichtspunkt (4)** mit fantastischem Tatrablick. Es ist ein herrlicher Platz zum Rasten. Ebenso weglos wandern wir wieder hinunter zum blau markierten Wanderweg, der uns ins Tal bringt. An einem Skilift wird wieder ein breiter Forstweg erreicht, der links an der Pension Dolinka vorbei zurück nach **Liptovská Teplička** führt. Die Straße Ulica Štefana Náhálku zieht sich durch den Ort hinunter zum **Ausgangspunkt (1)** zurück.

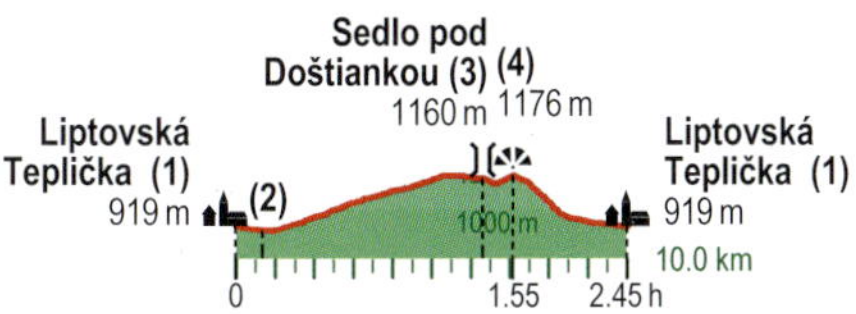

TOP 6

Über Ohnište, 1538 m, und Rovná hoľa, 1723 m

8.30 Std.

Spannende Wege zu zwei äußerst interessanten Bergen

Unterschiedlicher kann die Besteigung von zwei Bergen nicht sein. Der Ohnište ist ein mit Felsen durchzogener bewaldeter Klotz, der über einen steilen Pfad im Wald erreicht wird und vor allem einen fantastischen Ausblick auf das Ďumbier-Massiv bietet. Die Rovná hoľa hingegen ist eine Kuppe und bietet auf ihrer Nordseite einen abenteuerlichen Weg, der teilweise stark zugewachsen und kaum noch zu erkennen ist. Obwohl die Orientierung etwas schwierig ist, lohnt sich der Aufstieg, denn der Berg bietet eine herrliche Rundsicht auf weite Teile der Niederen Tatra.

Ausgangspunkt: Malužiná Bushaltestelle, 756 m, Parkmöglichkeit im Dorf oder in der Nähe des Wegweisers Malužiná.
Endpunkt: Nižná Boca Bushaltestelle, 851 m.
Höhenunterschied: 1420 m im Aufstieg und 1320 m im Abstieg.
Anforderungen: Anspruchsvolle Tageswanderung mit großem Höhenunterschied, im Aufstieg zum Ohnište befinden sich einige kleinere Felsen, die unter Umständen die Zuhilfenahme der Hände erforderlich machen. Im Anstieg zur Rovná hoľa ist die Orientierung schwierig und der Pfad nicht immer erkennbar – Wandermarkierungen sind jedoch vorhanden.
Einkehr: Nur am Ausgangspunkt befindet sich ein Restaurant in der Pension Radovica, unterwegs nichts.
Varianten: 1. Vom Svidovské sedlo besteht die Möglichkeit, nach Liptovský Ján abzusteigen.
2. Wenn man der grünen Markierung an der Rovná hoľa folgt, kann man auf den Hauptkamm der Niederen Tatra wandern und von dort zur Hütte Štefánika oder zum Sattel Čertovica gehen (beide Orte bieten Restaurant und Unterkunft).
3. Wer mit dem Auto anreist und zurück zum Ausgangspunkt muss, kann wenige Meter hinter dem Sedlo Črchľa links einem unmarkiertem Waldarbeiterweg folgen. Vor einer Kuppe wird nach rechts abgezweigt und steil in ein Seitental abgestiegen und dort links auf einen Schotterweg abgebogen, der talauswärts führt. Kurz hinter einer Hütte stoßen wir auf eine Asphaltstraße und nach wenigen Minuten auch wieder auf den bereits bekannten Aufstiegsweg.
Karte: SHOCart 1094 – Nízke Tatry Chopok 1:50.000.

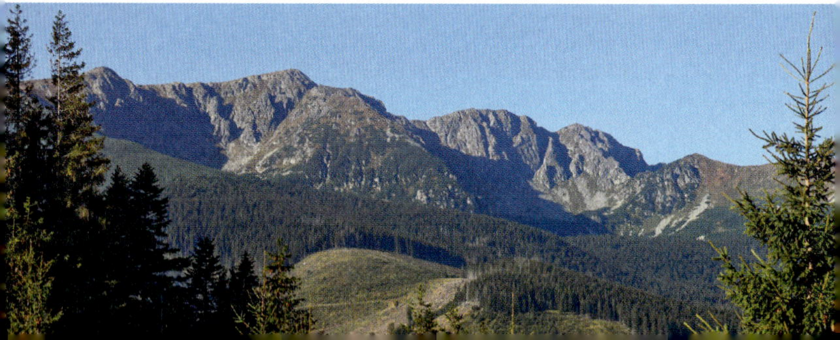

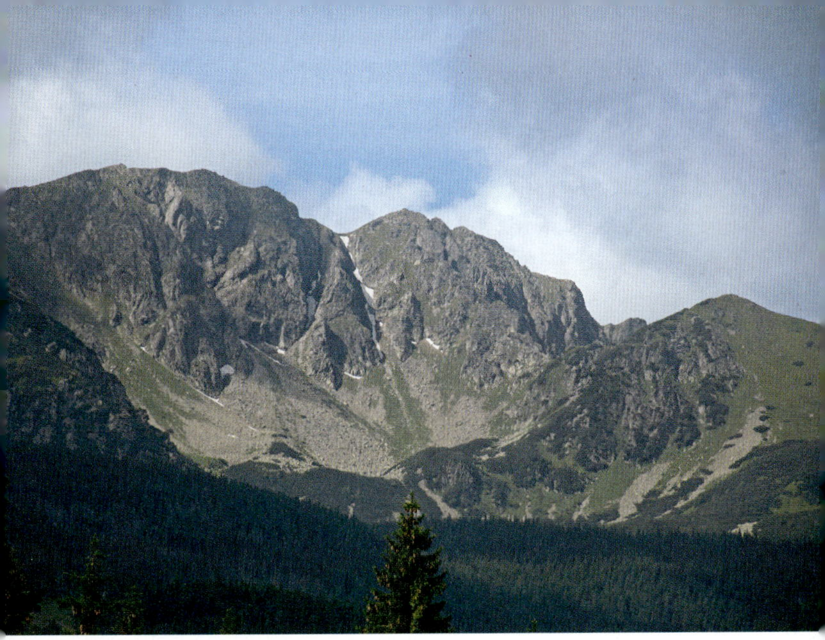

Oben: Štiavnica und Ďumbier.
Links: Der Hauptkamm der Niederen Tatra vom Svidovské sedlo aus gesehen.

Von der Bushaltestelle in **Malužiná (1)** folgen wir der Landstraße talauswärts, kommen an der Pension Radovica vorbei, biegen am **Wegweiser »Malužiná« (2)** links zu einem Steinbruch ab und folgen jetzt der gelben Wandermarkierung. Die Asphaltstraße führt rechts am Firmengelände vorbei und danach in das Tal hinein. Unter der Woche herrscht reger Lkw-Verkehr, sodass man aufpassen muss. Nach einer Weile geht es an einem Wegweiser rechts von der Asphaltstraße ab und ein Pfad leitet uns durch ein ruhiges Seitental nach oben zum **Svidovské sedlo (3)**. Über einen Forstweg geht es ein paar Meter nach rechts und auf einem grün markierten Steig zuerst in Serpentinen und später steil den Hang hinauf auf das riesige Gipfelplateau des Ohnište. An einer Wiese befindet sich der **Wegweiser »Pod Ohništ'om« (4)**. Der Pfad verläuft hier nach links und ist mit einem grünen Dreieck gekennzeichnet. Es müssen noch einige Bäume überstiegen werden, bis der Gipfel des **Ohnište (5)** erreicht ist.

Auf demselben Weg geht es zurück zum **Svidovské sedlo (3)**. Am Sattel bleiben wir der grünen Markierung treu, folgen ihr auf dem breiten Forstweg in den Wald hinein und umrunden den Okrúhly vrch auf seiner Westseite. An einem kleinen Sattel in gerodetem Gelände beginnt die Herausforderung des Tages. Es sind zwar genug Markierungen vorhanden – diese sind jedoch nicht immer gut zu sehen. Zwischen zwei abgeschlagenen markierten Baumstämmen befindet sich der unscheinbare **Abzweig (6)**. Vorbei an einer **Markierung (7)** zieht sich ein kaum noch erkennbarer Pfad durch Dickicht nach oben, bis ein weiterer **Abzweig (8)** auf breiterem Weg erreicht ist. Nochmals folgt ein schwieriger Abschnitt mit diversen **Markierungen (9, 10, 11, 12)**. Im weiteren Verlauf bessert sich die Sichtbarkeit des Pfades deutlich und der Wald geht in die Latschenzone über. Eine **Markierungsstange (13)** weist den Weg zum Gipfel der **Rovná hoľa (14)**.

Der Abstieg erfolgt in östliche Richtung auf erneut gelb markiertem Pfad. Unser Ziel ist bereits im Tal auszumachen und im Hintergrund thront der Veľký Bok. Auffällig ist, dass in einem kurzen Abschnitt sämtliche Latschen abge-

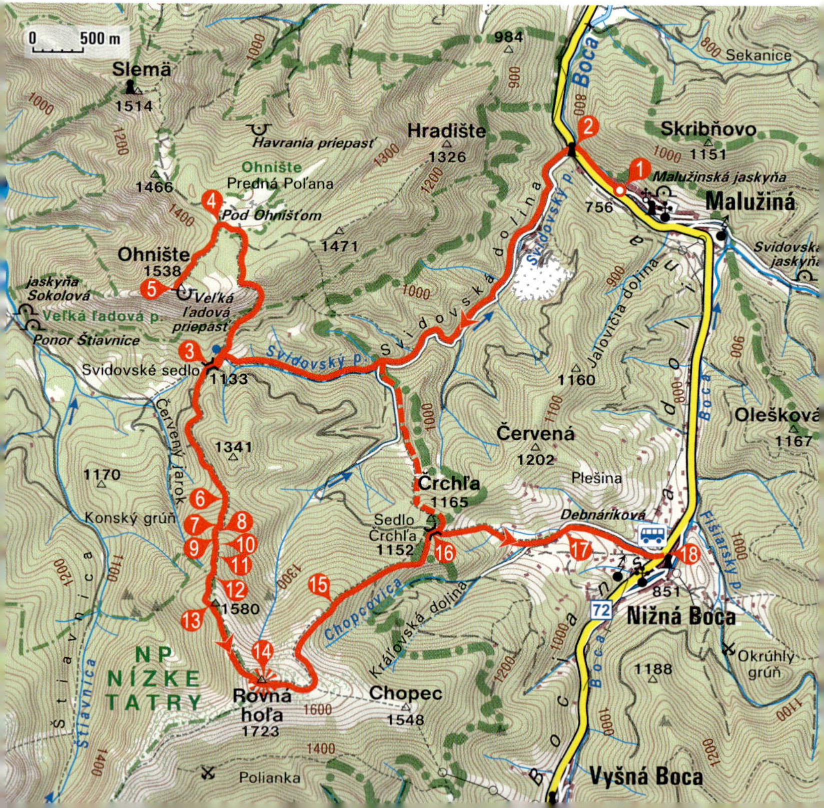

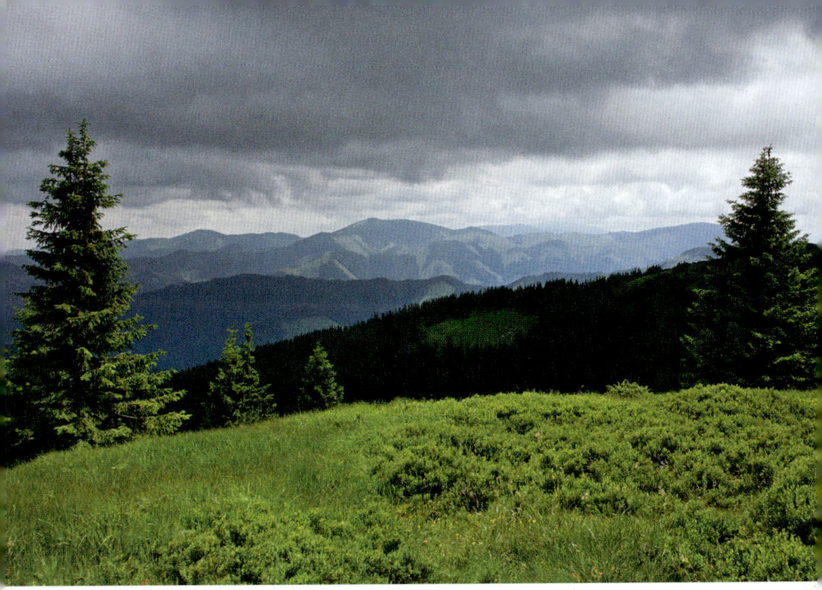

Im Aufstieg zur Rovná hoľa – im Hintergrund der Veľký Bok.

storben sind. Nochmals halten wir uns bei einem Abzweig im **Wald (15)** in Richtung Tal und achten genau auf die Markierungen. Später führt der Pfad über einen gerodeten Rücken und von diesem steil hinab zum **Sedlo Črchľa (16)**. Ein schmaler Weg beginnt rechts und verläuft breiter werdend über eine Wiese hinunter in Richtung Nižná Boca. Ein Stück fließt ein Bach über den Weg, der weiter unten am **Wegweiser »Debnáriková« (17)** endet. Links davon befinden sich einige Bienenstöcke. Eine schmale Asphaltstraße leitet an einzelnen Ferienhäusern vorbei talauswärts zur Landstraße und Bushaltestelle von **Nižná Boca (18)**. Von hier fährt der Bus in 5 Min. zum **Ausgangspunkt (1)** zurück.

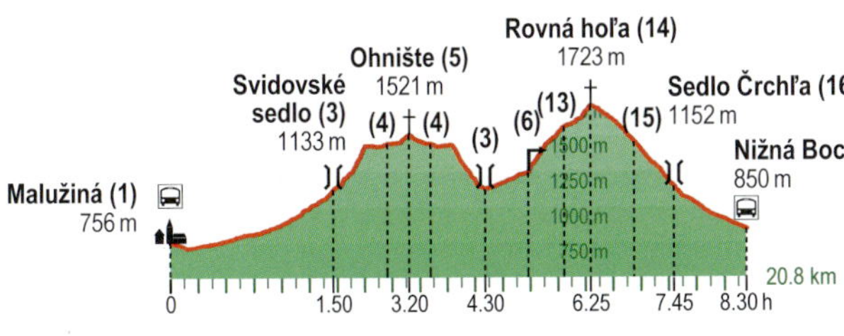

7 Runde über den Lehrpfad von Liptovský Ján

4.00 Std.

Ein interessanter, informativer Spaziergang mit herrlichen Ausblicken

Der Mineralquellen-Lehrpfad von Liptovský Ján wurde 1999 der Öffentlichkeit übergeben. Auf sechs Tafeln werden unter anderem Informationen zur Artenvielfalt des Gebiets, Geschichte der umliegenden Gemeinden, traditionellen Aktivitäten der Region und Pflege der Wälder gegeben. Der Weg verbindet Hintergrundwissen mit schönen Aussichten auf die Westliche Tatra. Zum Ende der Tour bietet ein Turm einen fantastischen Blick auf das Váh-Tal und Teile der Niederen Tatra sowie ein Naturkrater eine kostenfreie Bademöglichkeit. Das etwa 20 Grad warme Wasser ist gut bei Knochen- und Gelenkproblemen.

Ausgangspunkt: Evangelische Kirche von Liptovský Ján, 633 m, die Bushaltestelle Liptovský Ján, Jednota befindet sich in unmittelbarer Nähe des Supermarkts, kostenlose Parkmöglichkeiten hinter diesem Geschäft, 100 m zur Kirche.
Höhenunterschied: 320 m.
Anforderungen: Bis auf den Abstieg zum Aussichtsturm einfache Wanderung. Dieser ist sehr steil und der Pfad ist nicht immer gut auszumachen; hier ist etwas Orientierungssinn gefragt. Dieser Abschnitt kann mittels der Variante umgangen werden (Schwierigkeit dann blau).
Einkehr: In Liptovský Ján profitieren wir von der Infrastruktur eines Touristenorts. Kurz vor dem Naturkrater befindet sich ein Buffet, das jedoch nur in der Hauptsaison geöffnet ist. Es gibt mehrere Restaurants und im Zentrum des Orts einen Supermarkt.
Varianten: 1. Wer sich den steilen Abstieg ersparen möchte, zweigt nicht auf den Pfad (9) ab, sondern bleibt auf dem Forstweg und steigt in einer weiten Schleife wieder zu der Gabelung auf der Wiese (2) ab. Von dort geht es auf bekannten Wegen zurück zum Ausgangspunkt (Schwierigkeit blau).
2. Von Liptovská Porúbka nach Liptovský Hrádok gehen und von dort mit dem Bus oder Zug über Liptovský Mikuláš zurückfahren.
Karte: SHOCart 1094 – Nízke Tatry Chopok 1:50.000.
Tipps: Der Naturkrater Kaďa bietet eine kostenlose Bademöglichkeit zum Ende der Tour. – Ein Museum mit 18 Kulturdenkmälern des Landes im Maßstab 1:25 lädt zum Besuch ein (minislovensko.sk).

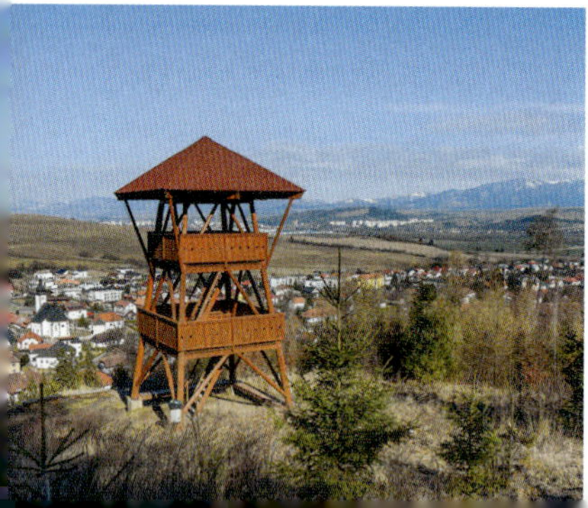

An der evangelischen Kirche von **Liptovský Ján (1)** gehen wir zunächst nach rechts in Richtung des Tals und biegen an der ersten Kreuzung am Fahrradwegweiser links ab. Unser Weg durch das Dorf führt an der Pension Sankt Johann nach rechts in die Straße »Pod Stráňou«

Aussichtsturm oberhalb von Liptovský Ján.

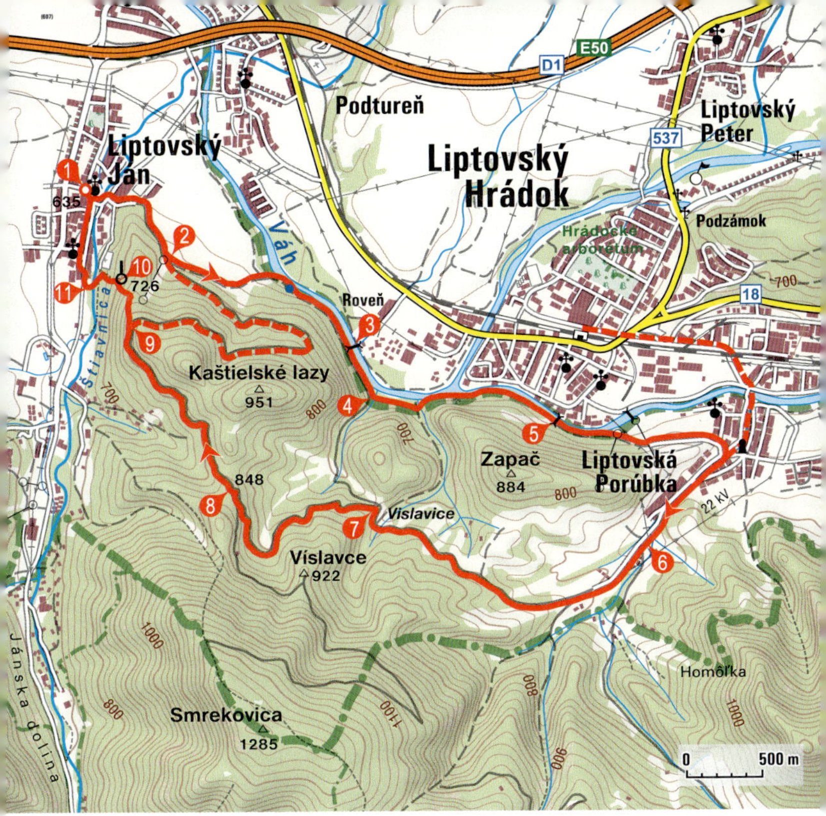

und danach links in Richtung Medokýš (örtl. Wegweiser). An einem großen Wohnhaus hinter dem Sportplatz zweigt der Lehrpfad nach rechts ab. Bei gutem Wetter thronen die Gipfel der Westlichen Tatra gut sichtbar über dem nördlichen Váh-Tal. Am Waldrand entlang geht es auf unbefestigten Wegen weiter. Hinter einer **Wiese (2)** leitet an der Gabelung der linke Weg weiter durch ein kurzes Waldstück und in der Folge an einem Hochstand mit Giebeldach vorbei hinunter zum Wasserkraftwerk am Váh.

Deutlich schmalere Wege führen an einer großen überdachten Mineralquelle vorbei und im weiteren Verlauf am Ufer entlang. Eine erste **Brücke (3)** über den Váh ermöglicht den Übergang nach Liptovský Hrádok. Wir gehen geradeaus weiter und zweigen später auf einen schmalen **Pfad (4)** nach links ab, überqueren einen Bach und halten uns danach erneut am Ufer. Unter einem Aufschluss mit auffallend hellem Gestein und seinen auslaufenden Schutt-

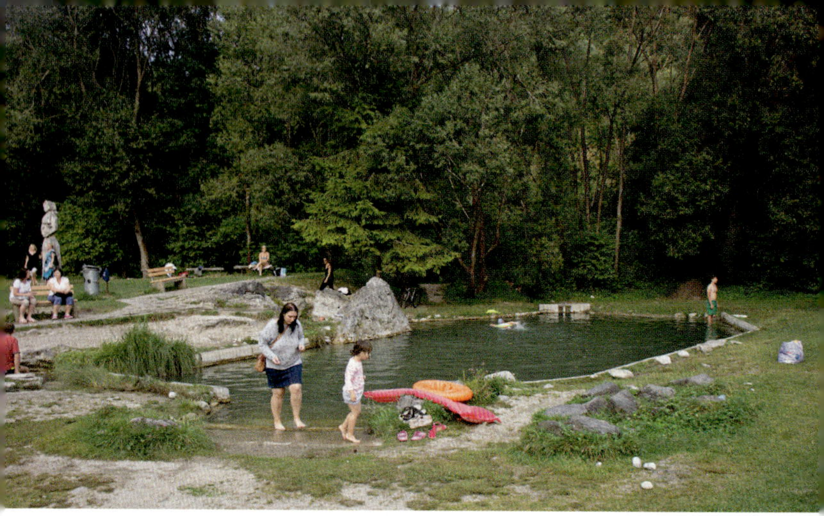

Der Naturkrater Kaďa lädt zum Baden ein.

halden vorbei geht es zur zweiten **Brücke (5)**, wo die rote Wandermarkierung dazustößt. Dieser wird über den Friedhof in die nächste Ortschaft gefolgt und dort nach rechts zum **Wegweiser »Liptovská Porúbka« (6)** aufgestiegen. An der ersten Verzweigung außerhalb des Dorfs führt unser Weg nach rechts und ist mit einem grünen C für Radfahrer markiert. Der unbefestigte Waldweg zieht sich unterhalb des Berges **Vislavice (7)** entlang. Hinter dem Wegweiser zweigt der Radweg nach unten ins Tal ab. Wir bleiben auf dem breiten Forstweg und gehen erst in der großen 180-Grad-Kurve an der **Verzweigung (8)** nach rechts, an einer Schranke vorbei, auf einem etwas schmaleren Weg weiter. Nach etwa 1,5 Kilometern zweigt ein schmaler und nicht immer gut sichtbare **Pfad (9)** in einer Kurve nach links ab und leitet sehr steil erst über einen schmalen Rücken und später am Rande einer Lichtung hinunter zu einem **Aussichtsturm (10)**. Einige Serpentinen winden sich bergab zu Bänken und von dort zieht sich ein Fußweg hinunter in den Ort. Links befindet sich das Gelände mit dem **Naturkrater Kaďa (11)**, der eine herrliche Bademöglichkeit bietet. An einem Kiosk vorbei geht es rechts zurück zum **Ausgangspunkt (1)**.

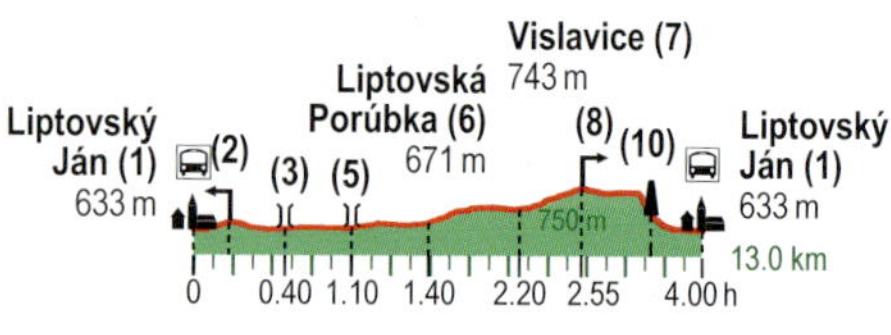

9.00 Std.

Rundweg von Liptovský Ján auf den Ohnište, 1538 m

8

Zu einem der wildesten Berge der Niederen Tatra

Viel geschichtlicher Hintergrund wartet auf uns, wenn wir den Ohnište von seiner Nordseite besteigen. Rund um den Stanišovské sedlo gibt es auch heute noch jede Menge Relikte, die aus der Zeit des Slowakischen Nationalaufstands stammen. Neben Bunkeranlagen dürfte das abgestürzte Flugzeug auf dem Berg Slemä nachdenklich stimmen. Das Wrack wurde bis zum heutigen Tage nicht geborgen. Der Slemä und der Ohnište sind zwei wuchtige Berge, die von mehreren mächtigen Felsbändern durchzogen sind. Jeweils in den beiden Abstiegen lassen sich die Berge am besten bewundern.

Ausgangspunkt: Evangelische Kirche von Liptovský Ján, 633 m, die Bushaltestelle Liptovský Ján, Jednota befindet sich in unmittelbarer Nähe des Supermarkts, kostenlose Parkmöglichkeiten hinter diesem Geschäft, von dort etwa 100 m zur Kirche.
Höhenunterschied: 1270 m.
Anforderungen: Schwere Tageswanderung mit großem Höhenunterschied auf durchweg guten Pfaden. Der Anstieg auf die Smrekovica ist sehr steil und mühevoll. Der Abstieg vom Ohnište ist steil und erfordert Konzentration. Vom Forsthaus führt eine Asphaltstraße zurück.

Einkehr: In Liptovský Ján profitieren wir von der Infrastruktur eines Touristenorts. Auf der Tour bestehen keine Möglichkeiten zur Einkehr.
Karte: SHOCart 1094 – Nízke Tatry Chopok 1:50.000.
Tipps: Der Naturkrater Kaďa bietet eine kostenlose Bademöglichkeit. – Ein Museum mit 18 Kulturdenkmälern des Landes im Maßstab 1:25 lädt zum Besuch ein (minislovensko.sk). – Auf dem Weg durch das Jánska dolina kommen wir an der Höhle Stanišovská jaskyňa vorbei (stanisovska.sk), die auch besichtigt werden kann.

Von der evangelischen Kirche in **Liptovský Ján (1)** gehen wir auf der Dorfstraße nach rechts ins Tal und kommen am Ortsende am Naturkrater vorbei. Am **Wegweiser »Jánska dolina, rázcestie« (2)** führt die rote Markierung nach links über einen Bach. Die Asphaltstraße endet an einem Schulungszentrum, kurz davor führt ein unbefestigter Weg geradeaus weiter, der später kurzzeitig verlassen wird, um ein Privatgrundstück an seiner rechten Seite zu umgehen. Nach dem letzten Gebäude verschlechtert sich der Zustand des

Traumhafte Ausblicke auf die Westliche Tatra.

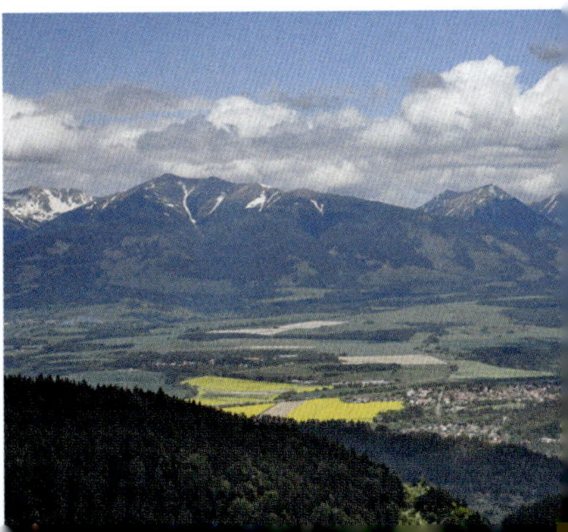

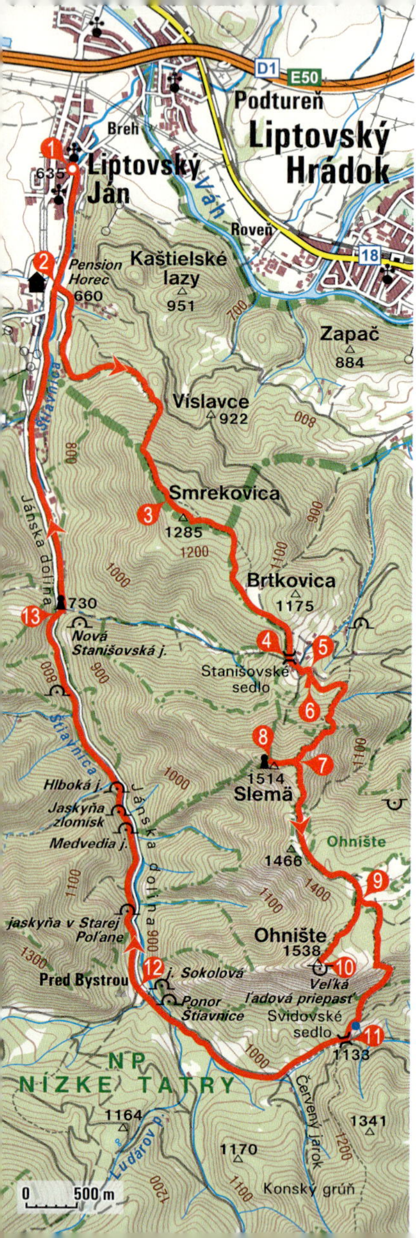

Wegs und im weiteren Verlauf hat sich daneben ein guter Pfad gebildet, der angenehm zu gehen ist. Im weiteren Verlauf zieht sich unser Pfad sehr steil hinauf. Die letzten Meter zum bewaldeten Berg **Smrekovica (3)** führen über einen Bergrücken nach oben. Ein angenehmer Weg bringt uns hinunter zum **Stanišovské sedlo (4)**. Ab hier folgen wir der gelben Wandermarkierung, die vom Wegweiser leicht links auf einem Pfad in den Wald und später an der Ferienhütte mit der Hausnummer 6 vorbei zu einem Schotterweg leitet, dem nach rechts gefolgt wird.

Vor einer **Hütte (5)** zweigt ein unmarkierter Fahrweg nach rechts ab. Knapp 50 m später bietet sich die Möglichkeit nochmals in etwa 3 Min. rechts zu einem alten **Bunker (6)** der Partisanenbewegung des Zweiten Weltkriegs aufzusteigen. Der Fahrweg zieht sich weiter aufwärts und bietet in einer Spitzkehre einen herrlichen Blick auf die Berge der Westlichen und Hohen Tatra. Die grüne Markierung weist uns nun weiter. An einer Gabelung verlassen wir den Fahrweg und biegen links auf einen hier beginnenden Pfad ab. Nach einem im Jahr 2021 rekonstruierten Bunker geht es in Serpentinen hinauf zum **Wegweiser »Slemä« (7)**. Etwa vier Min. rechts vom Schild befindet sich ein Flugzeugwrack und etwas weiter oben ein Aussichtspunkt mit dem **Gipfel Slemä (8)**. Wir steigen zum **Wegweiser »Slemä« (7)** zurück und bewegen uns dann nach rechts in luftigem Wald oder über grüne Wiesenflä-

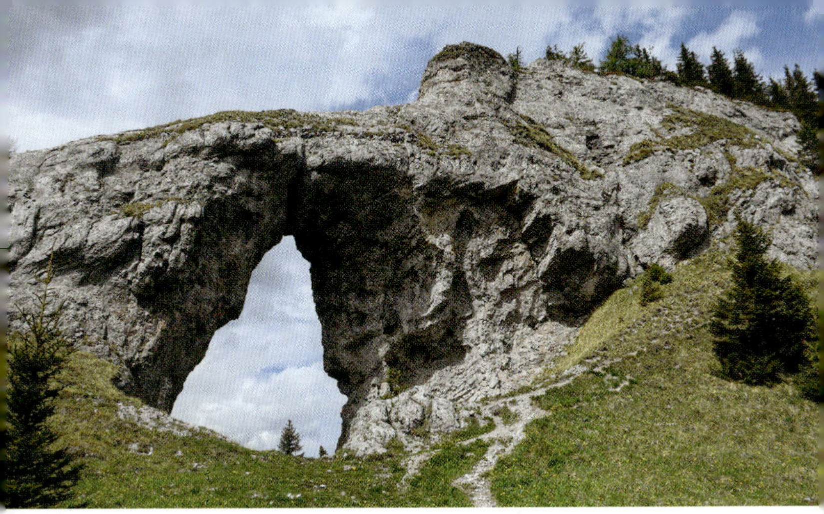

Das große Felsentor unterhalb des Ohnište.

chen bis zum **Wegweiser »Pod Ohništ'om« (9)**. Der Pfad mit dem grün markierten Dreieck leitet rechter Hand über ein paar umgefallene Bäume zum **Gipfel** des **Ohnište (10)**, der fantastische Aussichten auf die höchsten Berge der Niederen Tatra bietet.
Zunächst gehen wir zurück zum letzten **Wegweiser (9)** und halten uns auf dem Pfad nach rechts. Nach einer großen Wiese geht es in den Wald. Am Ende des Hochplateaus zieht sich ein Steig steil hinunter bis zu einem breiten Forstweg, der rechts zum **Svidovské sedlo (11)** führt. Ein gelb markierter Pfad leitet rechts ins Tal hinunter zum **Forsthaus Horáreň pred Bystrou (12)**. Die hier beginnende Asphaltstraße verläuft über die Hinweisschilder **Ústie Stanišovskej doliny (13)** an einer Schauhöhle, **Liptovský Ján, Hotel Ďumbier und Jánska dolina, rázcestie (2)** zurück zum **Ausgangspunkt (1)**.

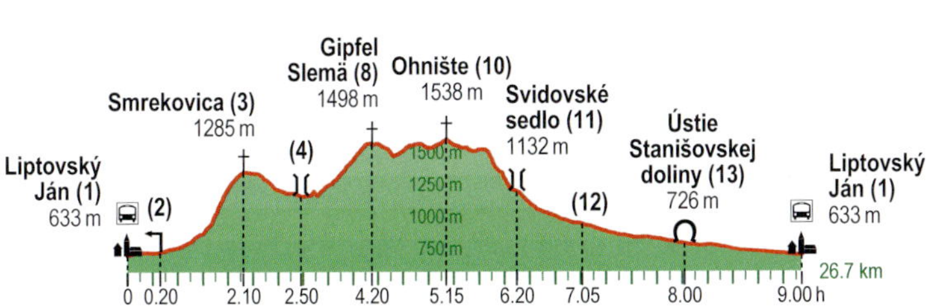

9 Über die Berghütte Štefánika nach Trangoška

7.00 Std.

Eine einfache Durchquerung der Niederen Tatra an einem Tag

Liptovský Ján, der attraktive Urlaubsort auf der Nordseite des Gebirges, wartet mit vielen Attraktionen auf uns. Neben einem Naturkrater lädt auch das Thermalhallenbad zu einem Besuch ein. Von hier zieht sich das Ján-Tal geradewegs auf die mächtigen Felspartien des Ďumbiers und der Štiavnica zu, die in der Folge durch ein Seitental umrundet werden. Auf der Rückseite der Berge zeigt sich der Aufstiegsweg etwas wilder und leicht verwachsen – führt jedoch ohne technische Schwierigkeiten zur größten Hütte der Niederen Tatra. Neben mehreren Kombinationsmöglichkeiten mit anderen Touren des Führers beginnt hier auch der Abstieg ins Bystrá-Tal auf der Südseite des Gebirges.

Ausgangspunkt: Evangelische Kirche von Liptovský Ján, 633 m, die Bushaltestelle Liptovský Ján, Jednota befindet sich in unmittelbarer Nähe des Supermarkts, kostenlose Parkmöglichkeiten hinter diesem Geschäft, von dort etwa 100 m zur Kirche.
Endpunkt: Trangoška, 1121 m, Busanbindung nach Brezno.
Höhenunterschied: 1090 m im Aufstieg und 600 m im Abstieg.
Anforderungen: Mittelschwere Tageswanderung mit großem Höhenunterschied auf breiten Wegen oder meist guten Pfaden; zwischen der Notunterkunft und der Hütte sind einige Sträucher bereits dicht an den Pfad herangewachsen.
Einkehr: In Liptovský Ján profitieren wir von der Infrastruktur eines Touristenorts. Die Chata Štefánika bietet vor dem Abstieg und die Chata Západ sowie die Chata Trangoška am Ende der Wanderung Speisen, Getränke und Übernachtung an.
Varianten: Wer sein Auto auf der Nordseite abgestellt hat, sollte von der Chata Štefánika dem Verlauf der zweiten Etappe der Tour 31 folgen und unterhalb der Krúpova hoľa auf die Tour 12 wechseln und zur Bushaltestelle Lúčky, chata absteigen.
Karte: SHOCart 1094 – Nízke Tatry Chopok 1:50.000.
Tipps: Der Naturkrater Kaďa bietet eine kostenlose Bademöglichkeit. – Ein Museum mit 18 Kulturdenkmälern des Landes im Maßstab 1:25 lädt zum Besuch ein (minislovensko.sk). – Auf dem Weg durchs Jánska dolina kommen wir an der Höhle Stanišovská jaskyňa vorbei (stanisovska.sk), die auch besichtigt werden kann. Wer das Abenteuer sucht, kann auch in der Notunterkunft schlafen. – Auf der Hütte übernachten und am nächsten Tag eine der vielen von hier gebotenen Wandermöglichkeiten auswählen.

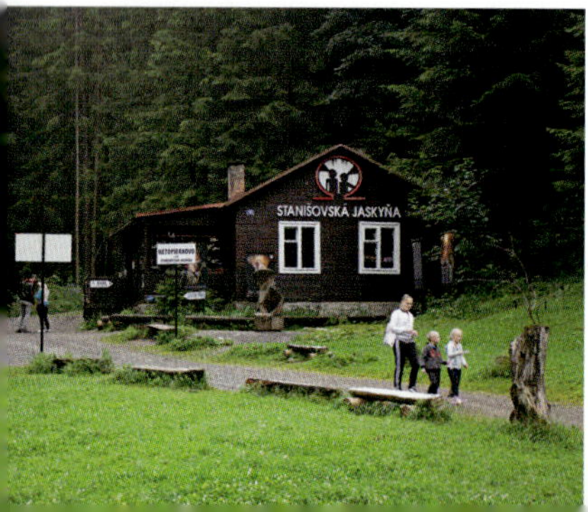

Die Höhle Stanišovská jaskyňa lädt zur Besichtigung ein.

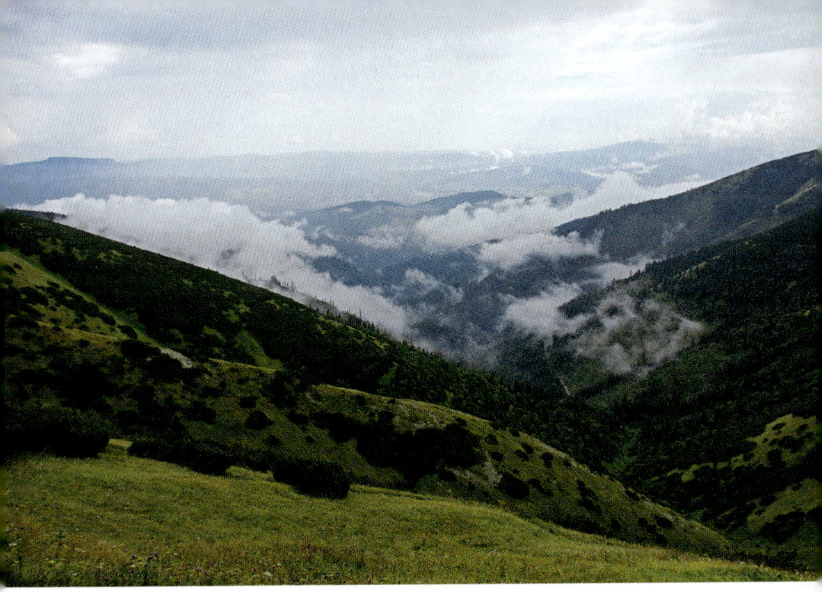

Schlechtwetter auf der Chata Štefánika.

Von der evangelischen Kirche in **Liptovský Ján (1)** folgen wir der Dorfstraße in Richtung Berge und kommen zunächst zum Naturkrater Kaďa und später in die Kursiedlung des Orts. Am **Hinweisschild »Jánska dolina, rázcestie« (2)** geht es auf einer Asphaltstraße mit roter Markierung bis zum **Hotel Ďumbier** und von dort auf blauer Markierung ins Tal hinein. Auf der linken Seite taucht nach etwa 45 Min. eine Schauhöhle und der **Wegweiser »Ústie Stanišovskej doliny« (3)** auf und im weiteren Verlauf befindet sich rechts eine große Karstquelle mit Höhlensystem (Infotafel). Die befestigte Straße endet am **Forsthaus Horáreň pred Bystrou (4)**. Ein unbefestigter Forstweg leitet uns zu einer Gabelung, wo rechts abgezweigt wird. Der breite Weg führt tief in ein Seitental hinein und später um das mächtige Bergmassiv von Ďumbier und der Štiavnica herum. Der Weg endet an der **Útulňa Brenkus (5)** – einer Holzhütte, die als Notunterkunft dient.
Von hier aus geht es auf einem Pfad rechts weiter und mehrmals wird der Gebirgsbach überquert. Unser schmaler Weg zieht sich durch eine offene Tallandschaft. Bäume und Sträucher wechseln mit Wiesen und im oberen Bereich kommen ein paar Latschen dazu. Bei der letzten **Bachquerung (6)** kurz vor dem Talende sollten wir uns nicht von einem Pfad verleiten lassen, der sich wenig später im Hang verläuft. Einige Serpentinen führen hinauf bis zur **Chata Štefánika (7)**.

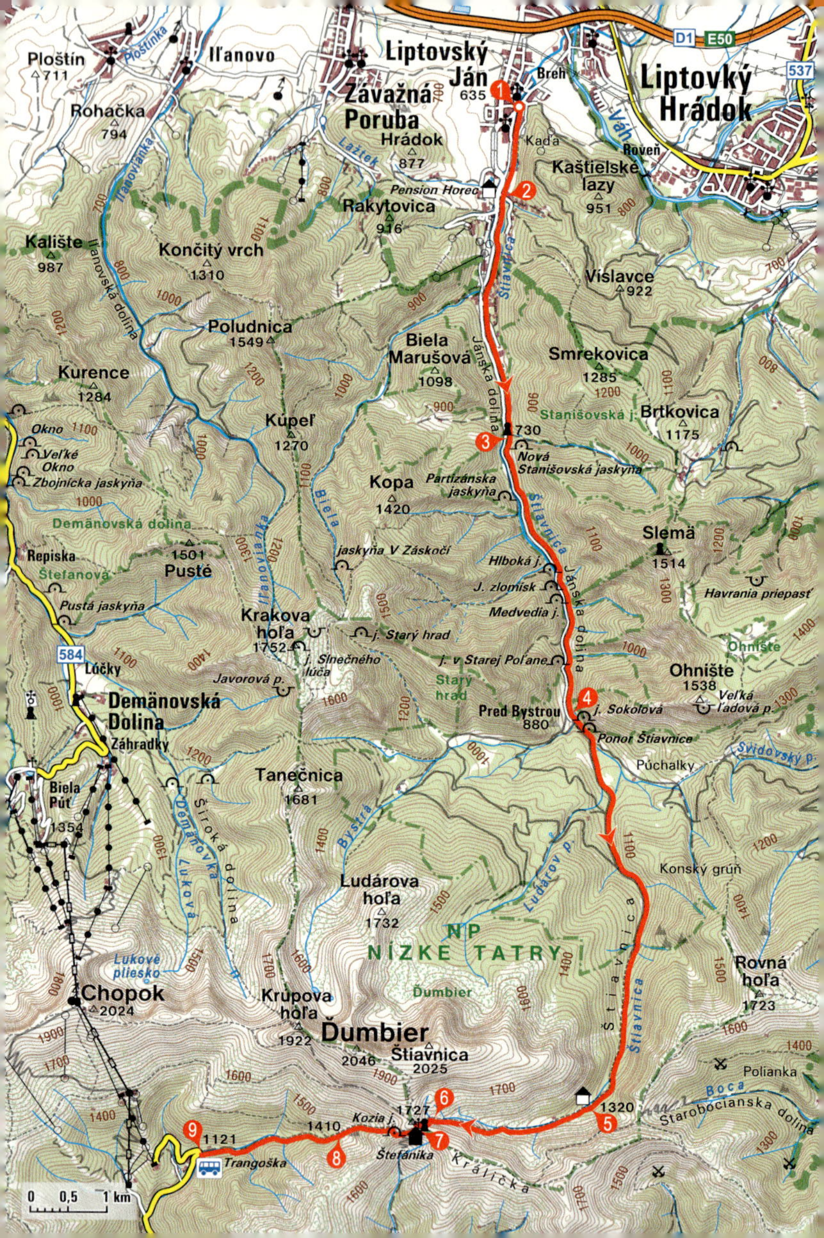

D1
E50
537
Ploštín
711
Ploštinka
Iľanovo
Liptovský Ján
635
Breh
Liptovský Hrádok
Závažná Poruba
Rohačka
794
Hrádok
877
Kaďa
Lažtek
Roveň
Kaštieľske lazy
951
Pension Horec
Rakytovica
916
Iľanovianka
Kalište
987
Končitý vrch
1310
Vislavce
922
Štiavnica
Iľanovská dolina
Poludnica
1549
Biela Marušová
1098
Smrekovica
1285
Kurence
1284
Jánska dolina
Brtkovica
1175
Stanišovská j.
Kúpeľ
1270
730
Okno
Veľké Okno
Zbojnícka jaskyňa
Nová Stanišovská jaskyňa
Partizánska jaskyňa
Kopa
1420
Biela
Demänovská dolina
1501
Slemä
1514
Repiska
Pusté
jaskyňa V Záskočí
Hlboká j.
Štefanová
J. zlomísk
Havrania priepasť
Pustá jaskyňa
Krakova hoľa
1752
Medvedia j.
j. Starý hrad
584
j. Slnečného lúča
j. v Starej Poľane
Ohnište
Lúčky
Javorová p.
Starý hrad
Ohnište
1538
Demänovská Dolina
Pred Bystrou
880
j. Sokolová
Veľká ľadová p.
Záhradky
Ponor Štiavnice
Svidovský p.
Púchalky
Biela Púť
1354
Tanečnica
1681
Demänovka
Široká dolina
Lúková
Bystrá
Konský grúň
Ludárova hoľa
1732
Ludárov p.
NP NÍZKE TATRY
Rovná hoľa
1723
Lukové pliesko
Chopok
2024
Krupova hoľa
1922
Ďumbier
Ďumbier
2046
Štiavnica
2025
Polianka
Boca
1320
Starobocianska dolina
1727
Kozia j.
Štefánika
1410
1121
Trangoška
Králička
0 0,5 1 km
1 2 3 4 5 6 7 8 9

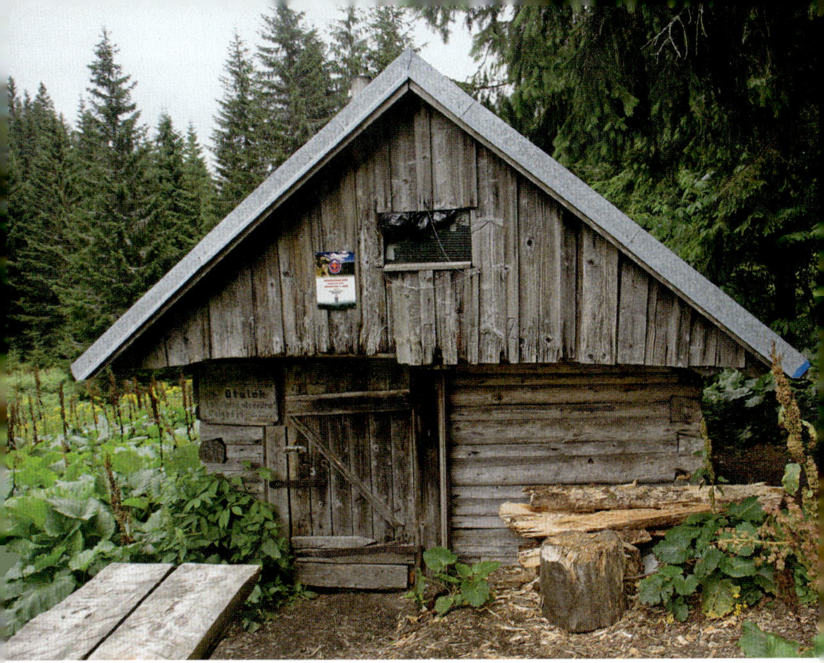

Die Útulňa Brenkus – eine Notunterkunft im Ján-Tal.

Von der Terrasse der Hütte folgen wir dem grün markierten Pfad in westliche Richtung. Nachdem ein kleiner Seitengrat erreicht ist, geht es in einigen Kehren steil abwärts. Ab dem **Wegweiser »K jaskyni mŕtvych netopierov« (8)** ist es nicht mehr so steil und der Pfad verwandelt sich langsam in einen breiten, steinigen Weg, der das Tal hinausführt. In **Trangoška (9)** wird die asphaltierte Zufahrtsstraße erreicht. Der Bus hält direkt in der Kurve. Mit mehreren Umstiegen geht es zum **Ausgangspunkt (1)** zurück.

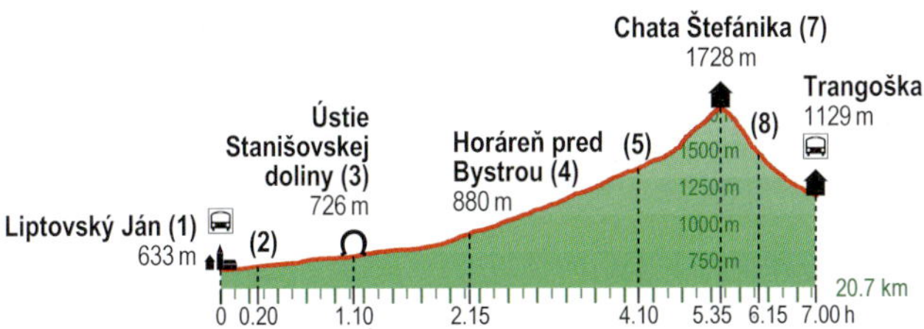

10 Rundweg über die Poludnica, 1549 m

7.00 Std.

Steil auf den nördlichsten Aussichtsberg der Niederen Tatra

Die Poludnica ist mit Sicherheit nicht der populärste Berg des Gebirges. Nur wenige Wanderer verirren sich hier, obwohl man dem Berg damit Unrecht tut. Die Besteigung in Form einer Rundtour hat neben fantastischen Ausblicken auch wilde Felsmassive zu bieten. Zu den spektakulärsten Abschnitten dürfte sicherlich das riesige Felsentor zählen, das wir im Abstieg durchschreiten. Die Wanderung zählt zu den eher einsameren Touren der Niederen Tatra.

Ausgangspunkt: Zentrum des Dorfes Iľanovo, 630 m, Parkmöglichkeiten im Dorf vorhanden, wer mit dem Bus kommt, kann an der Endstation aussteigen und sich so ein paar Meter Weg sparen. Am Supermarkt befindet sich die Haltestelle für die Rückfahrt.
Höhenunterschied: 1060 m.
Anforderungen: Anspruchsvolle Tageswanderung mit recht großem Höhenunterschied, unter dem Gipfel Poludnica erfolgt der Aufstieg über kurze Felsstufen, die rutschig sein können, eventuell benötigen wir kurz unsere Hände, der Abstieg vom Berg ist sehr steil, Trittsicherheit und Schwindelfreiheit erforderlich, Absturzgefahr!
Einkehr: Supermarkt und Gasthaus im Zentrum von Iľanovo. In der Berghütte Opalisko (chataopalisko) und im Restaurant am Ortseingang von Závažná Poruba bietet sich eine Rast an.
Variante: Vom Sattel Rakytovica kann man auch nach Liptovský Ján absteigen.
Karte: SHOCart 1094 – Nízke Tatry Chopok 1:50.000.

Von der Poludnica bietet sich ein traumhafter Blick ins Váh-Tal.

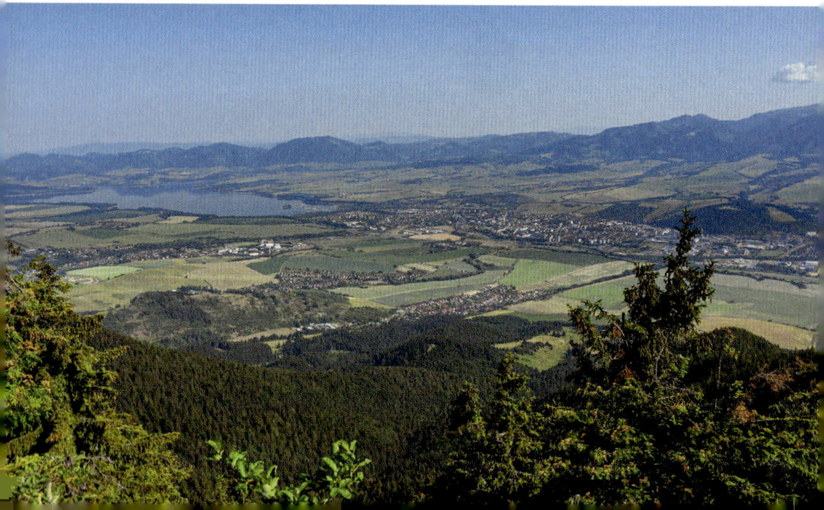

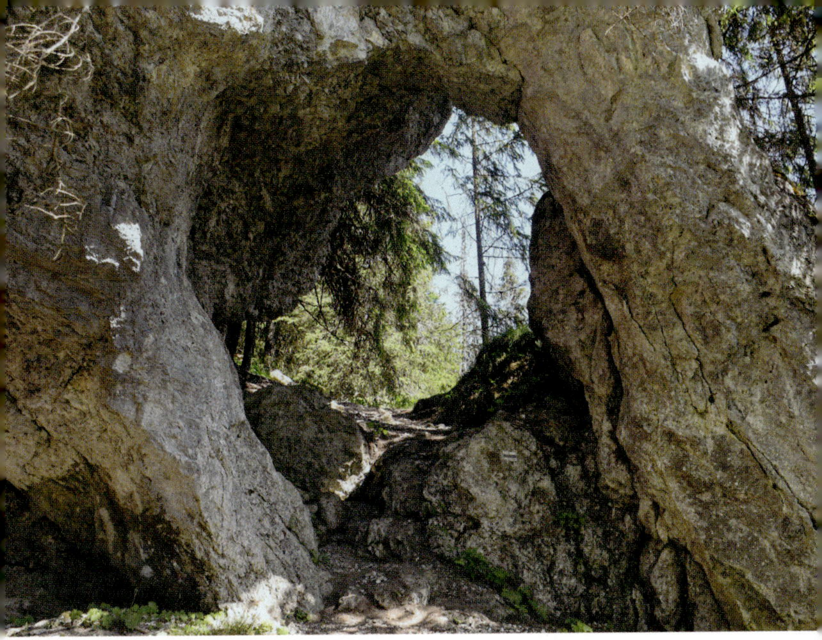

Unser Weg führt durch das Loch im Felsen.

Wir folgen der Asphaltstraße, die aus dem Dorf **Il'anovo (1)** heraus in ein Tal führt, bis zum **Wegweiser »Il'anovo« (2)**, der sich hinter einem Bauernhof befindet. Die blaue Wandermarkierung beginnt hier und zieht sich links über eine Weide mit Elektrozaun in den Wald hinein. Der Weg verwandelt sich im Aufstieg zu einem Pfad und in vielen Schleifen und Windungen geht es auf den bewaldeten Westgrat der Poludnica. Nach mehreren Aussichtspunkten und ein paar Metern Abstieg folgt eine Stahlleiter, die einen etwa 5 m hohen Felsen überwindet. Kurz darauf wird die **Predná Poludnica (3)** erreicht. Über Wiesen verläuft der Pfad in südliche Richtung weiter zum Gipfel. Kurze Abschnitte sind mit Felsen durchzogen und können bei Nässe extrem rutschig sein. Von hier trennen uns nur noch wenige Meter bis zum weiten Gipfelplateau der **Poludnica (4)**, die hervorragende Aussichten auf den Hauptkamm der Niederen Tatra bietet.

Es folgt der anspruchsvollste Teil der Wanderung. Sehr steil zieht sich der Pfad zu einem riesigen **Felsentor (5)** hinab. Wir schreiten hindurch und erreichen ein paar Meter weiter einen Durchgang, um auf die andere Seite des Grats zu gelangen. An der Felswand entlang verläuft der Pfad weiter steil bergab und mündet nach einer Felsnase in einen offenen Bereich. Nach einem kurzen Gegenanstieg geht es wieder abwärts, bis links unter dem **Berg Kúpeľ (6)** eine Wiese zu sehen ist. Dorthin leitet auch ein Pfad der hier abzweigt, und nach der Wiese grün markiert ist. In der Folge werden die östlichen Hänge der Poludnica gequert. Nach mehreren Quellen beginnt ein kurzer Anstieg zum Sattel **Rakytovica (7)**.

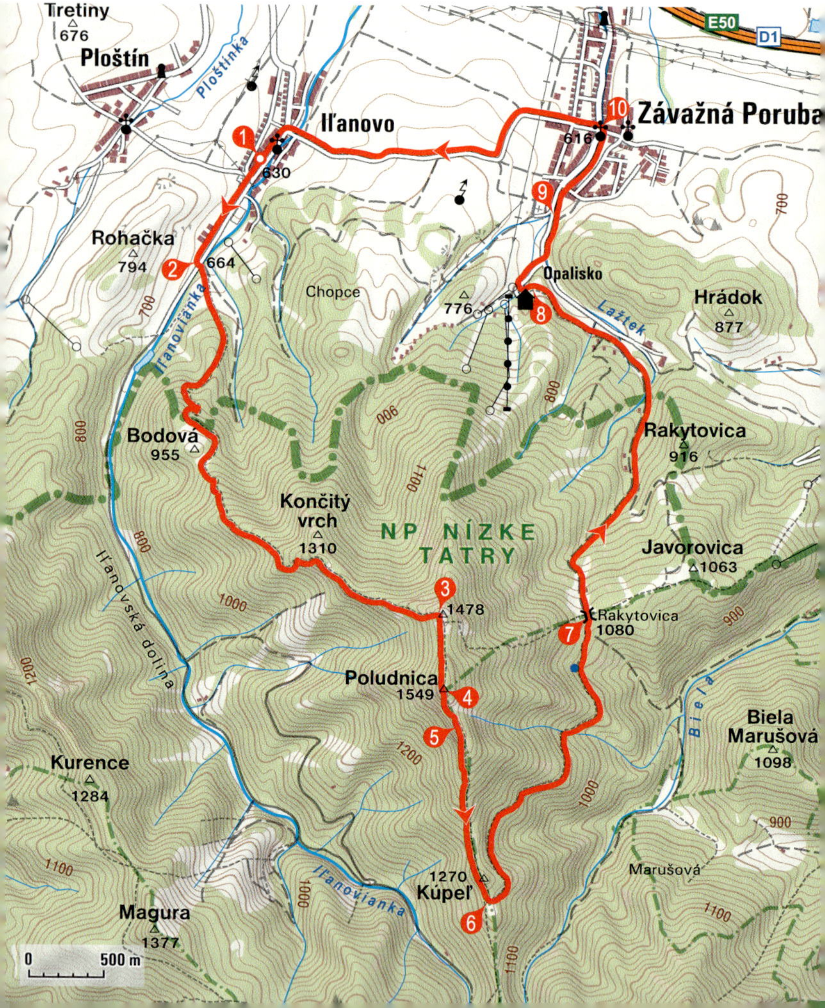

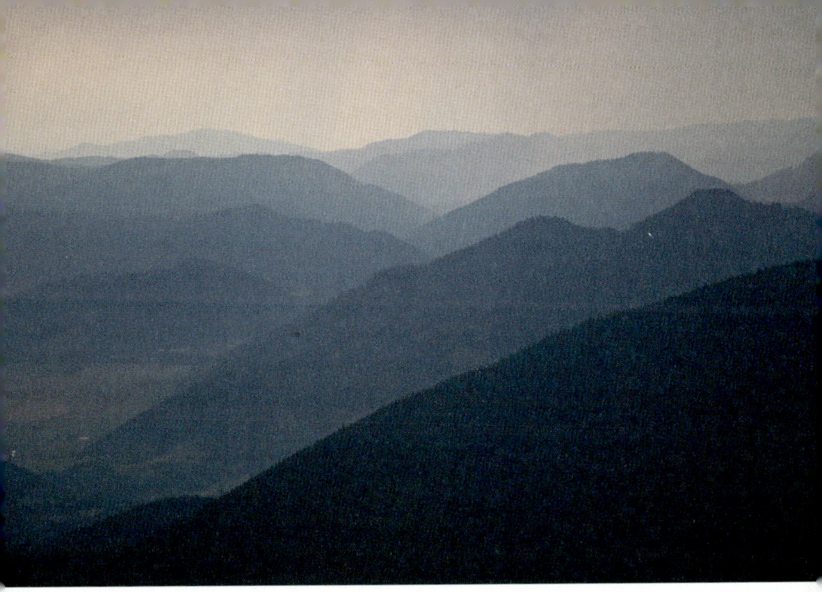

Einsame Seitentäler der Niederen Tatra.

Die gelbe Markierung führt von hier über Wiesen und Wald in Richtung Závažná Poruba. Nach einigen Felsplatten auf dem Weg wird dieser breiter und die ersten Ferienhäuser tauchen auf. An einer Verzweigung weist die gelbe Markierung nach links. Vorbei an neuen Holzhäusern geht es immer geradeaus weiter und nochmals ein Stück durch den Wald bis zu einer großen Wiese. Etwas weiter links ist bereits die **Berghütte Opalisko (8)** zu sehen. Über die hier beginnende Asphaltstraße wandern wir hinunter nach **Závažná Poruba (9)**. An der **Kirche (10)** zweigt die Straße Iľanovská cesta nach links ab und zieht sich über einen Rücken nach Iľanovo zurück. Etwa 200 m links von der Hauptstraße befindet sich der **Ausgangspunkt (1)** unserer Tour.

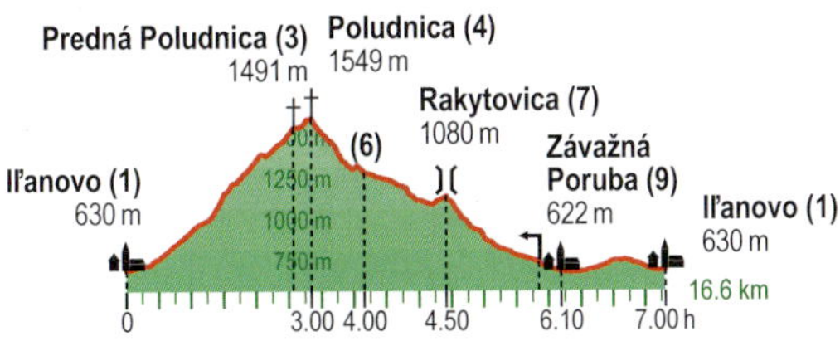

11 Über die Krakova hoľa, 1752 m, nach Liptovský Ján

8.15 Std.

Vom Demänovská-Tal über einen Aussichtsberg ins Váh-Tal

Nur wenige Meter vom Ausgangspunkt entfernt befindet sich die Demänováer Freiheitshöhle. Sie gehört zu den am meisten besuchten Höhlen des Landes und besitzt zudem das längste Höhlensystem der Slowakei. Vom Demänovská-Tal aus führen sehr abwechslungsreiche Wege auf einen Seitenkamm der Niederen Tatra hinauf. Die Aussicht von der Krakova hoľa ist hervorragend. Weite Teile der Niederen, der gesamten Westlichen und auch der Hohen Tatra mit dem von den Euromünzen bekannten Berg Kriváň rückt in unser Blickfeld. Einsame, aber anspruchsvolle Pfade bringen uns ins Jántal hinunter.

Ausgangspunkt: Höhle Demänovská jaskyňa Slobody, Demänovská dolina, 850 m, Parkmöglichkeit auf gebührenpflichtigem Parkplatz direkt am Ausgangspunkt, Bushaltestelle, gute Bus- und Straßenanbindung von Liptovský Mikuláš.
Endpunkt: Liptovský Ján, 635 m, gute Busanbindung nach Liptovský Mikuláš, die Bushaltestelle befindet sich etwa 100 m links von der Kirche am Supermarkt.
Höhenunterschied: 1090 m im Aufstieg und 1300 m im Abstieg.
Anforderungen: Anspruchsvolle Tageswanderung mit großem Höhenunterschied auf teilweise sehr schmalen und rutschigen Pfaden; im Bereich zwischen der Wiese Kosienky und dem Sattel Predných ist der Weg mit Latschen etwas zugewachsen, aber immer erkennbar, Trittsicherheit und Schwindelfreiheit sind an einigen Stellen erforderlich.
Einkehr: Direkt am Ausgangs- und Endpunkt, auf der Tour keine.
Varianten: Auf blauer Markierung über den Berg Poludnica (Aussicht!) nach Iľanovo (Bus) – schwierig – oder an der Bergwiese Kosienky nach rechts dem Seitenkamm folgen und über den Sattel Javorie, die Verzweigung Pod Krčahovom und dem Wegweiser Lúčky, chata zum Ausgangspunkt zurück.
Karte: SHOCart 1094 – Nízke Tatry Chopok 1:50.000.
Tipps: Morgens die erste Besichtigungstour in der Höhle (ssj.sk/de/jaskyna/4-die-demanova-freiheitshohle) wahrnehmen und danach in die Wanderung einsteigen. – Der Naturkrater Kaďa in Liptovský Ján lädt am Ende der Tour zum Baden ein.

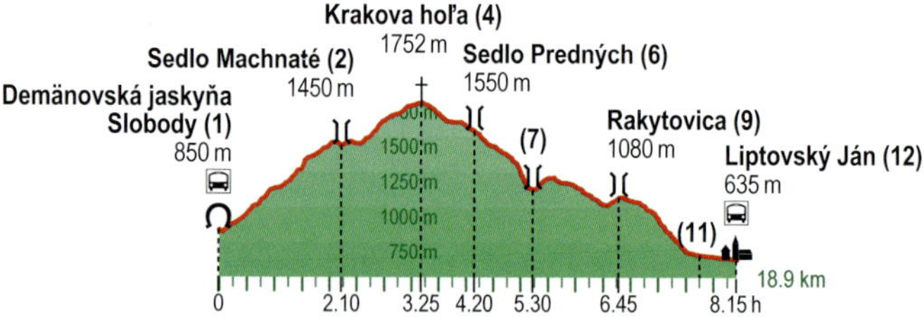

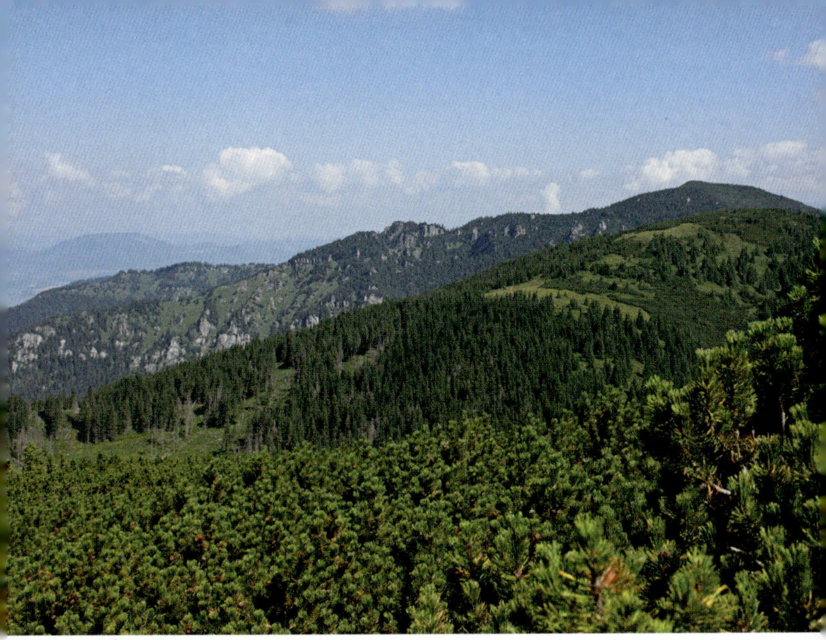

Unser Ziel: die Krakova hoľa.

Von der **Bushaltestelle** und dem **Parkplatz Demänovská jaskyňa Slobody (1)** steigen wir auf gepflastertem Weg (blaue Markierung) direkt zur Höhle und weiter bis zu deren Ausgang hinauf. Hier beginnt ein Pfad, der in Serpentinen angenehm hinaufführt. Weiter oben wird eine steile Bergwiese mit eingelagerten Felsformationen unterhalb des Gipfels Pusté mit traumhafter Aussicht auf Teile des Hauptkamms und dem Chopok erreicht. Nach einem kurzen Abstieg folgt der Sattel **Sedlo Machnaté (2)**.
Abwechselnd durch Wald oder offeneres Gelände führt der Pfad erneut aufwärts in Richtung der direkt vor uns liegenen Krakova hoľa zu. Unterwegs zweigt ein schmaler Pfad etwa 10 m nach rechts auf dem Kamm zu einem herrlichen Aussichtspunkt ab. Den Abzweig **Pod Krakovou hoľou (3)** erreichen wir nach etwa 1 Std. Bei gutem Wetter ist sogar die Kraľová hoľa im Osten der Niederen Tatra zu sehen. Ein mit blauem Dreieck markierter Pfad leitet in wenigen Minuten zum Gipfel der **Krakova hoľa (4)**. Blicke auf das Váh-Tal, den Seitenkamm mit Siná und Bôr sowie den Hauptkamm lassen die Mühen des Aufstiegs vergessen. Auf demselben Weg geht es zum Sattel zurück und auf der anderen Seite des Bergrückens zur Wiese **Kosienky, poľana (5)** hinunter.

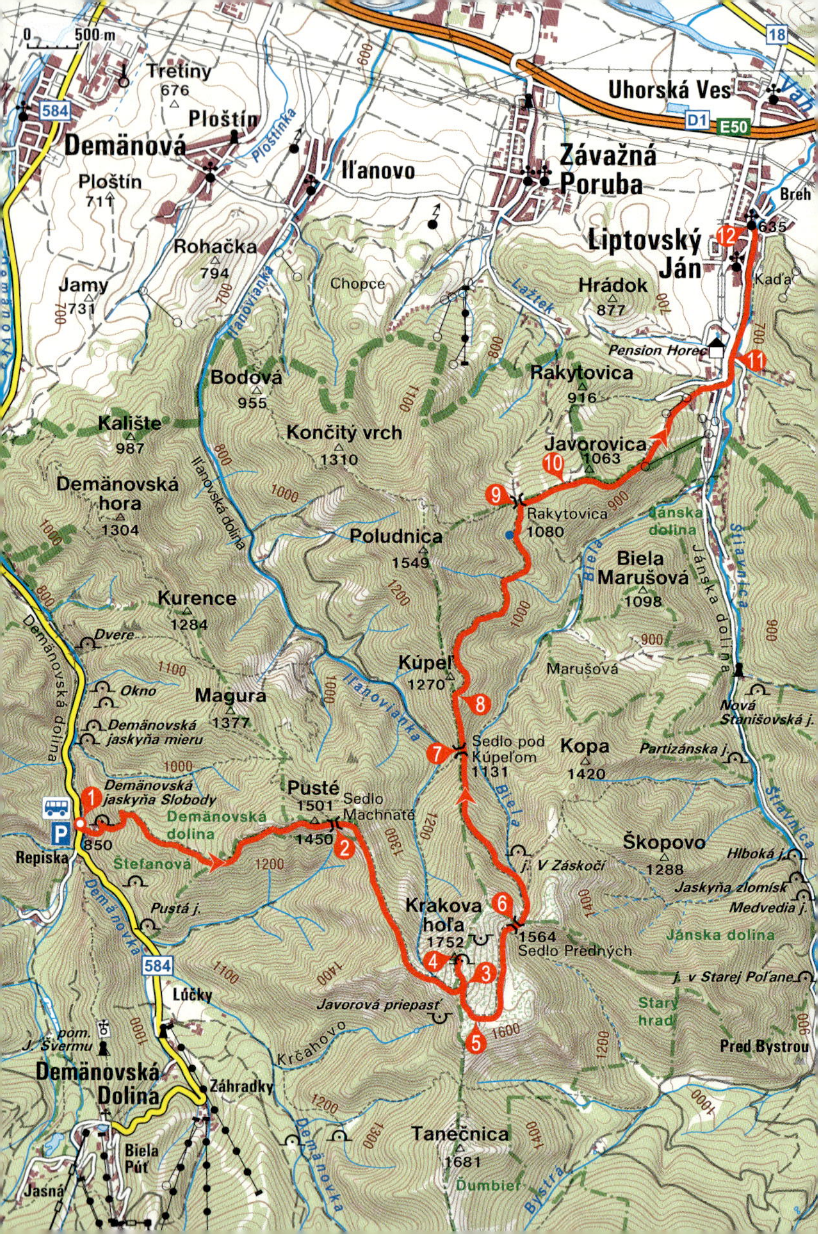

0 500 m
Tretiny
676
Ploštín
Demänová
Ploštín
711
Plošťinka
Iľanovo
Závažná
Poruba
Uhorská Ves
Váh
18
584
D1
E50
Breh
Liptovský
Ján
635
Kaďa
Rohačka
794
Jamy
731
Chopce
Hrádok
877
Lažtek
Pension Horec
Bodová
955
Rakytovica
916
Kalište
987
Končitý vrch
1310
Javorovica
1063
Demänovská
hora
1304
Iľanovská dolina
Rakytovica
1080
Jánska
dolina
Poludnica
1549
Biela
Marušová
1098
Kurence
1284
Dvere
Okno
Demänovská
jaskyňa mieru
Magura
1377
Kúpeľ
1270
Marušová
Nová
Stanišovská j.
Iľanovianka
Sedlo pod
Kúpeľom
1131
Kopa
1420
Partizánska j.
Demänovská
jaskyňa Slobody
Demänovská
dolina
Pusté
1501
Sedlo
Machnaté
1450
850
Repiska
Štefanová
Pustá j.
Biela
j. V Záskočí
Škopovo
1288
Hlboká j.
Jaskyňa zlomísk
Medvedia j.
Krakova
hoľa
1752
1564
Sedlo Predných
Jánska dolina
j. v Starej Poľane
Javorová priepasť
Stary
hrad
Pred Bystrou
Lúčky
pom.
J. Švermu
Demänovská
Dolina
Záhradky
Krčahovo
Demänovka
Biela
Púť
Jasná
Tanečnica
1681
Ďumbier
Bystrá
Štiavnica
Jánska dolina
Demänovská dolina
1
2
3
4
5
6
7
8
9
10
11
12

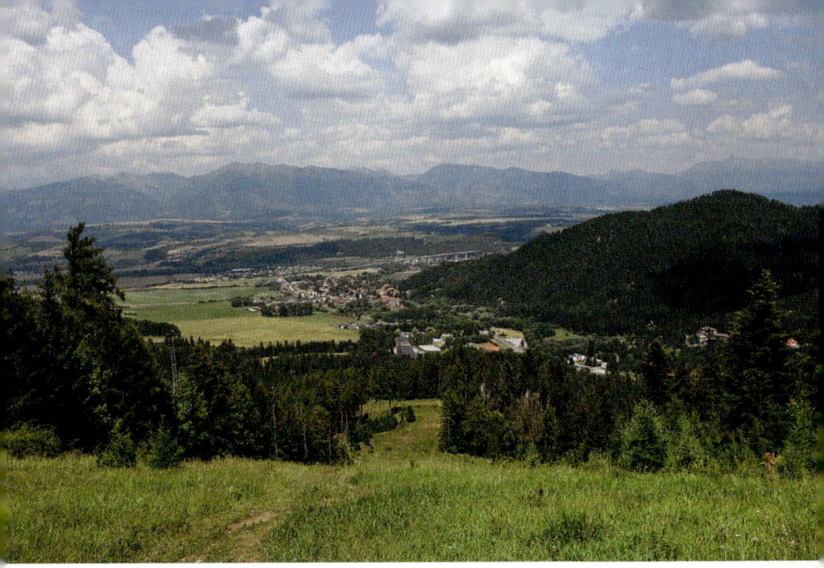

Blick auf Liptovský Ján.

Ein etwas zugewachsener Pfad zum nächsten Sattel erschwert das Weiterkommen. Abgesägte Äste und vorhandene Markierungen zeigen uns, dass es der richtige Weg ist. In der Folge ist der Pfad sehr schmal, ziemlich schräg und nach Niederschlägen glitschig. Etwas überraschend wird der **Sedlo Predných (6)** erreicht. Nach einer Hangquerung mit weiteren rutschigen und feuchten Stellen führt ein gut sichtbarer und schmaler Weg steil in Serpentinen zum **Sedlo pod Kúpeľom (7)** hinunter.
Mithilfe der grünen Markierung geht es nochmals ein paar Meter zur **Kreuzung (8)** unter dem Berg **Kúpeľ** hinauf und hier nach rechts ab. Eine Wiese wird direkt gequert und auf der anderen Seite ist wieder ein Weg auszumachen. Kurz nach mehreren Quellen erwartet uns nochmals ein steiler Anstieg zum **Sattel Rakytovica (9)**. Ein breiter Fahrweg führt rechter Hand bis zur einer großen Wiese heran. Direkt rechts am **Waldrand (10)** zweigt ein Pfad ab, der sich anfangs an den Bäumen entlang und später durch Wald langsam ins Tal hinunter zieht. Die letzten Meter verlaufen sehr steil über eine Skipiste und an ersten Gebäuden vorbei hinunter zur Hauptstraße. Dieser folgen wir nach links auf dem Bürgersteig und gehen über einen asphaltierten Weg am **Wegweiser »Jánska dolina, rázcestie« (11)** vorbei direkt in den Ort hinein. An der evangelischen Kirche von **Liptovský Ján (12)** endet die Wanderung. Von der Bushaltestelle geht es mit Umstieg in Liptovský Mikuláš zum **Ausgangspunkt (1)** zurück.

12 Von Jasná zum Chopok und Ďumbier

8.30 Std.

Vom Norden auf die höchsten Gipfel des Gebirges

Vom Skizentrum Jasná im Norden der Niederen Tatra führt unsere Wanderung in Form einer abwechslungsreichen Rundtour auf die zwei wichtigsten und höchsten Gipfel des Gebirges und bietet Aussichten auf weite Teile der Slowakei. Die Wanderung dürfte zu den am häufigsten begangenen Touren der Slowakei gehören und vor allem bei schönem Wetter wird es auf den beiden Bergen richtig voll. Die Kabinenbahn ist ganzjährig in Betrieb und ermöglicht so eine Unterstützung im Aufstieg.

Ausgangspunkt: Jasná, 1109 m, gebührenpflichtiger (10 € am Tag) Parkplatz (P1) in unmittelbarer Nähe des Ausgangspunkts, Bushaltestelle, gute Bus- und Straßenanbindung von Liptovský Mikuláš.
Höhenunterschied: 1390 m.
Anforderungen: Anspruchsvolle Tageswanderung mit großem Höhenunterschied auf Wegen und Pfaden.
Einkehr: Direkt am Ausgangspunkt in Jasná, Kamenná chata am Chopok (kamennachata.sk).
Varianten: Von der Verzweigung am Ausstieg des Široká dolina auf roter Markierung über Luková und Pod Orlou skalou nach Jasná zurück (1.30 Std. länger), am Parkplatz Lúčky mit dem Bus nach Jasná und so 180 Hm Aufstieg sparen; vom Krúpové sedlo zur Berghütte Štefánika gehen und dort übernachten.
Karte: SHOCart 1094 – Nízke Tatry Chopok 1:50.000.
Tipps: Am Vrbické pleso gibt es einen Waldspielplatz. – Wer konditionell nicht so stark ist oder nicht so viel aufsteigen möchte, kann auch von Jasná bis zum Chopok mit der Kabinenbahn fahren (lanovky.sk).
Hinweis: Wer mit dem Bus von Lúčky, chata nach Liptovský Mikuláš zurückfahren möchte, sollte kurz vor den ersten Gebäuden der grünen Markierung folgen und den breiten Weg nach rechts verlassen. Der Pfad führt direkt zur Bushaltestelle.

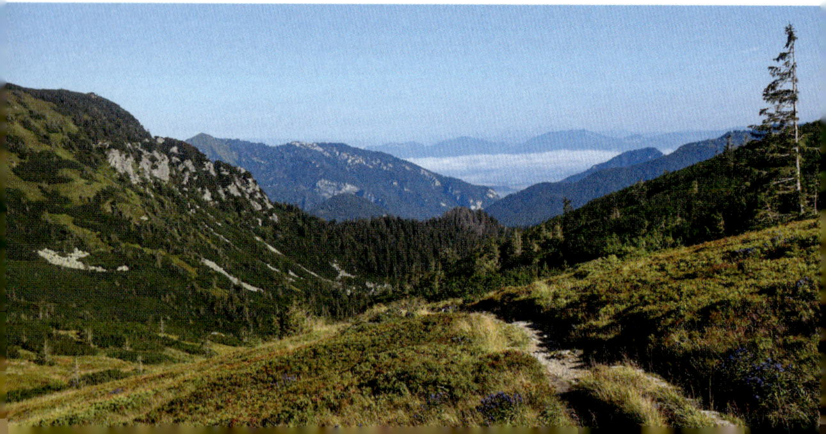

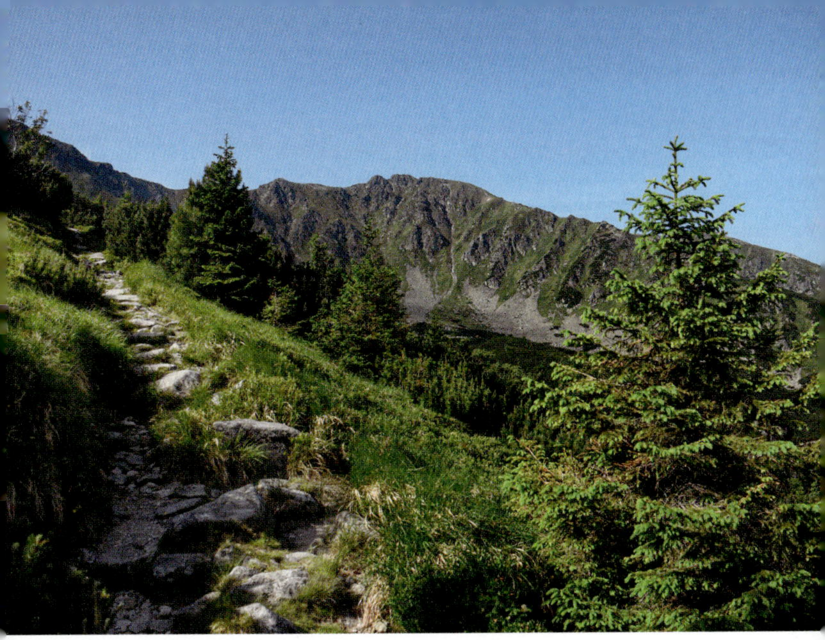

Oben: Im Aufstieg zum Chopok taucht der Dereše vor uns auf.
Links: Im Abstieg vom Krúpove sedlo.

Von der **Bushaltestelle** in **Jasná (1)** folgen wir der Straße ca. 400 m in Richtung Berge und gelangen so direkt an den **Einstieg** zur Wanderung auf den **Chopok (2**). Ein geschotterter, blau markierter Weg führt neben der Skipiste bergauf und umgeht ein Steilstück in einem weiten Bogen. Am Waldrand ist bereits das blaue Zeichen sichtbar, das uns jetzt deutlich angenehmer auf

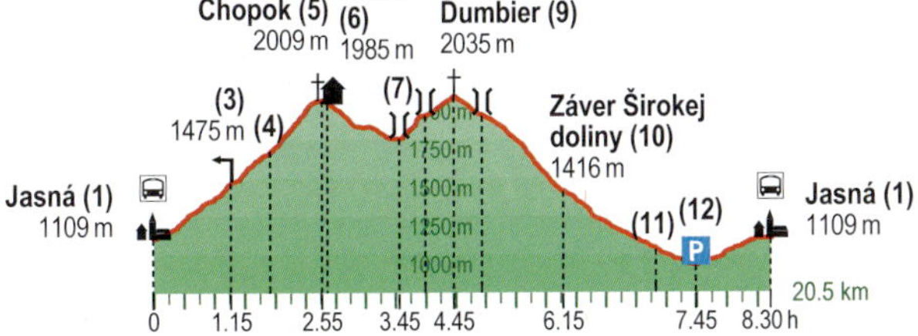

einem Pfad im Wald voranbringt. Durch einen gerodeten Abschnitt geht es bergauf zur Verzweigung **Pod Orlou skalou (3)**. Ab hier beginnt ein meist mit großen Steinen angelegter Bergweg, der mithilfe von Serpentinen in etwa 45 Min. zur Liftstation **Luková (4)** leitet.

Unser Aufstiegsweg führt entweder direkt unter oder in unmittelbarer Nähe der Seilbahn in weiteren Serpentinen bis zur Bergstation. Etwas links des Komplexes gelangen wir über einen meist mit Steinen angelegten Steig an Blockwerk vorbei in 5 Min. zum Gipfel des **Chopok (5)**. Die Aussicht über weite Teile der Slowakei bleibt unvergesslich. Etwas unterhalb des Gipfels und der Seilbahn befindet sich die **Kamenná chata (6)**, die zu einer Rast einlädt.

Über die mit viel Mühe angelegten Steinwege geht es auf dem Fernwanderweg E8 (rote Markierung) zunächst über einige kleine Geröllfelder hinunter zum **Demänovské sedlo (7)** und wieder bergauf zum **Krúpové sedlo (8)**.

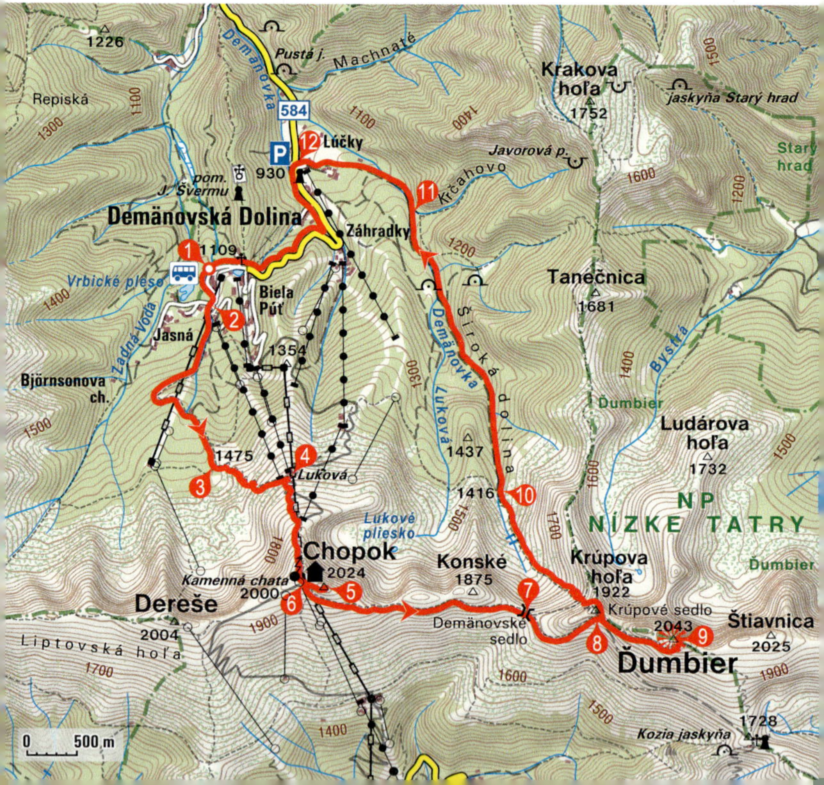

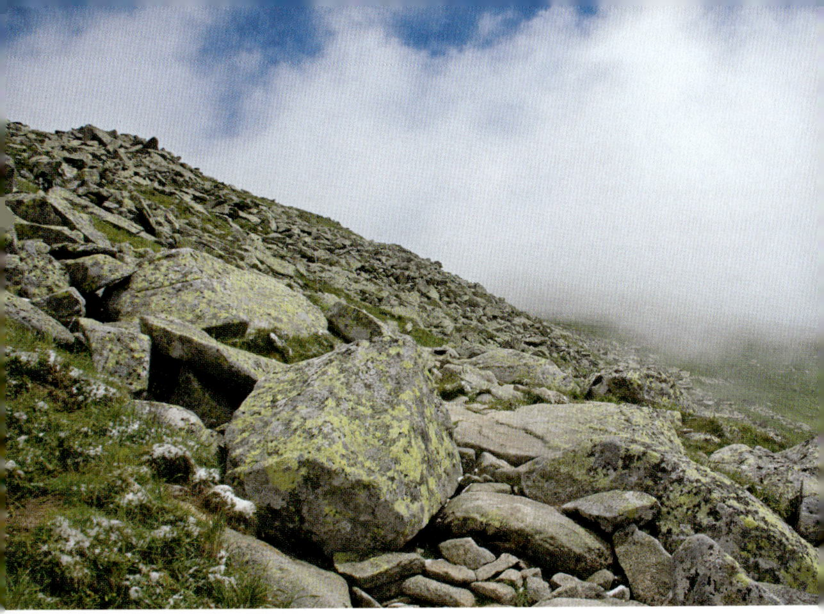

Kurz unter dem Gipfel des Ďumbiers.

Ab hier steigen wir dem roten Dreieck folgend in rund 30 Min. auf den **Ďumbier (9)**, der mit 2043 m der höchste Berg der Niederen Tatra ist und von seinem Gipfelkreuz aus erneut einen unglaublichen Ausblick bietet.
Bis zum **Krúpové sedlo (8)** erfolgt der Abstieg auf demselben Weg. Rechts zweigt ein grün markierter Pfad ab, der erst in Serpentinen den Nordhang hinunter und später durch das Tal steil abwärts bis zum **Abzweig Záver Širokej doliny (10)** im Široká-Tal führt. Von der Verzweigung zieht sich ein breiter steiniger Weg geradeaus weiter bergab und mündet in eine unbefestigte Forststraße. Talauswärts geht es am **Wegweiser »Pod Krčahovom« (11)** vorbei hinunter zum **Parkplatz Lúčky (12)**. Entweder fahren wir mit dem Bus nach Jasná zurück (Bushaltestelle etwa 100 m weiter rechts an der Hauptstraße) oder gehen neben der Hauptstraße entlang in 45 Min. zum **Ausgangspunkt (1)** zurück.

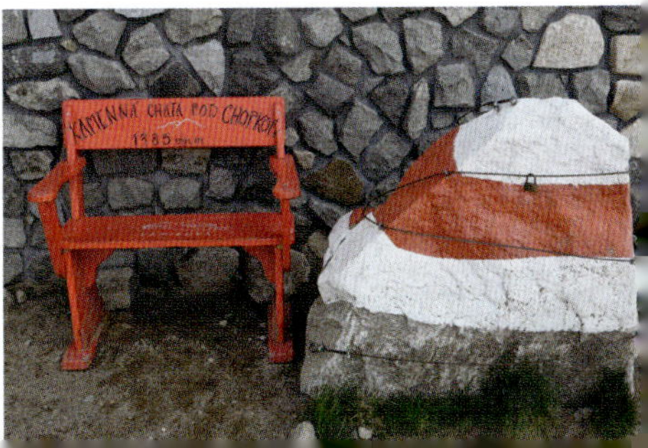

An der Kamenná chata.

13 Rundweg über Stodôlky, 1213 m, und Ostredok, 1167 m

3.30 Std.

Über einen Seitenkamm im Herzen der Niederen Tatra

Hauptsehenswürdigkeit dieser Wanderung ist sicherlich die Höhle Demänovská jaskyňa Slobody, die sich direkt am Ausgangspunkt befindet. Sie wurde 1921 entdeckt und ist heute die meistbesuchte Höhle des Landes. Die Tropfsteinformationen sollen hier am schönsten sein und auf einem Rundgang von 1,6 km können sich auch Besucher ein Bild davon machen. Die Wanderung selbst führt im hinteren Teil des Demänovská dolina über einen Seitenkamm hinauf zu einem Aussichtsturm. Mehrere Gedenksteine und eine große Betonstele erinnern an den Slowakischen Nationalaufstand, deren Mitglieder auch in der Niederen Tatra zum Ende des Zweiten Weltkriegs gekämpft haben. Die Aussicht von hier oben ist fantastisch. Der Hauptkamm des Gebirges mit dem Chopok liegt zum Greifen nah und auch einige Nebengipfel sind gut zu sehen. Eine Rast am größten natürlichen See der Niederen Tatra ist der letzte Höhepunkt der Tour. Der Gletschersee ist gute 115 m lang und 62 m breit und lädt zu einer ausgiebigen Pause ein.

Ausgangspunkt: Parkplatz Demänovská jaskyňa Slobody (gebührenpflichtig), Demänovská dolina, 835 m, Bushaltestelle am Ausgangspunkt, gute Bus- und Straßenanbindung an Liptovská Mikuláš.
Höhenunterschied: 460 m.
Anforderungen: Steile Anstiege auf Pfaden hinauf zum Stodôlky, danach durchweg breite Wege, die in Abschnitten etwas steiler abwärts führen. Alles in allem eine mäßig anspruchsvolle und vor allem recht kurze Halbtageswanderung.
Einkehr: Direkt am Ausgangspunkt und in Jasná, am südwestlichen Ufer des Vrbické pleso gibt es in der Mikuláška chata ein Restaurant.
Varianten: 1. Zwischen dem Wegweiser Biela Púť und dem Vrbické pleso befindet sich die Endstation des Busses. Von dort besteht die Möglichkeit, zurück zum Ausgangspunkt zu fahren.
2. Wer die Wanderung ausdehnen möchte, kann in Jasná auf die Wanderung 12 wechseln und den Chopok besteigen.
Karte: ShoCart – Blatt 1094 – Nízke Tatry Chopok 1:50.000.
Tipps: Vor oder nach der Wanderung die Höhle besichtigen (ssj.sk/de/jaskyna/4-die-demanova-freiheitshohle auf Deutsch). – Es lohnt sich, die Tour am frühen Morgen oder zum Nachmittag hin zu unternehmen, da vom Aussichtspunkt gesehen die Sonne eher seitlich steht und die Berge in herrlichem Licht erstrahlen. – Am See gibt es für Kinder einen Waldspielplatz.

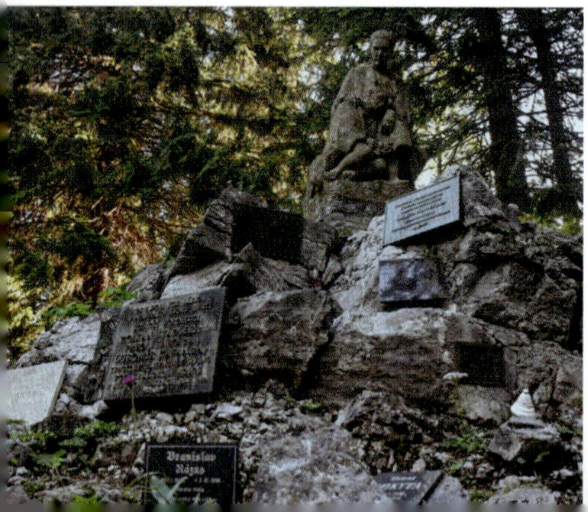

Der symbolische Friedhof unter dem Berg Stodôlky.

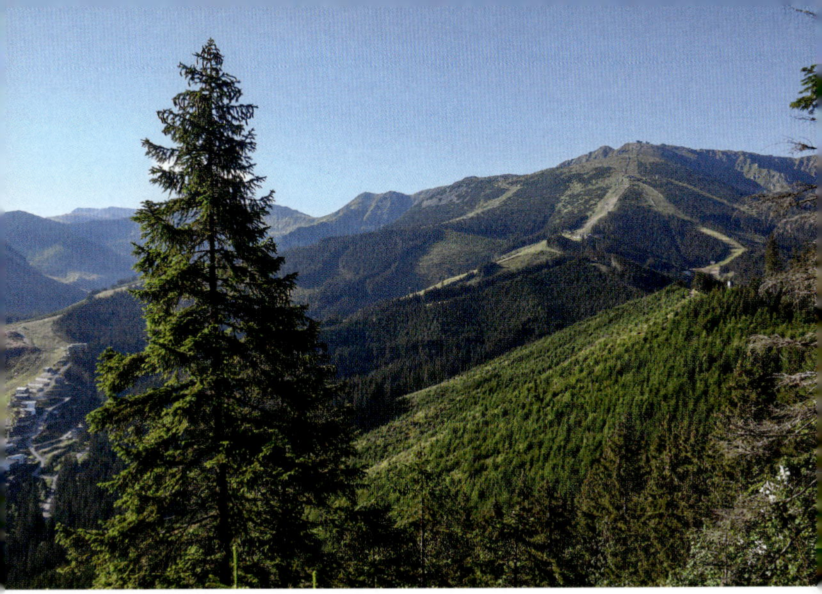

Blick auf den Chopok.

Von der **Bushaltestelle** und dem **Parkplatz Demänovská jaskyňa Slobody (1)** gehen wir zunächst an der Landstraße ins Tal hinein und finden danach rechts am Abzweig den ersten **Wegweiser »Demänovská jaskyňa Slobody« (2)**. Die gelbe Markierung gabelt sich hier – unsere Strecke führt noch ein paar Meter an der Straße entlang über einen Bach und danach rechts auf einem Pfad in den Wald hinein. An Felsen vorbei und später in Serpentinen geht es empor auf einen Bergrücken. Erste Blicke auf den Seitenkamm zwischen Bôr und Siná sind möglich, bevor sich der Pfad etwas links vom Kamm weiter hinaufwindet und nach einer Weile den höchsten Punkt der Wanderung – die **Stodôlky (3)** erreicht. Leider bietet der Berg keinerlei Sicht auf die Umgebung.

Wenige Meter vor dem Gipfel zweigt unser Pfad nach rechts über eine kurze, mit Felsen eingelagerte Passage ab und zieht sich danach auf dem Grat sanft abfallend zu einem **symbolischen Friedhof (4)**, wo an in der Region verunglückte Bergsteiger gedacht wird. Von hier aus führt ein Weg geradeaus weiter. Es ist sinnvoll, etwas unterhalb ein paar Meter nach links zu gehen und von dort die Aussicht auf den Chopok zu genießen. Etwas später folgt das **Hinweisschild »Ostredok« (5)**, wo ein großes Denkmal im sozialistischen Baustil an Ján Šverma erinnert. Der Widerstandskämpfer starb im November 1944 in der Niederen Tatra. Wir genießen einen traumhaften Blick

auf die Umgebung. Mittlerweile ist es ein Schotterweg, der an weiteren kleineren Gedenksteinen hinunter zur **Bencúrova veža (6)** leitet. Der Aussichtsturm wurde nach Roman Benčur benannt, der den Turm errichtete und kurz vor der Einweihung bei einem tragischen Unfall während einer Übung der Bergwacht verstarb. Ein traumhaftes Panorama auf das Chopok-Massiv und die beiden Seitenkämme breitet sich vor dem Betrachter aus. Von hier sind es nur noch wenige Minuten hinunter zum **Wegweiser »Biela Púť« (7)** am Ortseingang von Jasná.
Am Rande der Straße wandern wir rechts bis zu einem namenlosen Hinweisschild und dort nochmals rechts auf einem Weg bis zum Vrbické pleso. Es ist einer der wenigen natürlichen Seen in der Niederen Tatra und zahlreiche Bänke an seinem Ufer laden zum Ausruhen und bestaunen der Bergwelt ein. Es lohnt sich, das Gewässer im Uhrzeigersinn zu umrunden. Am nordwestlichen Ufer befindet sich ein **Abzweig** mit **blauer Markierung (8)**. Genau dort beginnt unser Abstieg hinunter zur Freiheitshöhle. Der breite Weg führt an einer Quelle vorbei zu einem Schotterweg in einem Seitental und über diesen wird am Bach entlang zur asphaltierten Zufahrt zu einem Hotel und zum **Wegweiser »Demänovská jaskyňa Slobody« (2)** abgestiegen. Von hier sind es noch 200 m an der Landstraße entlang zurück zum **Ausgangspunkt (1)**.

Der Vrbické pleso – einer der wenigen Bergseen in der Niederen Tatra.

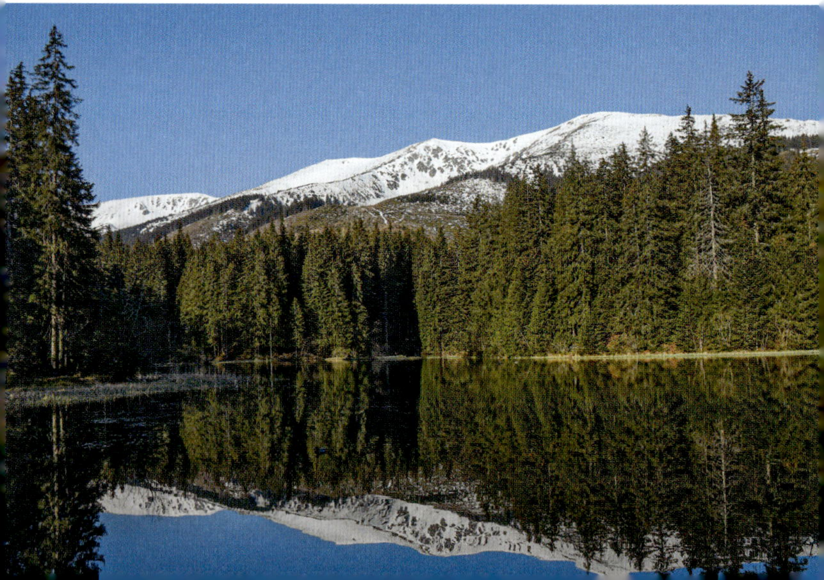

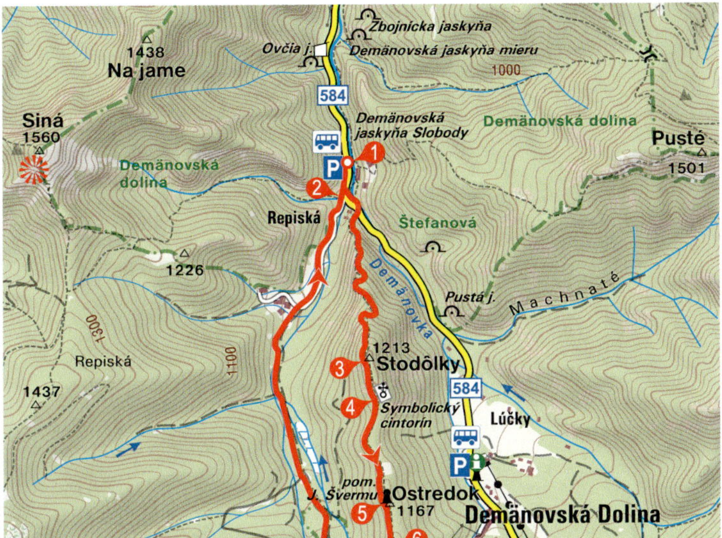

Zbojnícka jaskyňa
Ovčia j.
Demänovská jaskyňa mieru
1438
Na jame
1000
584
Siná
1560
Demänovská jaskyňa Slobody
Demänovská dolina
Pusté
1501
Demänovská dolina
Repiská
Štefanová
1226
Demänovka
Pustá j.
Machnaté
1300
1100
1213
Stodôlky
Repiská
1437
584
Symbolický cintorín
Lúčky
pom. J. Švermu
Ostredok
1167
Demänovská Dolina
Bencúrova veža
Záhradky
Vrbické pleso
Vrbické pleso
1400
Biela púť
Jasná
Zadná voda
1200
1354
Luková
0
500 m

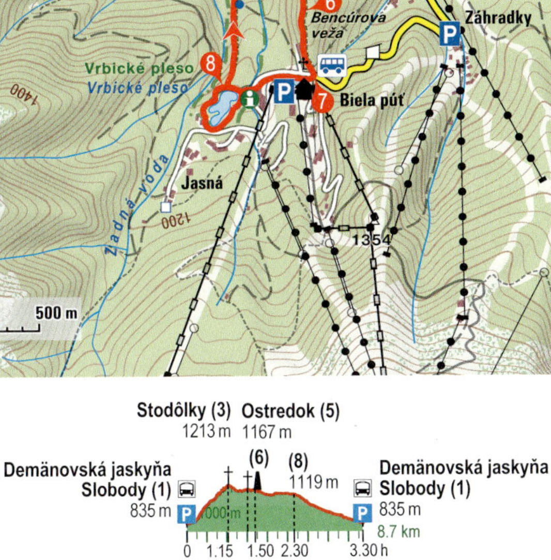

Stodôlky (3)
1213 m
Ostredok (5)
1167 m
Demänovská jaskyňa Slobody (1)
835 m
(6)
(8)
1119 m
Demänovská jaskyňa Slobody (1)
835 m
1000 m
8.7 km
0
1.15
1.50
2.30
3.30 h

14 Siná, 1560 m, und Bôr, 1888 m

9.15 Std.

Auf abenteuerlichen Pfaden zu fantastischen Aussichtsbergen

Unsere heutigen Gipfel befinden sich auf der Nordseite der Niederen Tatra und bieten traumhafte Ausblicke auf das Váh-Tal und große Teile des felsigen Hauptkammes. Von unserem zweiten Gipfel, dem Bôr oder in manchen Publikationen auch als Bory bezeichnet, bietet sich wahrscheinlich eine der besten Aussichten aller nördlich gelegenen Berge der Niederen Tatra. Vom ganz im Westen gelegenen Prašivá bis zur östlich gelegenen Kráľova hoľa ist nahezu der komplette Hauptkamm zu sehen. Bei gutem Wetter thront im Norden die Westliche und im Nordosten die Hohe Tatra mit dem markanten Berg Kriváň.

Ausgangspunkt: Parkplatz Demänovská jaskyňa Slobody (gebührenpflichtig), Demänovska dolina, 835 m, Bushaltestelle, gute Bus- und Straßenanbindung von Liptovský Mikuláš.
Höhenunterschied: 1400 m.
Anforderungen: Anspruchsvolle Tageswanderung mit großem Höhenunterschied auf meist gut sichtbaren Pfaden und Wegen. Im Bachtal und unter der Siná an zwei Stellen Kettensicherungen, die die Zuhilfenahme der Hände notwendig machen kann, Trittsicherheit erforderlich (im Bereich der Siná und beim Abstieg vom Hauptkamm).
Einkehr/Übernachtung: Direkt am Ausgangspunkt sowie in Jasná in der Mikulášska chata.

Varianten: Der Gipfel der Siná kann ausgelassen werden. Man könnte auf dem Hauptkamm in Richtung Chopok (Seilbahnanschluss und Übernachtungsmöglichkeit auf der Kamenná chata) oder nach Westen (Übernachtungsmöglichkeit Notunterkunft Ďurková) weitergehen.
Karte: SHOCart 1094 – Nízke Tatry Chopok 1:50.000.
Tipps: Kurz vor Ende der Tour gibt es am Vrbické pleso einen Waldspielplatz. – Vor oder nach der Wanderung die Höhle besichtigen (ssj.sk/de/jaskyna/4-die-demanova-freiheitshohle auf Deutsch).
Hinweis: Der Abschnitt zwischen Sedlo Sinej und Poľana darf zum Schutz der Gämsen nur zwischen dem 1. Juli und dem 14. Oktober begangen werden.

Von der **Bushaltestelle** und dem **Parkplatz** an der **Demänováer Freiheitshöhle (1)** gehen wir zunächst 200 Meter auf der Landstraße ins Tal hinein und finden danach rechts am Abzweig den ersten **Wegweiser »Demänovská jaskyňa Slobody« (2)**. Die gelb markierte Route führt bereits nach weni-

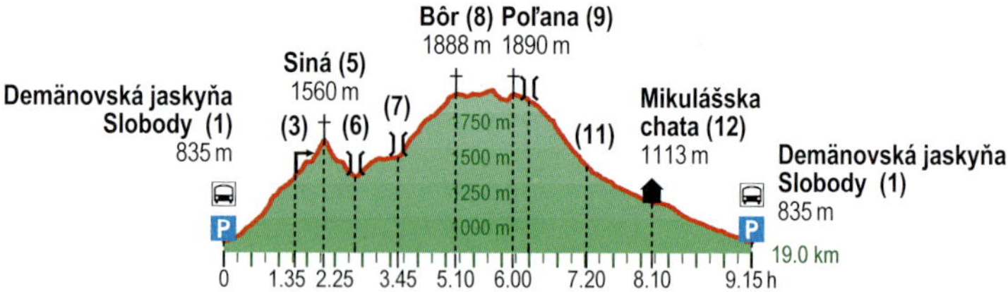

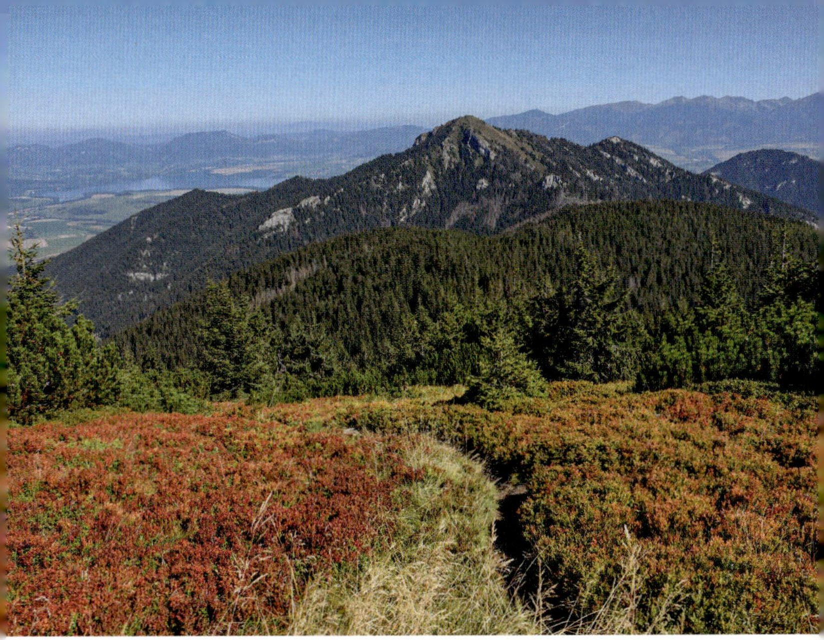

Blick zurück auf die Siná.

gen Metern an einem Bachlauf rechts in ein schmales Seitental hinein. Der gut gekennzeichnete Pfad verläuft am Wasser entlang aufwärts und wechselt ab und an die Uferseite. An zwei steileren Stufen befinden sich Drahtseilsicherungen und eventuell wird die Zuhilfenahme der Hände benötigt. Später geht es in Serpentinen einen Hang recht steil nach oben. Unterhalb der Síná hat ein Sturm schwere Schäden angerichtet. Die meisten der umgefallenen Bäume sind mittlerweile entfernt. Ein schmaler Pfad leitet in diesem Bereich oberhalb von zerfahrenen Wirtschaftswegen hinauf auf einen **Seitenkamm (3)**. Rechts zieht sich ein schmaler Jägersteig teilweise ziemlich steil hinauf auf den Gipfel des Siná. Als Markierung dient ein gelbes Dreieck. Im Aufstieg befindet sich zwischen zwei Drahtseilsicherungen noch der **Aussichtspunkt Repiská (4)** auf einer Anhöhe wenige Meter links von unserer Route. In etwa 30 Min. ist das Gipfelkreuz des **Siná (5)** erreicht, und der Ausblick in das Váh-Tal, auf den Liptauer Stausee, die Städte Ružomberok und Liptovský Mikuláš sowie die Westliche Tatra sind traumhaft.

Wir steigen auf demselben Weg über den **Seitenkamm (3)** bis in den Sattel **Sedlo Sinej (6)** ab und folgen dem weiterhin gelb markierten Pfad erneut bergauf. Nach wenigen Metern geht es wieder im Wald weiter zum **Sedlo**

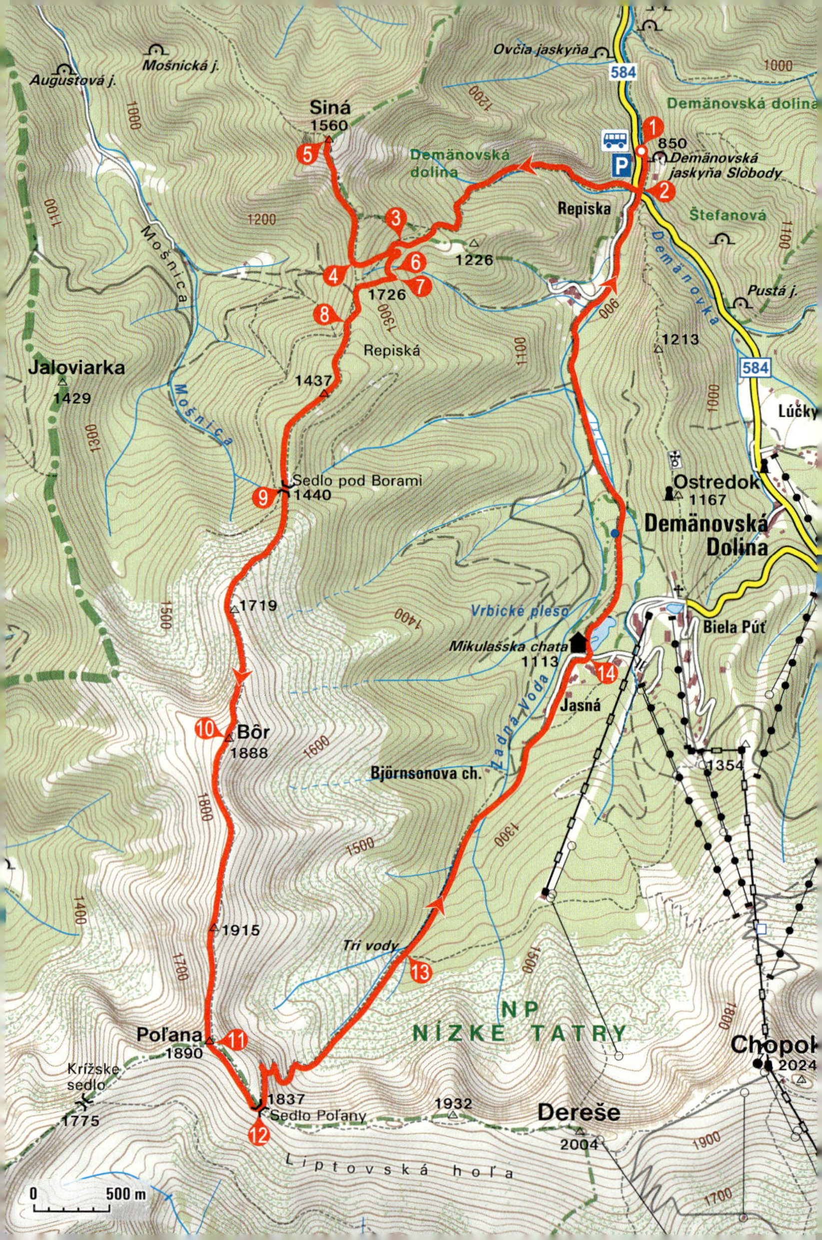

Ovčia jaskyňa
584
Mošnická j.
Augustová j.
Siná
1560
Demänovská dolina
850
Demänovská jaskyňa Slobody
Repiska
Štefanová
Demänovka
1226
1726
Pustá j.
Mošnica
Repiská
1213
Jaloviarka
1429
1437
Lúčky
Ostredok
1167
Sedlo pod Borami
1440
Demänovská Dolina
1719
Vrbické pleso
Biela Púť
Mikulašska chata
1113
Jasná
Bôr
1888
1354
Björnsonova ch.
Zadná Voda
1915
Tri vody
NP
NÍZKE TATRY
Poľana
1890
Chopok
2024
Krížske sedlo
1775
1837
Sedlo Poľany
1932
Dereše
2004
Liptovská hoľa
0
500 m

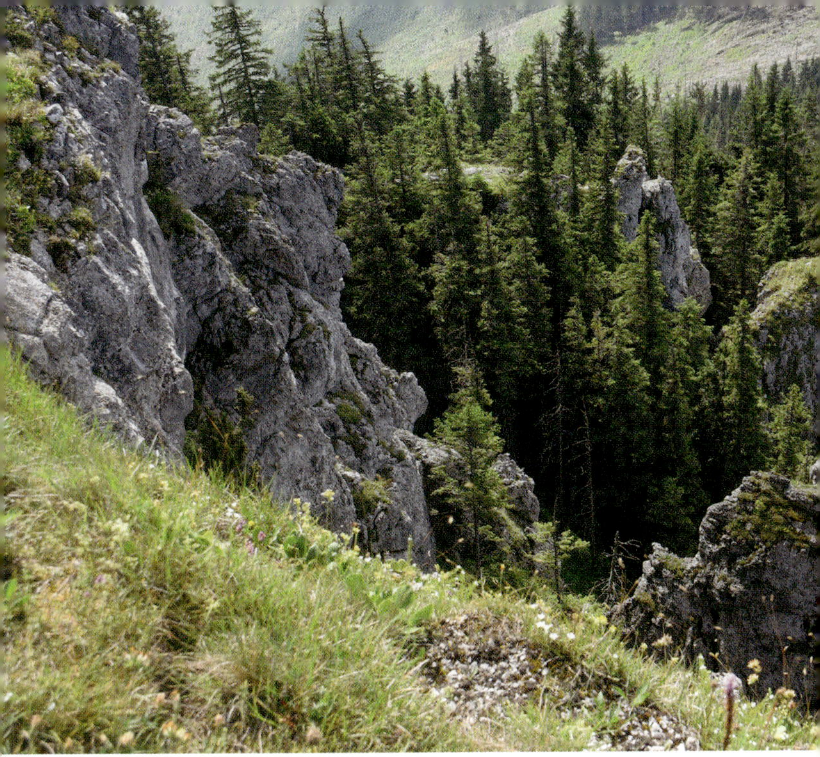

Interessante Felsformationen unterhalb der Siná.

pod Borami (7). Jetzt wird der Wald lichter und später führt unser Pfad durch eine offene Wiesenlandschaft mit einigen größeren Steinen nach oben. Im Spätsommer lohnt es sich von den unzähligen Heidelbeersträuchern zu naschen. Der **Bôr (8)** bietet ausgezeichnete Ausblicke auf die nördlichen Felsabstürze des Dereše und den Hauptkamm der Niederen Tatra.Wir folgen dem Pfad, der uns in einigen kleineren Wellen auf den Gipfel der **Poľana (9)** und weiter über den Hauptkamm des Gebirges zur Gabelung am **Sedlo Poľany (10)** bringt. Nach links zweigt ein erneut gelb markierter Pfad ab, der sich zunächst in weiten Serpentinen ins Tal hinunterzieht. Durch den Wald geht es über die Weggabelung **Tri vody (11)** nach Jasná hinunter und an der **Mikulášska chata (12)** nochmals nach links am See **Vrbické pleso** vorbei. Ab hier führt die blaue Markierung auf breiten Wegen innerhalb 1 Std. zum **Ausgangspunkt (1)** zurück.

15 Predná Magura, 1171 m

3.45 Std.

Ein einfacher Aussichtsberg auf der Nordseite der Niederen Tatra

Die Predná Magura ist der ideale Aussichtsgipfel, wenn man Kinder dabei hat oder einmal eine schöne Halbtagestour ohne großen Höhenunterschied sucht. Die Ausblicke reichen vom Liptauer Kessel bis zu den Bergen der Westlichen und der Hohen Tatra. Aufgrund der Beschaffenheit eignet sich die Wanderung zu jeder Jahreszeit und ist auch im Winter eine geeignete Abwechslung zum Skilaufen.

Ausgangspunkt: Partizánska Ľupča, 567 m, kostenlose Parkmöglichkeit im Zentrum in unmittelbarer Nähe des Ausgangspunkts, Bushaltestelle.
Höhenunterschied: 590 m.
Anforderungen: Einfache Wanderung meist auf breiten Wegen ohne Schwierigkeiten; lediglich bei Nässe kann es unter dem Rumanec etwas rutschig werden.
Einkehr: In Partizánska Ľupča gibt es Geschäfte und eine Pizzeria, auf der Tour keine.
Karte: SHOCart 1094 – Nízke Tatry Chopok 1:50.000.
Tipp: Wer mit dem Bus anreist, kann bis zur Endstation »Partizánska Ľupča – otočka« fahren und sich so gut 20 Min. Weg ersparen. Obwohl von der Predná Magura ein Pfad weiterführt, macht es keinen Sinn, diesem zu folgen. Die Orientierung im weiteren Verlauf ist sehr kompliziert und einige Abschnitte sind völlig verschlammt oder von Maschinen zerfahren.

Im Abstieg bieten sich herrliche Aussichten auf die Malá Fatra und die Chočské vrchy.

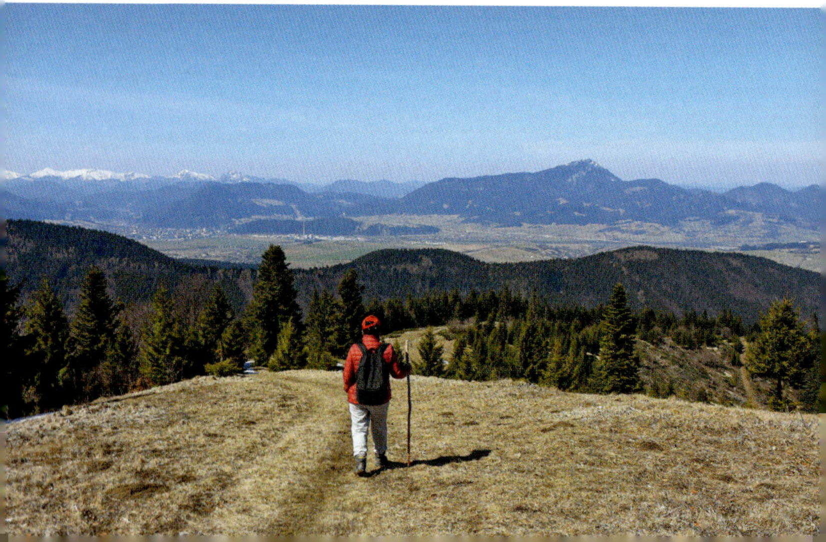

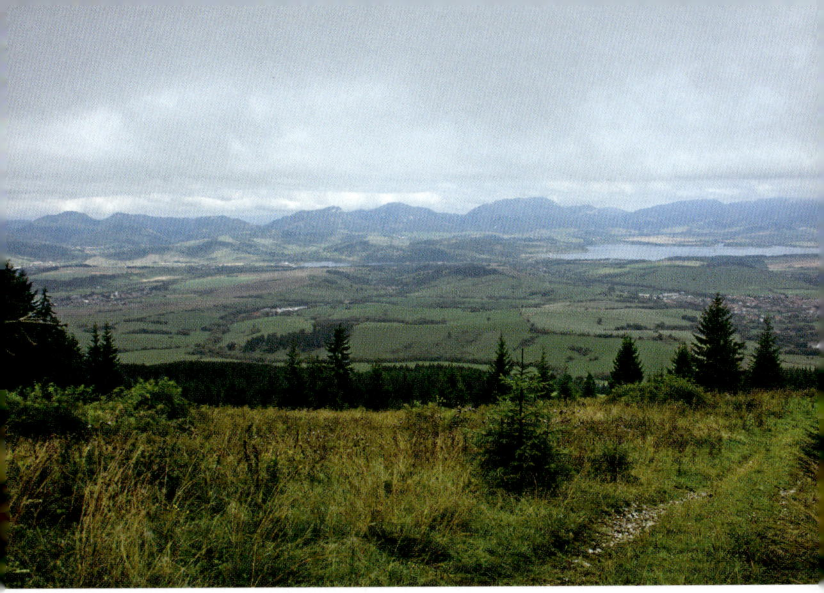

Liptauer Stausee und die umliegenden Berge vom Gipfel der Predná Magura.

Vom Zentrum in **Partizánska Ľupča (1)** führt die Dorfstraße mit gelber Markierung in Richtung Berge. Etwa 500 m nach dem Ortsende folgt die Endstation des Linienbusses, der hier an einem einsamen Haus und einem landwirtschaftlichen Betrieb wendet. Kurz darauf, an der Wegkreuzung »**Biela Ľupča**« **(2)**, verlassen wir die Straße und stoßen im Rahmen einer kurzen Links-rechts-Kombination auf einen Feldweg. Ein gelbes Wanderzeichen an einem **Weidezaun (3)** zeigt an, dass es sich um den richtigen Weg handelt. Zur Orientierung dient auch ein weißes Gebäude etwas oberhalb am Waldrand. Der breite Wiesenweg bringt uns in offenem Gelände oder durch Wald zu einer großen Wiese unter dem Berg **Rumanec (4)**. Von hier aus bietet sich das erste Mal ein fantastischer Ausblick auf das Litptauer Land.

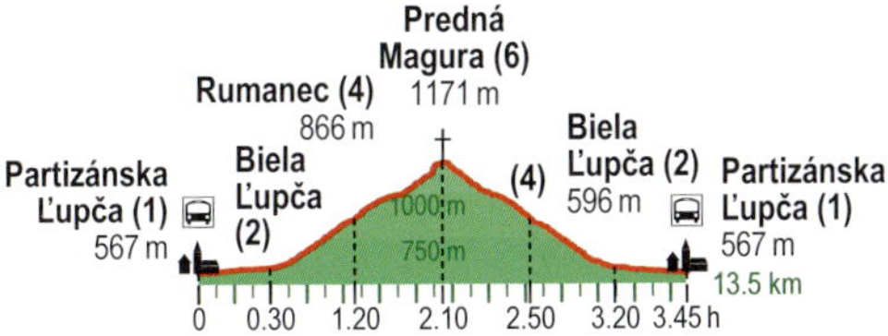

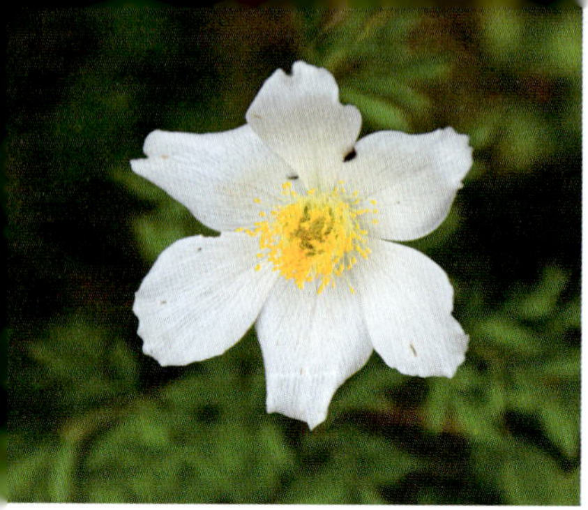

Windröschen.

Ein breiter Schotterweg zieht sich über einen Bergrücken weiter hinauf. An einem **Gedenkstein (5)** zweigen wir rechts auf einen Pfad zum Gipfel ab. Es sind nur noch wenige Minuten, bis zur **Predná Magura (6)**. Die Aussichten auf die Chočské vrchy, die Westliche, Hohe und Teile der Niederen Tatra sind ein Hochgenuss. Eine kleine Rasthütte lädt zu einer ausgiebigen Pause ein. Mangels vernünftiger Alternative wird auf demselben Weg nach **Partizánska Ľupča (1)** zurückgekehrt.

Partizánska Ľupča.

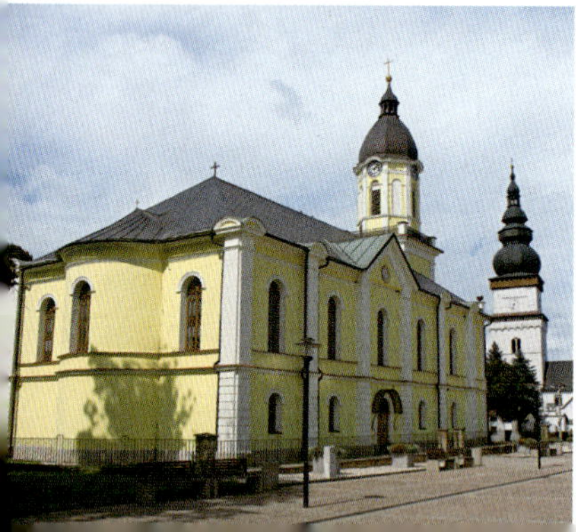

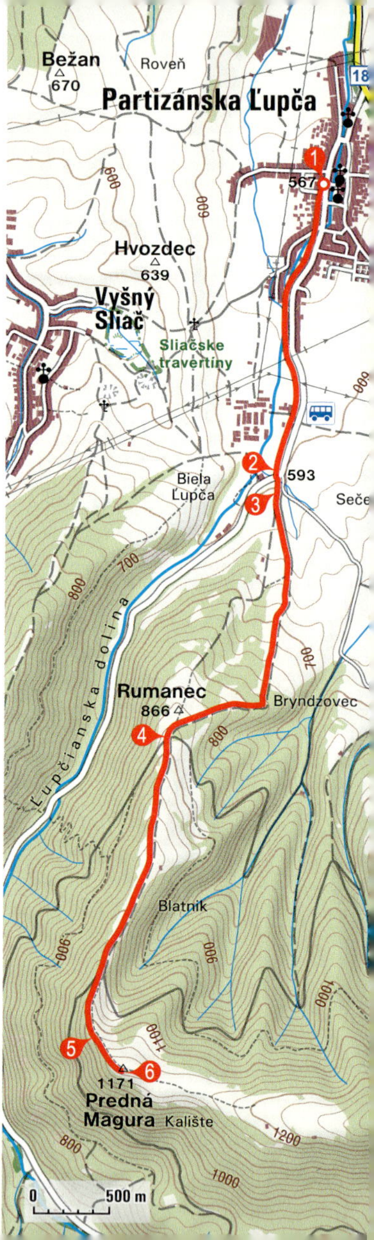

2.00 Std.

Zu den Travertinkegeln von Liptovské Sliače

16

Kurzer Spaziergang zu interessanten Gesteinsformationen

Die Travertinkegel bestehen aus hellen Kalksteinen, deren Material aus ehemaligen Quellen ausgeschieden wurde. Im Laufe der Zeit sind so überaus interessante Gebilde entstanden, die sich in der Nähe der Gemeinde Liptovské Sliače befinden. In der Umgebung gibt es insgesamt 117 Mineralquellen, die zum Teil schwefelhaltig sind. Unterhalb der Kegel befindet sich ein Feuchtgebiet mit charakteristischen Pflanzen.

Ausgangspunkt: Partizánska Ľupča, 567 m, kostenlose Parkmöglichkeit im Zentrum in unmittelbarer Nähe zum Ausgangspunkt, Bushaltestelle.
Höhenunterschied: 90 m.
Anforderungen: Einfacher Spaziergang ohne nennenswerte Schwierigkeiten; lediglich bei Nässe kann es auf den unbefestigten Wegen etwas schlammig werden.
Einkehr: In Partizánska Ľupča gibt es Geschäfte und eine Pizzeria, auf der Tour keine.
Karte: SHOCart 1094 – Nízke Tatry Chopok 1:50.000.

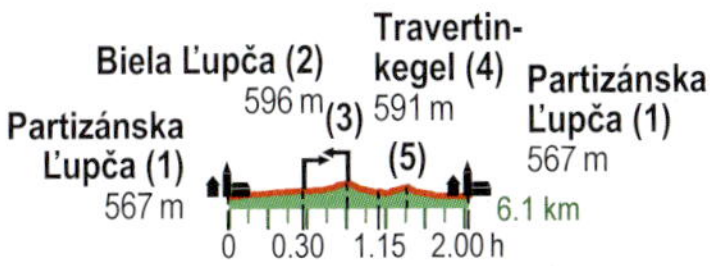

Partizánska Ľupča (1) ist der Ausgangspunkt für einen kurzen Spaziergang zu den Travertinkegeln von Liptovské Sliače. Vom Zentrum gehen wir der gelben Markierung folgend auf der Dorfstraße aus dem Ort heraus und an der **Wegkreuzung Biela Ľupča (2)** auf blau markiertem Weg weiter geradeaus. Vor einem Sägewerk zweigt ein Pfad nach rechts ab und ein kleiner

Im Abstieg nach Partizánska Ľupča.

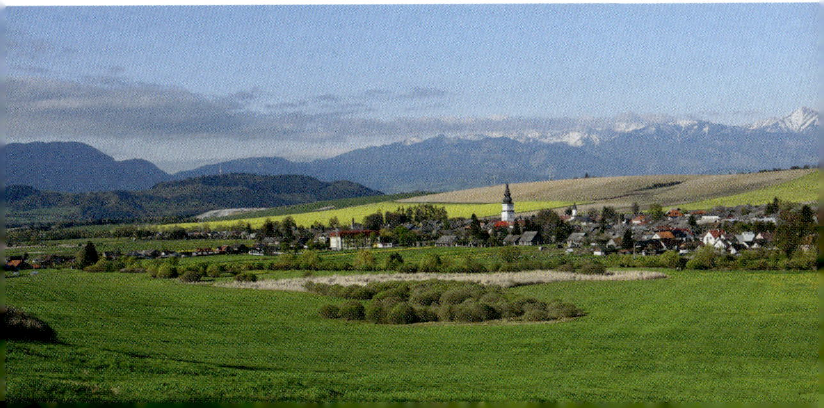

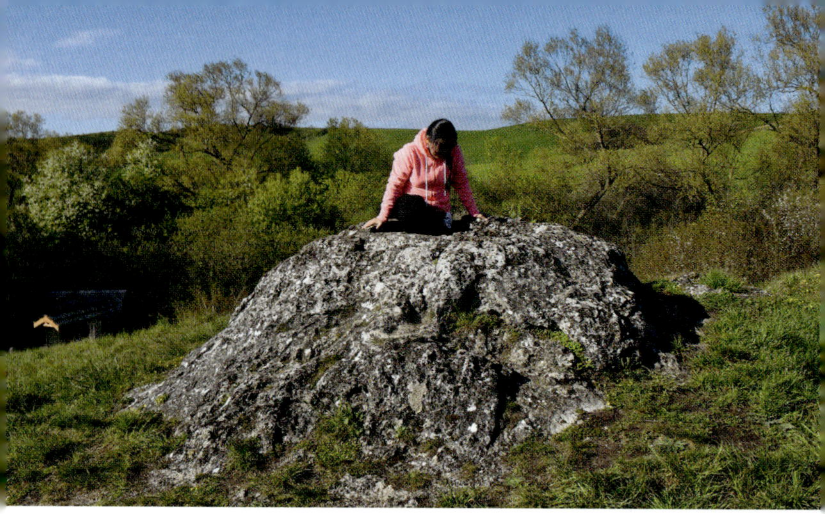

Die Travertinkegel.

Bach wird über eine Holzbrücke überquert. Rechts befindet sich ein großer Bauernhof, vor dessen Mauer ein Feldweg nach oben auf einen Bergrücken führt. Dort geht es erst ein paar Meter nach rechts und danach direkt auf einem schwach erkennbaren **Wiesenweg (3)** nach links hinunter zu den **Travertinkegeln (4)**, blaue Markierungsstangen dienen hier als Orientierung.

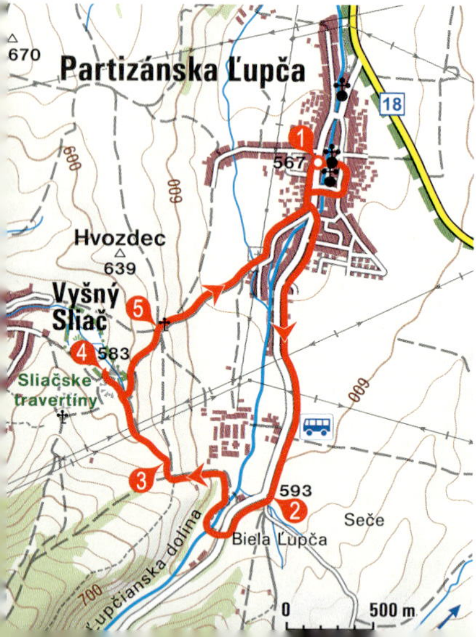

Der Rückweg nach Partizánska Ľupča ist nicht markiert. Von den Gesteinsformationen führt der Feldweg zunächst ein paar Meter auf gleicher Strecke zurück und dann in weitem Bogen den Hang hinauf zu einem **Marterl (5)**. Ab hier leitet eine schmale Asphaltstraße rechts hinunter nach Partizánska Ľupča zurück. Die Ausblicke auf den Ort mit der Westlichen Tatra im Hintergrund sind ein absoluter Hochgenuss. Im **Partizánska Ľupča (1)** lohnt sich noch ein Gang über den ansprechend angelegten Hauptplatz.

8.00 Std.

Rundweg von Ludrová auf den Salatín, 1630 m

17

Auf den anspruchsvollsten Gipfel der Niederen Tatra

Von Ludrová bietet es sich förmlich an auf einer abwechslungsreichen Rundtour den Salatín zu besteigen. In den Steillagen unter dem Gipfel und in einer Querung auf schmalem Pfad ist auch unser alpines Geschick gefragt. Eine kürzlich von einer Naturkatastrophe heimgesuchte Schlucht, knorrige Latschen auf dem Kamm und steile Gipfelhänge zählen zu den Höhepunkten dieser Tour. Ausblicke auf die Chočské vrchy, die Westliche Tatra und viele Gipfel der Niederen Tatra runden die anspruchsvolle Wanderung ab.

Ausgangspunkt: Wegweiser am Ortsende von Ludrová, 589 m, Parkmöglichkeit vorhanden, Bushaltestelle in Höhe der Hausnummer 155 nur wenige Meter vom Ausgangspunkt entfernt.
Höhenunterschied: 1160 Hm.
Anforderungen: Anspruchsvolle Tageswanderung mit großem Höhenunterschied auf einerseits breiten Wegen im Tal sowie andererseits schmalen und teilweise ausgesetzten Pfaden im Bereich des Salatín; unter dem Gipfel sehr steiles Gelände mit Absturzgefahr; im weiteren Verlauf Abstieg über Grat mit knorrigen Latschen; eine Hangquerung führt nochmals durch ausgesetztes Gelände mit Absturzgefahr; absolute Trittsicherheit und Schwindelfreiheit sind daher unabdingbar. Etwas Orientierungssinn ist notwendig im Bereich des Hučiaky-Tals und im Abstieg vor dem Wegweiser Bohúňovo.
Einkehr: Gasthaus und Lebensmittelgeschäft in Ludrová.
Karte: SHOCart 1094 – Nízke Tatry Chopok 1:50.000.

Unterwegs im wilden Hučiaky-Tal.

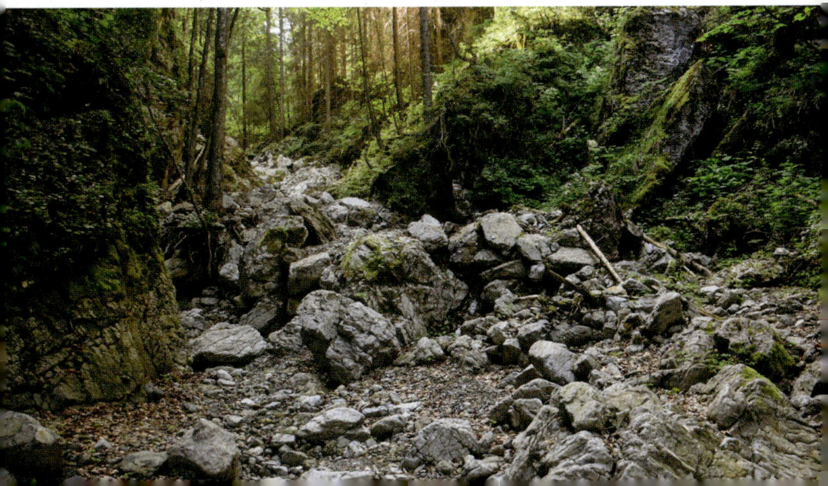

Am Ortausgang und nur wenige Meter vom Fußballplatz von **Ludrová (1)** entfernt beginnt die Wanderung, die zunächst rot gekennzeichnet ist. Eine teilweise schlechte Teerstraße verläuft am **Wegweiser »Ludrovská dolina« – Denkmal SNP (2)** vorbei bis zur Kreuzung **Hučiaky, ústie (3)**.

Dort geht es links in ein wildes Seitental, das kürzlich von Gesteinsmassen verschüttet wurde. Markierungen sind an den Bäumen vorhanden – den besten Pfad suchen wir uns jedoch selbst. Erst im zweiten Teil des Tals ist der alte Weg in Teilen noch sichtbar. Später verläuft dieser im Wald hinauf bis zu einem Sattel, wo nach links auf den westlichen Seitenkamm des Salatíns abgezweigt wird. Im Bereich des Gipfelstocks ist es ein Steig, der extrem steil ist und Trittsicherheit sowie Schwindelfreiheit erfordert (Absturzgelände!). Am **Abzweig (4)** unter dem Salatín wird nach links zum Gipfel abgebogen.

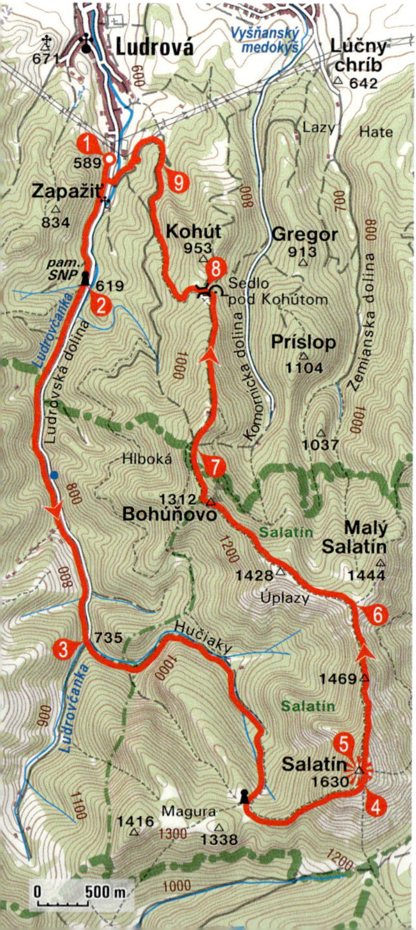

Die Aussicht vom **Salatín (5)** ist aufgrund des Latschenbewuchses etwas eingeschränkt. Im weiteren Verlauf des mit grüner Markierung gekennzeichneten Pfades ergeben sich auf dem Kamm aber noch genügend Gelegenheiten, die Ausblicke auf die östlich gelegenen Berge der Niederen und Westlichen Tatra zu genießen. Über den Grat erfolgt der Abstieg zur Kreuzung **Sedlo pod Malým Salatínom (6)**. Nur wenige Meter rechts davon befindet sich eine Bank mit Aussicht, die zu einer Rast einlädt.

Von hier wandern wir etwas unterhalb des Bergrückens entlang und queren, der grünen Markierung folgend, einen sehr steilen Hang. Das Gras kann bei Nässe extrem rutschig werden! Nach einem kurzen Gegenanstieg führt der Pfad wieder durch den Wald. Ein Sturm hat im weiteren Verlauf viele umgefallene Bäume hinterlassen, die es zu übersteigen oder umgehen gilt. Unser

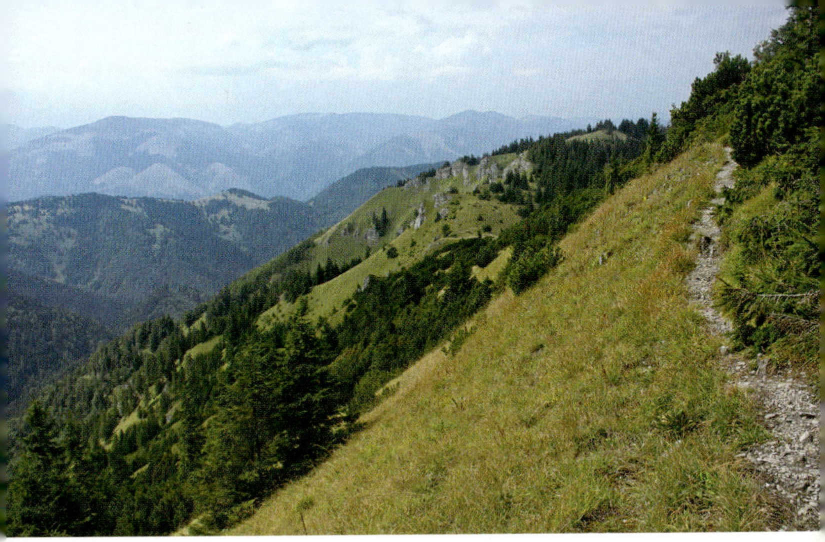

Hangquerung unterhalb des Salatíns.

Weg führt hier genau an einer felsigen Abbruchkante entlang und danach abwärts. In diesem Bereich sollte genau auf die Markierung geachtet werden, um den richtigen Weg nicht zu verlieren. Kurz hinter dem **Wegweiser »Bohúňovo« (7)** wird auf einem breiten Holzfällerweg nochmals eine Kuppe überstiegen, bevor es zum **Sedlo pod Kohútom (8)** hinuntergeht.
Wir folgen dem breiten Waldweg zunächst etwa 50 m nach links, bevor rechts ein Pfad abzweigt. Dieser verwandelt sich im Verlauf zu einem Waldweg. Später stößt der Weg auf eine unbefestigte Forststraße, die hinunter nach Ludrová führt. Zunächst in einer **Rechtskurve (9)** und später nochmals ermöglichen Linksabzweige zwei kleine Abkürzungen. Der Schotterweg verläuft direkt zu einem Bauernhof im Tal. Von hier aus sind es noch etwa 250 m nach rechts, bis der **Ausgangspunkt (1)** erreicht ist.

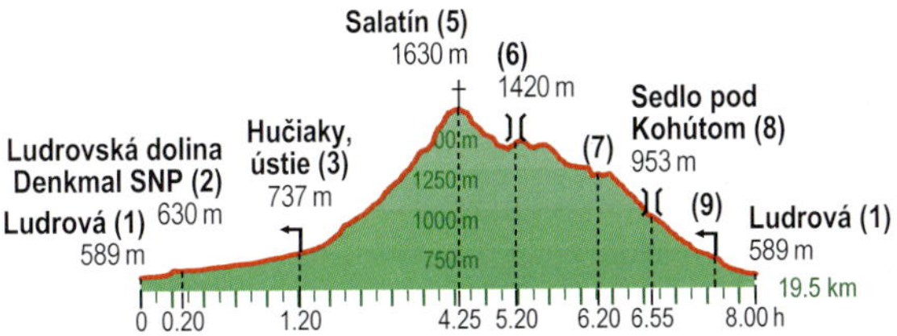

18 Von Ružomberok nach Banská Bystrica

3 Tage

Durchquerung der westlichen Niederen Tatra von Nord nach Süd

Es gibt verschiedene Möglichkeiten, die Niedere Tatra zu durchwandern. Eine der angenehmsten Möglichkeiten sind die drei Etappen im Westen des Massivs, die jeweils für sich genommen einen interessanten Überblick über das gesamte Gebirge bieten. Alle Start- und Zielpunkte sind jeweils sehr gut mit öffentlichen Verkehrsmitteln erreichbar und es bietet sich somit förmlich an, von einem festen Quartier mit Tagesrucksack aus zu starten. Herrliche Aussichten sind jeden Tag garantiert.

Ausgangspunkt: Bahnhof Ružomberok, 478 m, Parkmöglichkeit auf gebührenpflichtigem Parkplatz direkt am Ausgangspunkt, Bahnhof und Busterminal, sehr gute Bus- und Straßenanbindung aus allen Teilen des Landes und zu den jeweiligen Start- und Zielpunkten der einzelnen Etappen.
Endpunkt: Stadtzentrum von Banská Bystrica, 358 m.
Höhenunterschied: 3280 m im Aufstieg und 3410 m im Abstieg.
Anforderungen: Anspruchsvolle lange Tageswanderungen mit großem Höhenunterschied an den ersten beiden Tagen auf meist gut sichtbaren Pfaden und Wegen; im Bereich unter dem Salatín sehr steiles Gelände, das absolute Trittsicherheit erfordert. Schwierigkeit der 2. und der 3. Etappe ist nur mittel.
Einkehr/Übernachtung: An allen Start- und Endpunkten der Tour möglich, während der zweiten Etappe gibt es in der Útulňa pod Kečkou von Juli bis September täglich und sonst an Wochenenden Getränke und am dritten Tag bieten im Sommer die Notunterkunft Na kráme und ganzjährig Restaurants in Šachtička und Špania Dolina eine Einkehrmöglichkeit an.
Variante: Auf dem Hauptkamm der Niederen Tatra zur Útulňa Ďurková wandern.
Tipps: Am ersten Tag können wir mit dem Bus nach Ludrová fahren und so die Etappe verkürzen. – Sollte der Aussichtsturm geschlossen sein, kann an der Rezeption des Hotels der Schlüssel geholt werden.
Karten: SHOCart 1094 – Nízke Tatry Chopok 1:50.000, SHOCart 1093 – Kremnické vrchy.

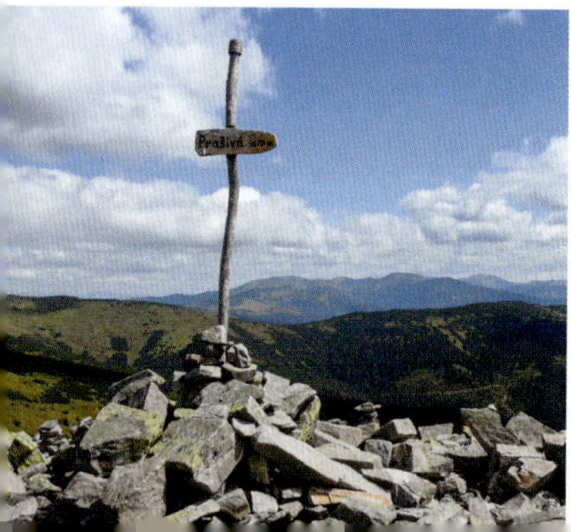

1. Tag: Ružomberok – Salatín – Liptovská Lúžna: Aufstieg 1160 Hm, Abstieg 930 Hm, 24,2 km, 8.30 Std.
Am **Bahnhof (1)** wird zunächst der Fluss Váh überquert. Auf der anderen Seite der Hauptstraße beginnt zwischen der Tankstelle und dem Bach ein Fußweg, der zu einer Straßenbrücke leitet. Wir folgen links der

Westlichster Gipfel der Niederen Tatra – die Prašivá.

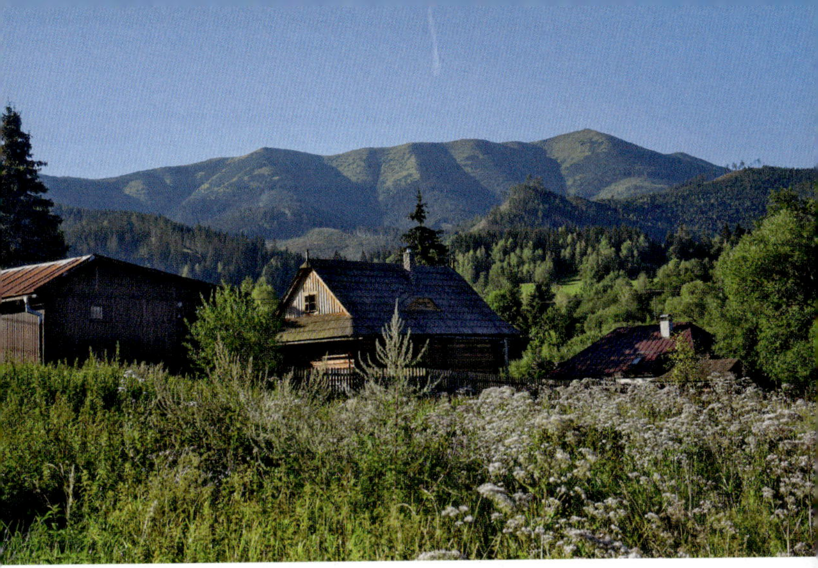

Die Veľká Chochuľa von Liptovská Lúžna aus gesehen.

Straße »Ulica Jančeka« bis zu einer kleinen Feuerwache. Unser Weg durch die Stadt führt hier erneut nach links und später am Militärkrankenhaus vorbei. Nach der Überquerung der Bahngleise geht es nach rechts und um den großen Wohnblock herum in östliche Richtung bis zur breiten Durchgangsstraße. Die auf der anderen Seite beginnende **Nebenstraße (2)** ist unser Ziel. Die Straße verläuft aus der Stadt heraus und später über Felder an einer herrlichen gotischen Kirche vorbei. Kurz danach wird an der Kreuzung rechts in Richtung Ludrová abgebogen.
Am Dorfende von **Ludrová (3)** zieht sich die Asphaltstraße (rote Wandermarkierung bis zum Zielort) tief ins Tal hinein. Nach etwa 20 Min. ist ein **Denkmal des Slowakischen Nationalaufstands** erreicht. An der Rasthütte am **Wegweiser »Hučiaky, ústie« (4)** wird die befestigte Straße nach links verlassen. Unter den Felswänden des Salatíns entlang verläuft unser Pfad durch ein wildes Tal, das durch eine Naturkatastrophe komplett mit Schotter gefüllt wurde. Wandermarkierungen sind vorhanden, und wir suchen uns den einfachsten Weg. Erst im zweiten Teil des Tals ist der alte Pfad in Teilen noch sichtbar. Später verläuft unser Weg im Wald hinauf bis zu einem Sattel, wo nach links auf den westlichen Seitenkamm des Salatíns abgezweigt wird. Im Bereich des Gipfelstocks ist es ein Steig, der extrem steil ist und Trittsicherheit sowie Schwindelfreiheit erfordert (Absturzgelände!). Am **Abzweig (5)** unter dem Salatín geht es links in zwei Minuten zum Gipfel des **Salatíns (6)**.

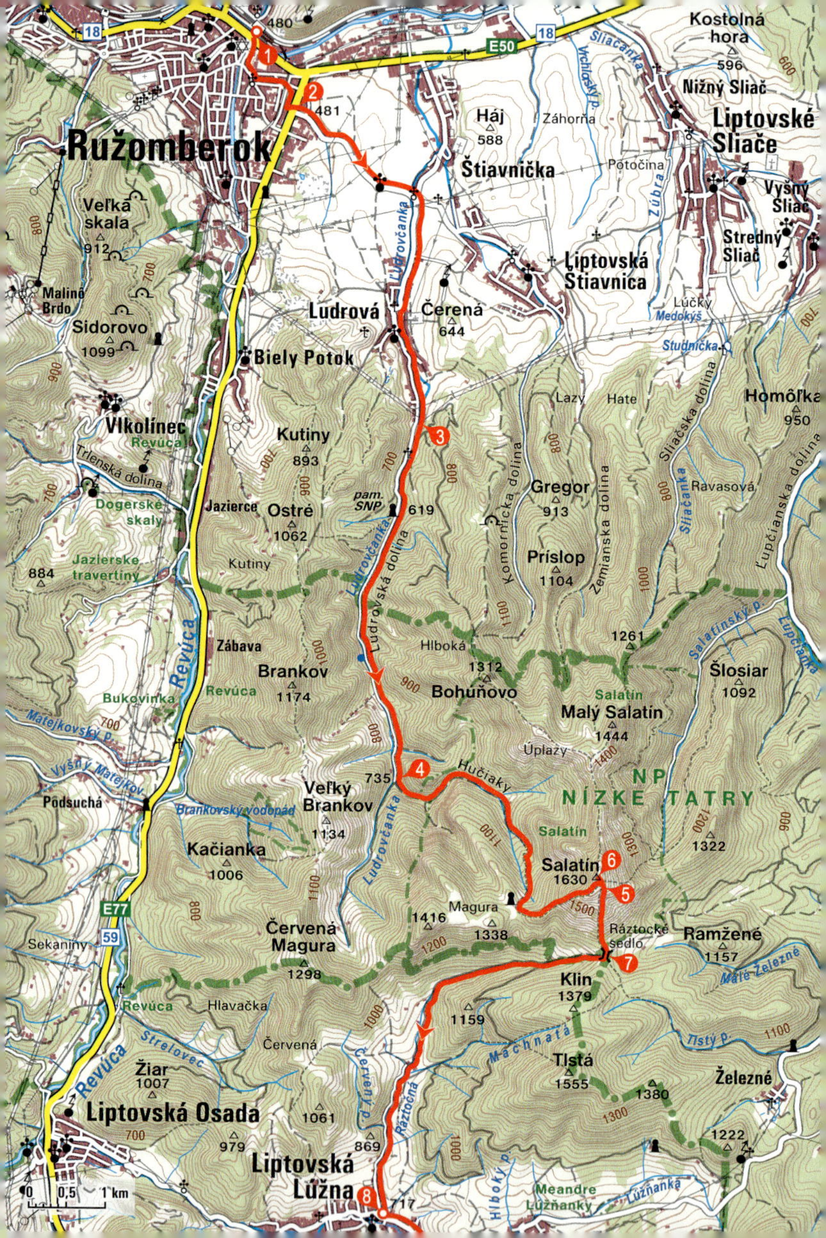
Ružomberok
Liptovské Sliače
Nižný Sliač
Vyšný Sliač
Stredný Sliač
Kostolná hora
596
Háj
588
Záhorňa
Štiavnička
Potočina
Liptovská Štiavnica
Ľudrová
Čerená
644
Biely Potok
Veľká skala
912
Malinô Brdo
Sidorovo
1099
Vlkolínec
Revúca
Trlenská dolina
Dogerské skaly
Jazierske travertíny
884
Kutiny
893
Ostré
1062
Jazierce
pam. SNP
619
Ľudrovčanka
Ľudrovská dolina
Komornícka dolina
Zemianska dolina
Gregor
913
Príslop
1104
Lazy
Hate
Homôľka
950
Sliačska dolina
Sliačanka
Ravasová
Ľupčianska dolina
Lúčky
Medokýš
Studnička
Zúbra
Vrchlický p.
Hlboká
1312
Bohuňovo
1261
Salatín
Malý Salatín
1444
Šlosiar
1092
Salatínsky p.
Ľupčianka
Úplazy
Zábava
Brankov
1174
Bukovinka
Matejkovský p.
Vyšný Matejkov
Podsucha
Brankovský vodopád
Veľký Brankov
1134
735
Hučiaky
NP NÍZKE TATRY
1322
Salatín
1630
Kačianka
1006
Magura
1416
1338
Ráztocké sedlo
Ramžené
1157
Malé Železné
Červená Magura
1298
Sekaniny
E77
59
E50
18
480
481
Hlavačka
Červená
Klin
1379
1159
Machnatá
Tlstý p.
Tlstá
1555
1380
Železné
1222
Žiar
1007
Strelovec
Liptovská Osada
1061
979
Červený p.
869
Ráztočná
Hlboký p.
Meandre Lúžňanky
Lúžňanka
Liptovská Lúžna
717
0 0,5 1 km
1
2
3
4
5
6
7
8

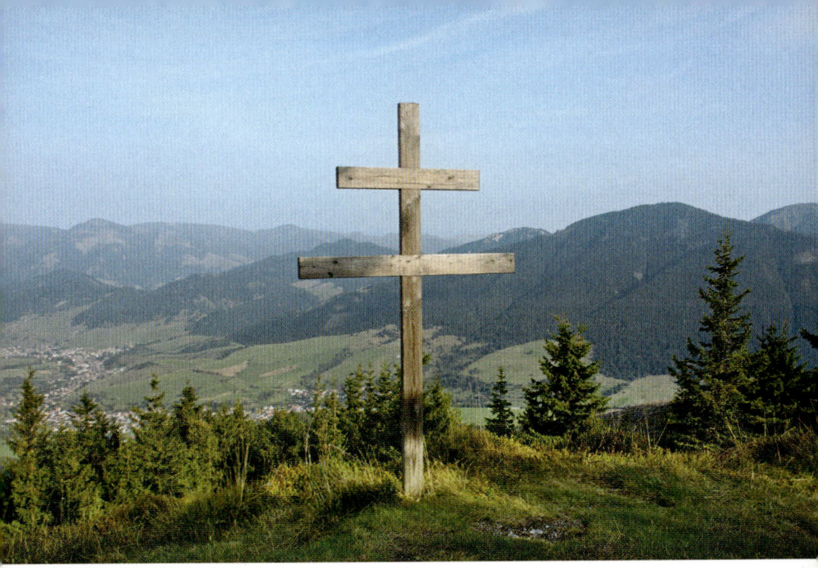

Der Aussichtspunkt oberhalb von Liptovská Lúžna lädt zum Verweilen ein.

Vom Gipfel aus bringt uns ein Pfad über den bereits bekannten **Abzweig (5)** sehr steil aber ohne größere Schwierigkeiten den Berg hinunter. An einigen Stellen ist es sinnvoll, den schmalen Steig zu verlassen und auf der mit Trittstufen versehenen Grasnarbe abzusteigen. Nach 30 Min. ist der **Ráztocké sedlo (7)** erreicht. Kurz hinter dem Sattel folgen wir dem Weg nach rechts ins Tal hinab. Die Ausblicke auf den mächtigen Salatín werden wohl unvergesslich bleiben. Breite Forstwege folgen dem Talverlauf bis nach **Liptovská Lúžna (8)**. Ein paar Meter links vom Endpunkt der Wanderung befindet sich die Bushaltestelle.

2. Tag: Liptovská Lúžna – Donovaly: Aufstieg 1470 Hm, Abstieg 1230 Hm, 24,7 km, 9.15 Std.

Von der Informationstafel in **Liptovská Lúžna (8)** führt die Dorfstraße talaufwärts bis zum **Wegweiser »Liptovská Lúžna, penzión« (9)**. Wer mit dem Bus kommt, kann noch zwei Stationen bis zur Haltestelle Nocovňa fahren und dort in die Etappe einsteigen. Nach rechts geht es aus dem Dorf heraus und an den Wald heran. Bei **Dolné Želiská (10)** zweigt unser Weg leicht links im Wald ab. Nach einer Lichtung verwandelt sich der Weg in einen Pfad, der sich steil bergauf zieht. Am zweiten Querweg biegen wir erst links ab und steigen später sehr steil durch eine gerodete Zone hinauf zu einem **Aussichtpunkt (11)** mit einem Kreuz. Ab hier leitet uns linker Hand ein schmaler Pfad direkt auf den **Hauptkamm (12)** der Niederen Tatra.

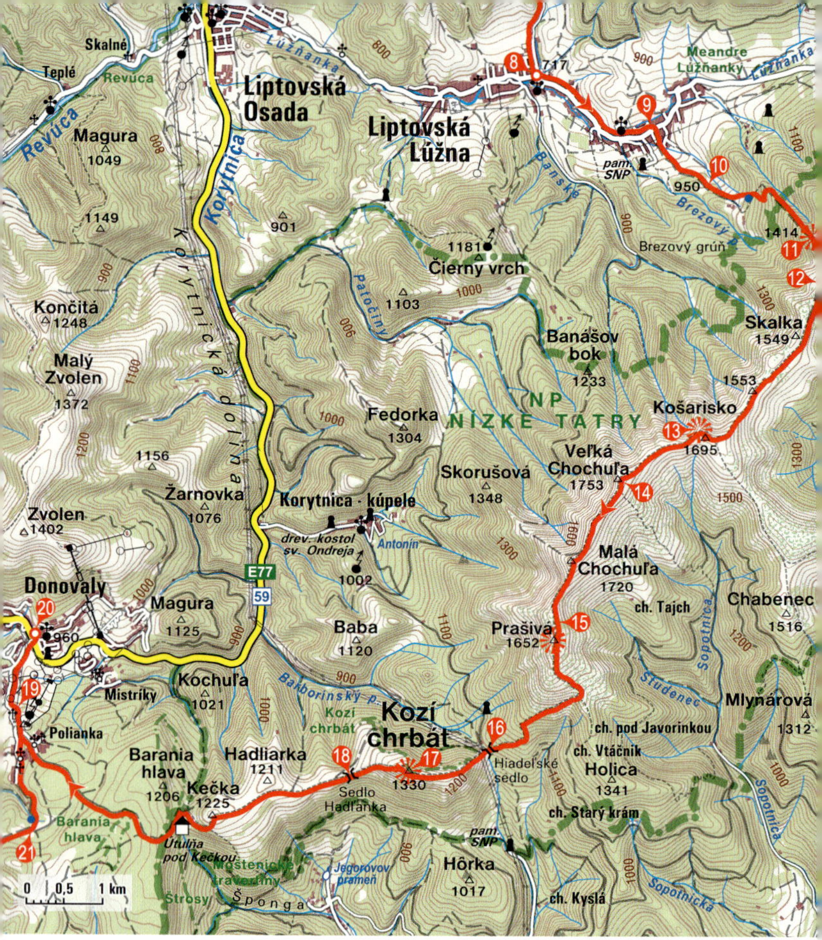

Wir wandern jetzt dem mit roter Markierung versehenen Kammweg der Niederen Tatra in westliche Richtung. Holzstangen weisen uns auch bei Nebel den Weg. Zunächst wird links einer der wenigen bewaldeten Berge umgangen, bevor ein kleiner Aufstieg in den **Sattel Košarisko (13)** erfolgt. Es lohnt sich hier rechts auf einen schmalen Pfad, der über den höchsten Punkt führt, abzuzweigen und dahinter die Aussicht nach Norden zu genießen. Nach einem weiteren steilen Anstieg wird der Hauptgipfel – die **Veľká Chochuľa (14)** erreicht. Bei gutem Wetter ist die Aussicht phänomenal und es ist möglich,

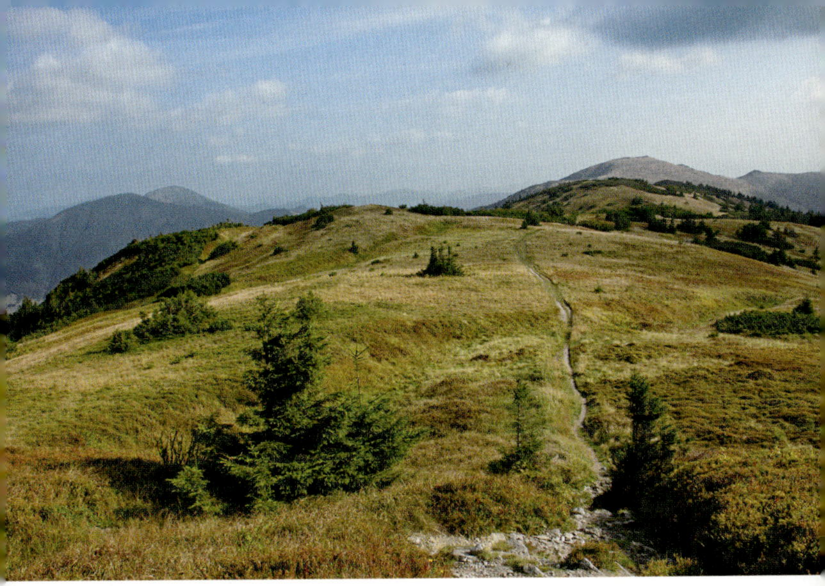

Über den Hauptkamm der Niederen Tatra.

die gesamte Niedere Tatra zu erblicken. Der Kammweg führt uns über die **Malá Chochuľa** zum **Prašivá (15)** – dem westlichsten Berg des Gebirges. Ein Geröllhaufen, Steinmännchen und ein kleines Kreuz bilden den höchsten Punkt mit Traumblicken auf das komplette Gebirge. Hier beginnt der steile Abstieg zum **Hiadeľské sedlo (16)**. Nur wenige Meter links vom Sattel entfernt gibt es eine Notunterkunft und eine Quelle.
Ab hier verläuft unsere Strecke offiziell durch das Gebirge Starohorské vrchy, das in diesem Bereich noch zum Nationalpark Niedere Tatra gehört. Vom Sattel windet sich der Pfad sehr steil hinauf zum **Kozí chrbát (17)** – dem **Ziegenrücken**. Es bieten sich herrliche Ausblicke auf die Große Fatra und den Zielort Donovaly. Über offene Wiesenflächen geht es dem Kammverlauf folgend über den **Sattel Hadľanka (18)** zum letzten Berg unserer heutigen Etappe – der **Kečka**. Links vom Gipfel führt ein Pfad in den Wald hinein und nach einer Rechtskurve steil und steinig hinab zu einer Wiese. Von einem Holzschild sind es nur gute 100 m nach links zu einer **Notunterkunft**, wo im Sommer auch Erfrischungen angeboten werden. Rechts des hölzernen Schilds verläuft die rote Markierung nochmals über eine Kuppe und mit Wegwechseln am Schild **Nad Polinkou** vorbei in das Dorf **Polianka** hinunter. Auf einer schmalen Asphaltstraße steigen wir über die Weggabelung **Vrchlúka (19)** zum Endpunkt der Etappe nach **Donovaly (20)** ab.

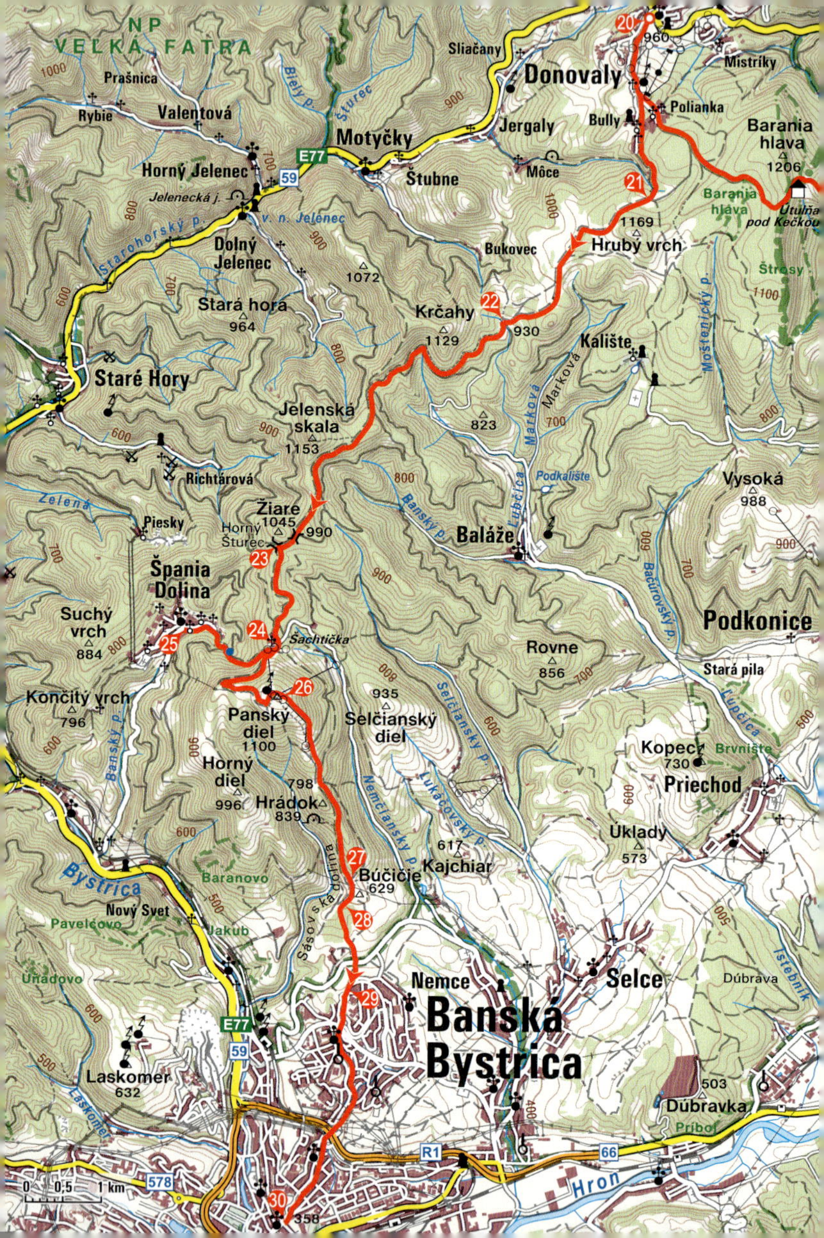
NP
VEĽKÁ FATRA
Prašnica
Rybie
Valentová
Horný Jelenec
Jelenecká j.
Dolný Jelenec
v. n. Jelenec
Starohorský p.
Biely p.
Štureč
Motyčky
Štubne
E77
59
Sliačany
Donovaly
960
Mistríky
Polianka
Bully
Jergaly
Môce
Barania hlava
1206
Útulňa pod Kečkou
Štrosy
1169
Hruby vrch
Bukovec
1072
Stará hora
964
Krčahy
1129
930
Kalište
Staré Hory
Jelenská skala
1153
823
Markova
Podkalište
Richtárová
Zelená
Piesky
Žiare
1045
990
Horný Šturec
Baláže
Banský p.
Vysoká
988
Španía Dolina
Suchý vrch
884
Šachtička
Rovne
856
Podkonice
Bačúrovský p.
Stará pila
Končitý vrch
796
Panský diel
1100
935
Selčianský diel
Selčiansky p.
Kopec
730
Brvnište
Priechod
Ľupčica
Horný diel
996
798
Hrádok
839
Lukáčovský p.
Nemčiansky p.
617
Kajchiar
Úklady
573
Búčiče
629
Sásovská dolina
Bystrica
Baranovo
Nový Svet
Pavelcovo
Jakub
Uhládovo
Nemce
Selce
Dúbrava
Istebník
Banská Bystrica
Laskomer
632
503
Dúbravka
Príboj
R1
66
Hron
578
358
0 0,5 1 km
20
21
22
23
24
25
26
27
28
29
30

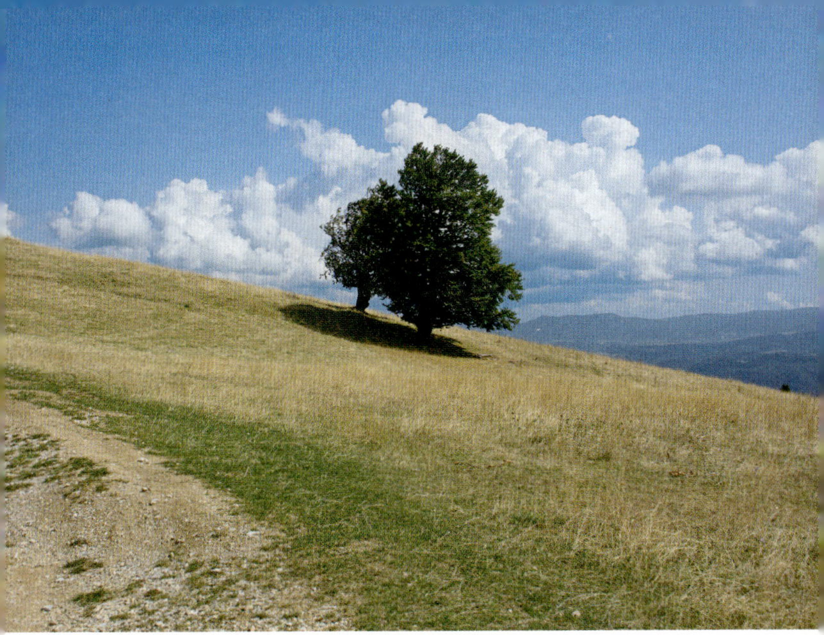

Unter dem Panský diel.

3. Tag: Donovaly – Špania Dolina – Banská Bystrica: Aufstieg 650 Hm, Abstieg 1250 Hm, 26,4 km, 8.45 Std.

Von **Donovaly (20)** gelangen wir über eine Holzbrücke auf die andere Seite der Bundesstraße und steigen anschließend auf der schmalen Asphaltstraße hinauf zum **Wegweiser »Vrchlúka« (19)**. Ab hier führt uns die grüne Markierung zunächst in das kleine Dorf Bully. In regelmäßiger Folge befinden sich ab jetzt 17 Infotafeln an der Strecke, die über die Region erzählen – einige davon bereits auch in englischer Sprache. An einer Quelle geht es rechts hinauf zum **Hinweisschild »Pri javore« (21)** und dort nochmals rechts über Wiesen und an der **Notunterkunft »Na kráme«** vorbei zum Abzweig **Krčahy, Kováčka (22)**. Ohne wesentlichen Höhenunterschied und im Schutz des Waldes zieht sich der Weg auf der Südseite um den Berg herum. Zur Orientierung dienen in der Folge die **Wegweiser »Izbica, Pod Jelenskou skalou** und **Žiare**. Am **Sattel Horný Šturec (23)** wird links zum Tourismuskomplex **»Šachtička« (24)** abgebogen. Im Sommer hat jedoch nur das Hotel mit angeschlossenem Restaurant geöffnet.

Etwas links des Aussichtsturms (Infos hierzu unter Tipps) steigen wir nach Špania Dolina ab. In einer Rechtskurve des Wegs befindet sich eine Quelle,

die sich zum Auffüllen der Trinkflaschen eignet. Kurz darauf folgen die ersten Häuser der ehemaligen Bergbaugemeinde **Špania Dolina (25)**. In der Umgebung wurde bis in das 19. Jahrhundert Kupfererz abgebaut, was auch heute noch an der riesigen Halde oberhalb des Dorfs zu sehen ist. Auf demselben Weg geht es nach **Šachtička (24)** zurück.
Unser letztes Ziel für heute, die Kuppe **Panský diel (26)**, befindet sich bereits direkt vor uns. Auf der mit blauer Markierung versehenen unbefestigten Forststraße geht es zunächst rechts um den Berg herum und auf seiner Westseite nach oben zum Gipfel. Die Aussicht ist fantastisch – vom Salatín über die westlichen Berge der Niederen Tatra bis nach Banská Bystrica und zur Großen Fatra hinüber reicht das Panorama. Von hier gehen wir über die Skipiste direkt zur Talstation des Schlepplifts hinunter. Unterhalb des **Wegweisers »Hrádok«** verläuft der Weg durch alten Buchenwald, wo einige alte und knorrige Bäume eine magische Stimmung versprühen. An einer größeren Wiese weist ein **Markierungspfeil (27)** nach rechts. Nach einer Stromleitung und einer Stange mit Richtungspfeilen folgt ein weiterer **Abzweig (28)** nach links auf einen Pfad. Nach einem kurzen Waldstück ist bereits eine Markierungsstange auszumachen. Nach der Überquerung der Straße leitet ein schmaler Pfad an einer Gabelung links durch Dickicht hinunter nach **Banská Bystrica, Pieninská (29)**. Hier endet die Wandermarkierung. Um ins Zentrum von Banská Bystrica zu gelangen, folgen wir hinter der Wendeschleife der Stadtbusse einer alten Teerstraße, die an einem Gebäude des Wasserwerks vorbei in eine kleine Siedlung leitet. Unterhalb von Treppen mündet rechter Hand die Seitenstraße Sásovská cesta ein. Wir folgen dieser, kommen an einer kleinen Kirche vorbei, gehen an einem Uhrturm links und gelangen so auf eine große Straße mit dem Namen Rudlovská cesta. Ein Tunnel unterquert die Schnellstraße. Später wird an einer Gabelung rechts in die Ulica Jána Kollárova abgebogen, die direkt ins Zentrum leitet. An der Stadtburg nochmals kurz nach rechts und der Endpunkt der Tour am Platz des Slowakischen Nationalaufstands in **Banská Bystrica (30)** ist erreicht. Wer

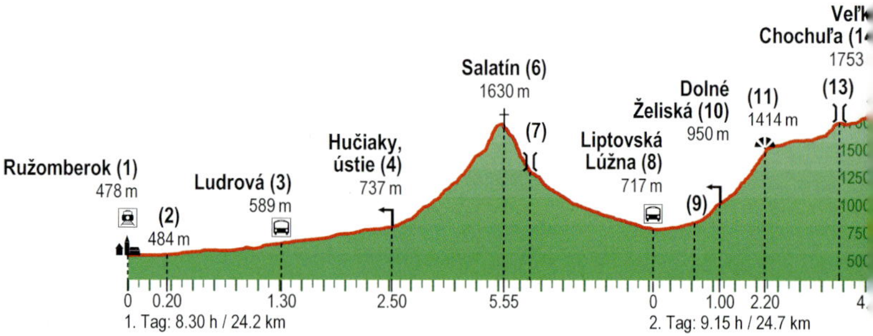

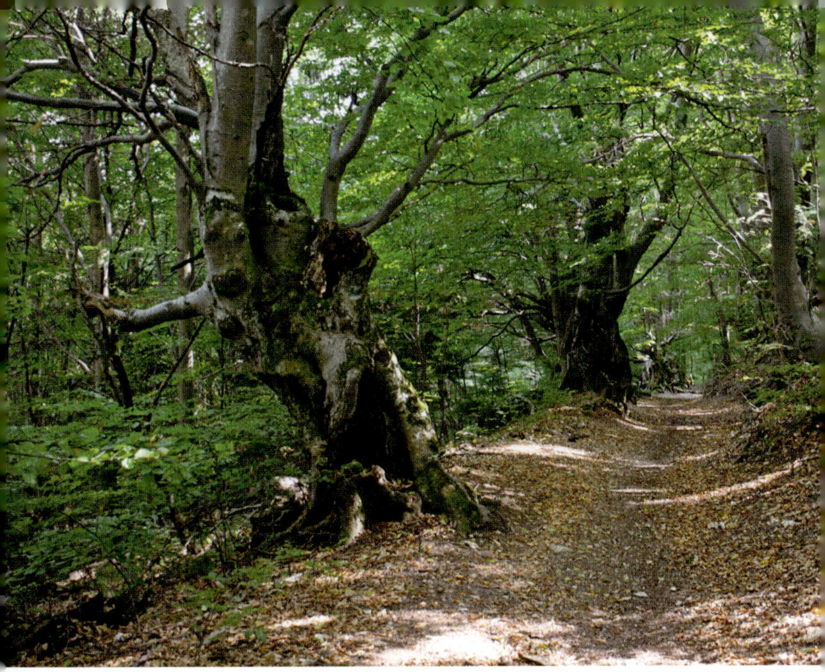

Magische Bäume im Abstieg nach Banská Bystrica.

mit dem Bus nach **Ružomberok (1)** zurückfährt, sollte an der Fußgängerzone unterhalb des Brunnens rechts in die Straße Horná Strieborná abzweigen. Am Ende des verkehrsberuhigten Bereichs befindet sich die Bushaltestelle am Platz »Strieborné námestie«.

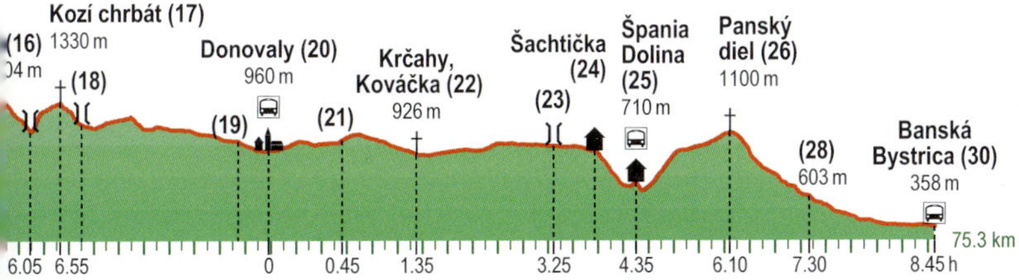

19 Von Ružomberok nach Vlkolínec

4.15 Std.

Rundwanderung zum Bauerndorf und UNESCO-Weltkulturerbe

Obwohl wir uns in der Nähe von Ružomberok aufhalten, ist es durchaus möglich, dass Bären und Wölfe unseren Weg kreuzen. Ziel der Tour ist ein kleines Bauerndorf in der Großen Fatra mit 40 ursprünglich erhaltenen Holzhäusern, einzigartig in seiner Art und sehr romantisch unterhalb des markanten Gipfels Siderovo gelegen. Etwa 35 Einwohner leben noch in der abgelegenen Siedlung, die im Jahr 1376 zum ersten Mal urkundlich erwähnt wurde. Im Jahr 1993 wurde Vlkolínec als Weltkulturerbe bei der UNESCO aufgenommen.

Ausgangspunkt: Bahnhof Ružomberok, 478 m, Parkmöglichkeit auf gebührenpflichtigem Parkplatz direkt am Ausgangspunkt, Bahnhof und Busterminal, sehr gute Bus- und Straßenanbindung aus allen Teilen des Landes.
Höhenunterschied: 450 m.
Anforderungen: Einfache Halbtageswanderung auf sehr guten Wegen.
Einkehr: In Ružomberok mehrere Restaurants und Cafes. In Vlkolínec gibt es ein Restaurant am Ortseingang und eine Bar an der Ecke vor der Kirche. Auf dem Rückweg kann im Restaurant Gejdak eingekehrt werden (etwa 400 m links von der Route).
Variante: Die Tour kann auch in umgekehrter Wegfolge gegangen werden.
Karte: SHOCart 1094 – Nízke Tatry Chopok 1:50.000.
Tipps: Am Rathaus von Ružomberok lädt das Café Bistro »chez les Moustiques« (Námestie Andreja Hlinku 17) zu einem Besuch ein. – Kurz vor Vlkolínec gibt es die Minifarma Siderovo (bikepark.sk/aktivity/strediskoa-okolie/farma-podbr-dom). – Etwas oberhalb des Wegs befindet sich vor Ružomberok die Pension Gejdák (penziongejdak.sk), die biologische Produkte anbietet.

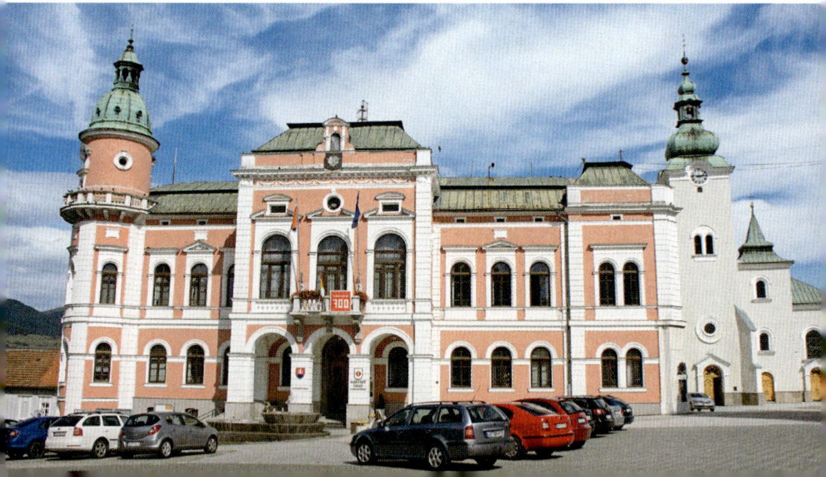

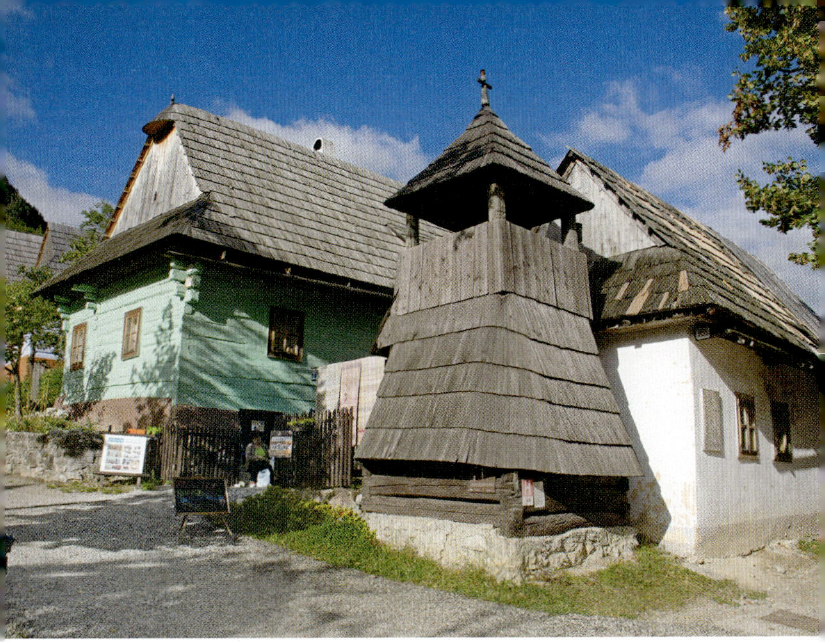

Oben: Vlkolínec.
Links: Das Rathaus von Ružomberok.

Unsere Tour startet am **Bahnhof** von **Ružomberok (1)**. Es geht über den Busbahnhof und eine Fußgängerbrücke in die Fußgängerzone der Stadt, dort am ersten Platz links über Treppen hinauf zum **Námestie Andreja Hlinku (2)** direkt am Rathaus. Von hier verläuft die rote und blaue Markierung durch eine Parkanlage und in der Folge wird der Kalvarienberg der Stadt erreicht. Hier beginnt ein sehr steiler Aufstieg. Von der Wiese am **Wegweiser »Kalvária« (3)** bietet sich eine herrliche Aussicht auf Ružomberok. Wir folgen hier der blauen Markierung für etwa 10 Min. auf der vorhandenen Asphaltstraße und zweigen danach am **Wegweiser »Za Kalváriou, rázcestie« (4)**

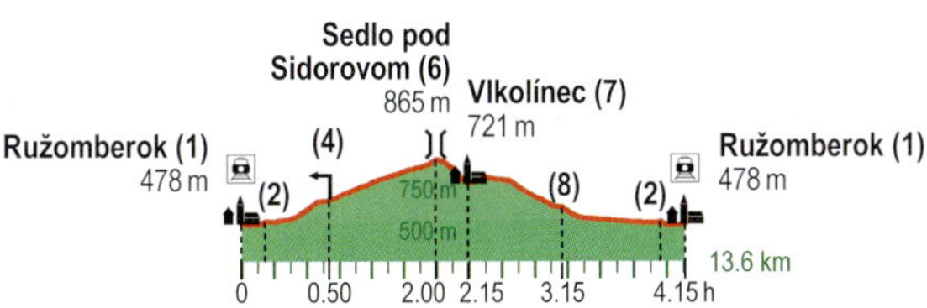

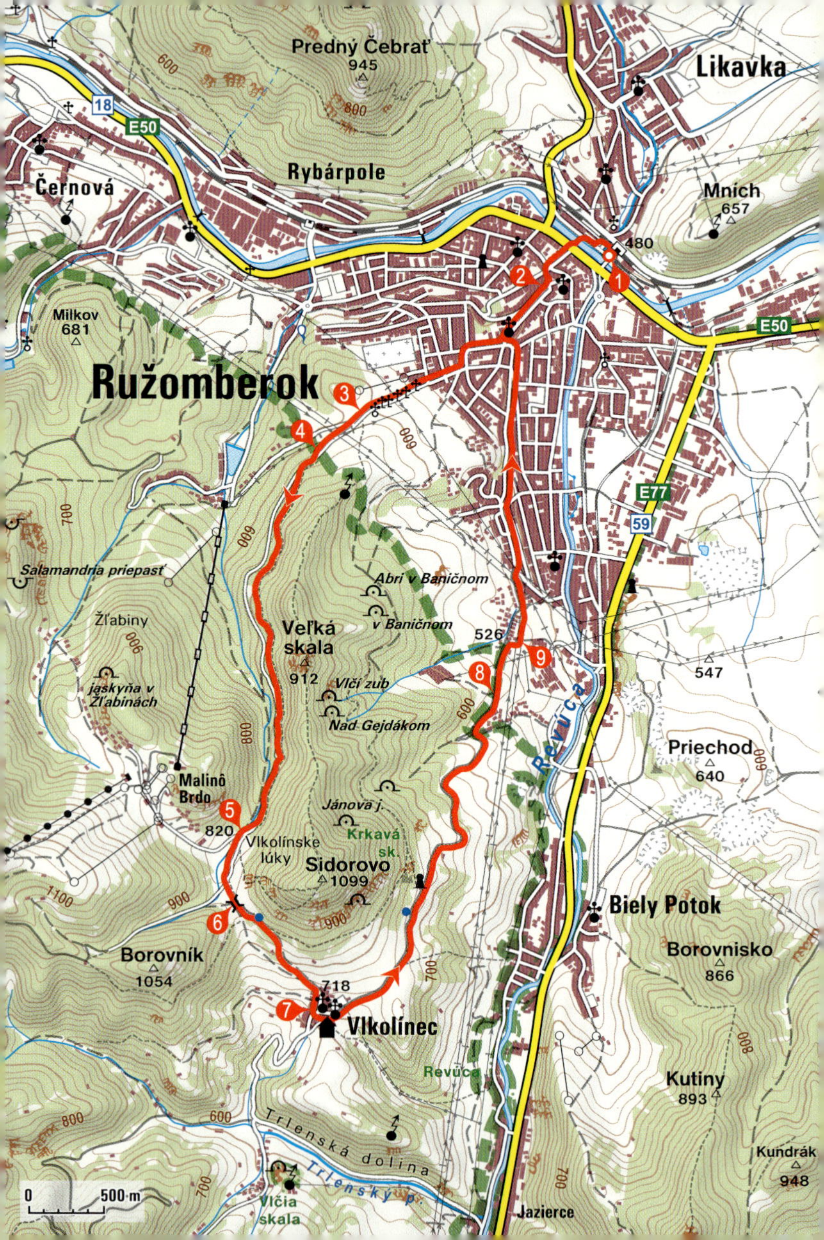

Predný Čebrať
945
Likavka
18
E50
Rybárpole
Černová
Mních
657
480
Milkov
681
Ružomberok
E77
59
Salamandria priepasť
Žľabiny
Abri v Baničnom
v Baničnom
Veľká skala
912
526
547
jaskyňa v Žľabinách
Vlčí zub
Nad Gejdákom
Priechod
640
Malinô Brdo
820
Jánova j.
Krkavá sk.
Revúca
Vlkolínske lúky
Sidorovo
1099
Biely Potok
Borovník
1054
Borovnisko
866
718
Vlkolínec
Revúca
Kutiny
893
Trlenská dolina
Trlenský p.
Kundrák
948
0
500 m
Vlčia skala
Jazierce

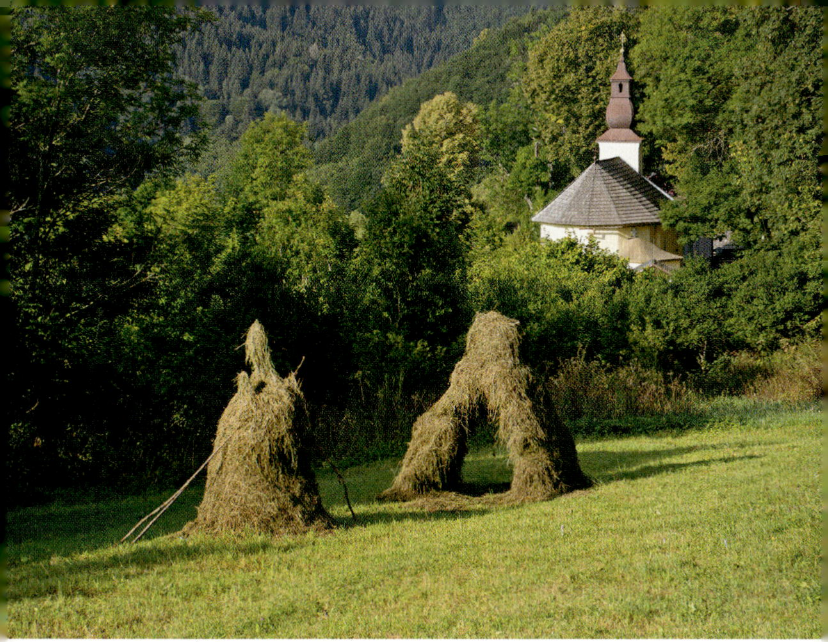

Auf dem Rückweg nach Ružomberok.

links auf einen Pfad ab, der parallel oberhalb der Straße durch den Wald führt. Nach gut 50 Min. endet der Pfad an der Kreuzung **Vlkolínske lúky (5)**, rechts von uns ist der felsige Gipfel des Haliny und das Skigebiet Malinô Brdo zu sehen. Die gelbe Markierung leitet zunächst zu einem Minizoo (Minifarma) und dort am Fahrradwegweiser links hinauf auf den **Sedlo pod Sidorovom (6)**. Anfangs mäßig, später steil zieht sich ein steiniger Weg nach **Vlkolínec (7)** hinunter.

An der Kirche vorbei geht es der Fahrradmarkierung (blaues und grünes C) folgend aus dem Ort heraus und über Wiesen und kurze bewaldete Abschnitte unserem Zielort entgegen. Im weiteren Verlauf stößt die grüne Wandermarkierung auf unseren Weg. Nach ein paar Wochenendhäusern besteht am **Radwegweiser »Cesta na Vlkolínec« (8)** die Möglichkeit links knapp 400 hinauf zum Restaurant Gejdak abzubiegen. Unter einer **Starkstromleitung (9)** wird nach links in eine Kleingartenanlage abgebogen. Hinter einem grün-weißen Wohnblock beginnt die Stadt. Wir folgen der vorhandenen Straße immer geradeaus bis zu ihrem Ende und gehen hier nur noch ein paar Meter nach links oben. Rechter Hand befindet sich wieder die Parkanlage vor dem Rathaus. Von hier führt die bekannte Route wieder zum **Bahnhof (1)** zurück.

20 Rundtour Liptovská Lúžna

10.30 Std.

Anspruchsvolle Rundtour im Westen des Gebirges

Unsere Wanderung gehört sicherlich zu einer der anspruchsvollsten Touren in der Niederen Tatra. Neben der Besteigung des Salatín erfolgt ein weiterer Aufstieg auf den Hauptkamm mit eindrucksvollen Ausblicken auf die Niedere Tatra. Wegen des enormen Höhenunterschieds ist diese Wanderung nur Bergsteigern mit ausgezeichneter Fitness vorbehalten.

Ausgangspunkt: Liptovská Lúžna, 717 m, Parkmöglichkeiten im Dorf vorhanden, Bushaltestelle in der Nähe des Start- und Endpunkts.

Höhenunterschied: 1840 m.

Anforderungen: Sehr lange Tageswanderung mit großem Höhenunterschied auf meist gut sichtbaren und vorhandenen Pfaden und Wegen; sehr gute Kondition.

Einkehr: Lebensmittelgeschäfte und Einkehrmöglichkeiten in Liptovská Lúžna, Unterwegs gibt es nur im Weiler Železnô ein Bistro, das täglich geöffnet hat.

Varianten: Der Gipfel des Salatín kann problemlos ausgelassen werden. Es besteht die Möglichkeit, auf dem Hauptkamm zur Útulňa Ďurková (Übernachtung) weiterzugehen. Wer keine Lust hat, in Liptovská Lúžna bis zum Ausgangspunkt zurückzuwandern, kann den Bus nehmen. Die Haltestelle befindet sich ein paar Meter weiter unterhalb des Wegweisers.

Karte: SHOCart 1094 – Nízke Tatry Chopok 1:50.000.

Tipp: Wer noch über Kraftreserven verfügt, kann auch die zwei Kuppen hinter der Latiborská hoľa besteigen und die Aussichten genießen. Schmale Pfade leiten die wenigen Meter zum höchsten Punkt hinauf.

Der Wegweiser am Ráztocké sedlo.

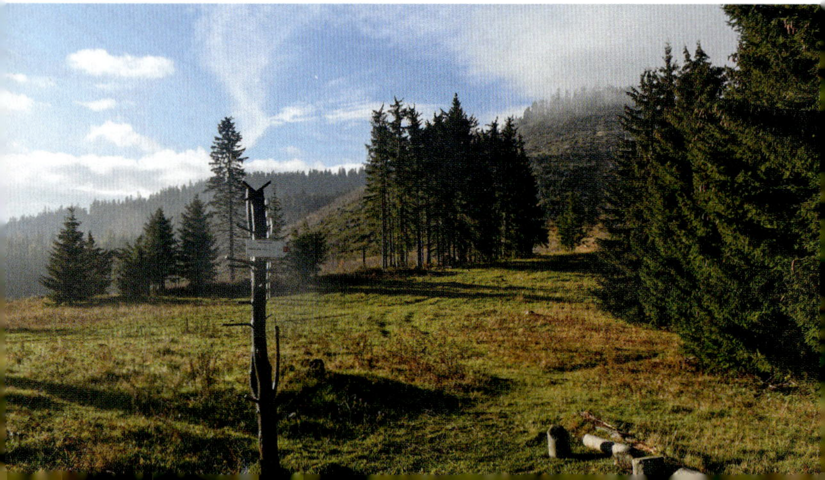

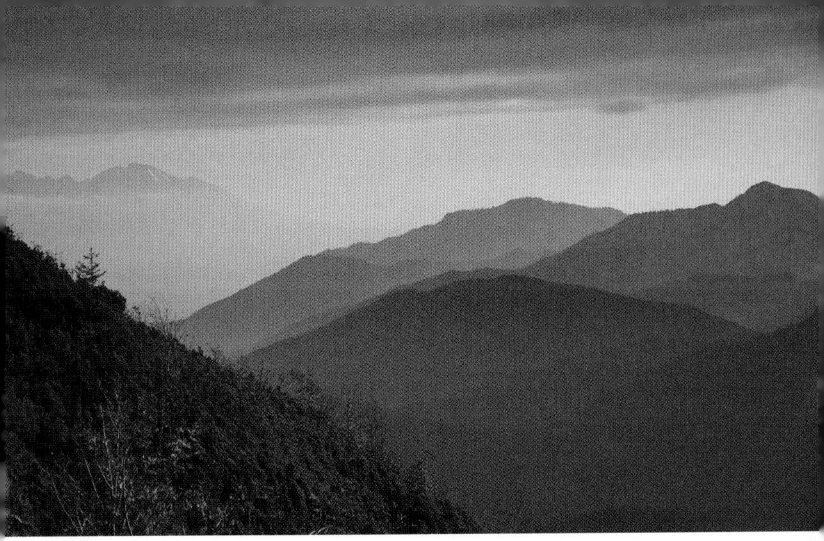

Im Aufstieg zum Salatín bietet sich ein herrlicher Blick auf Teile der Niederen und Hohen Tatra.

Vom Wegweiser in **Liptovská Lúžna (1)** gehen wir nach links und folgen der asphaltierten Dorfstraße in ein Seitental hinein. Nach einer großen Wiese beginnen Abschnitte im Wald. Unser mit roter Markierung versehener Weg zweigt an einer Spitzkehre des Schotterwegs nach links ab und im weiteren Verlauf bieten sich immer wieder Ausblicke auf den Salatín. Nach knapp 1.50 Std. ist der **Ráztocké sedlo (2)** erreicht. Hier führt ein Bergpfad nach links zum Salatín. Zuerst im Wald und später über mit Latschen durchzogenes Wiesengelände geht es sehr steil und beschwerlich bergauf. Vom **Abzweig (3)** unter dem **Salatín** sind es noch etwa 2 Min. geradeaus bis zum **Gipfel (4)**.

Mangels Alternative geht es auf demselben Pfad bis zum **Ráztocké sedlo (2)** zurück und auf grüner Markierung in einen gerodeten Bereich hinein. Ein Blick zurück lohnt sich, da der Salatín groß und mächtig über den Bäumen thront. Wir überschreiten einen Bergrücken und steigen danach im Wald bergab. Nach etwa 50 Min. stößt der Waldweg auf eine Straße, die uns nach rechts hinaufführt. Am ersten Abzweig leitet die Markierung rechts in einen kleinen Weiler. Vom Hinweisschild **»Železné« (5)** zieht sich ein Fußweg hinauf und in einer weiten Schleife zur Landstraße zurück. Etwa 100 m rechts befindet sich der **Sedlo Prievalec (6)**. Ein linker Hand beginnender Forstweg verläuft leicht bergab bis am **Horáreň Kapustisko (7)** wieder eine schmale Straße erreicht wird, die uns hinauf nach **Magurka (8)** bringt.

Ab dem Wegweiser führt ein gelb markierter Pfad direkt auf den Hauptkamm hinauf. Wir umgehen das Holzhaus rechts und steigen danach im Wald nach oben. An einer Wegkreuzung geht es rechts zum **Wegweiser »Bašovňa« (9)**. Ein breiter Weg zieht sich jetzt steil nach links hinauf. Nach einer scharfen Kurve und einer Hangquerung folgt in einem offenen Bereich das **Schild »Striebornica« (10)**. Im weiteren Anstieg lädt der mit Heidelbeeren bewachsene Hang im Sommer zum Beerenessen ein. Am **Sedlo Zámostskej hole (11)** ist der Hauptkamm erreicht.

Wir folgen dem Kammweg nach rechts und erreichen so zunächst den **Sedlo Latiborskej hole (12)** und später den mit 1643 m höchsten Punkt unserer Wanderung – die **Latiborská hoľa (13)**. Das Bergpanorama ist fantastisch und alle Gipfel zwischen Skalka im Osten bis zur Prašivá im Westen sind zu sehen. Nach einem Abstieg werden die zwei folgenden Kuppen links unterhalb bis zum **Sedlo pod Skalkou (14)** umgangen.

Vom Sattel zweigt der Weg in einem 120-Grad-Winkel nach rechts ab. Der gelb markierte Pfad steigt nochmals ein paar Meter an und leitet uns später

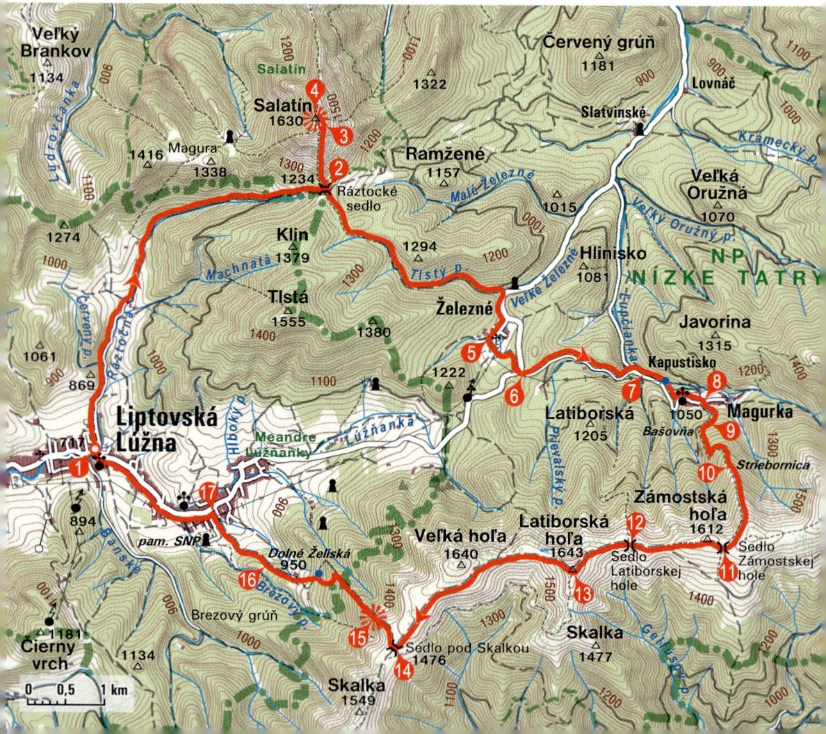

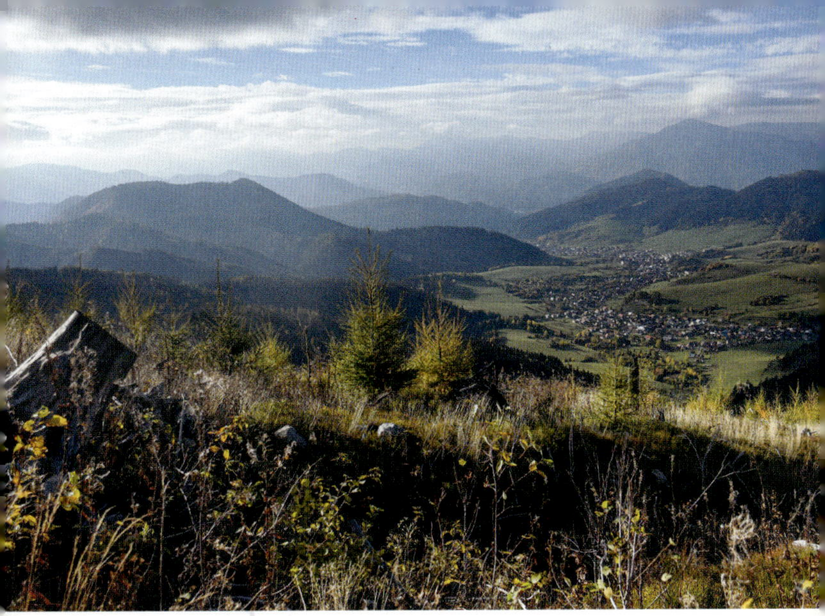

Im Abstieg nach Liptovská Lúžna,

angenehm abwärts zu einem **Aussichtspunkt mit Kreuz (15)**. Nach einem kurzen Abschnitt im Wald beginnt ein gerodeter Bereich und ein alter Holzfällerweg zieht sich sehr steil hinunter. Nach einer Linkskurve geht es an den Waldrand heran, wo ein Pfad erneut nach rechts abzweigt. Im Bereich einiger Quellen kann es etwas feucht und matschig werden. Kurz hinter dem **Wegweiser »Dolné Želiská« (16)** beginnen Weideflächen. Ein etwas zerfahrener Weg führt hinunter in das Dorf. Vom **Wegweiser »Liptovská Lúžna, penzión« (17)** folgen wir der Hauptstraße 20 Min. nach links zum **Ausgangspunkt (1)** zurück.

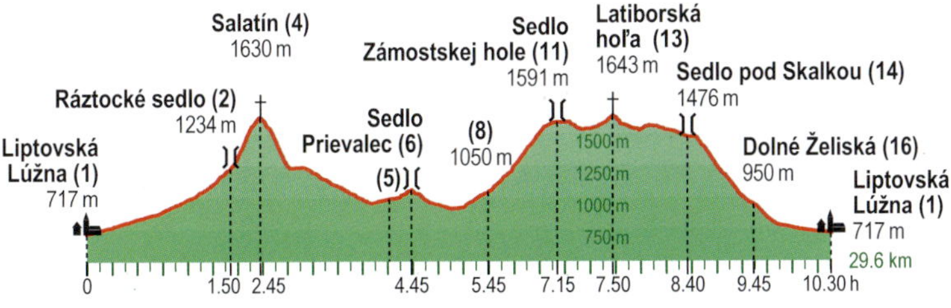

21 *Rund um Korytnica über Donovaly*

6.30 Std.

Vom ehemaligen Kurort Korytnica aussichtsreich nach Donovaly

Schon auf den ersten Blick wird sichtbar, das Korytnica seinen Glanz ein wenig verloren hat. Die Bäder sind seit 2003 geschlossen. Glücklicherweise hat sich ein Investor gefunden, der die Mineralwasserabfüllung übernahm und auch einige Quellen so hergerichtet hat, dass sie für die Öffentlichkeit zugänglich sind. Seit 2016 gibt es wieder ein Hotel mit angeschlossenem Restaurant und 2018 wurde die Schmalspurbahn von Ružomberok wiedereröffnet, die allerdings nur in den Sommermonaten verkehrt.

Ausgangspunkt: Parkplatz (gebührenpflichtig) in Korytnica, 795 m; wer mit dem Bus anreist, kann unten an der Bushaltestelle (14) neben der Bundesstraße aussteigen und die Wanderung dort beginnen.
Höhenunterschied: 610 m.
Anforderungen: Einfache Tageswanderung auf gut sichtbaren und meist breiten Wegen; lediglich im Abstieg von Donovaly ist der Pfad etwas schmaler und recht steil, bei Nässe kann es hier ziemlich rutschig werden.
Einkehr: Pension und Restaurant Svätopluk in Korytnica, in der Notunterkunft Útulňa pod Kečkou werden an Wochenenden und von Juni bis September täglich Getränke verkauft, Bistro und kleiner Laden in Donovaly.
Variante: Wer einen Gipfel zusätzlich einbauen möchte, kann am Wegweiser unter dem Sattel zum Hiadeľské sedlo aufsteigen und hier dem rot markierten Weg über den Berg Kozí chrbát folgen. Ab dem Sattel Hadľanka ist man wieder auf der beschriebenen Route unterwegs.
Karte: SHOCart 1094 – Nízke Tatry Chopok 1:50.000.
Tipp: In der Sommersaison steht in Donovaly eine Rodelbahn zur Verfügung (funarena.sk).

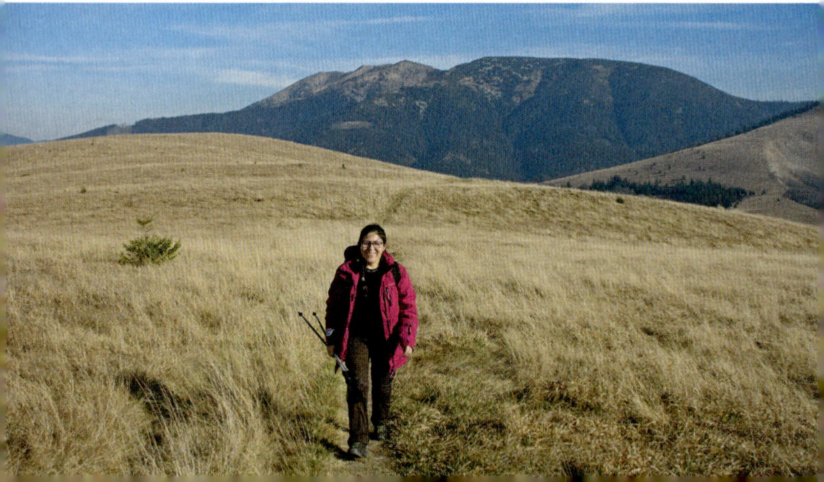

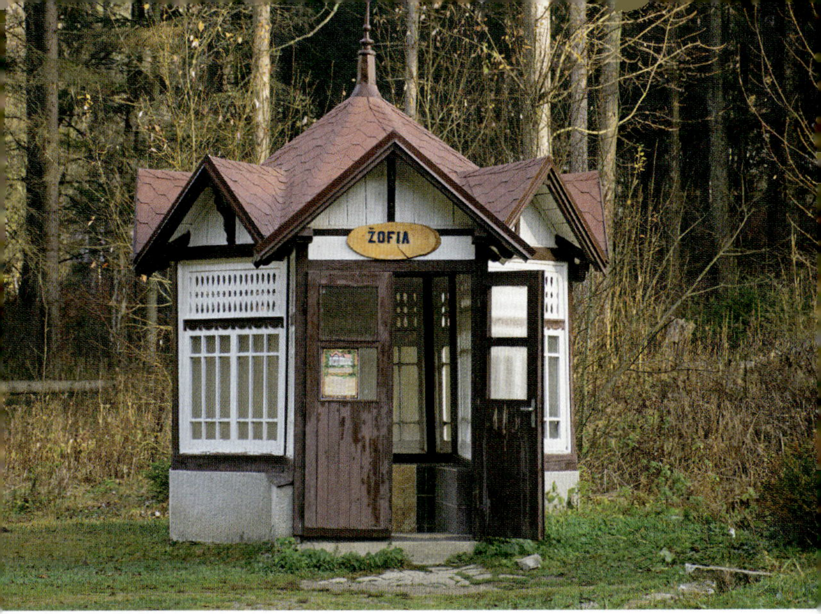

Oben: Ein Quellhäuschen in Korytnica.
Links: Zwischen Sattel Hadľanka und der Kečka.

Vom **Parkplatz Korytnica (1)** steigen wir ein paar Meter die Straße bis zum **Wegweiser »Korytnica kúpele« (2)** hinauf und gehen mit der blauen Markierung nach rechts in ein Tal hinein. Nach wenigen Minuten erwarten uns ingesamt fünf gefasste Quellen, aus denen frisches Mineralwasser sprudelt. Mit 5,4 Grad Wassertemperatur ist die Quelle »Vojtech« die kälteste Mineralwasserquelle der Slowakei. Am Ende des Kurorts endet der Asphalt und ein unbefestigter Forstweg zieht sich im Tal weiter nach oben. An einer Kreuzung wird rechts abgezweigt und kurz darauf einige Ferienhäuser am **Sedlo pod Babou (3)** erreicht. Der breite Schotterweg steigt weiter leicht an. An einer Wiese eröffnet sich erstmals die Aussicht auf unseren Gipfel – den 1225 m hohen Kečka. Kurz vor den Starkstromleitungen befindet sich auf einem Platz der **Wegweiser unter dem Hiadeľské sedlo (4)**.
Ein gelb markierter Pfad führt unter den Stromleitungen hindurch in den Wald hinein. Ohne nennenswerten Höhenunterschied umgehen wir den Berg Kozí chrbát und erreichen später am **Sattel Hadľanka (5)** den Kamm. Die Aussicht verbessert sich mit jedem Meter. Vor uns befindet sich die Große Fatra und beim Blick zurück zeigt sich der westliche Teil der Niederen Tatra. Über den breiten Wiesenkamm wird bis zur **Kečka (6)** aufgestiegen.

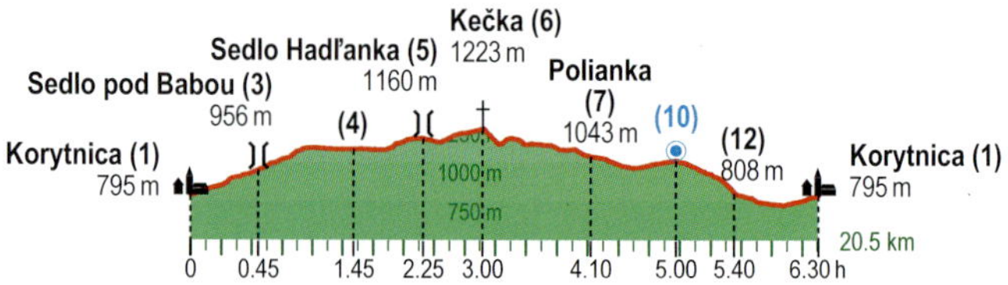

Links vom Gipfel führt unser Pfad in den Wald hinein und nach einer Rechtskurve geht es steil und steinig hinab zu einer Wiese mit hölzernem Wegweiser. Etwa 100 m links befindet sich eine Notunterkunft. Wir folgen der roten Markierung nach rechts, überwinden noch eine kleine Kuppe und steigen auf meist breiten Wegen in etwa 30 Min. über **»Nad Poliankou«** in das kleine Dorf **Polianka (7)** ab. Eine Asphaltstraße bringt uns zum **Wegweiser »Vrchlúka« (8)** und weiter hinunter zu mehreren Hotels. Über eine Holzbrücke wird die Bundesstraße gequert und auf der anderen Seite ist bereits wenige Meter rechts der **Wegweiser von Donovaly (9)** auszumachen.

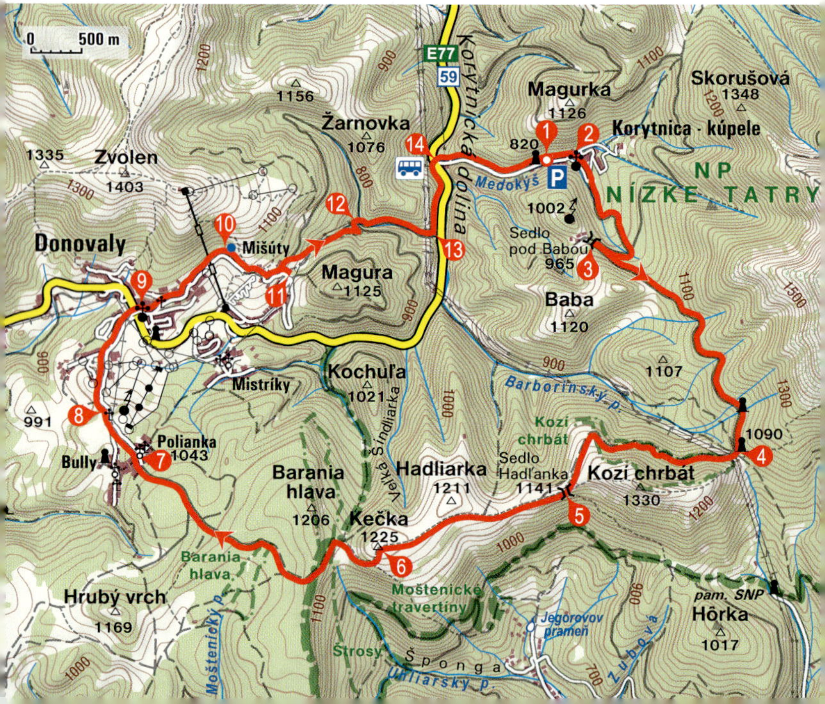

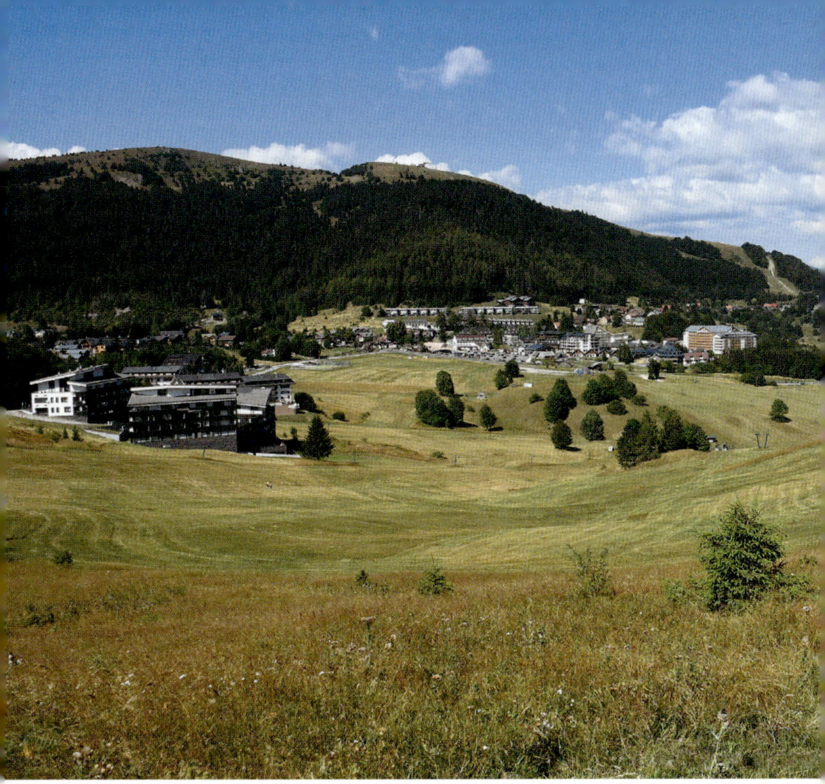

In Donovaly geht es außerhalb der Saison ziemlich ruhig zu.

Die gelbe Markierung leitet uns auf einer asphaltierten Straße durch das Dorf. Wir gehen unter der Seilbahn durch, kommen an der Quelle **»do Jagnesi« (10)** vorbei und erreichen später den **Fahrradwegweiser »Pod Magurou« (11)**, wo in einer Spitzkehre nach links abgebogen wird. Nach 50 Metern zweigt ein Pfad auf einer Wiese nach rechts unten ab. Hinter einer Stromleitung erfolgt eine Hangquerung im Wald und im Verlauf ein steiler Abstieg hinunter zur Kreuzung **Ústie Žarnovky (12)**. Dort wird dem Forstweg nach rechts bis zum **Schild »Korytnická dolina« (13)** an der Bundesstraße gefolgt. Leider gibt es keine Alternative, als am Straßenrand das Tal etwa 600 m bergab zur Kreuzung **Odbočka do Korytnice (14)** zu gehen. Über die Nebenstraße sind es noch etwa 15 Min. bergauf bis zum **Ausgangspunkt (1)**.

TOP **22**

Von Donovaly nach Telgárt

5 Tage

West-Ost-Überschreitung der Niederen Tatra auf ihrem Hauptkamm

Es ist sicherlich eine der spektakulärsten Touren, die die Niedere Tatra zu bieten hat. Eine Überschreitung aller höchsten Gipfel und verschiedene Vegetationszonen machen die Wanderung äußerst abwechslungsreich und mehrere Schutzhütten sowie eine Notunterkunft bieten dem Wanderer die Möglichkeit, direkt am Berg zu übernachten. Die Strecke über den Hauptkamm ist durchgängig mit einer roten Markierung versehen – es ist der Weg der Slowakischen Helden. In unmittelbarer Nähe befinden sich auch heute noch unzählige Relikte, die an den Slowakischen Nationalaufstand erinnern.

Ausgangspunkt: Donovaly, 976 m, Parkmöglichkeit auf gebührenpflichtigem Parkplatz in unmittelbarer Nähe des Ausgangspunkts, Bushaltestelle jeweils unterhalb der Fußgängerbrücke, sehr gute Busanbindung aus Banská Bystrica und Ružomberok.

Endpunkt: Telgárt, 890 m, gute Busanbindung nach Poprad sowie Brezno und Banská Bystrica.

Höhenunterschied: 4970 m im Aufstieg und 5050 m im Abstieg.

Anforderungen: Anspruchsvolle und teilweise sehr lange Tageswanderungen mit großem Höhenunterschied, gut sichtbare Pfade und Wege meist ohne größere technische Schwierigkeiten; im Bereich des Dereše etwas ausgesetzt (kann ausgelassen werden), Trittsicherheit im Bereich der höchsten Berge erforderlich.

Einkehr/Übernachtung: 1. Etappe: Von Juni bis September und an Wochenenden Getränke in der Útulňa pod Kečkou, Übernachtung im Lager immer möglich, Nothütte am Hiadeľské sedlo, Útulňa Ďurková, Übernachtung 7 € im Matratzenlager, Suppen, Frühstück und Getränke.
2. Etappe: Unterwegs die Kammená chata am Chopok, die Chata Stefánika bietet alle Vorzüge einer Alpenhütte, Übernachtung mit Frühstück ab 35 €.
3. Etappe: Einkehr und Übernachtung am Sattel Čertovica, Nothütte ohne Quelle am Sedlo za Lenivou, die Útulňa Ramža bietet Notlager auf Holz (Luftmatratze und Schlafsack erforderlich).
4. Etappe: Nur Útulňa Andrejcová, Suppen, Frühstück und Getränke, Übernachtung im Matratzenlager oder Zelt 5 €.
5. Etappe: Zahlreiche Unterkünfte und zwei Restaurants in Telgárt.

Varianten: Vom Hauptkamm der Niederen Tatra ist es möglich, an viele Orte im Tal abzusteigen (Kombination mit anderen Touren des Buchs).

Karte: SHOCart 1094 – Nízke Tatry Chopok 1:50.000, SHOCart 1102 – Nízke Tatry Kraľova hoľa.

Tipp: Wer noch über die nötigen Kraftreserven verfügt, kann am zweiten und vierten Tag jeweils noch einen interessanten Aussichtsgipfel in die Tour einbinden.

1. Tag: Donovaly – Hütte Ďurková: Aufstieg 1630 Hm, Abstieg 970 Hm, 26,6 km, 9.00 Std.

Unsere Tour beginnt am Wegweiser in **Donovaly (1)**, der sich etwas oberhalb des Parkplatzes befindet. Mithilfe einer Holzbrücke wird die Bundesstraße sicher überquert. Auf der anderen Seite folgen wir der kleinen Asphaltstraße, die an mehreren Hotelanlagen vorbeiführt. An der Verzweigung **Vrchlú-**

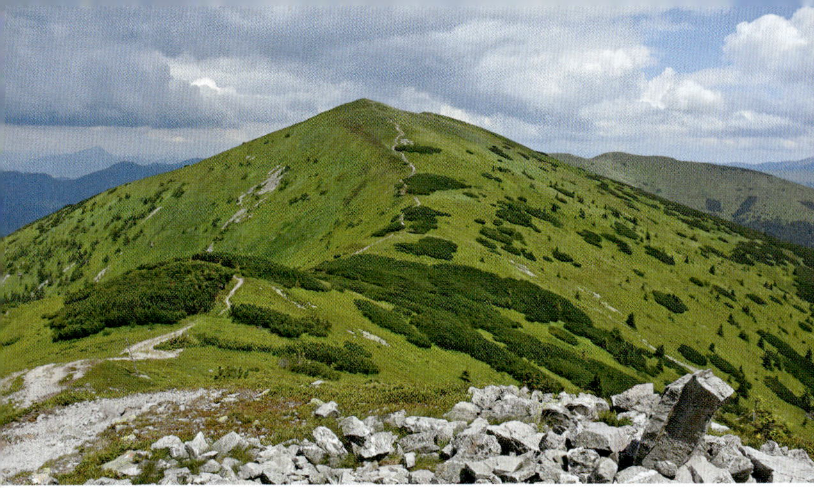

Malá Chochuľa.

ka (2) geht es links zu einem kleinen Dörfchen namens **Polianka**. Hinter **»Nad Poliankou«** überwindet der steinige und mit Wurzeln bedeckte Weg eine Kuppe, bevor eine Wiese mit hölzernem Wegweiser erreicht wird. Im Sommer bietet eine kleine Hütte in unmittelbarer Umgebung Erfrischungen an. Der Pfad zieht sich jetzt steil den Hang hinauf. Nach einem kleinen Waldstück wird der erste Gipfel – die **Kečka** erreicht. Über den hier freien Kamm erfolgt der Abstieg in den **Sattel Hadľanka (3)**. Hier kann man den folgenden Berg angenehm über den gelb markierten Pfad an seiner Nordseite umgehen und gelangt so ohne nennenswerten Höhenunterschied zum Hiadeľské sedlo. Wir steigen hier jedoch steil auf den **Kozí chrbát** auf und genießen die Aussicht. Der Abstieg über den Rücken des Bergs ist im unteren Bereich sehr steil. Über den **Hiadeľské sedlo (4)** – dem offiziellen Beginn der Niederen Tatra – führen Starkstromleitungen. In unmittelbarer Nähe des Sattels befindet sich eine Notunterkunft.

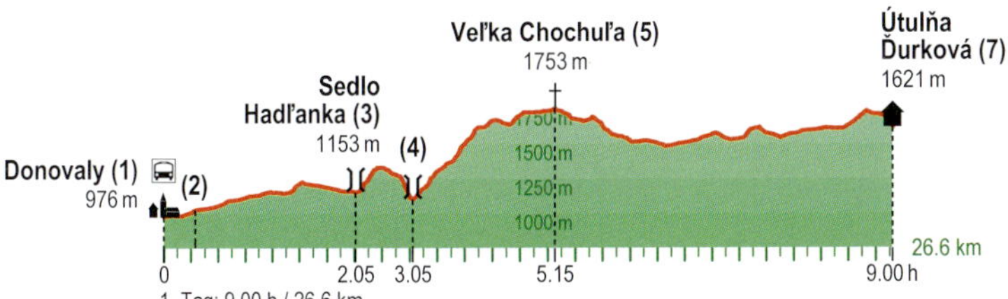

An der Infotafel zum Nationalpark führt ein Pfad in den Wald hinein. Der Aufstieg ist sehr steil und anstrengend. Im oberen Bereich gehen die Nadelbäume in Latschenbewuchs über und es wird etwas flacher. Wir erreichen so den westlichsten Berg der Niederen Tatra – die 1675 m hohe **Prašivá**. Vom Geröllhaufen mit Kreuz ist es bei guter Sicht möglich, den kompletten Kamm des Gebirges bis zur Kraľova hoľa zu erblicken.

Von nun an zieht sich unser Weg über den Kamm. Es folgen die Gipfel **Malá Chochuľa** und **Veľká Chochuľa (5)**, die beide fantastische Aussichtsberge sind und die eine komplette Rundsicht ermöglichen. Am kommenden Berg besteht die Möglichkeit den markierten Pfad zu verlassen und zum nördlich gelegenen Aussichtspunkt zu steigen. Etwas unterhalb des höchsten Punkt

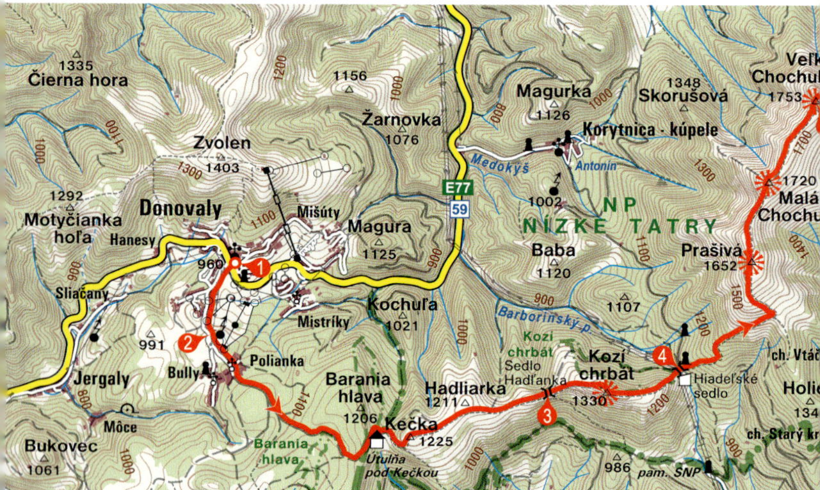

des **Košarisko** führt unser Weg weiter abwärts und es wird sogar wieder die Baumgrenze erreicht. Auf der südlichen Seite des Kammes umgehen wir den Berg Skalka und erreichen kurz darauf den gleichnamigen Sattel **Sedlo pod Skalkou**, wo man nach Liptovská Lúžna absteigen kann.

Erneut werden zwei Anhöhen auf der Südseite umgangen, bevor wieder ein kurzer steiler Anstieg auf die 1643 m hohe **Latiborská hoľa** wartet. Im ständigen Auf und Ab gehen wir über den breiten Kamm und passieren in der Folge den **Sedlo Latiborskej hole** und den **Sedlo Zámostskej hole**. Wer hier seine Trinkreserven auffüllen möchte, kann nach rechts zu einer Quelle (gelbe Markierung) etwa 550 m absteigen. Weiter dem Kammverlauf folgend

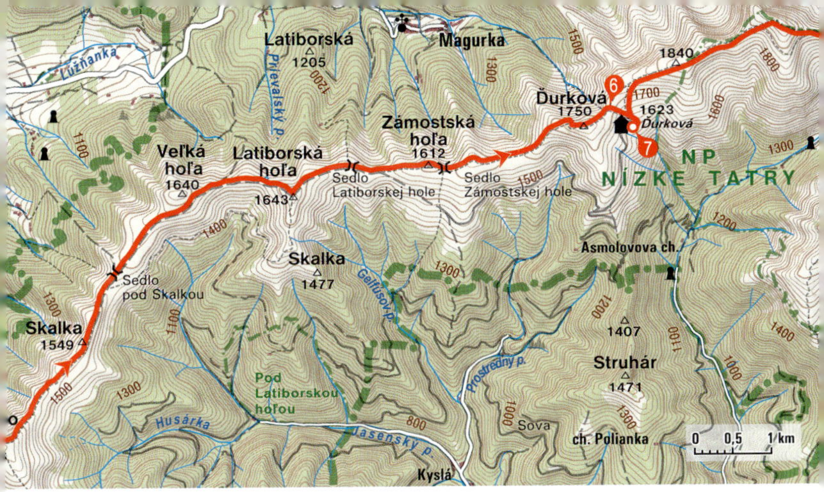

wird nach etwa 45 Min. der letzte Berg unserer Etappe – die **Ďurková** erreicht. Nach etwa 350 mn beginnt rechts an einem Schild der **Abstieg** zur **Hütte (6)**. Von hier sind es noch etwa 10 Min. zum Etappenziel an der **Útulňa Ďurková (7)**. Die Unterkunft ist ganzjährig geöffnet und eine Quelle befindet sich etwa 200 m neben der Hütte.

Unterhalb der Poľana bieten sich Traumblicke auf Westliche und Hohe Tatra.

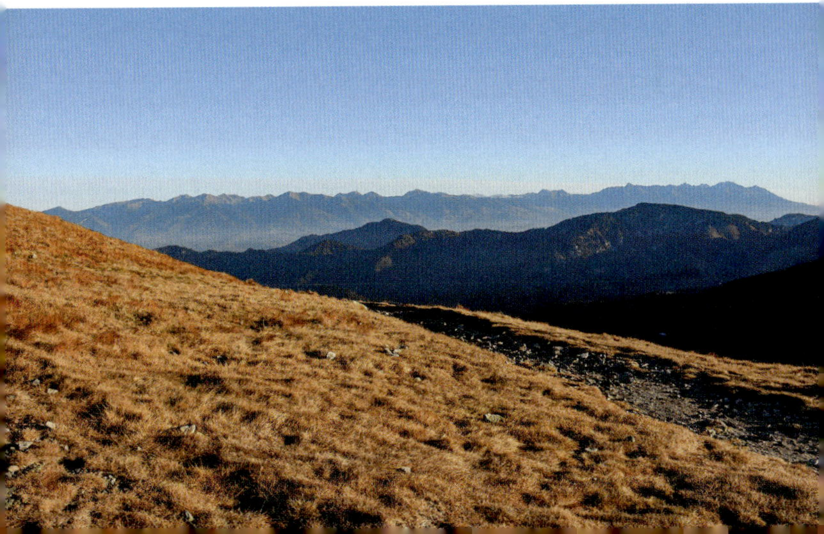

2. Tag: Hütte Ďurková – Hütte Štefánika: Aufstieg 1050 Hm, Abstieg: 950 Hm, 18,9 km, 7.15 Std.

Eine weitere anstrengende Tagesetappe wartet auf uns. Auf der Rückseite der **Útulňa Ďurková (7)** befindet sich ein **Wegweiser**, wo wir dem mit der blauen Markierung gekennzeichneten Pfad steil hinauf zum Kamm folgen. Ab hier geht es wieder wie gewohnt auf dem rot markierten Weitwanderweg E8 weiter, der auch gleich zum ersten Gipfel des heutigen Tages, dem **Chabenec** führt. Die Aussicht ist überwältigend und bei guter Sicht ist auch von hier der komplette Gebirgskamm zu sehen. Knapp zwei Kilometer sind es noch bis zum nächsten Gipfel **Kotliská**.

Variante: Gut konditionierten Wanderern sei an der Kotliská der Abstecher auf die Skalka empfohlen. Die etwa 1 Std. in Anspruch nehmende Variante (gelbe Markierung) führt über einen Nebenkamm etwas bergab und dann steil und anstrengend hinauf zum Wegweiser auf der **Skalka**. Der Gipfel liegt ein paar Meter abseits vom Pfad. Die Aussicht auf die Berge der Niederen Tatra wird unvergesslich bleiben und lohnt die Mühen des Aufstiegs. Auf demselben Weg geht es zurück zur Kotliská.

Nach der Kotliská verändert sich das Gelände deutlich und es wird alpiner und merklich steiniger. Zunächst steigen wir steil bergab und erreichen nach etwa 20 Min. den **Krížske sedlo**. Weiter geht es im ständigen Auf und Ab über die **Poľana** rechter Hand zum **Sedlo Poľany (8)**, wo nordseitig in das Skizentrum Jasná abgestiegen werden kann. Es folgt der Aufstieg auf den Dereše – einer der vier über 2000 m hohen Berge der Niederen Tatra. Hier beginnen die mit viel Mühe und Kraftaufwand angelegten Steinwege. Der Berg wird auf seiner Südseite umgangen und ist von seiner Ostseite recht einfach zu besteigen. Links taucht ein **Steinmann (9)** auf, der als Orientierung dient. Grobes Geröll leitet zu einem kleinen Band (Trittsicherheit und Schwindelfreiheit erforderlich) und über dieses sind es nur wenige Meter hinauf zum Gipfel des **Dereše**. Auf demselben Weg geht es zurück zum ange-

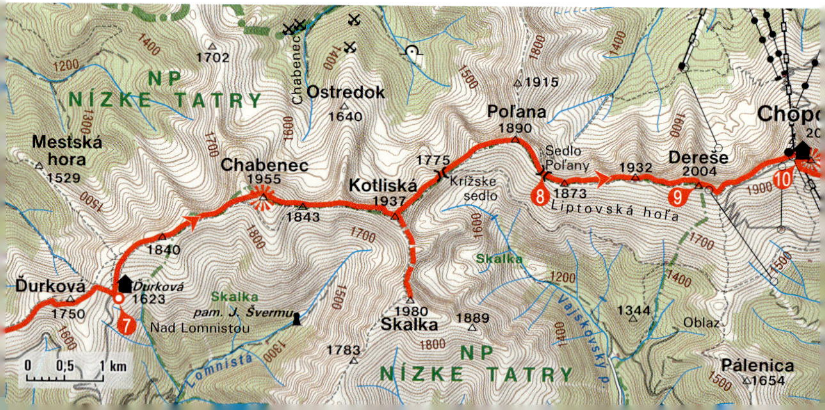

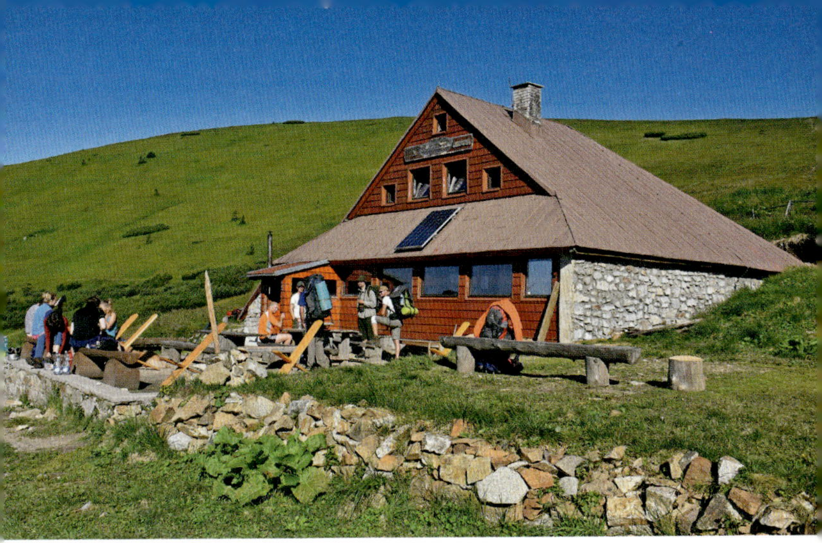

Die Berghütte Ďurková befindet sich ein paar Meter unterhalb des Hauptkamms.

legten Steinweg und auf diesem nach Osten zur Seilbahnstation mit dem **Wegweiser »Chopok«**. Wenige Meter unterhalb der Seilbahn befindet sich die **Kamenná chata (10)**, die komfortable Übernachtungsmöglichkeiten und ein Restaurant (kamennachata.sk) bietet. Links oberhalb der Hütte führt ein schmaler Steinpfad in ein paar Serpentinen in 5 Min. zum **Chopok**, von wo aus die Westliche und die Hohe Tatra herrlich zu sehen sind. Auf einem angelegten Steinweg steigen wir Geröllfelder querend bis zum **Demänovské sedlo** ab. Die Aussichten nach Norden in das gleichnamige Tal und den Bergsee Lukové pliesko werden noch lange in Erinnerung bleiben. Vom Sattel aus wird der vor uns liegende Berg rechtsseitig bis zum höher gelegenen **Krúpové sedlo (11)** umgangen. Die letzten Meter von hier zum höchsten Berg der Niederen Tatra führen ebenfalls etwas südlich der Kammlinie bergauf und sind mit einem roten Dreieck markiert. Etwa 20 Min. sind notwendig, bis der mit 2043 Meter hohe **Ďumbier (12)** erreicht ist. Die fantastische Rundsicht ist atemberaubend. Auf demselben

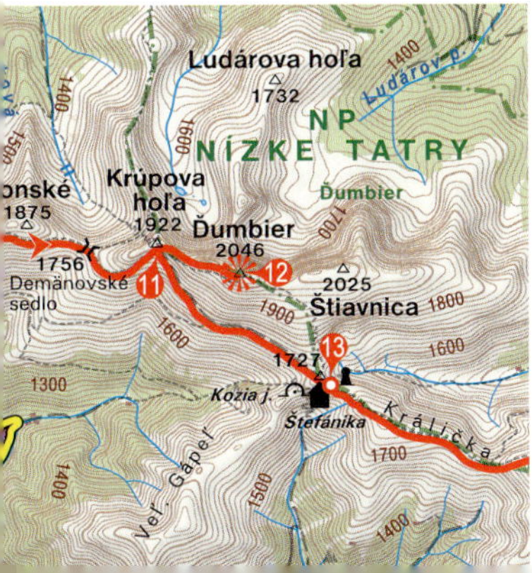

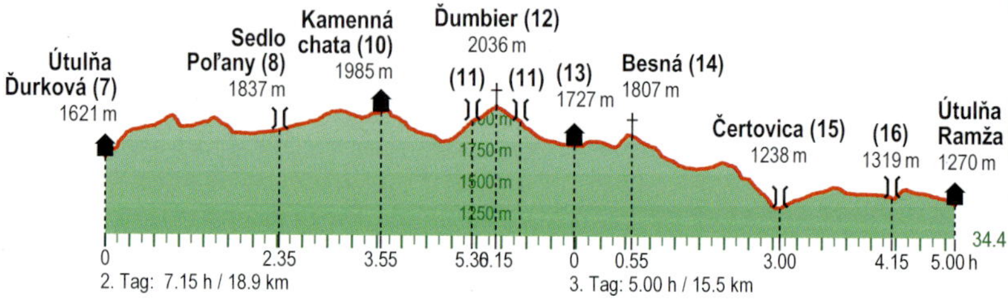

Weg geht es bis zum letzten **Sattel (11)** zurück.Das letzte Stück zur Hütte verläuft nach links und quert den Südhang des Ďumbier. Der mit vielen Steinen etwas unbequem zu gehende Weg führt an der Weggabelung **Rázcestie na Krúpové sedlo** vorbei geradeaus direkt zu unserem Tagesziel – der **Chata Štefánika (13)**.

3. Tag: Chata Štefánika – Útulňa Ramža: Aufstieg 480 Hm, Abstieg 940 Hm, 15,5 km, 5.00 Std.

Die dritte Etappe ist mit Sicherheit der einfachste Abschnitt der Kammüberschreitung. Morgens steigen wir von der **Chata Štefánika (13)** ein paar Meter in Serpentinen bergauf. Der Blick zurück ist traumhaft. Alle höchsten Berge der Niederen Tatra sind zu sehen. In leichtem Auf und Ab führt der Pfad weiter in östliche Richtung zum **Sattel Králička**. Es besteht von hier die Möglichkeit leicht rechts auf einen schmalen Pfad zu wechseln und steil hinauf zur **Besná (14)** aufzusteigen. Alternativ wird der Berg an seinem Nordhang umgangen. Die Mühen werden mit einem herrlichen Rundblick belohnt. Über die Nordostflanke geht es zum Kammweg zurück und über den **Kumštové**

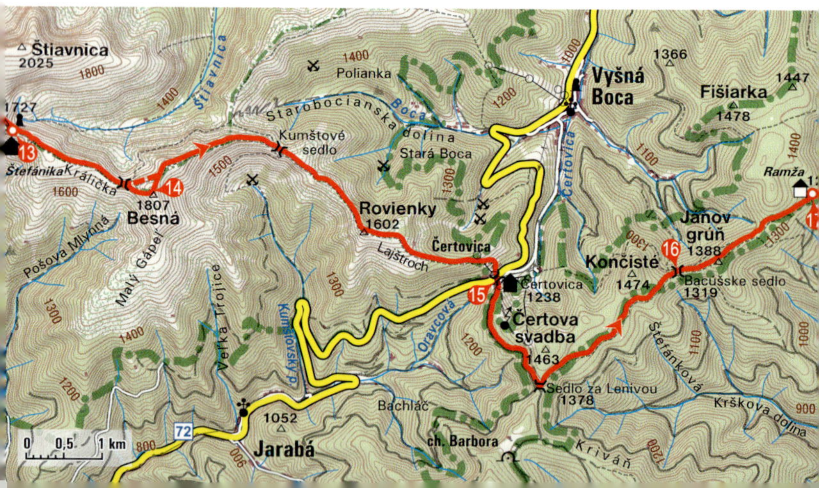

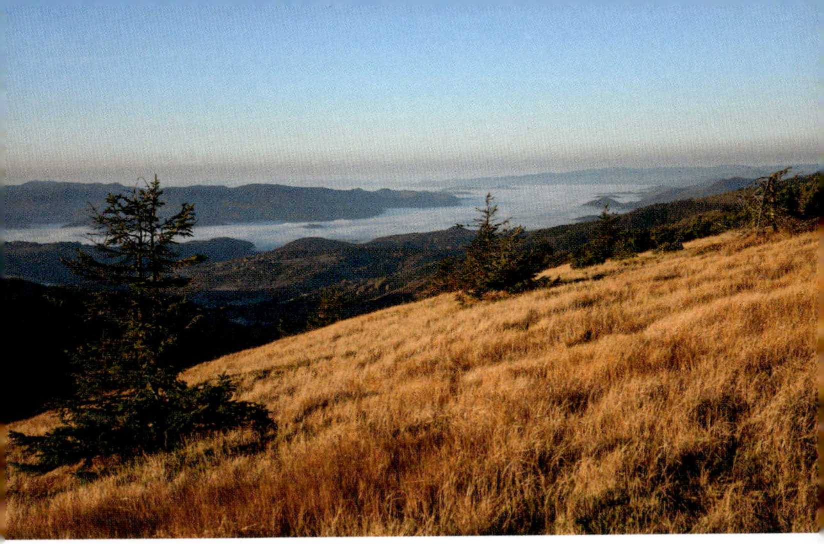

Im Abstieg zum Sattel Čertovica.

sedlo hinauf zum **Berg Lajštroch**. Von hier zieht sich unser Pfad steil abwärts bis zum **Sattel Čertovica (15)**, wo mehrere Restaurants und Unterkünfte zum Rasten einladen.Vom Parkplatz hinter dem Gasthaus nehmen wir den Schotterweg, der südlich des Sattels um den vor uns liegenden Berg herumführt und mit einem Warnschild mit der Aufschrift »Rampa« gekennzeichnet ist. Der Weg führt angenehm aufwärts, bis am **Sattel za Lenivou** wieder der Hauptkamm und eine Nothütte erreicht werden. Auf einem breiten Weg geht es ein paar Meter nach links hinauf und dann rechts auf einem schmalen und etwas unscheinbaren Pfad weiter. Über diesen werden einige gerodete Bereiche bis zur Kreuzung am **Bacúšske sedlo (16)** gequert. Wer absteigen möchte, kann dies nach Vyšná Boca oder südlich nach Bacúch im Hron-Tal tun. Wir steigen erneut ein paar Meter im nachwachsenden Bereich bergauf. Nochmals erfolgt ein kurzer Anstieg, um eine Kuppe zu überwinden, bevor im Rahmen einer Hangquerung rechts ein Pfad direkt zur **Útulňa Ramža (17)** führt. Es ist empfehlenswert nicht zu spät anzukommen, da nur ein begrenztes Kontingent an Lagerplätzen vorhanden ist. Ein gekennzeichneter Weg führt zur etwa 300 m entfernten Quelle oberhalb der kleinen Holzhütte.

4. Tag: Útulňa Ramža – Útulňa Andrejcová: Aufstieg 1090 Hm, Abstieg 950 Hm, 20,3 km, 7.30 Std.

Eine weitere anstrengende Etappe erwartet uns. Von der Notunterkunft (17) geht es zunächst zum Wegweiser »Ramža«, der sich nur wenige Meter ent-

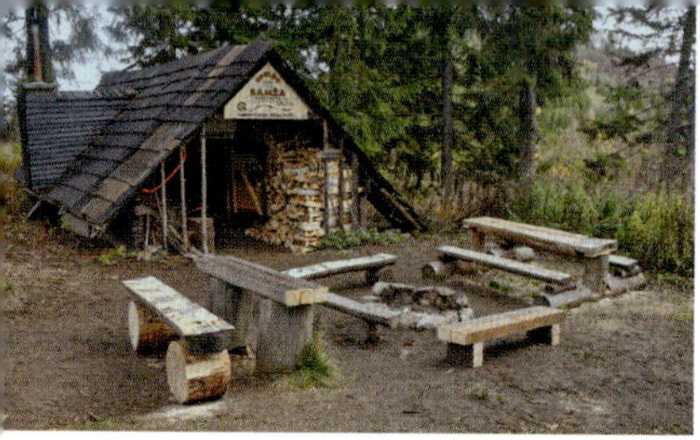

Die rustikale Notunterkunft.

fernt befindet. Dem hier breiten Waldweg folgen wir nur gute 50 m, bevor nach links auf einen **Pfad** abgebogen wird. Leider ist dieser Bereich etwas dürftig markiert. Es folgt eine komplette Hangquerung in ständigem Auf und Ab – teilweise sind es richtig steile Anstiege, die sich in den Weg stellen. Im Verlauf befinden sich zwei Quellen am Wegrand. Ein Blick zurück zeigt, dass der Ďumbier bereits ein ganzes Stück entfernt liegt. Noch etwa 20 Min. sind es von hier zur Bergwiese **Havrania poľana**. Jetzt steigt der Pfad kontinuierlich bergan, bis nach der Umrundung eines Bergs der **Sattel Homôľka (18)** erreicht wird. Der Kammbereich ist jetzt wieder offen und die Fernsicht traumhaft. Westliche Tatra und Hohe Tatra sind bestens zu sehen und nur etwa 15 Min. sind es, bis zum Wegweiser unter der **Zadná hoľa (19)**.

Variante: Wer sich wirklich stark und fit fühlt, kann von der Zadná hoľa über einen mit gelber Markierung versehenen Pfad zum Veľký Bok aufsteigen. Ein Seitenkamm zieht sich geradewegs zum Sedlo pod Veľkým Bokom unter dem Aussichtsberg. Im Sommer kann das Gras hier sehr hoch stehen, sodass der Weiterweg nicht zu sehen ist. Vom Wegweiser steigen wir die Wiese geradewegs nach oben und sehen einen Baum mit Markierung. Unser schmaler Pfad führt von hier ohne Probleme zum Gipfel des **Veľký Bok**. Die Aussicht ist bestechend und außerordentlich lohnend. Auf demselben Weg geht es zurück zur Zadná hoľa. Für den Abstecher sind etwa 2 bis 2.30 Std. zu veranschlagen.

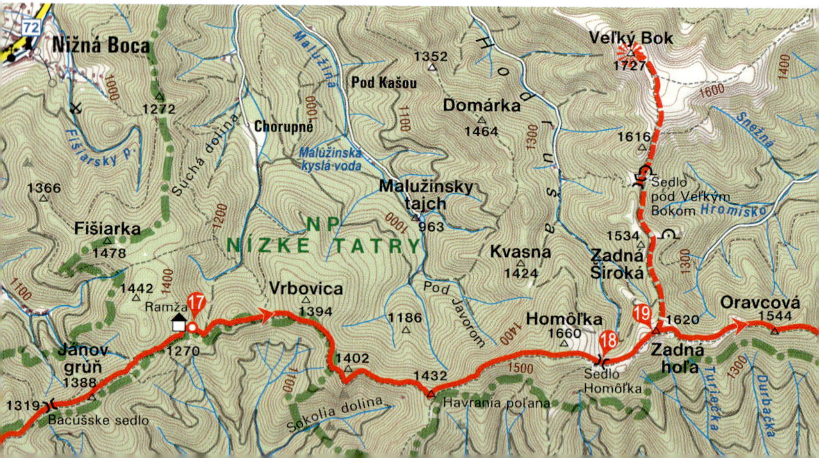

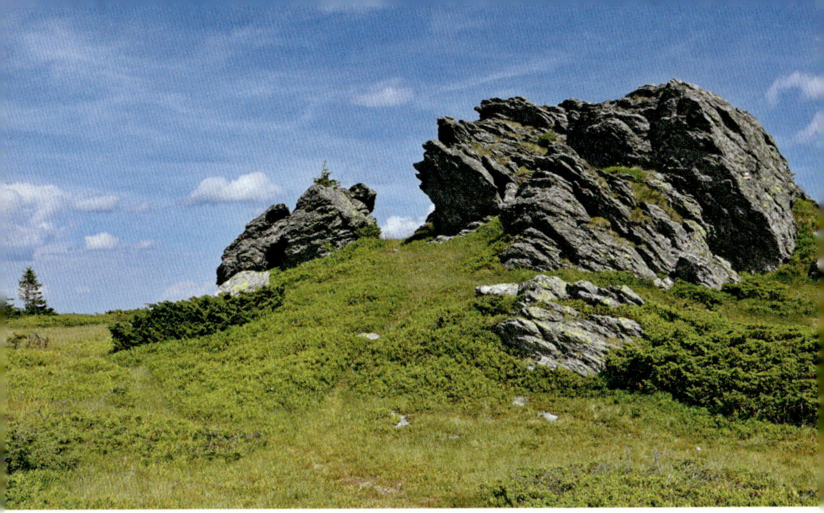

Felsformation unter der Veľká Vápenica.

Kurz nach der Zadná hoľa taucht der Pfad wieder in den Wald ein. Im leichten Auf und Ab führt uns der Kammweg in vielen Kurven zum **Sattel Oravcová**, wo eine Abstiegsmöglichkeit nach Závadka im Hron-Tal besteht. Nach einem kleinen Zwischenabstieg folgt ein etwas mühevoller Aufstieg bis knapp unter den Gipfel der **Kolesárová**. Es geht von hier wesentlich angenehmer und ohne größere Schwierigkeiten weiter und nur langsam zieht sich der Pfad in Richtung des nächsten Sattels hinunter. Lediglich die letzten Meter bergab

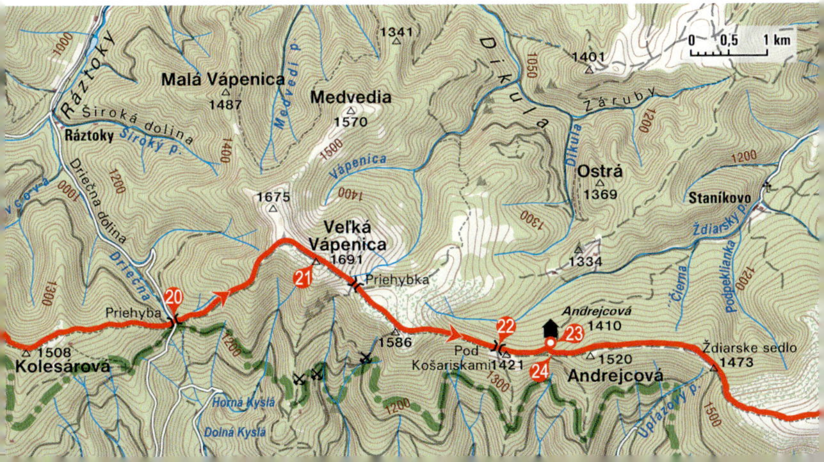

zum **Sattel Priehyba (20)** sind sehr steil. Dort treffen wir auf eine Rasthütte und eine Asphaltstraße, die angenehm hinunter nach Heľpa im Hron-Tal führt.

Der letzte schwierige Anstieg dieser Tagesetappe beginnt am Sattel. Der Pfad führt an einem Hinweis auf den Nationalpark kurz in den Wald und später durch teilweise offene Bereiche direkt und geradewegs sehr steil und anstrengend hinauf. Rund 1.30 Std. sind notwendig, bis wir zuerst vom Nadelwald in die Latschenzone und später wieder auf den offenen Kamm kommen und so einen mächtigen **Felsen** erreichen. Von hier sind es nur 5 Min. bis zum höchsten Punkt der **Veľká Vápenica (21)**. Unser Tagesziel, die Notunterkunft Andrejcová, ist in der Ferne be-

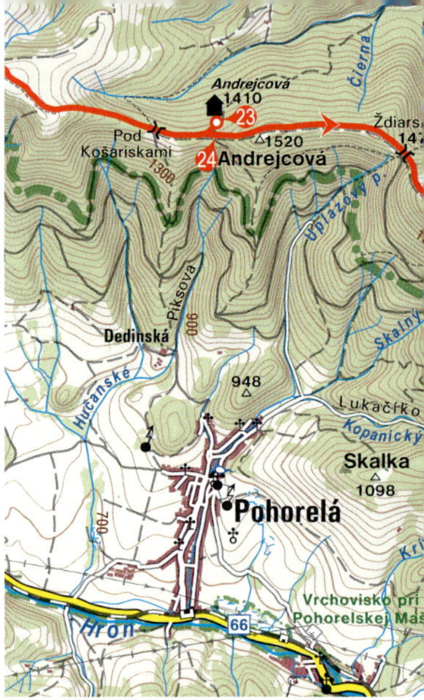

Ein Wolkenmeer unter dem Sattel Priehyba.

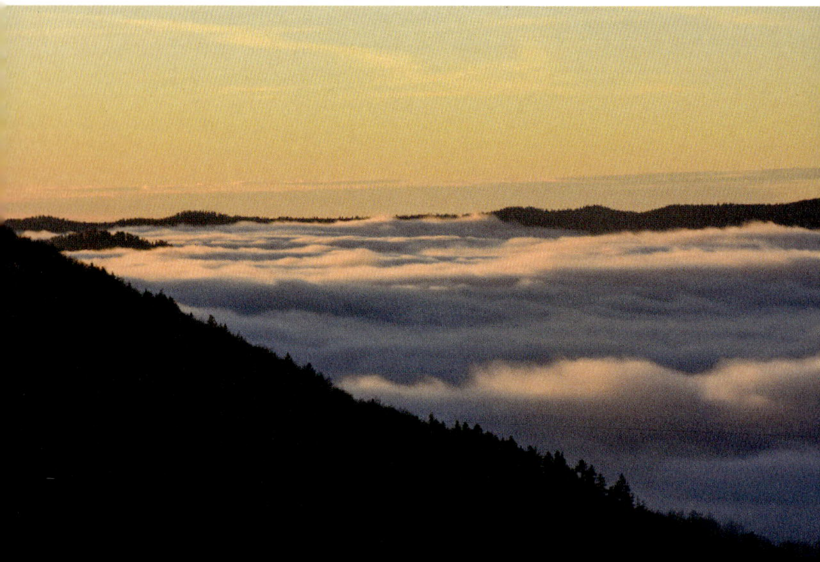

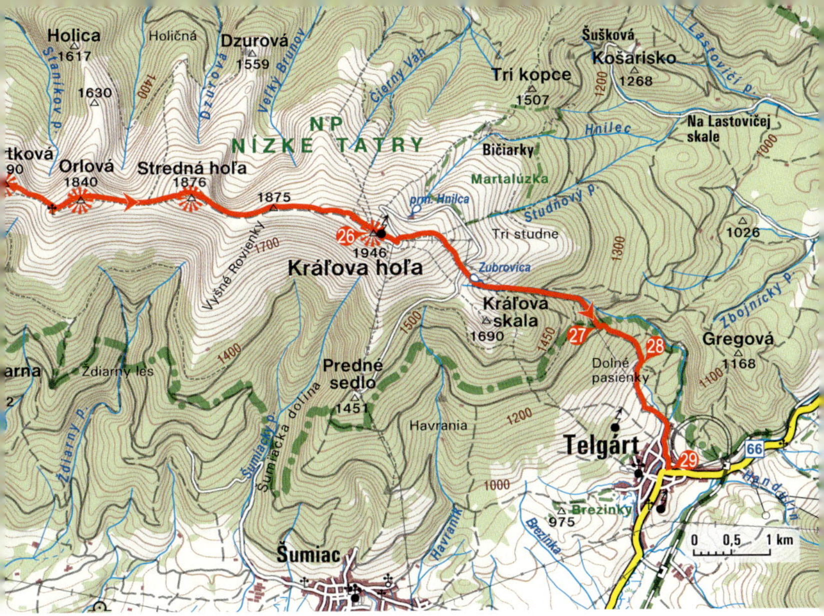

reits sichtbar. Mit dem Gipfelmassiv der Kráľova hoľa vor Augen, wird in den **Sattel Priehybka** abgestiegen. Nach einem kurzen Gegenanstieg geht es leicht und angenehm abwärts. Am **Wegweiser »Pod Košariskami« (22)**, besteht die Möglichkeit in Richtung Norden nach Liptovská Teplička zu wandern. Nach etwa 10 Min. auf einem breiten Waldweg folgt ein Abzweig zur **Hütte**. Vom hölzernen Wegweiser sind es noch etwa 100 m nach links bis zur **Útulňa Andrejcová (23)**. Die Unterkunft ist ganzjährig geöffnet. Kleine Speisen und Getränke werden von Mai bis Ende Oktober angeboten. Eine Quelle befindet sich etwa 20 m links unterhalb der Unterkunft. Der Panoramablick auf die Hohe Tatra und ein abendliches Lagerfeuer dürften Momente sein, die man niemals mehr vergisst.

5. Tag: Útulňa Andrejcová – Telgárt: Aufstieg 690 Hm, Abstieg 1210 Hm, 16,2 km, 5.30 Std.

Auf dem Zubringer geht es von der **Hütte (23)** wieder zum Kammweg und dort nach links. Wir kommen sofort am offiziellen **Wegweiser »An-**

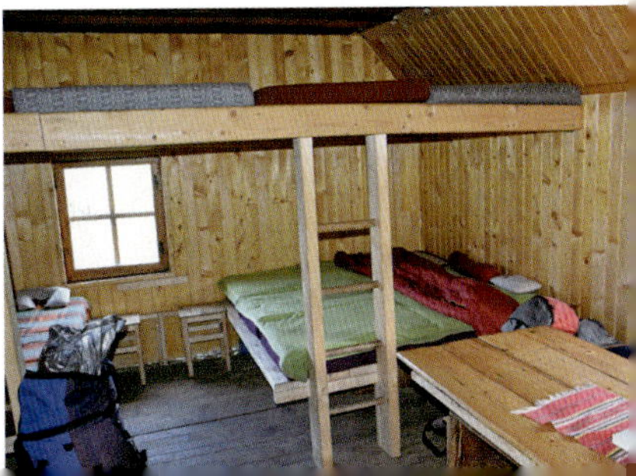

Der freundliche Aufenthaltsraum in der Hütte Andrejcová.

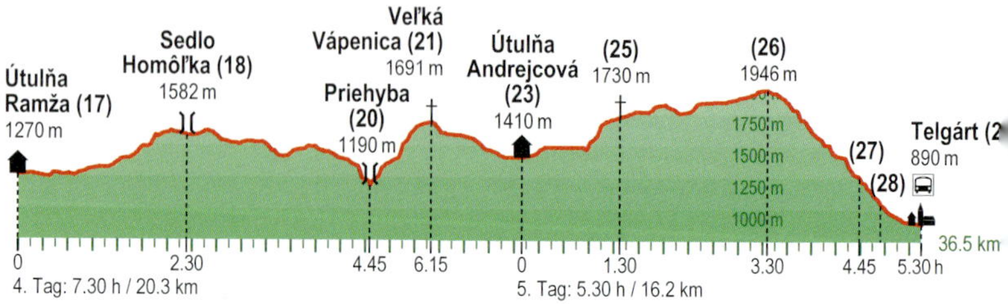

drejcová« (24) vorbei und steigen auf einem breiten Weg aufwärts und über eine kleine Kuppe zu einem Sattel ab. Zuerst durch Wald und später in der Latschenzone zieht sich der Pfad hinauf zum Vorgipfel der **Bartková (25)**, der einen fantastischen Ausblick auf die Berge der Niederen Tatra bietet. Man könnte hier wohl stundenlang sitzen bleiben.

Die Aussicht bleibt uns glücklicherweise erhalten und wird sogar noch besser. Es folgt ein weiterer Anstieg, der zum **Kríž pod Orlovou** führt. Der Weg folgt dem Kammverlauf über die **Orlová** zur **Stredná hoľa**. Es ist wohl einer der schönsten Momente der ganzen Tour, wenn beim Blick zurück der komplette Kammverlauf der Niederen Tatra sichtbar ist und auch die Felsmassive der Westlichen Tatra und der Hohen Tatra im Norden über dem Tal thronen. Im Süden ist das nicht ganz so hohe Hügelland der Muránska planina zu sehen. Nochmals muss in einer Wellenbewegung zuerst abgestiegen und er-

Schautafel an der Útulňa Andrejcová.

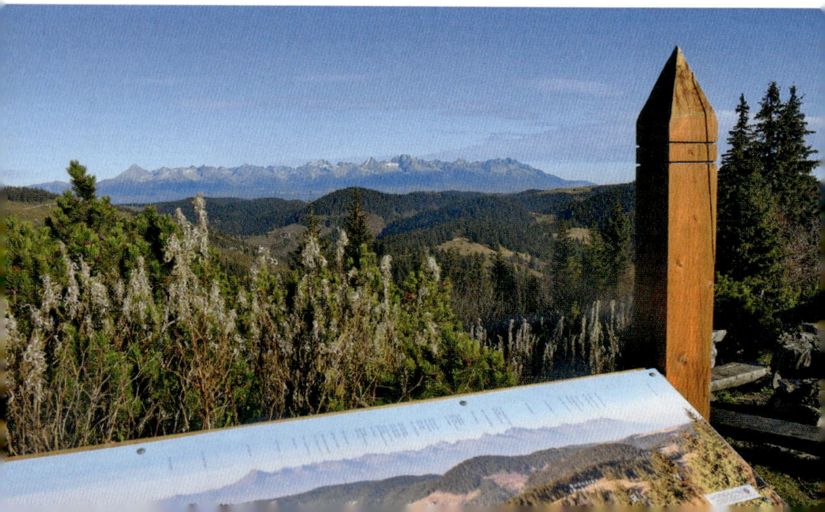

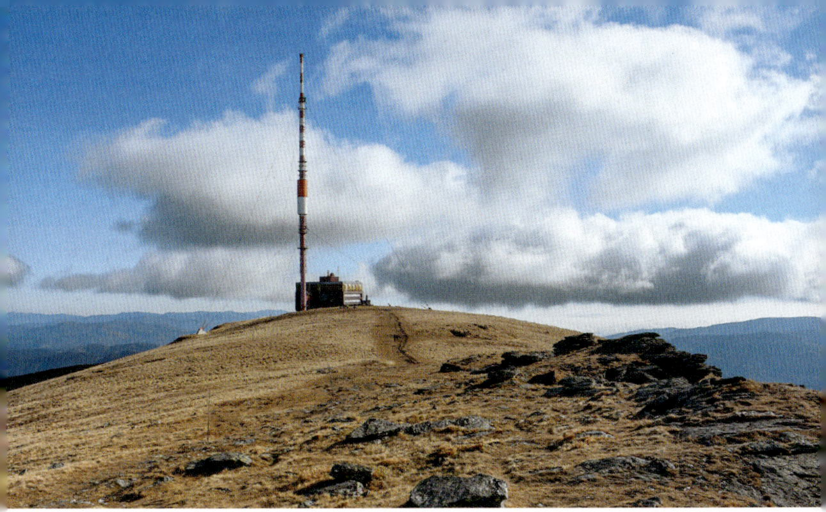

Der letzte Gipfel der Wanderung – die Kráľova hoľa.

neut bergauf gestiegen werden, um an die **Felsen der Kráľova hoľa** zu gelangen. Es ist zugleich der höchste Punkt der Etappe und der östlichste Berg des Hauptkamms. Eine große Wegkreuzung mit zahlreichen Abstiegsmöglichkeiten befindet sich in unmittelbarer Nähe der großen **Antenne (26)**.
Das Anstrengendste ist jetzt wirklich gemeistert und von nun an folgt nur noch der Abstieg in Richtung Telgárt. Über die Zufahrtsstraße zur Kráľova hoľa wandern wir zunächst in einem großen Bogen um den Berg herum bergab und begeben uns danach auf einen Wiesenpfad, der direkt in Richtung Tal hinunterführt. Später wird die Zufahrtsstraße gequert. Als Orientierung dient jetzt ein großes Gebäude (Verteilerstation) am Waldrand. Ein Pfad verläuft steil abwärts und kurz hinter der Straße ist der **Wegweiser »Prameň Zubrovice«** zu sehen. Die gleichnamige Quelle befindet sich ein paar Meter unterhalb auf der linken Seite. Ab jetzt weist der Bachlauf und im Wald die Stromleitung geradewegs hinunter. Kurz vor einem Querweg zweigt ein **Pfad (27)** nach links ab. Von der Kreuzung zieht sich ein Waldweg am Schild Horné pasienky vorbei geradeaus hinunter zur Wiese **Dolné pasienky (28)**. Etwas unterhalb beginnt rechter Hand ein Pfad, der durch einen gerodeten Bereich leitet und in einem Schotterweg mündet. Kurz hinter dem Hinweisschild **Telgárt, vstup do lesa** stehen die ersten Häuser. Im Ort halten wir uns an der ersten Kreuzung links, gehen über den Hron und biegen sofort nach rechts ab. Es sind nur noch wenige Meter bis ins Zentrum von **Telgárt (29)**, wo unsere 5-tägige Wanderung über den Hauptkamm der Niederen Tatra endet. Über Banská Bystrica fahren Busse nach **Donovaly (1)** zurück.

23 Rund um Špania Dolina

1.00 Std.

Zum Aussichtspunkt oberhalb des alten Bergbaudorfs

Archäologen haben festgestellt, dass man bereits in der Jungsteinzeit im Gebiet von Špania Dolina im Tagebau Kupfererz abgebaut hat. Sogar Christoph Kolumbus nahm Kupfer aus dem Dorf mit in fremde Welten, was der Fund in einem gesunkenen Schiff eindeutig belegt. Das Gestein wurde aus unzähligen Stollen in der Umgebung gefördert. Ziel des kleinen Rundgangs um Špania Dolina ist die Maximilianshalde – eine der interessantesten Überreste aus der Bergbauvergangenheit. Hier hat man den Abraum aus der gleichnamigen Grube so hoch aufgeschichtet, dass einer der größten künstlich vom Menschen geschaffenen Hügel Europas entstand.

Ausgangspunkt: Zentrum von Špania Dolina, 728 m, Parkmöglichkeit direkt am Hauptplatz, Bushaltestelle mit guter Verbindung nach Banská Bystrica.
Höhenunterschied: 120 m.
Anforderungen: Kurze und einfache Rundtour um das ehemalige Bergbaudorf auf meist breiten Wegen und ohne Schwierigkeiten, nur der Auf- und Abstieg von und nach Špania Dolina ist steil.

Einkehr: Restaurants und ein kleiner Laden sind direkt am Hauptplatz vorhanden.
Karte: SHOCart 1093 – Kremnické vrchy 1:50.000.

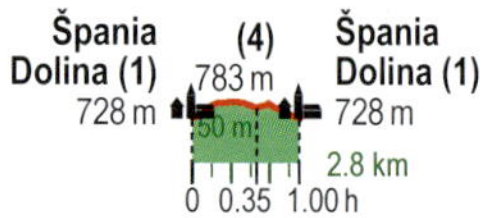

Vom Hauptplatz in **Špania Dolina (1)** gehen wir direkt rechts am berühmten Klopfturm vorbei. Bis zum Ende des Bergbaus wurden die Arbeiter von hier aus mit einer Klopfvorrichtung zur Schicht gerufen. Heute wird das Gebäude als Restaurant, Pension und Museum genutzt. Die asphaltierte Dorfstraße führt an einem Stollen und einer Kapelle vorbei und hinter dem Haus Nr. 81 wird links abgebogen. Der mit grünem Balken markierte Weg steigt sehr steil an, bis es ab einer **Linkskurve (2)** nahezu eben weitergeht. Nach wenigen Minuten ist der Abzweig zur **Maximilianshalde (3)** erreicht. Nach einem kurzen Abstieg nach links folgt ein riesiger Steinhaufen mit mehreren Pfadspuren. Die sich nach oben ziehende Spur bringt uns zu einer Infotafel auf der **Halde (4)**. Von hier bietet sich ein fantastischer Ausblick auf Špania Dolina, das Tal sowie im Hintergrund die Große Fatra.

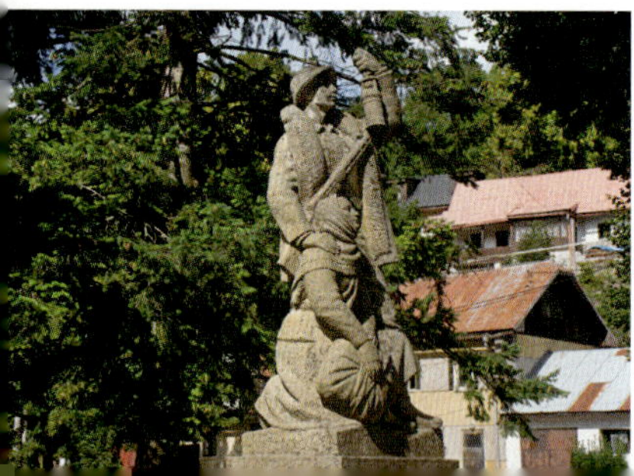

Dorfplatz von Špania Dolina.

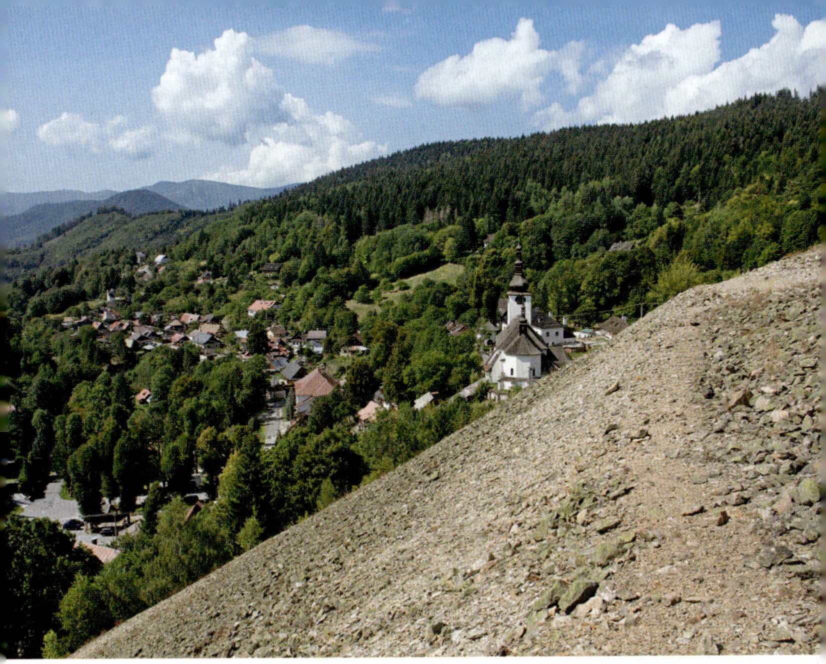

Auf der großen Maximilianshalde.

Der Pfad steigt von hier ein paar Höhenmeter an, bis erneut der breite **Waldweg (5)** erreicht ist, dem nach links bis zu seinem Ende gefolgt wird. Ab hier geht es auf einem unbefestigten und mit roter Markierung versehenen **Forstweg (6)** bis zum **Wegweiser »Alžbetka« (7)** bergab, wo ein paar Loren aus der alten Zeit abgestellt sind. Wer möchte kann noch etwa 500 m nach links zum ehemaligen »Ludwigs-Schacht« wandern. Der hier beginnende Asphaltweg führt hinunter zum **Hauptplatz (1)**. Kurz davor kommen wir rechts an der im 13. Jh. erbauten und im 18. und 19. Jh. umgestalteten Kirche vorbei, die oberhalb von Špania Dolina thront und mit einer überdachten und 160 Stufen zählenden Holztreppe zu erreichen ist.

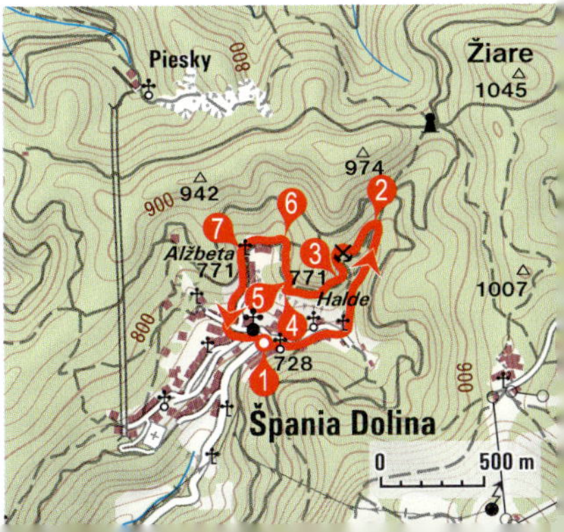

24 Zur Burg von Slovenská Ľupča

1.00 Std.

Spaziergang zur schönsten Burg im Hron-Tal

Hoch über Slovenská Ľupča thront eine mächtige Burg, die im Jahr 1250 erstmals urkundlich erwähnt wurde. Im Jahre 1443 wurde der Bau durch ein Erdbeben zerstört und danach wieder aufgebaut und erweitert. Die Anlage diente vor allem zu Jagdzeiten als Königsresidenz. In den letzten Jahrhunderten verlor die Burg nach und nach an Bedeutung und wurde unter anderem als Gefängnis und Waisenhaus genutzt. Seit 2002 besitzen die Eisenwerke von Podbrezova die Feste und haben sie seitdem aufwendig renoviert und zu einem Schmuckstück im Hron-Tal gemacht.

Ausgangspunkt: Bahnhof von Slovenská Ľupča, 375 m, kostenlose Parkmöglichkeit vorhanden.
Höhenunterschied: 80 m.
Anforderungen: Einfacher Spaziergang ohne Schwierigkeiten.
Einkehr: Im Ort ein Café und ein Restaurant an der Strecke.

Variante: Die Burg ist auch mit dem Auto erreichbar. Ein kostenloser Parkplatz ist vorhanden.
Karte: SHOCart 1093 – Kremnické vrchy 1:50.000.
Tipp: Weitere Informationen zur Burg in englischer Sprache gibt es auf der Internetseite hradlupca.sk/en.

Eine Info-Tafel unterhalb der Burg.

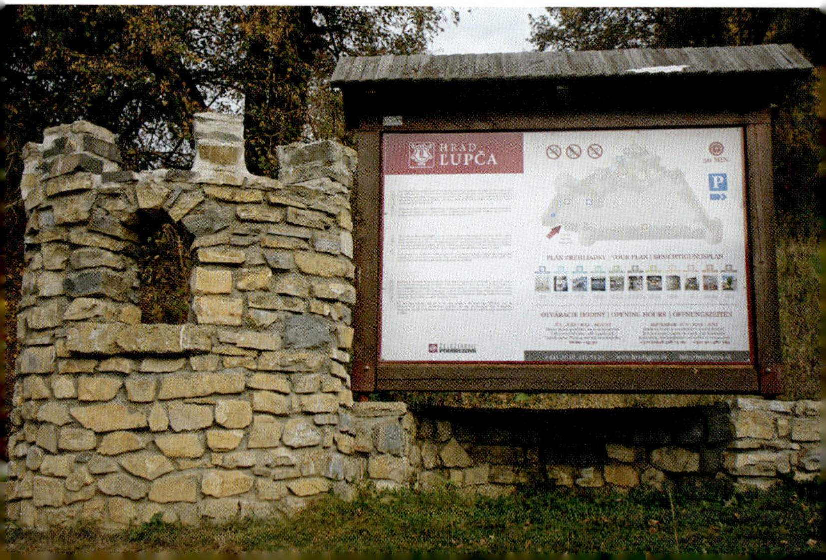

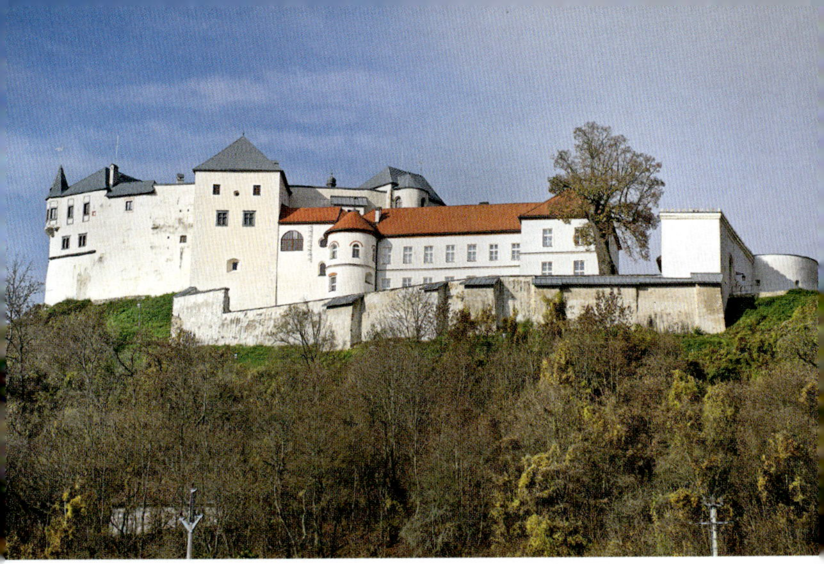

Die mächtige Burganlage von Slovenská Ľupča.

Vom **Bahnhof** des etwa 11 Kilometer östlich von Banská Bystrica liegenden Ortes **Slovenská Ľupča (1)**, leitet die Krížna ulica in östliche Richtung und an deren Ende wird links ins Zentrum des Orts abgebogen. An der katholischen Kirche geht es rechts direkt auf die Burg zu. Wir folgen zunächst der Beschilderung für Autofahrer und steigen direkt unterhalb der Festungsanlage auf dem **alten Weg (2)**, der mit Gras bewachsen ist, in weitem Bogen hinauf. Über eine Wiese mit Apfelbäumen wird die **Burg Ľupča (3)** erreicht.

Für den Abstieg folgt man am einfachsten der wenig befahrenen Autostraße. Diese führt zunächst nach Norden und in einer Schleife zurück zu einem **Bildstock (4)** unter der Burg. Auf bekannten Wegen geht es zurück zum **Bahnhof** von **Slovenská Ľupča (1)**.

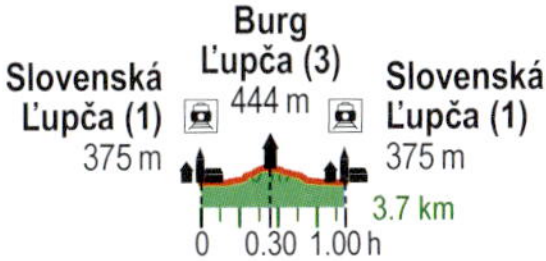

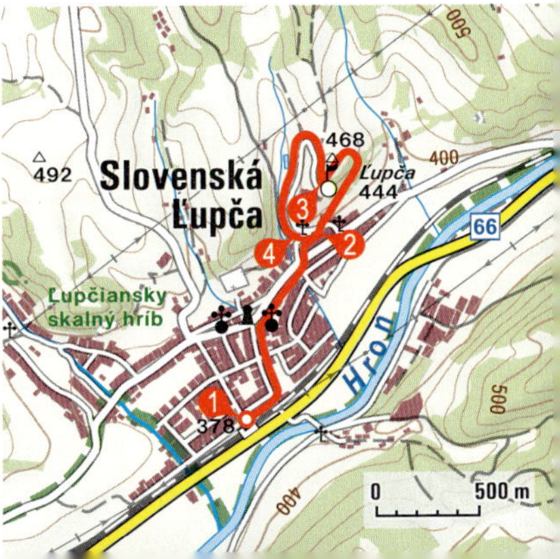

25 Brusno – Veľká Chochuľa, 1753 m – Nemecká

10.00 Std.

Unterwegs im Südwesten der Niederen Tatra

Brusno ist Ausgangspunkt für die westlichste Aufstiegsmöglichkeit aus dem Hron-Tal hinauf zu den Gipfeln der Niederen Tatra. Die Strecke bis zum Fuß der Berge ist zwar etwas lang. Dafür sind die Ausblicke, die uns im oberen Kammbereich erwarten, sensationell. Bei guter Sicht können wir im Abstieg bis zum Ďumbier-Massiv blicken und einen absolut menschenleeren Seitengrat kennenlernen.

Ausgangspunkt: Bushaltestelle an der Landstraße bei Brusno, 433 m, Parkmöglichkeit unterhalb der Bundesstraße neben der Zufahrt oder im Ort, gute Busanbindung von Brezno und Banská Bystrica.
Endpunkt: Bushaltestelle an der Landstraße bei Nemecká, 440 m.
Höhenunterschied: 1380 m im Aufstieg und 1370 m im Abstieg.
Anforderungen: Sehr anspruchsvolle und vor allem lange Tageswanderung mit großem Höhenunterschied, ausgezeichnete Kondition ist Grundvoraussetzung.

Einkehr: Motorest Restaurant am Denkmal zum Ende der Tour, unterwegs nichts.
Varianten: 1. Auf dem Hauptkamm bis zur Útulňa Ďurková weiterwandern und dort übernachten.
2. Vom Wegweiser Pod Ráztockou hoľou nach links auf mit blauem Dreieck markierten Pfad zur Ráztocká hoľa. Der Berg selbst ist mit Latschen bewachsen. Auf den südlich gelegenen Wiesen lässt es sich aber herrlich Rasten (70 Hm und 1 km zusätzlich).
Karte: SHOCart 1094 – Nízke Tatry Chopok 1:50.000.

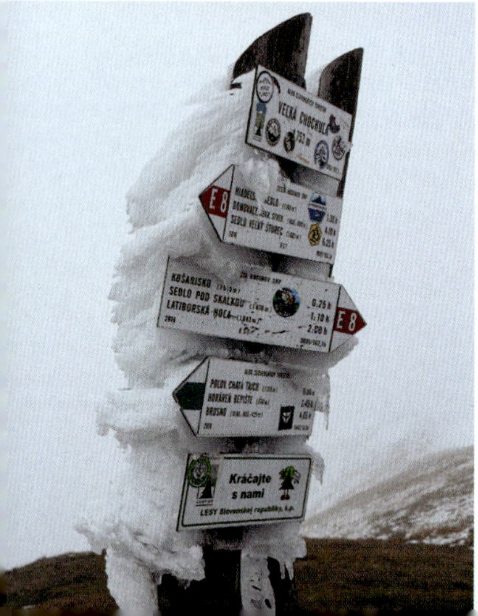

An der **Bushaltestelle** von **Brusno (1)** gehen wir zunächst über eine Brücke und je nach Fahrbahnseite entweder in einer weiten Linkskurve am **Wegweiser »Ondrej nad Hronom, odbočka«** vorbei oder direkt rechts über die Zufahrt hinunter zu einer schmalen Asphaltstraße, die nördlich beginnt. Diese verläuft in Richtung Berge an einem großen Bauernhof vorbei. Nach einer guten Stunde befindet sich auf der linken Seite das **Horáreň Repište (2)** und nach einer weiteren Stunde folgt die **Poľovnícka chata »pod Javorinkou« (3)**. Das Haus gehört der Forst-

Wintereinbruch auf der Veľká Chochuľa.

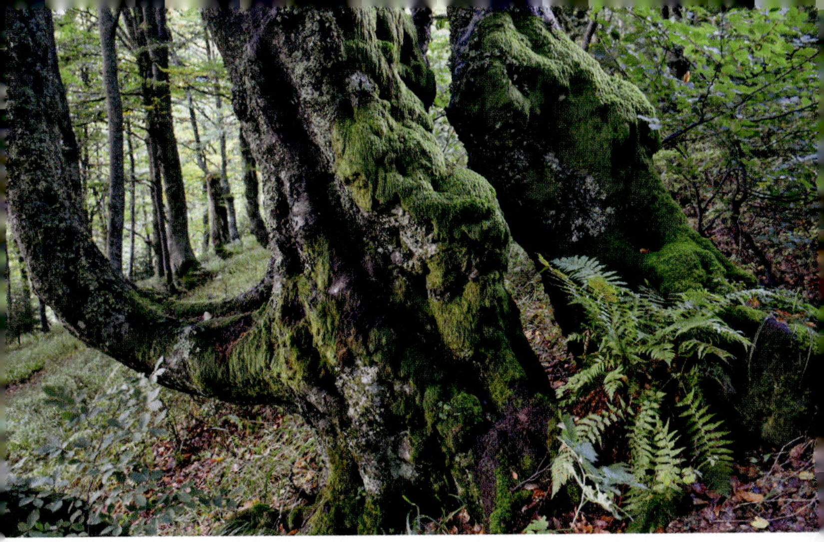

Ursprünglicher Wald, in dem man den ganzen Tag keinem Wanderer begegnet.

verwaltung und kann angemietet werden. Nach und nach verwandelt sich unsere Asphaltstraße in einen unbefestigten Forstweg. Kurz hinter einer Gabelung wird links ein großer Platz erreicht. Rechter Hand leitet ein schmaler Pfad angenehm und in Serpentinen nicht allzu steil bergauf. Nach der Jagdhütte und dem **Wegweiser »Poľovnícka chata Tajch« (4)** endet der Wald. Über Wiesengelände mit einzelnen Bäumen, vielen Heidelbeersträuchern und im Verlauf auch Latschen zieht sich der Pfad hinauf zum Hauptkamm. Von dort sind es nur noch wenige Meter nach rechts zum aussichtsreichen Gipfel der **Veľká Chochuľa (5)**.
Der Pfad auf dem Kamm führt in etwa 20 Min. hinunter zum **Sedlo Košarisko (6)**. Es lohnt sich kurz vor der Kuppe links abzuzweigen und zum Aussichts-

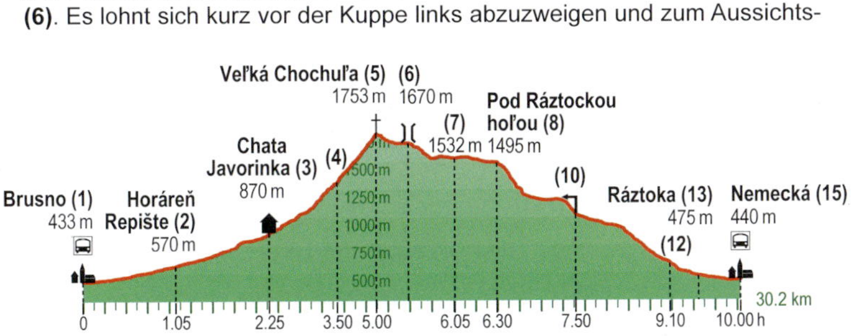

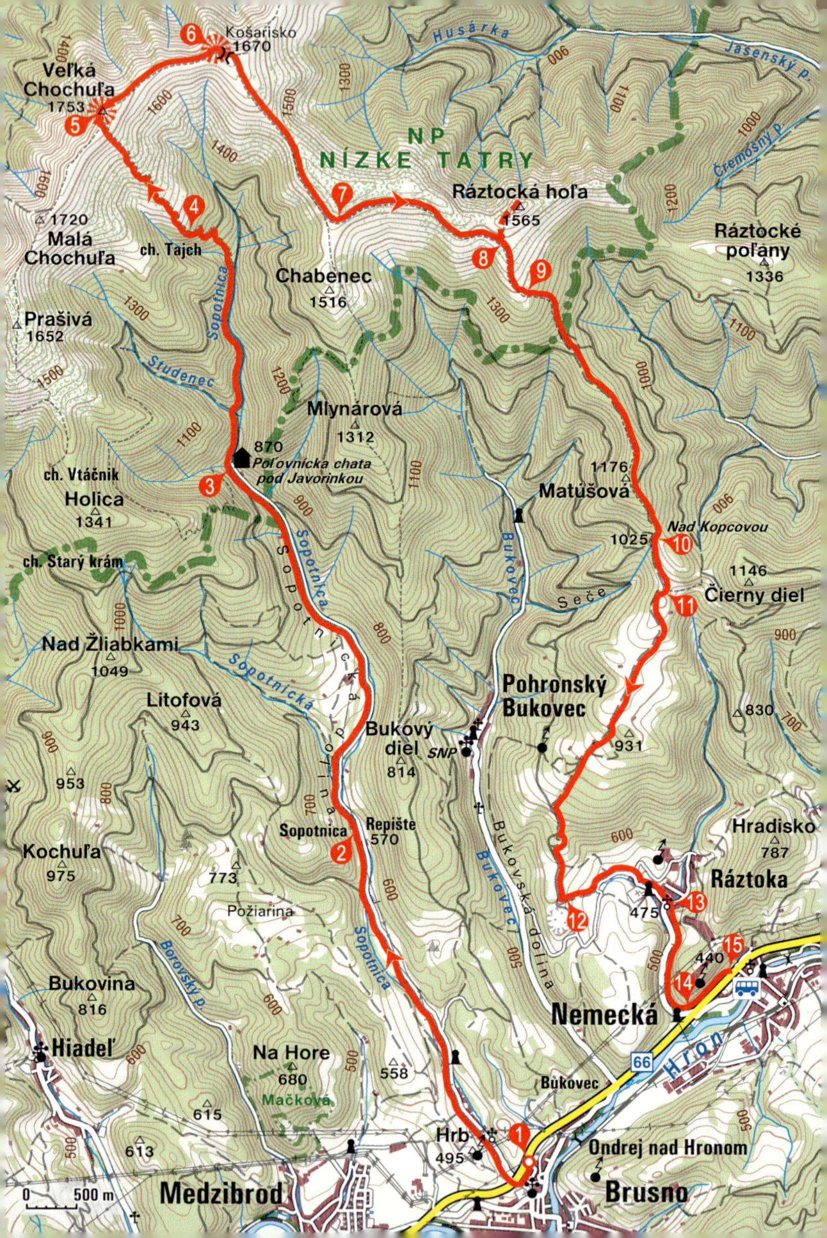

Košarisko
1670
Veľká Chochuľa
1753
Husárka
Jasenský p.
NP
NÍZKE TATRY
Ráztocká hoľa
1565
Ráztocké poľany
1336
Čremošný p.
1720
Malá Chochuľa
ch. Tajch
Chabenec
1516
Prašivá
1652
Studenec
Sopotnica
Mlynárová
1312
870
Poľovnícka chata pod Javorinkou
ch. Vtáčnik
Holica
1341
ch. Starý krám
1176
Matúšova
Nad Kopcovou
1025
1146
Čierny diel
Seče
Bukovec
Sopotnícka dolina
Nad Žliabkami
1049
Litofová
943
Pohronský Bukovec
SNP
Bukový diel
814
931
830
953
Sopotnica
Repište
570
Hradisko
787
Kochuľa
975
773
Požiarina
Ráztoka
475
Borovský p.
Bukovská dolina
440
Bukovina
816
Nemecká
Hiadeľ
Na Hore
680
558
Hron
66
Bukovec
Mačková
615
613
Hrb
495
Ondrej nad Hronom
Brusno
Medzibrod
0
500 m

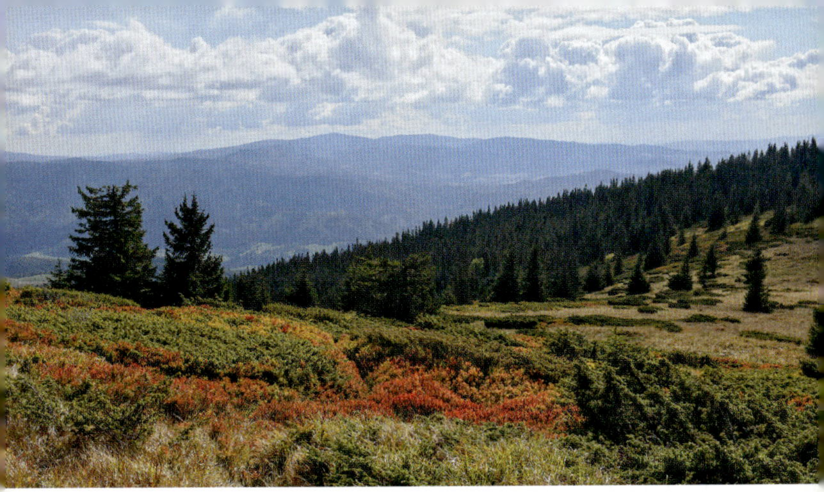

Herrliche Aussichten auf das südlich gelegene Gebirge Poľana.

punkt zu steigen. Schmale Pfade verlaufen über den höchsten Punkt zum **Hinweisschild (6)**. Wir bewegen uns von nun an auf der hier beginnenden blauen Markierung und gehen auf schmalen Wegen über einen Seitenkamm. Traumhafte Aussichten auf die westlichsten Gipfel des Gebirges aus einem völlig unbekannten Winkel werden unvergessen bleiben. Nach dem **Wegweiser »Pod Ondrejskou hoľou« (7)** folgt eine Hangquerung durch Latschen und hohe Heidelbeeren zum **Schild »Pod Ráztockou hoľou« (8)**. An einer Wiese sind die Trittspuren nicht immmer gut zu sehen. Eine **Markierung (9)** an einem Baum dient zur Orientierung.

Die Wege sind jetzt wieder deutlich breiter und für die Überschreitung einer kleinen Kuppe ist ein kurzer Gegenanstieg erforderlich. Darauf folgt ein sehr steiler Abstieg und am **Wegweiser »Nad Kopcovou« (10)** biegen wir links auf einem leicht zugewachsenen Weg ab. Nach einem Graben beginnt die Wiese **Kopcová (11)**. Rechts vom Schild führt ein weiterer Abschnitt durch Wald, bis nur wenig später eine große Wiesenfläche mit frei stehenden Bäumen erreicht wird. Danach leitet der Weg bis zu einem asphaltierten Platz hinunter. Im Wald wird eine weite Schleife der Straße abgekürzt und später auf dieser in Richtung Tal abgestiegen. Am **Steinbruch (12)** beginnt ein Pfad, der sich links über eine Wiese zu einem Weg zieht. Auf diesem geht es ins Dorf **Ráztoka (13)**. Die Zufahrtsstraße bringt uns in etwa 30 Min. zur Hauptstraße im Tal und zu einem **Denkmal des Slowakischen Nationalaufstands (14)**. Die **Bushaltestelle** von **Nemecká (15)** und somit der Endpunkt der Wanderung befindet sich 600 m weiter links. Von hier gibt es regelmäßige Verbindungen zum **Ausgangspunkt (1)**.

26 Rundtour von Jasenie zur Útulňa Ďurková

9.45 Std.

Ein einfacher Weg auf den Hauptkamm der Niederen Tatra

Der Slowakische Nationalaufstand steht im Mittelpunkt der hier vorgestellten Wanderung. Jan Šverma, ein tschechoslowakischer Kommunist, schloss sich im Sommer 1944 den Partisanen an und kämpfte in der Niederen Tatra um die Befreiung des besetzten Landes. Am 10. November 1944 starb er zusammen mit weiteren Kämpfern am Berg Chabenec während eines Schneesturms an Erschöpfung. Im Aufstieg zur Hütte Ďurková erinnern Denkmäler an den Slowakischen Nationalaufstand und weiter im Tal befindet sich auch ein Monument zu Ehren des Nationalhelden Šverma.

Ausgangspunkt: Busendstation in Jasenie, 517 m, am Rand des größeren Platzes kann man das Auto parken.
Höhenunterschied: 1260 m.
Anforderungen: Sehr lange Tageswanderung mit großem Höhenunterschied; der Weg von Jasenie zur Asmolova chata und von Bauková zurück ist asphaltiert; kurze Abschnitte im Abstieg vom Sattel verlaufen über einen erodierten Weg und sind steil und etwas unbequem.
Einkehr: In Jasenie gibt es zwei Kneipen, die Hütte unter der Ďurková bietet neben Übernachtung (7 €) auch Getränke und eine Suppe mit Brot an.
Varianten: Die Tour lässt sich bequem auch in zwei Tagesetappen aufteilen. Wer die Zeit mitbringt, kann im Aufstiegstal noch zum Denkmal von Jan Šverma gehen. Von der Hütte besteht die Möglichkeit, auf dem Kammweg in Richtung Donovaly oder Chopok weiterzuwandern.
Karte: SHOCart 1094 – Nízke Tatry Chopok 1:50.000.
Tipps: Die Übernachtung in der Notunterkunft ist ein Erlebnis, das man nicht verpassen sollte. Wer die Tour in zwei Tagen zurücklegt, sollte auf den Gipfel Chabenec steigen. Von dort aus ist die komplette Niedere Tatra zu bewundern.

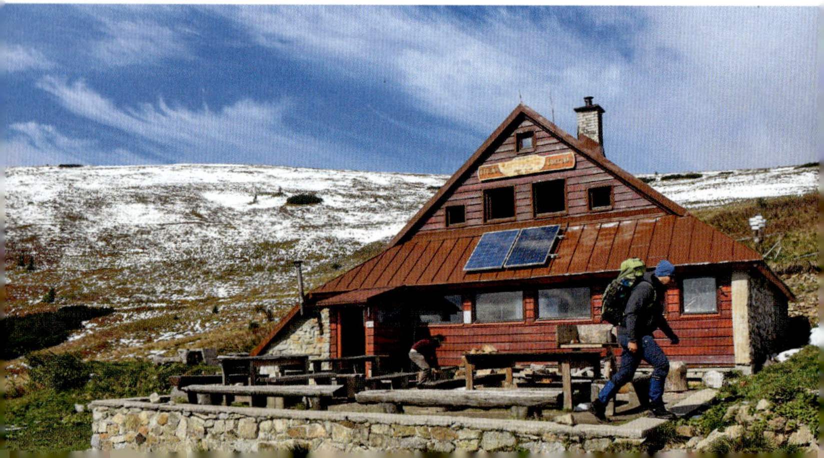

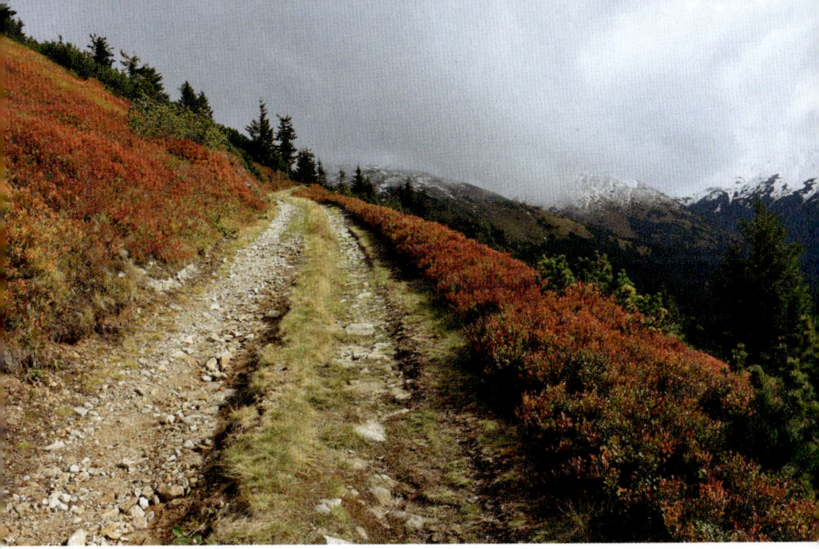

Oben: Breiter Schotterweg zur Hütte.
Links: Útulňa Ďurková.

An der **Busendstation** von **Jasenie (1)** führt eine Asphaltstraße nach rechts über ein weites Feld und später an einer Ferienhausanlage vorbei. Kurz darauf besteht die Möglichkeit, sich die Trinkflaschen an einer Quelle aufzufüllen. Am **Wegweiser »Pod Obrštínom« (2)** geht es auf der Straße geradeaus weiter in das bewaldete Tal hinein. Unterwegs befinden sich mehrere Denkmäler, die an den Slowakischen Nationalaufstand erinnern. Kurz oberhalb der **Asmolovova chata (3)** zweigt ein breiter Waldweg nach links ab und Serpentinen leiten nach oben zum **Struhárske sedlo (4)**. Hier beginnt rechts

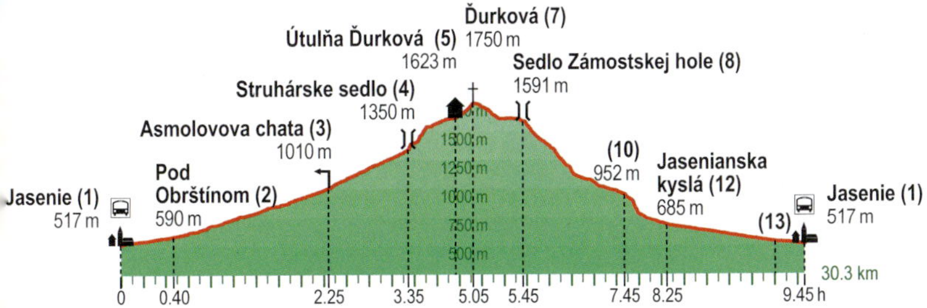

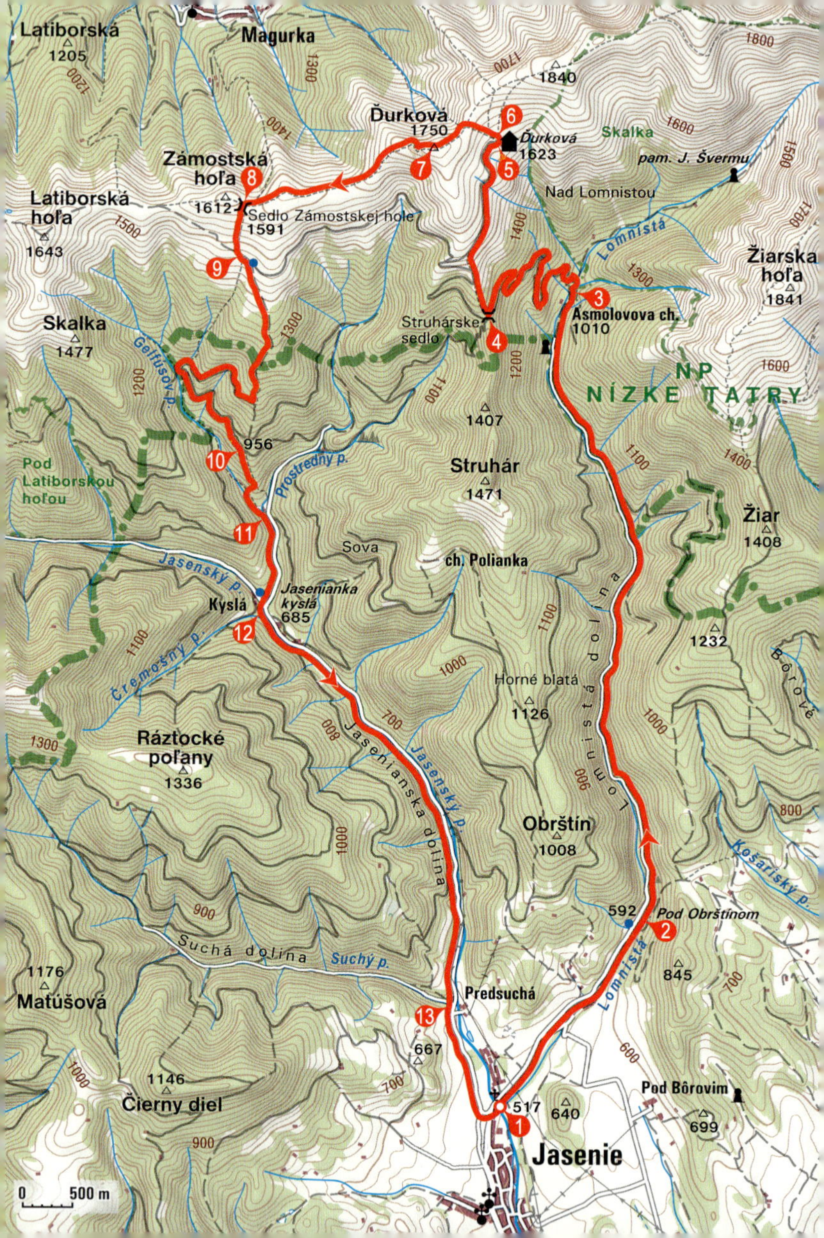

Latiborská
1205
Magurka
1840
Ďurková
1750
Ďurková
1623
Skalka
pam. J. Švermu
Zámostská hoľa
1612
Sedlo Zámostskej hole
1591
Latiborská hoľa
1643
Nad Lomnistou
Lomnistá
Žiarska hoľa
1841
Asmolovova ch.
1010
Struhárske sedlo
Skalka
1477
Gelfúsov p.
NP NÍZKE TATRY
1407
956
Pod Latiborskou hoľou
Prostredný p.
Struhár
1471
Žiar
1408
Sova
ch. Polianka
Jasenský p.
Kyslá
Jasenianka kyslá
685
1232
Čremošný p.
Horné blatá
1126
Bôrové
Ráztocké poľany
1336
Jasenianska dolina
Jasenský p.
Lomnistá dolina
Obrštín
1008
Košarísky p.
592
Pod Obrštínom
845
Suchá dolina
Suchý p.
1176
Matúšová
Predsuchá
Lomnistá
667
1146
Čierny diel
517
640
Pod Bôrovím
699
Jasenie
0
500 m

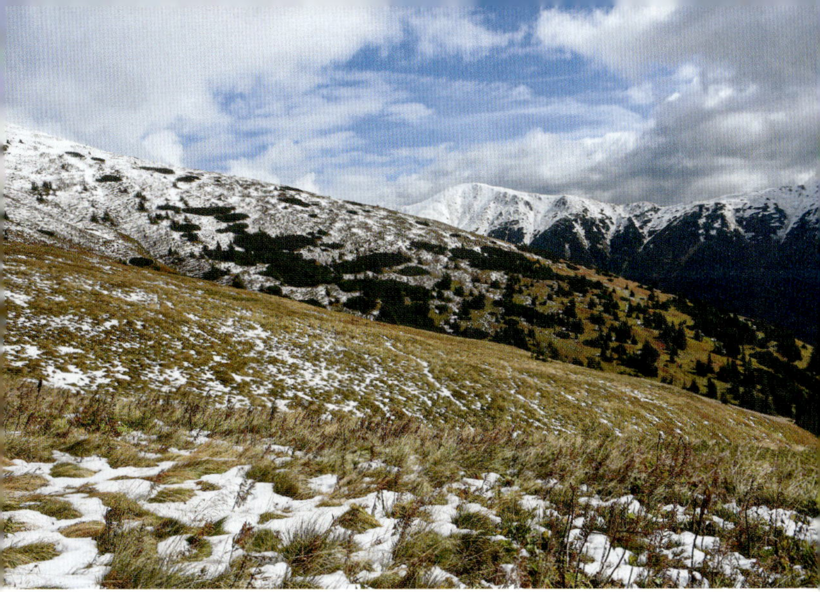

Nach einem sommerlichen Kälteeinbruch im Aufstieg zum Hauptkamm.

ein breiter Weg, der uns steil nach oben vom Wald in die Latschenzone bringt. Nachdem auf einem Pfad zwei Mal die Zufahrtsstraße überquert wurde, nehmen wir diese bis zur **Útulňa Ďurková (5).**
Vom **Wegweiser** hinter der **Hütte (6)** zieht sich ein breiter Wiesenweg hinauf zum Hauptgrat. Dem Kammverlauf folgen wir nach links und übersteigen hierbei den 1750 m hohen Gipfel der **Ďurková (7)**. Am **Sattel Zámostskej hole (8)** führt ein gelb markierter Wiesenpfad links hinunter zu einer **Quelle (9)**. Zwei gelbe Stangen dienen zur Orientierung. Über alte Fahrwege geht es weiter abwärts. Ein kurzer, vom Regen ausgewaschener Abschnitt ist sehr steil. Später leiten Schotterwege an einer Holzfällerhütte vorbei durch das Tal. Nach etwa 15 Min. heißt es nochmals aufpassen. Ein **Pfad (10)** zweigt gute 300 m nach einer Gabelung vom Forstweg ab und verläuft ins Tal hinunter. An der **Ferienhütte Bauková (11)** beginnt die Asphaltstraße. Gute 10 Min. später ist die **Jasenianska kyslá (12)** – eine saure Mineralwasserquelle erreicht. Das Quellhäuschen auf der anderen Seite des Bachs wurde neu errichtet − das Wasser ist Geschmackssache.
Vorbei an mehreren Ferienhäusern steigen wir auf der blau markierten Straße das Tal hinab. Am **Forsthaus Predsuchá (13)** endet der Wald und unser Weg führt über Felder zurück zum Ausgangspunkt an der **Busendhaltestelle von Jasenie (1)**.

27 Predajná – Hrb, 1255 m – Podbrezová

8.15 Std.

Auf steilen Pfaden zum Mittelpunkt der Slowakei

Der Hrb ist ein fantastischer Aussichtsberg, der nicht zur Niederen Tatra gehört, sondern Teil des slowakischen Mittelgebirges Poľana ist. Die felsige Nord- und Westseite des Bergs ermöglicht eine der besten Ausblicke auf den westlichen Teil der Niederen Tatra vom Berg Prašivá bis zum Ďumbier und bei besonders guter Sicht ist im Osten sogar die Kráľova hoľa zu erkennen. Hrb heißt übersetzt Höcker – passender könnte die Bezeichnung nicht sein, denn der Berg steht tatsächlich wie ein Höcker in der Landschaft.

Ausgangspunkt: Bushaltestelle von Predajná, 461 m.
Endpunkt: Busbahnhof von Podbrezová, 463 m.
Höhenunterschied: 1150 m.
Anforderungen: Anspruchsvolle Tageswanderung mit großem Höhenunterschied auf meist gut sichtbaren Pfaden; im Bereich unter dem Gipfel des Hrb ist Trittsicherheit erforderlich, im Anstieg bei Predajná und zum Gipfel sehr steile und anstrengende Abschnitte.
Einkehr: Unter dem Gipfel Hrb hat die Berghütte »pod Hrbom«, ganzjährig geöffnet, Speisen und Getränke. Eine Übernachtung auf der Chata pod Hrbom ist ein besonderes Erlebnis. Die Übernachtung im Lager kostet 10 € und ein Bett im Zimmer 30 € pro Person.
Karte: SHOCart 1101 – Poľana 1:50.000.
Tipp: Wer mit dem Auto anreisen möchte, sollte es in Podbrezová abstellen und von dort mit dem Bus nach Predajná fahren. Die Verbindung liegt auf der Hauptstrecke zwischen Banská Bystrica und Brezno, sodass zu jeder Zeit Busse fahren.

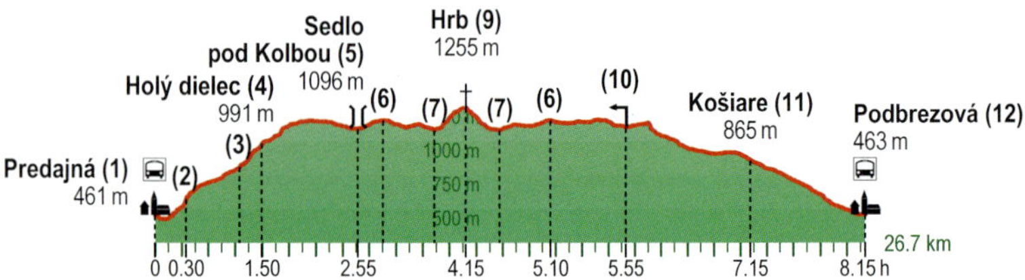

An der südlichen **Bushaltestelle** von **Predajná (1)**, und somit direkt an der Bundesstraße 66, beginnt der blau markierte Wanderweg, der direkt zur Hütte unter dem Hrb führt. Zunächst gehen wir etwa 150 m neben der Landstraße in östliche Richtung und am ersten Weg rechts hinunter über den Hron und die Bahngleise an den Berg heran. Etwa 10 m rechts hinter dem **Bahnhof Predajná, zastávka** beginnt der Anstieg. Es geht extrem steil und mühevoll bergauf. Eine **Markierung an einem Baum (2)** weist in diesem Bereich den richtigen Weg. Ein weiterer sehr steiler Abschnitt über gerodetes Gelän-

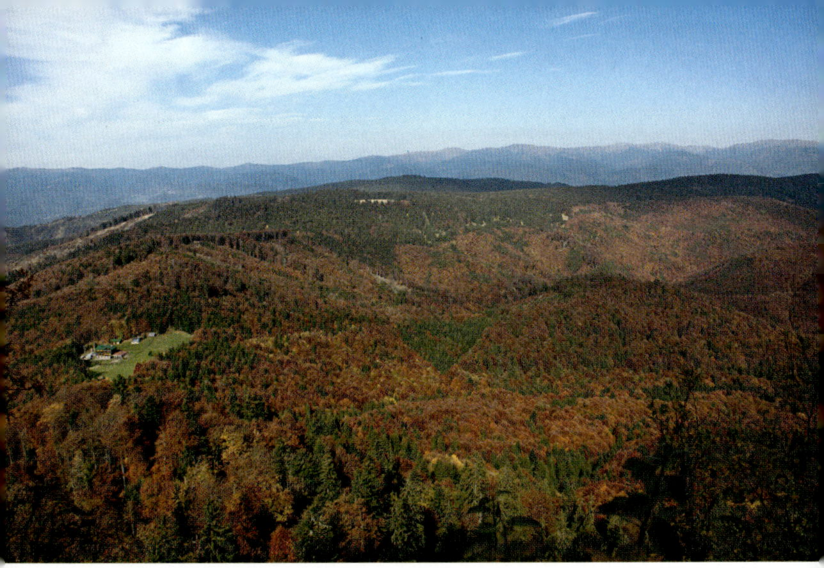

Fantastischer Aussichtsberg mit Sicht auf die Niedere Tatra – der Hrb.

de folgt, bevor wir mit nur wenig Höhenunterschied auf breitem Forstweg um einen Berg herumgehen. Nach einem großen Holzsammelplatz verläuft der Weg am linken Rand von zwei Wiesen entlang. Die gekennzeichneten Quellen sind im Sommer und Herbst meist versiegt und somit für Wanderer nicht brauchbar. An einem **alten Schild (3)** aus dem Jahr 1964 führt der Weg rechts den Berg hinauf. Kurz nach einem rosafarbenen Haus ist der **Wegweiser »Holý dielec« (4)** erreicht. Hier wird nach links abgebogen. Wechselnde und etwas vernachlässigte Wege leiten meist nur leicht ansteigend hinauf. Kurz hinter dem **Sedlo pod Kolbou (5)** müssen wir an einer Schranke vorbei und nach etwa 10 Min. breitet sich eine größere Wiese vor uns aus. Vom **Wegweiser »Žliabky« (6)** zieht sich ein breiter Weg mit nur wenig Höhenunterschied bis zur Kreuzung **Sedlo pod Hrbom, chata (7).** Rechter Hand befindet sich eine Berghütte.
Die rote Wandermarkierung weist den Weg zum Gipfel. Wir steigen zuerst mäßig, später sehr steil hinauf. Der Pfad unter dem Hrb ist sehr steinig und unter Umständen wird die Zuhilfenahme der Hände notwendig. Unter einer Felswand führt der Weg um den Berg herum und von hinten zum **Wegweiser »Hrb«**. Etwa 100 m weiter links bietet sich eine herrliche **Aussicht (8)** nach Westen. Rechts markiert ein Schild den geografischen Mittelpunkt der Slowakei und ein paar Meter weiter eröffnet der **Aussichtspunkt** des **Hrb (9)** bei gutem Wetter einen unvergesslichen Blick auf die Niedere Tatra. Vom

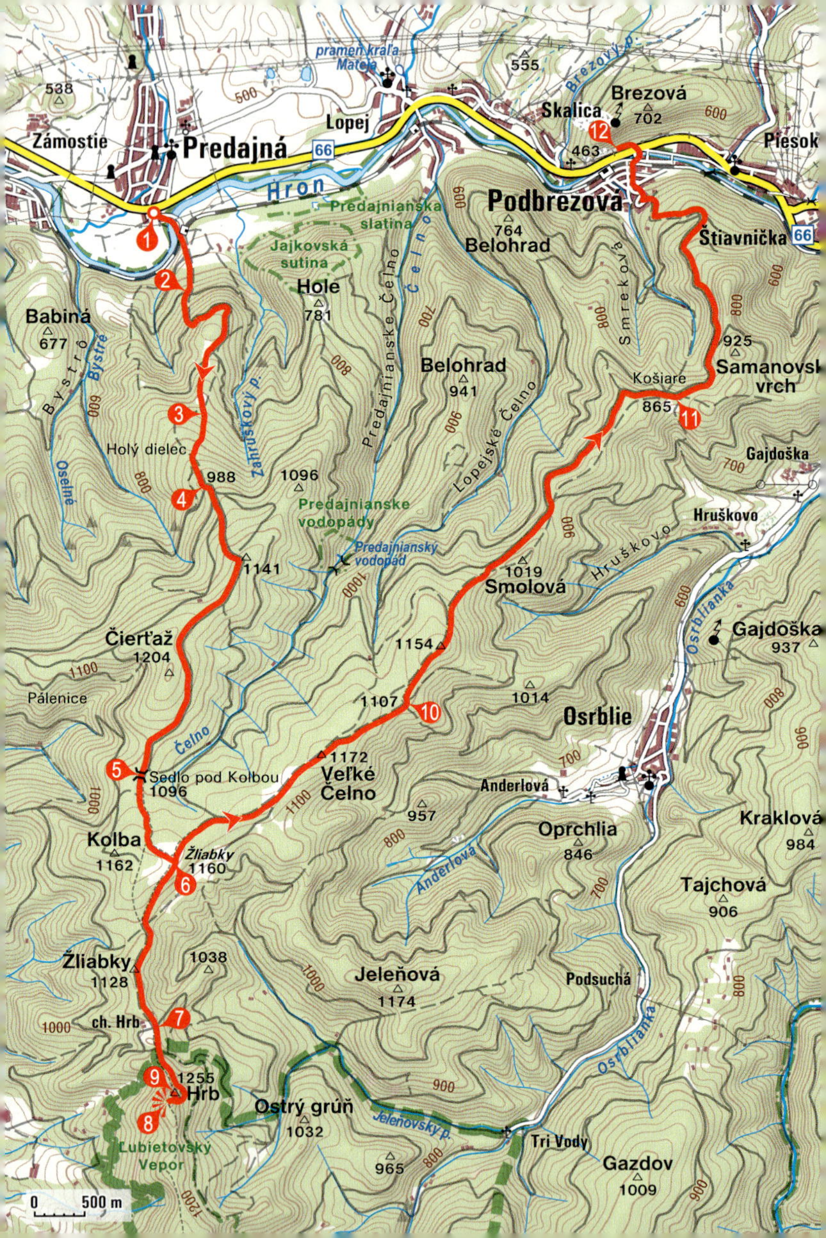

prameň kráľa Mateja
555
Brezová
702
Skalica
538
500
Lopej
600
Zámostie
Predajná
66
463
Piesok
Hron
Predajnianska slatina
Podbrezová
Jajkovská sutina
764
Belohrad
Štiavnička
Hole
781
Babiná
677
Bystrá
Belohrad
941
Smreková
925
Samanovský vrch
Košiare
865
Holý dielec
Zahruškový p.
Predajnianske Čelno
Lopejské Čelno
Gajdoška
988
1096
Predajnianske vodopády
Predajniansky vodopád
Oselné
Hruškovo
1141
1019
Smolová
Čierťaž
1204
1154
Gajdoška
937
Pálenice
1107
1014
Osrblie
Osrblianka
Čelno
1172
Sedlo pod Kolbou
1096
Veľké Čelno
Anderlová
957
Kraklová
984
Kolba
1162
Žliabky
1160
Oprchlia
846
Tajchová
906
Žliabky
1128
1038
Jeleňová
1174
Podsuchá
ch. Hrb
1255
Hrb
Ostrý grúň
1032
Jelenovský p.
Tri Vody
Ľubietovský Vepor
965
Gazdov
1009
0
500 m
1
2
3
4
5
6
7
8
9
10
11
12

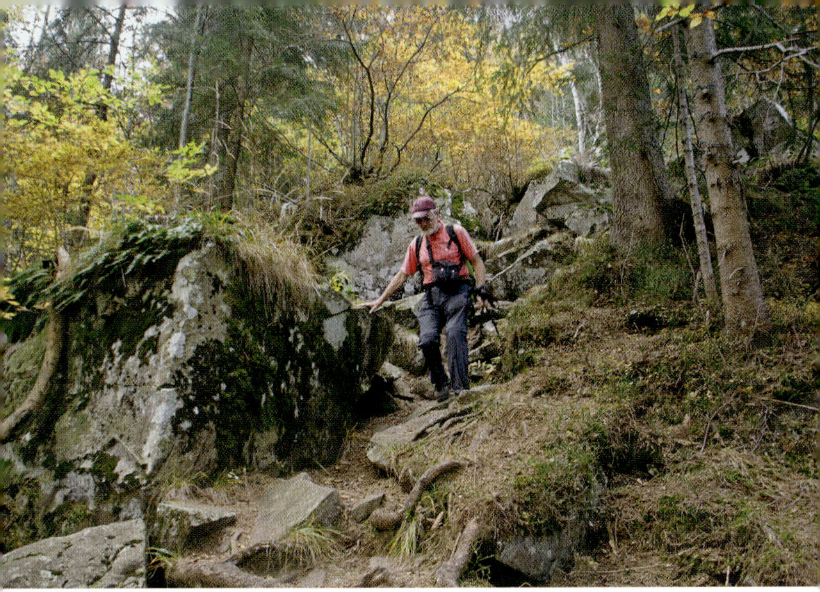

Der Auf- und Abstieg ist steil und erfordert Konzentration.

Gipfel wird auf demselben Weg zum Sattel abgestiegen und weiter zur Wiese Žliabky gewandert. Besonders bei nassem Laub ist vorsichtiges Gehen im Abstieg unabdingbar.
Die gelbe Wandermarkierung weist von hier ab weiter bis kurz vor Podbrezová. Der erste Abschnitt verläuft auf breiten Wegen in sanftem Auf und Ab. Wenn sich rechts des Wegs zum zweiten Mal der Blick auf die umliegenden Berge öffnet, heißt es aufpassen. Nur wenige Meter weiter befindet sich ein leicht übersehbarer **Abzweig (10)**. Vom Schotterweg wechseln wir links auf einen schmalen und nicht immer gut sichtbaren Pfad, der erst über einen Rücken und danach abwärtsführt. Die gelben Markierungen sind aber jederzeit gut sichtbar. Ein breiter, grasiger Waldweg zieht sich später unterhalb des Bergrückens in östlicher Richtung bis zur Gabelung **Košiare (11)** entlang. Die letzten Meter zum Ziel sind grün markiert. Es geht geradeaus abwärts, an der ersten Gabelung links bis zu einem großen Platz, wo genau auf das Wanderzeichen zu achten ist. Ein Wiesenweg, der sich etwas hinter dem vorangegangenen Forstweg befindet, leitet in einer großen Schleife in die Stadt hinab. Über Ortsstraßen und an Wohnblocks vorbei, wird bis zur Bahnlinie abgestiegen. Eine Fußgängerbrücke bringt uns auf die andere Seite. Von dort sind es nur noch etwa 200 m bis zum **Busbahnhof** von **Podbrezová (12)**, wo regelmäßig Busse zum **Ausgangspunkt (1)** zurückfahren.

28 Rundweg über den Skalka-Kamm, 1980 m

9.30 Std.

Über einen Seitenkamm der Niederen Tatra zum fünfthöchsten Berg

Die Skalka ist mit 1980 Metern der fünfhöchste Berg des Gebirges und befindet sich auf der Südseite des Hauptkamms. Er ist ein wuchtiger Klotz und weithin sichtbar. Aufgrund ihrer etwas zurückgesetzten Lage ist es von hier aus möglich die gesamte Niedere Tatra zu überblicken. Im Abstieg bieten sich atemberaubende Ausblicke auf die mit Felsen durchsetzte Nordostflanke des Aussichtsbergs.

Ausgangspunkt: Dolná Lehota, 500 m, Bushaltestelle Črmné, 621 m (nur wenige Verbindungen am Tag), Parkmöglichkeit an der Bergwiese Črmné (2).
Höhenunterschied: 1460 m.
Anforderungen: Anspruchsvolle Tageswanderung mit großem Höhenunterschied auf meist gut sichtbaren Pfaden und Wegen; im Bereich zwischen Drevenica pod Derešmi und Pálenice ist der Pfad durch hohen Bewuchs nicht immer gut auszumachen.
Einkehr: Keine.
Varianten: Es besteht die Möglichkeit auf dem Hauptkamm in Richtung Chopok (Seilbahnanschluss und Übernachtungsmöglichkeit auf der Kamenná chata) oder nach Westen (Übernachtungsmöglichkeit Útulňa Ďurková) weiterzugehen. Wer der blauen Markierung folgt, kann weiter zur Hütte Štefánika wandern oder zum Berghotel Srdiečko (Bus) absteigen.
Karte: SHOCart 1094 – Nízke Tatry Chopok 1:50.000.
Hinweis: Zum Schutz der Gämsen ist der Abschnitt zwischen dem Sedlo pod Žiarom und Kotliská nur von 1. Juli bis 30. September für Wanderer geöffnet.

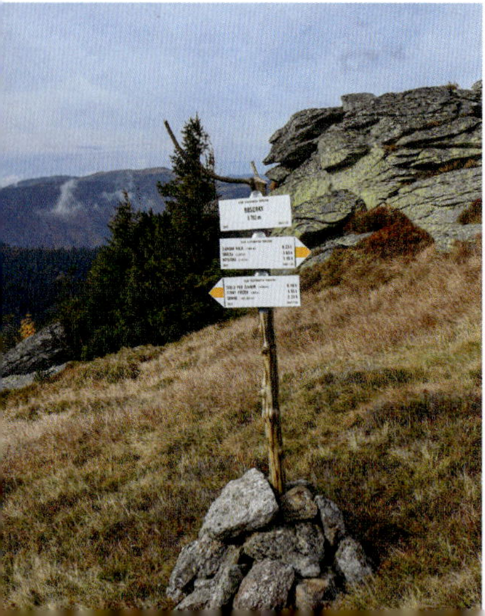

Von der **Bushaltestelle Črmné (1)** führt eine kleine Asphaltstraße zur gleichnamigen **Bergwiese (2)**, wo man problemlos sein Auto abstellen kann. Wir folgen dem Forstweg auf gelber Markierung nach links und biegen an der ersten Verzweigung nochmals links auf einen Feldweg ab. An der Gabelung auf der Wiese Hlboké wird nach rechts in den Wald abgebogen und steil in den **Sattel Strmý vŕštek (3)** aufgestiegen.
Rechter Hand zieht sich ein Waldweg in dichtem Bergwald aufwärts. Auch nach der größeren Lichtung **Páleníčka (4)** verlaufen breite Wald

Wegweiser Bosorky.

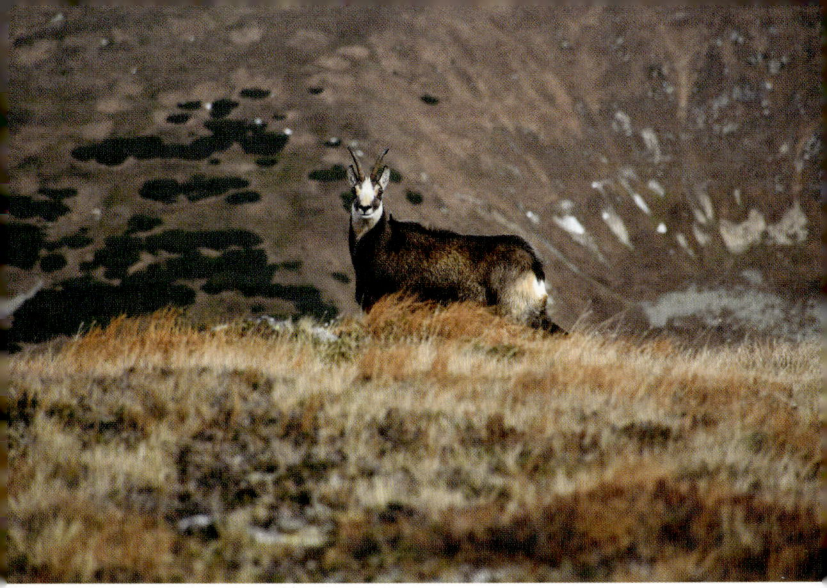

Mit Glück sind im Bereich der Skalka Gämsen anzutreffen.

wege bis zum **Sedlo pod Žiarom (5)**. Der am Sattel beginnende Pfad verlässt wenig später den Wald und führt in der Latschenzone weiter bergauf. Nach einer ersten Höhenstufe befindet sich der **Wegweiser Bosorky (6)** an markanten Felsen. Etwa 20 m links des Schilds gibt es einen herrlichen Aussichtspunkt. Ab hier wird das Panorama von Minute zu Minute besser und die Sicht reicht bis nach Banská Bystrica. Mit der nächsten Höhenstufe wird die **Žiarska hoľa (7)** – ein Vorgipfel der Skalka – erreicht. Nach einem kurzen Abstieg folgen die letzten Meter zum fünfthöchsten Berg. Ein paar Meter

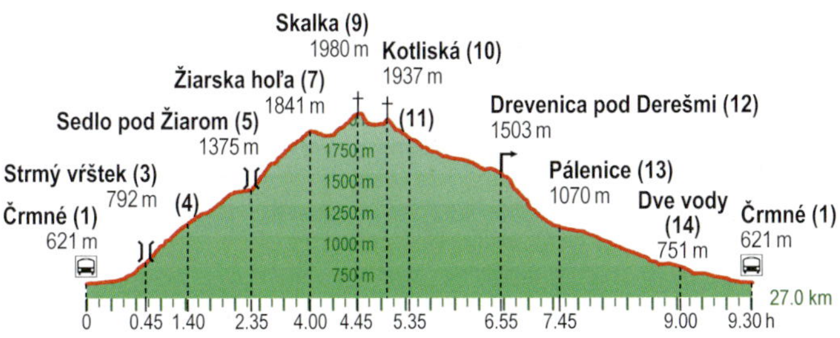

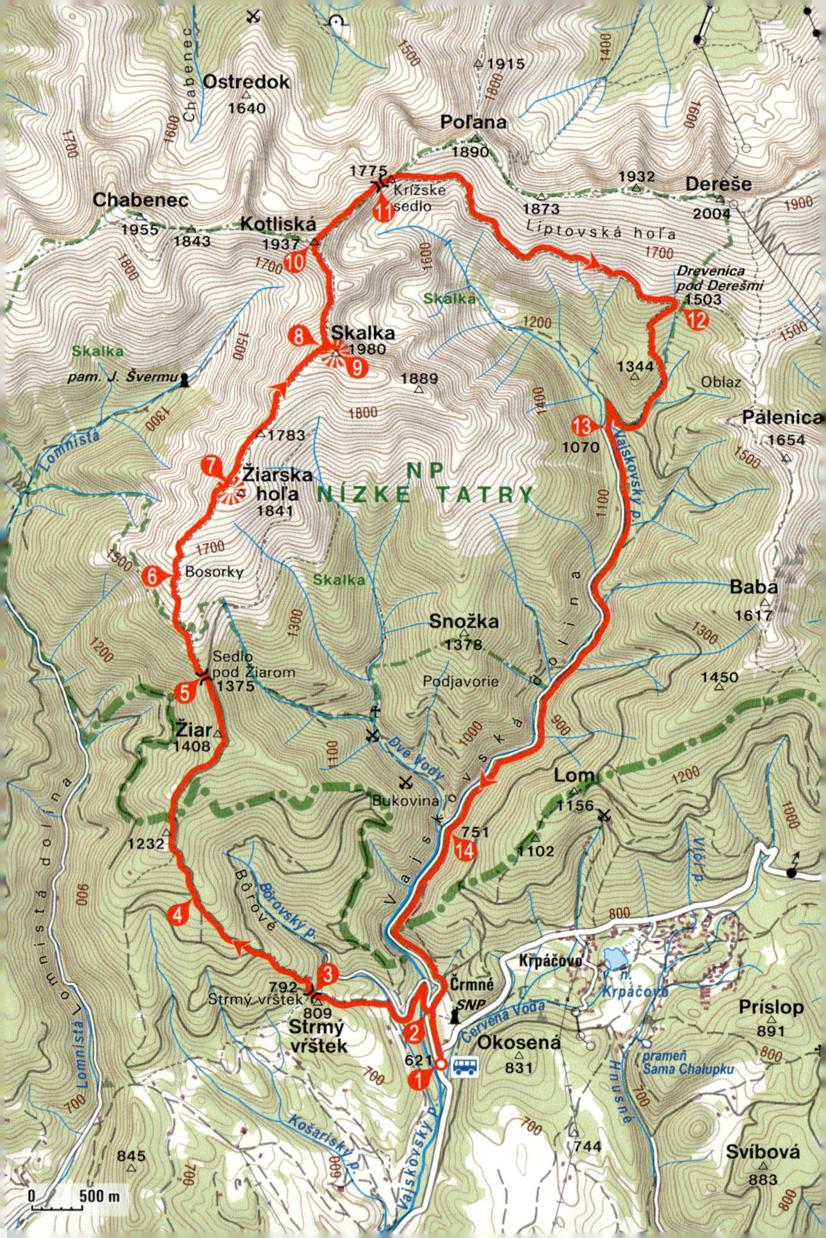

Ostredok
1640
Chabenec
1915
Poľana
1890
1775
Krížske sedlo
1932
Dereše
2004
Chabenec
1955
1843
Kotliská
1937
1873
Liptovská hoľa
Drevenica pod Derešmi
1503
Skalka
Skalka
Skalka
1980
pam. J. Švermu
1889
1344
Oblaz
Lomnistá
1783
Pálenica
1654
1070
Žiarska hoľa
1841
NP NÍZKE TATRY
Vajskovský p.
Bosorky
Skalka
Baba
1617
Snožka
1378
Sedlo pod Žiarom
1375
Podjavorie
1450
Žiar
1408
Dve vody
Bukovina
Lom
1156
1232
751
1102
Vajskovská dolina
Bôrovské
Bôrovský p.
Lomnistá dolina
Krpáčovo
792
Strmý vŕštek
809
Strmý vŕštek
Črmné
SNP
v. n. Krpáčovo
Červená Voda
Príslop
891
Okosená
831
621
prameň Sama Chalupku
Hnusné
Vlčí p.
Košarisky p.
Vajskovský p.
744
845
Svíbová
883
0 500 m
1
2
3
4
5
6
7
8
9
10
11
12
13
14

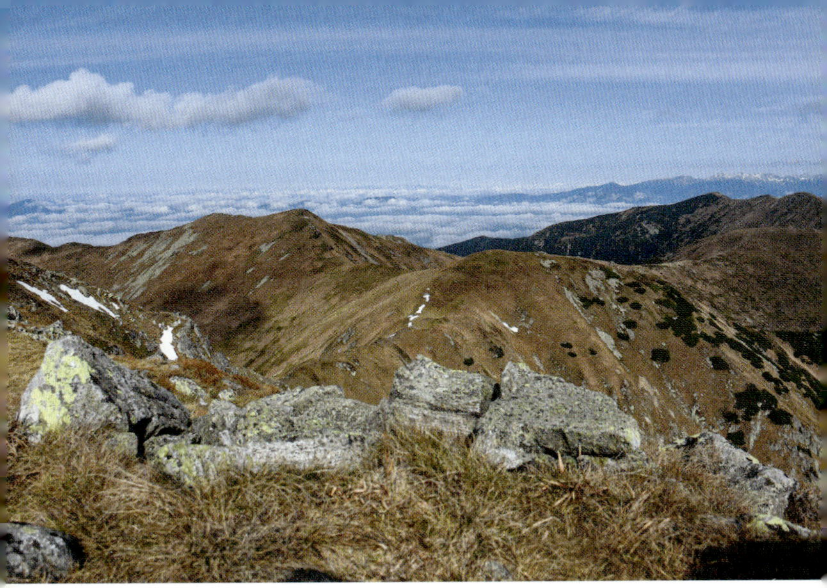

Die traumhafte Aussicht vom Skalka reicht weit über die Niedere Tatra hinaus.

rechts vom **Wegweiser »Skalka« (8)** liegt der höchste Punkt und somit der eigentliche **Gipfel (9)**.

Ein Bergpfad bringt uns in sehr steilem Abstieg zu einem kleinen Sattel. Vor allem bei Nässe gilt es, Vorsicht walten zu lassen. Darauf folgt ein kurzer Anstieg, bis zum Hauptkamm unterhalb der **Kotliská (10)**. Über den rot markierten Kamm steigen wir nach rechts zum **Krížske sedlo (11)** ab und wechseln hier auf einen nach rechts abgehenden blau markierten Pfad. Der Weg quert den Hang unterhalb des Hauptkamms und bietet ständig neue Aussichten auf das wilde Felsgebilde der Skalka. Nur ganz langsam geht es hinunter zur Verzweigung **Drevenica pod Derešmi (12)**. Ein gelb gekennzeichneter Pfad leitet links durch Wald und offene Flächen an einen Bach heran. Durch hohen Bewuchs kann im Sommer die Orientierung im Bereich einer Lichtung und um den Bach herum etwas schwieriger sein. Von hier führen uns ein Holzfällerweg und später ein Schotterweg zu einem größeren Bach im Talgrund.

Über zwei Baumstämme queren wir den Bach und folgen am **Wegweiser »Pálenice« (13)** der Asphaltstraße auf grüner Markierung nach links aus dem Tal heraus. Bei **Dve vody (14)** stößt ein weiterer Bach hinzu und von hier aus ist es nicht mehr weit, bis zur Bergwiese Čremné. Wer mit dem Bus anreist, geht noch die 500 m weiter, bis zur **Bushaltestelle Čremné (1)** an der Hauptstraße.

29 Rundweg vom Hotel Partizán zum Dereše, 2004 m

9.30 Std.

EIn aussichtsreicher Kamm zum vierthöchsten Berg der Niederen Tatra

Der Dereše ist der niedrigste der vier über 2000 Meter hohen Gipfel des Gebirges. Er erhebt sich westlich des Chopok-Massivs und ist auf seiner Nordseite felsig. Der Aufstieg zum höchsten Punkt erfordert etwas Geschick und Orientierungssinn. Da die letzten Meter auf den Dereše nicht markiert sind, ist man mit etwas Glück völlig alleine oder teilt sich das Gipfelglück mit nur wenigen anderen Bergsteigern.

Ausgangspunkt: Tále, Hotel Partizán, 710 m, Bushaltestelle, ein paar kostenlose Parkplätze etwas unterhalb der zum Hotel gehörenden Parkflächen seitlich an der Zufahrtsstraße.
Höhenunterschied: 1540 m.
Anforderungen: Anspruchsvolle Tageswanderung mit großem Höhenunterschied auf meist gut sichtbaren Pfaden; für die Besteigung des Dereše ist an einem sehr kurzen Abschnitt Trittsicherheit und Schwindelfreiheit erforderlich.
Einkehr: Drei Restaurants am Ausgangspunkt, unterwegs in der Kamenná chata sowie im Abstieg im Restaurant Kosodrevina an der Mittelstation, bei Trangoška in der Chata Zázvor und der Chata Trangoška.
Varianten: Um sich das letzte Teilstück auf der Asphaltstraße zu ersparen, kann man am Hotel Srdiečko bequem auf den Bus umsteigen. Dieser fährt aktuell um 15.25 Uhr und 18.10 Uhr. Wer sich den Aufstieg zum Dereše nicht traut, kann den Gipfel auslassen. Es besteht die Möglichkeit, auf dem Hauptkamm der Niederen Tatra nach Westen zur Notunterkunft Ďurková oder nach Osten zur Hütte Štefánika weiterzugehen.
Karte: SHOCart 1094 – Nízke Tatry Chopok 1:50.000.
Tipp: Der Bus vom Hotel Srdiečko ist eine willkommene Alternative, um sich 8 km Asphaltstraße zu ersparen.

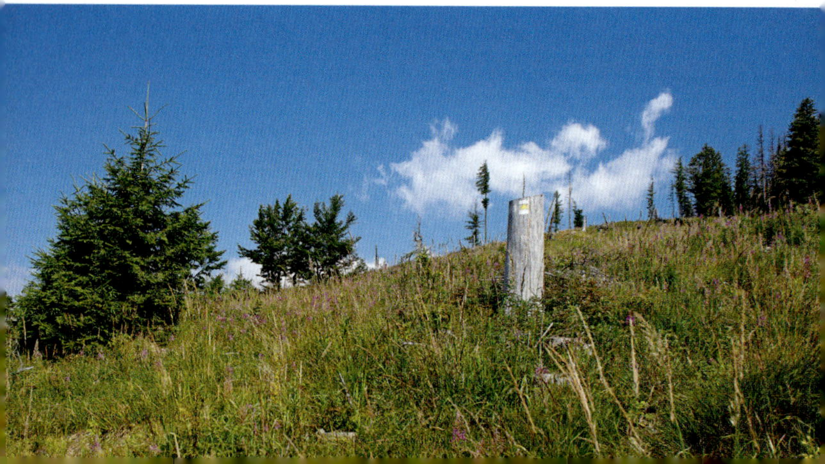

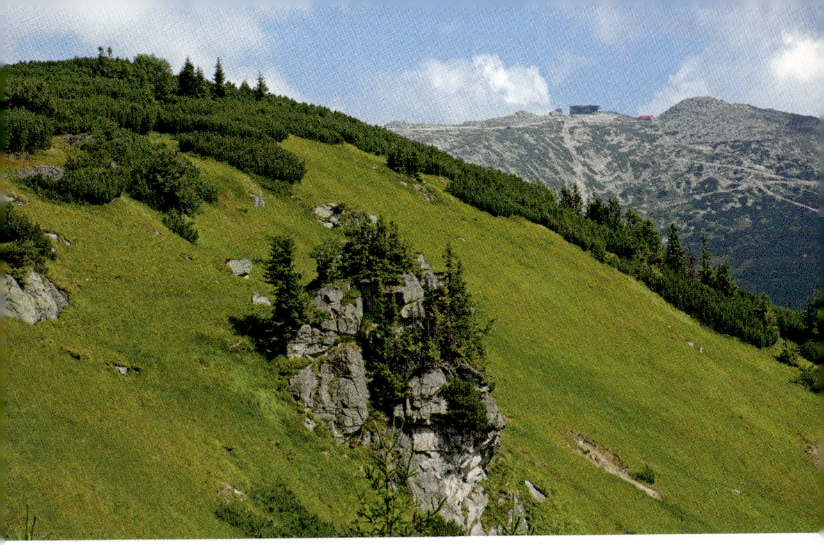

Oben: Blick auf die Seilbahnstation des Chopok.
Links: Anstrengender Aufstieg durch teilweise gerodetes Gebiet.

Rechts vom **Hotel Partizán (1) in Tále**, beginnt der gelb markierte Wanderweg, der uns bis unter den Gipfel des Dereše führt. Wir steigen im Wald mit mehreren Wegwechseln bis zu einem gerodeten Bereich. Ein schmaler Pfad zieht sich durch die nachwachsende Landschaft. Im weiteren Verlauf wird ein Hang gequert und links eine Kuppe umrundet, bevor der **Wegweiser »Mesiačik« (2)** folgt. Von hier leitet ein zuerst etwas zugewachsener Pfad nach links und später hinauf bis kurz unterhalb des Bergs **Baba (3)**. Anfangs rechts unterhalb der Anhöhe und anschließend auf dem Seitenkamm entlang geht es unserem Ziel, dem Dereše, entgegen. Die Aussichten auf den mächtigen Felsklotz der Skalka und alle 2000er-Gipfel der Niederen Tatra sind

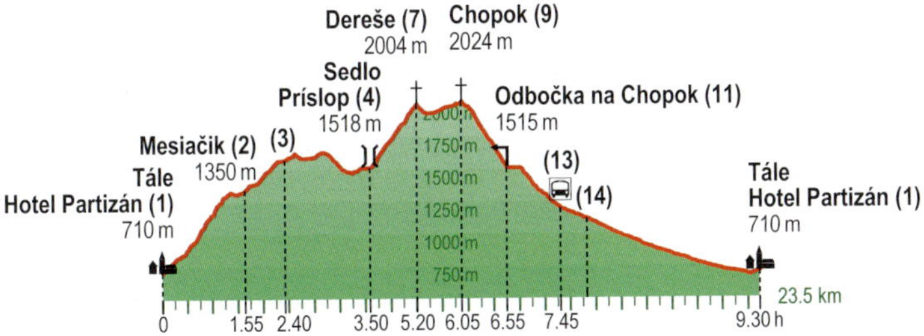

mehr als fantastisch. Nach einem kurzen Abstieg wird eine Wegkreuzung etwas oberhalb des **Sedlo Príslop (4)** erreicht.

Meist direkt oder mithilfe einiger Serpentinen führt ein Gebirgspfad in einem Zug hinauf zum **Wegweiser »Dereše« (5)**, der unterhalb des eigentlichen Gipfels steht. Hier folgen wir dem Kammweg nach links, bis rechts oberhalb ein **Steinmann (6)** auftaucht. Etwas links vom Steinmann geht es über Blockwerk an ein schmales Band heran, das uns einfach hinauf zum

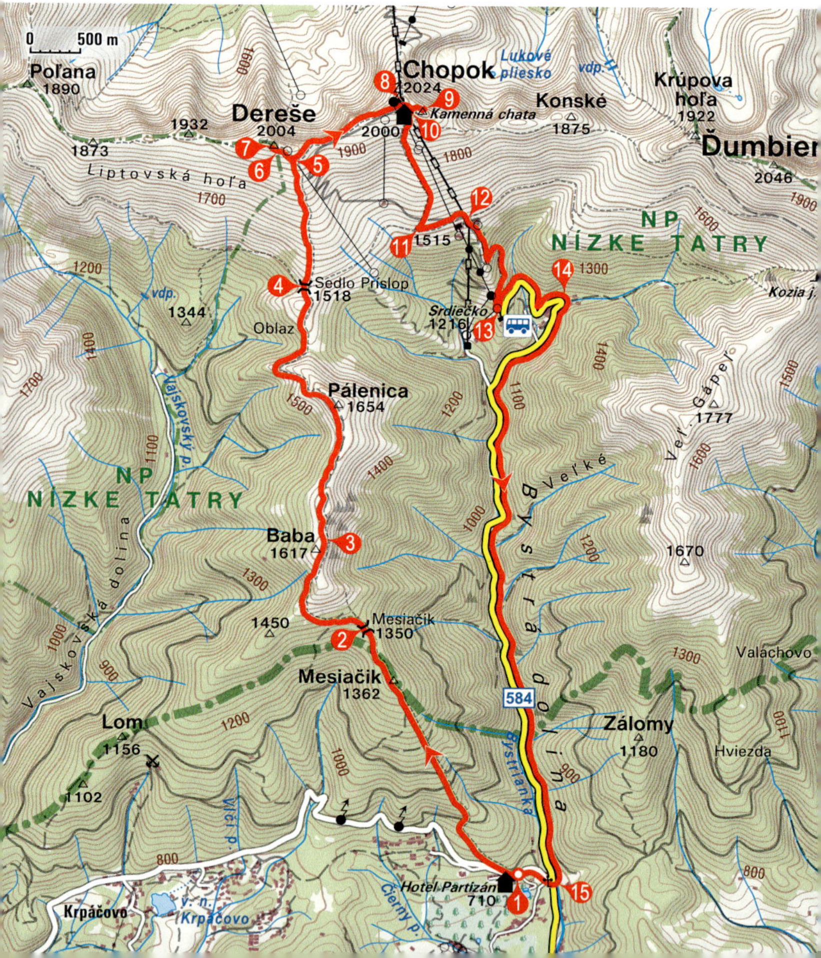

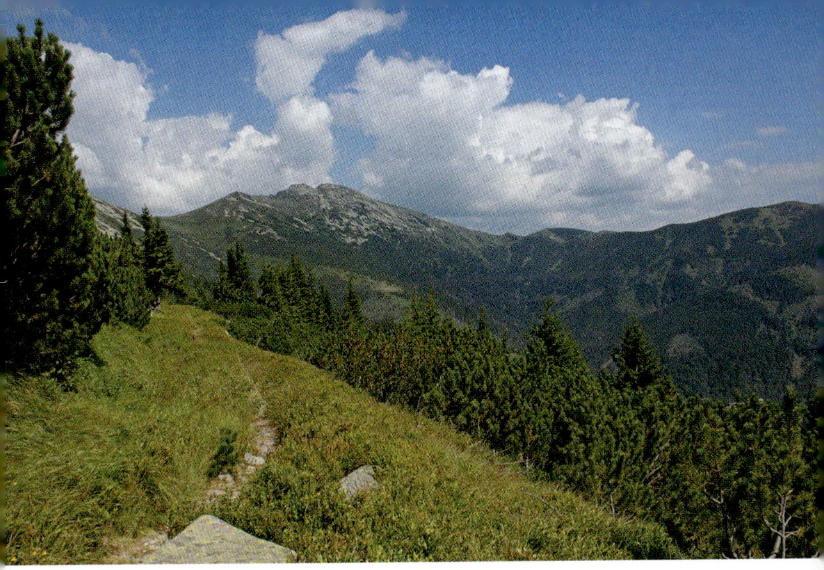

Kurz vor der Seilbahnstation eröffnet sich ein herrlicher Blick auf den Ďumbier.

Dereše (7) leitet. Vielleicht werden an einer Stelle kurz die Hände benötigt. Auf demselben Weg wird zurück zum **Wegweiser »Dereše« (5)** gewandert. Ein rot gekennzeichneter und meist angelegter Steinweg verläuft zum **Wegweiser »Chopok« (8)** an der Seilbahnstation. Über einen Steig wird in etwa 5 Min. der **Gipfel** des **Chopok (9)** erreicht – der wohl meistbesuchte Berg in der Niederen Tatra. Etwas unterhalb des Gipfels und des Seilbahnkomplexes liegt die **Kamenná chata (10)**.
Unterhalb der Hütte führt ein erneut gelb markierter Pfad unter der Kabinenbahn hindurch. Über eine Skipiste sowie später durch Latschen wird bis zu einem Querweg hinuntergestiegen. Am **Wegweiser »Odbočka na Chopok« (11)** geht es nach links bis zum **Hinweisschild »Magistrála, Kosodrevina« (12)**. Wenige Meter unterhalb befindet sich die Mittelstation der Seilbahn – Medzistanica. In einer Schleife zieht sich unser Pfad am linken Pistenrand entlang abwärts. Auf einem kurzen Wegstück im Wald verlieren wir später in zwei Serpentinen angenehm an Höhe. Ein eher unscheinbarer Weg zweigt nach links zum **Radwegweiser »Srdiečko« (13)** am gleichnamigen Hotel ab, das im Sommer leider geschlossen ist. Dort befindet sich eine **Bushaltestelle**. Die hier beginnende Asphaltstraße verläuft in zwei Kurven hinunter nach **Trangoška (14)** und durch das Tal zurück nach Tále. Von der Kreuzung **Stupka (15)** sind es nur noch wenige Meter nach rechts hinauf zum Ausgangspunkt am **Hotel Partizán (1)**.

30 Rundwanderung von Brezno zur Höhle von Bystrá

6.30 Std.

TraumhafteAussichtenaufdieNiedereTatraundeineTropfsteinhöhle

Brezno, die sympathische Kreisstadt an den Südhängen der Niederen Tatra, bietet neben zahlreichen Einkaufsmöglichkeiten und einem Museum auch noch interessante und eher unbekannte Wandertouren über meist einfache Wege. Unsere hier vorgestellte Tour eröffnet neben traumhaften Ausblicken auf den Hauptkamm der Niederen Tatra noch die Möglichkeit zur Besichtigung der Tropfsteinhöhle von Bystrá und den Besuch einer romantischen Berghütte.

Ausgangspunkt: Bahnhof in Brezno, 496 m, Parkmöglichkeiten in unmittelbarer Umgebung.
Höhenunterschied: 750 m.
Anforderungen: Mittelschwere Tageswanderung, auf Pfaden oder breiten Wegen, einige Abschnitte sind sehr steil und beschwerlich.
Einkehr: In der Nähe der Höhle die Pension Bystrinka mit Restaurant und die Berghütte Dedečkova chata bietet leckere Speisen an (in der Saison täglich geöffnet, sonst nur am Wochenende).
Varianten: Wer nicht zur Tropfsteinhöhle möchte, kann vom Wegweiser Horné lazy geradeaus der roten Markierung durch offenes Gelände hinauf bis kurz vor die Hütte folgen und dort wieder in die Tour einsteigen (4 km weniger). Von der Berghütte besteht die Möglichkeit, nach Mýto pod Ďumbierom abzusteigen und von dort mit dem Bus nach Brezno zurückzufahren. Unterhalb der Höhle befindet sich auch eine Bushaltestelle.
Karte: SHOCart 1094 – Nízke Tatry Chopok 1:50.000.
Tipps: Die Tropfsteinhöhle bietet zahlreiche Besichtigungstouren am Tag an. Nähere Informationen unter ssj.sk/de.Ein Besuch der romantischen Berghütte (dedeckovachata.sk, nur Slowakisch) lohnt ebenfalls!

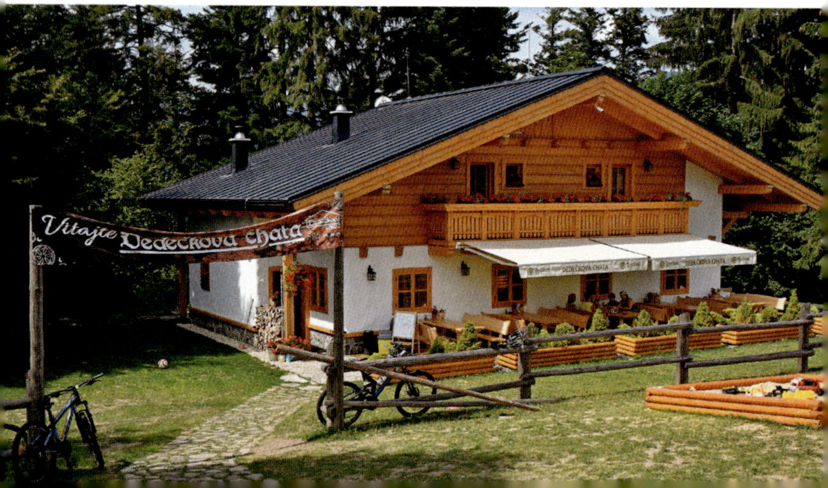

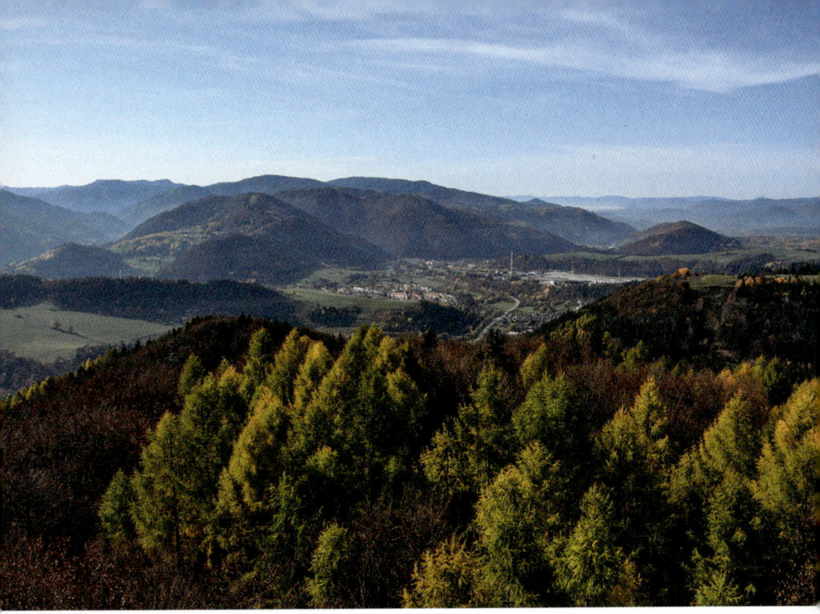

Oben: Podbrezová im Hron-Tal.
Links: Dedečkova chata.

Vom **Bahnhof** in **Brezno (1)** folgen wir der Zufahrtsstraße bis zum Kreisverkehr und gehen dort links an einer Galerie mit Geschäften vorbei. An der nächsten Kreuzung wird nach rechts abgebogen. Rechts von zwei Großmärkten führt eine kleine Asphaltstraße nach oben. Als Orientierung dient die Markierung für Fahrradfahrer (gelbes C). An einem einsamen Haus geht es links ab und an mehreren kleinen Quellen sowie einem Tiergehege vorbei. Im Talgrund befindet sich das auffällig blaue Krankenhaus. An einem **Wegweiser (2)** beginnt die rote Wandermarkierung, die nach rechts in ein Tal hineinführt. Nach einem knappen halben Kilometer zweigt ein **Weg (3)** nach links ab und leitet in einer Schleife nach oben zu einer großen Wiese. Lokale Weg-

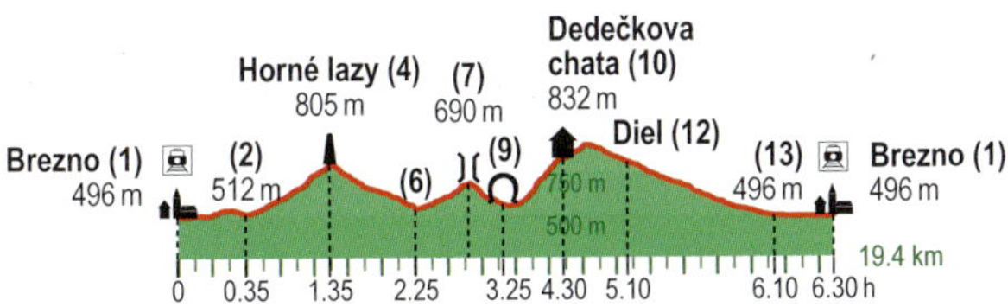

weiser mit dem Turmsymbol zeigen uns den Weg. Am Waldrand unter dem Gipfel zieht sich unsere Strecke nach links auf einen Seitenkamm und von dort in Serpentinen hinauf zum **Aussichtsturm Horné Lazy (4)**. Der Blick auf die Niedere Tatra, Brezno und das Hron-Tal ist fantastisch.

Der Abstieg erfolgt über einen Waldweg hinunter zum **Wegweiser »Horné lazy« (5)** auf einer Wiese. Die gelbe und blaue Fahrradmarkierung leitet links wieder in den Wald und hinunter zur Kreuzung **Suchá dolina (6)**. In einer Spitzkehre biegen wir rechts ab und wandern in das Tal hinein. Der breite Weg führt an einer Quelle vorbei hinauf zu einem Wegekreuz auf einem **Sattel (7)**. Von hier zieht sich die gelbe Markierung erst an Stromleitungen und später im Wald zum **Schild »Bystrianska jaskyňa« (8)** hinunter. Die **Tropfsteinhöhle (9)** befindet sich etwa 100 m weiter links.

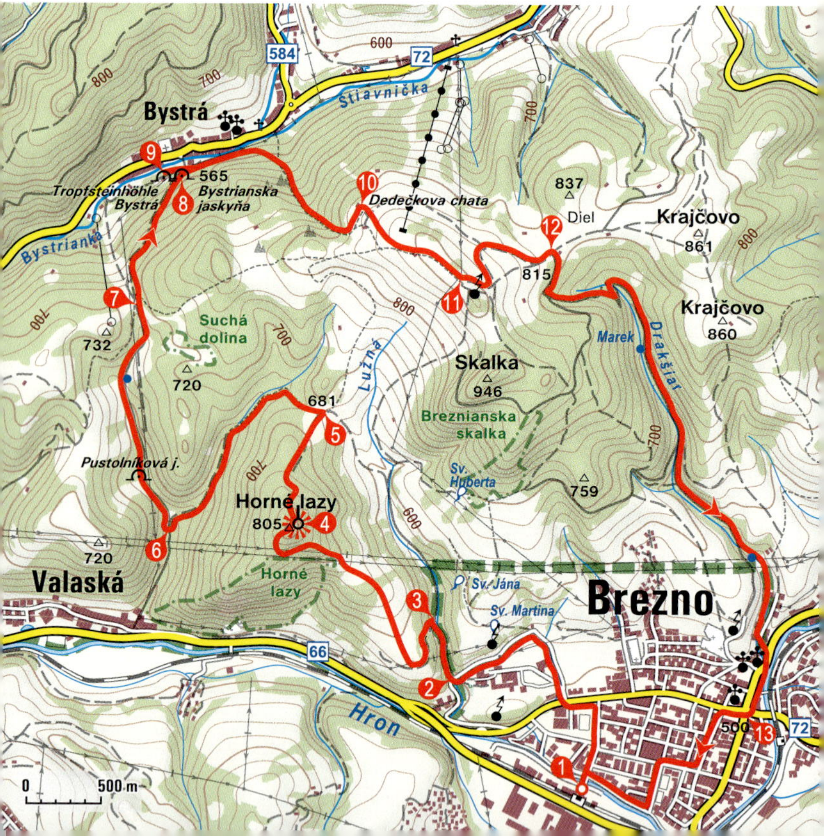

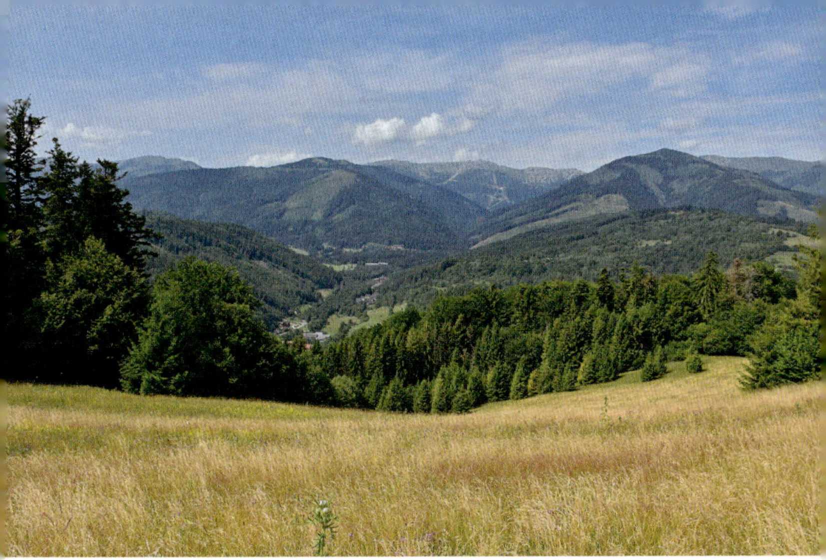

Mýto pod Ďumbierom und die höchsten Gipfel der Niederen Tatra.

Kurz nach der Höhle folgt links im Talgrund die Pension Bystrinka. Wir gehen rechts am Privatgrundstück vorbei und über eine Wiese bis in Höhe der Kirche. Dort wird nach rechts in den Wald abgebogen. Der breite und etwas verwachsene Waldweg führt sehr steil bergauf und ist im weiteren Verlauf mit grüner Markierung gekennzeichnet. Mit Erreichen einer großen Wiese führt uns ein Pfad links an einer Viehfutterstelle vorbei zur Berghütte **Dedečkova chata (10)**.
Ein mit roter Markierung versehener Feldweg läuft geradewegs auf den Fernmeldeturm auf dem Gipfel Diel zu. Links des Turms steigen wir am **Schild »Skalka – Vysielač« (11)** auf breitem Schotterweg mithilfe einer Serpentine zur Kreuzung **Diel (12)** ab und und halten uns hier rechts. Auf roter und grüner Wandermarkierung geht es in den Wald hinein, an einer Schranke vorbei und in einer weiten Schleife ins Tal hinunter. Es folgen Gebäude der lokalen Wasserversorgung und eine Quelle. An einer etwas unscheinbaren Verzweigung vor einem Anstieg des Wegs, zweigt links ein schmaler Pfad ab und leitet an einer Quelle vorbei zu den ersten Häusern einer Romasiedlung. Der hier beginnende Weg stößt an der evangelischen Kirche auf die Hauptstraße und nach 300 m ist ein großer **Platz** mit **Stadtturm (13)** erreicht. Das grüne Wanderzeichen weist den Weg – am Kaufhaus vorbei zur Post, dort rechts und hinter dem Schulkomplex links bis zum Hron. Dort führt ein Fußweg am Ufer rechter Hand bis zum **Bahnhof** in **Brezno (1)** zurück.

31 Von Brezno über den Ďumbier nach Liptovský Mikuláš

2 Tage

Quer durch die Niedere Tatra von Süd nach Nord über den höchsten Berg

Es ist sicherlich eine der schwierigsten Touren, die die Niedere Tatra zu bieten hat. Eine Überquerung des Gebirges von Brezno nach Liptovský Mikuláš führt sehr komprimiert durch die verschiedensten Vegetationszonen und bietet unvergessliche Ausblicke weit über die Niedere Tatra hinaus. Die erste Etappe (Schwierigkeitsgrad »mittel«) führt zur Berghütte Štefánika. Sie ist problemlos für den gut konditionierten Wanderer zu absolvieren. Die zweite Etappe ist nur für ausgezeichnet trainierte und sichere Geher möglich, die auch über einen extrem langen Zeitraum wandern können. Diese Etappe kann gegebenenfalls gekürzt werden.

Ausgangspunkt: Bahnhof in Brezno, 496 m, Parkmöglichkeiten in unmittelbarer Umgebung.

Endpunkt: Liptovský Mikuláš, 577 m, gute Bus- und Bahnanbindung, der Bahnhof befindet sich etwa 20 Min. vom Zentrum entfernt in nordwestlicher Richtung.

Höhenunterschied: 2490 m im Aufstieg und 2410 m im Abstieg.

Anforderungen: Anspruchsvolle und am zweiten Tag extrem lange und äußerst anstrengende Wanderung mit großem Höhenunterschied, am zweiten Tag Hangquerungen auf schmalen Pfaden, der Auf- und Abstieg zum und vom Berg Poludnica ist sehr steil und teilweise rutschig – daher »schwierige« Tour – Trittsicherheit erforderlich, Absturzgefahr!

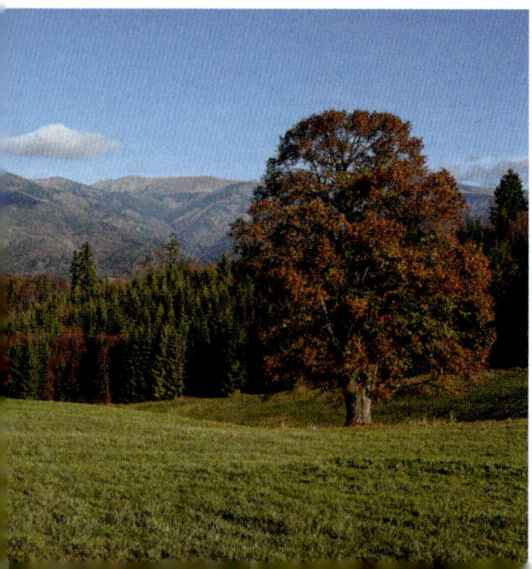

Einkehr/Übernachtung: Am Ausgangs und Endpunkt zahlreiche Geschäfte, Restaurants und Unterkünfte. Auf der Tour selber kann man nur in der Schutzhütte Štefánika einkehren. Dort wird Verpflegung angeboten. In Iľanovo gibt es eine Kneipe.

Varianten: Von der Chata Štefánika kann man auf dem Hauptkamm sowohl in westliche als auch in östliche Richtung wandern oder auch im Rahmen einer Tageswanderung nach Trangoška absteigen. Wer konditionell nicht so stark ist, kann vom Ďumbier nach Jasná hinunter gehen (Tour 12) oder im Verlauf vom Sattel Javorie nach Jasná oder Liptovský Ján weiterwandern. Die Poludnica kann ausgelassen werden, indem man am Wegweiser Kupeľ auf grüner Markierung nach Liptovský Ján geht (Tour 11).

Tipp: Die zweite Etappe nur bei besten Wetterverhältnissen begehen.

Hinweis: Die zweite Etappe darf zwischen dem Krupové sedlo und dem Sedlo Javorie zum Schutz der Gämsen nur zwischen dem 1. Juli und 30. September begangen werden.

Abstieg nach Pohansko.

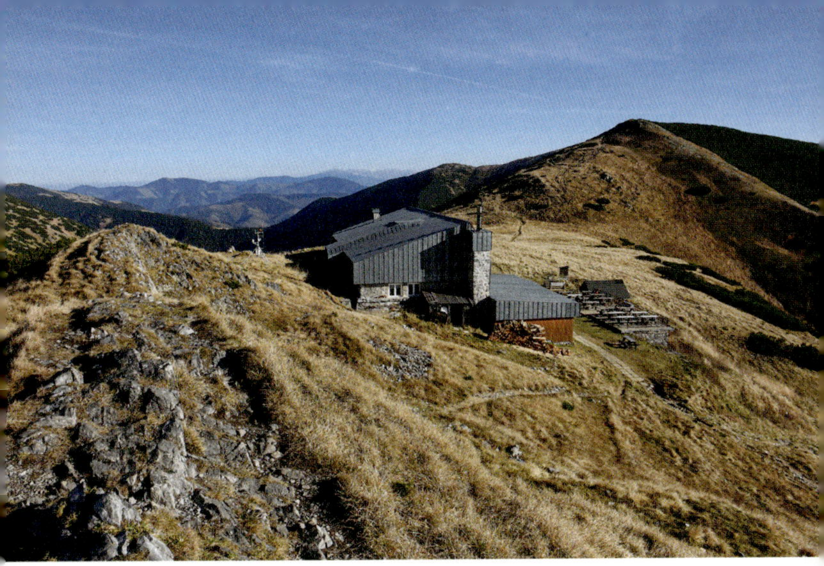

Die Chata Štefánika ist die größte Hütte in der Niederen Tatra.

1. Tag: Brezno – Chata Štefánika: Aufstieg 1390 Hm, Abstieg: 160 Hm, 18,8 km, 6.30 Std.
Vom Bahnhof in Brezno, gehen wir der grünen Markierung folgend über den Hron, links an seinem Ufer entlang, am Schulkomplex und der Post vorbei zum **Stadtturm (2)** auf dem Hauptplatz. Über die Hauptstraße wird die evangelische Kirche erreicht, wo die grüne Markierung verlassen und nach rechts in die Záhradná ulica abgebogen wird. Unser Weg führt zunächst durch eine Romasiedlung. Später geht es an einer Quelle vorbei in den Wald. Ein breiter und wieder grün gekennzeichneter Forstweg zieht sich das Tal hinauf, bis am Waldrand der **Wegweiser »Diel« (3)** auftaucht und sich das erste Mal der Blick auf die höchsten Gipfel der Niederen Tatra öffnet. Ein Feldweg verläuft über Wiesengelände nach rechts und später zur Landstraße herunter, wo sich der **Wegweiser »Pohansko« (4)** befindet. Mangels Alternative muss die Strecke bis zur Kreuzung im Tal auf der Asphaltstraße zurückgelegt werden. Etwas rechts der Kreuzung stehen die letzten Häuser von **Mýto pod Ďumbierom (5)**. Eine schmale, befestigte Straße führt links in ein Seitental hinein und anfangs an einigen Ferienhäusern vorbei. Die gelbe Wandermarkierung wird uns bis zum Tagesziel leiten. Nach einer guten Stunde endet die Teerstraße am **Radwegweiser »Pošová Mlynná«** und wenige Meter geradeaus befindet sich eine morsche Holzbrücke an der **Rázcestie do Pošovej Mlynnej (6)**. Es ist sicherer das Bachbett nach links über Steine zu queren.

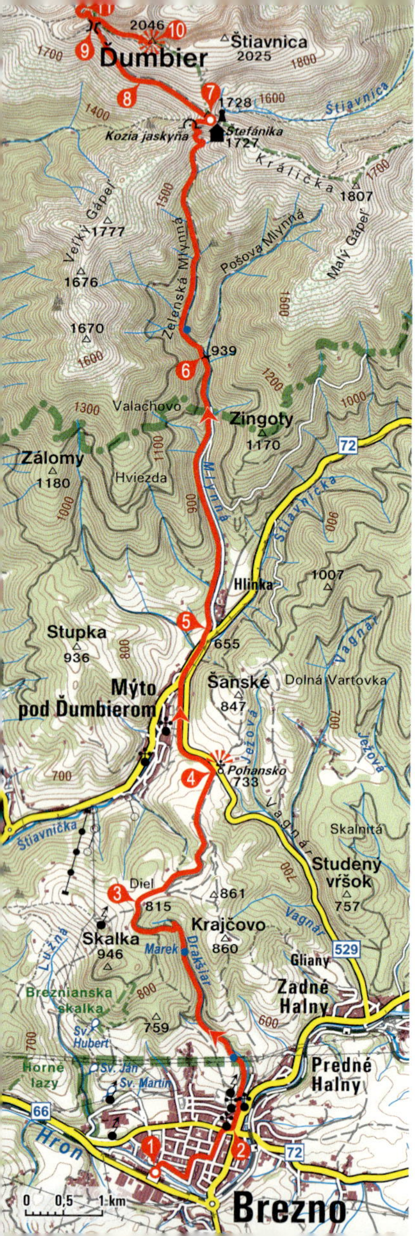

Wir folgen dem teils steinigen Pfad, der im Sommer an einigen Stellen etwas zugewuchert sein kann. Nach einer weiteren Bachquerung ohne Brücke steigt der Weg steil an. Es wird etwas feuchter, da sich mehrere Rinnsale mit uns den Pfad teilen. Später wird in der Latschenzone ein Hang gequert, um auf die andere Talseite zu gelangen und dort in vier Serpentinen zur **Chata Štefánika (7)** aufzusteigen.

2. Tag: Chata Štefánika – Liptovský Mikuláš: Aufstieg 1120 Hm, Abstieg 2270 Hm, 27,1 km, 11.15 Std.

Ab der **Chata Štefánika (7)** weist uns die rote und grüne Markierung den Weg. Links unterhalb am Hang des höchsten Bergs geht es entlang. Wir queren kleinere Geröllfelder mit nur geringem Höhenunterschied und steigen an der **Verzweigung Rázcestie na Krúpové sedlo (8)** geradeaus weiter nach oben zum **Krúpové sedlo (9)** auf. Ein steiniger Weg, der mit rotem Dreieck gekennzeichnet ist, führt nach rechts in knapp 30 Min. zum höchsten Berg der Niederen Tatra – dem **Ďumbier (10)**.

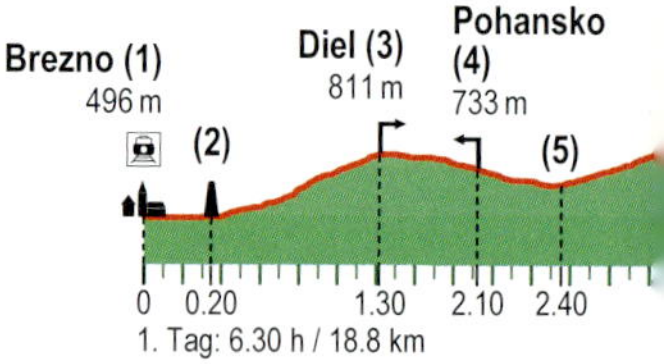

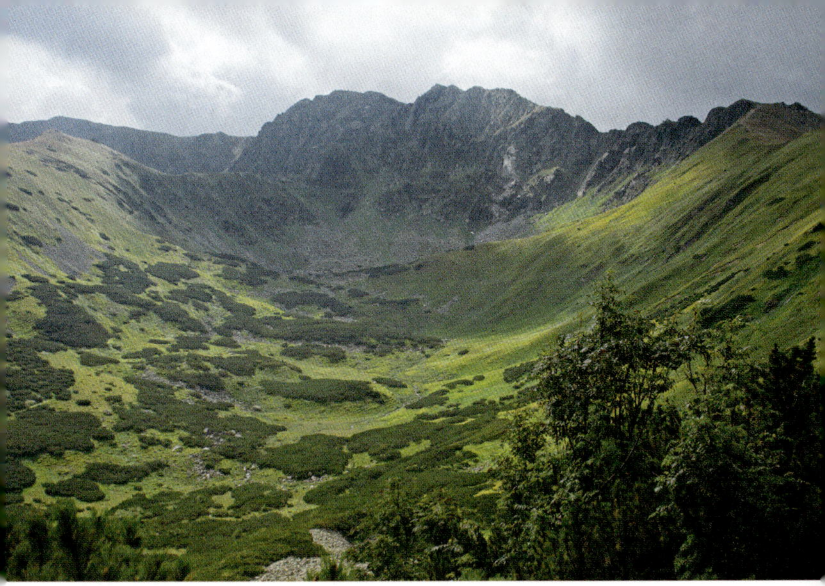

Die wilde Nordseite des Ďumbier.

Vom Gipfel wird wieder in den letzten Sattel abgestiegen und dem grün markierten Pfad nach Norden gefolgt. Der Weg zieht sich .in Serpentinen zu einem Querweg mit **Hinweisschild »Pod Krúpové sedlo« 11)** hinunter. Dort verläuft die gelbe Wandermarkierung nach rechts und über einen Seitenkamm weiter. Der Blick zurück auf die wilde, felsige Nordseite des Ďumbier wird unvergesslich bleiben. Unser Pfad leitet nach und nach aus den offenen Kammlagen heraus in die Latschenzone und später in den Nadelwald hinein.

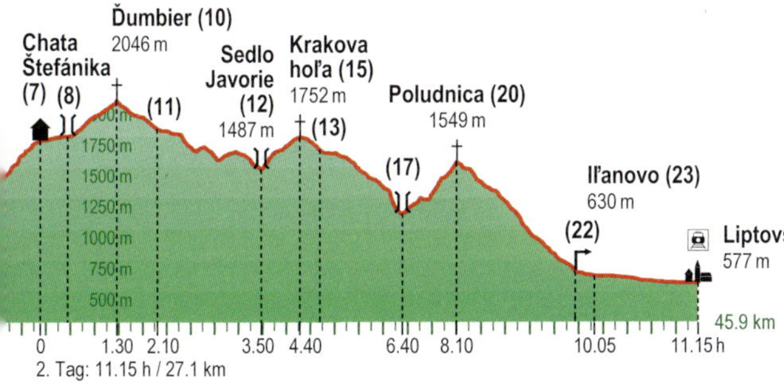

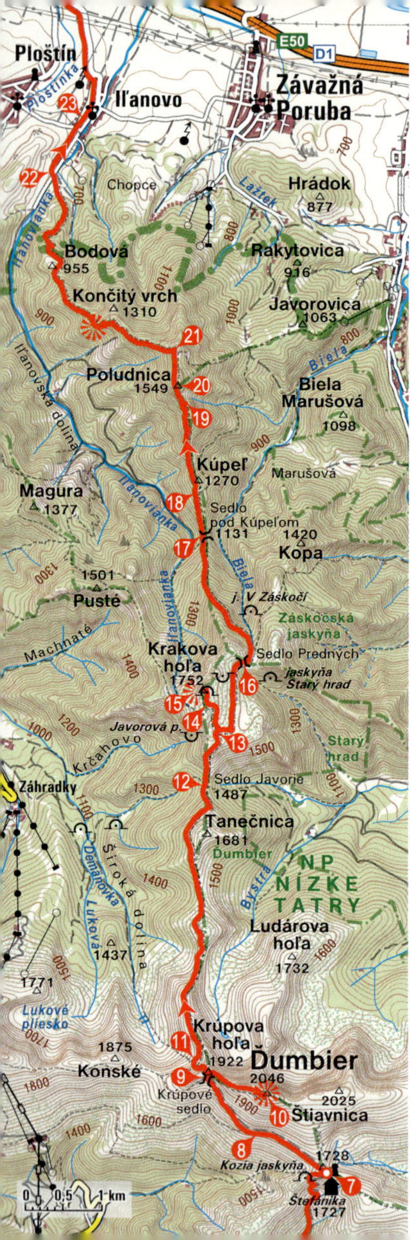

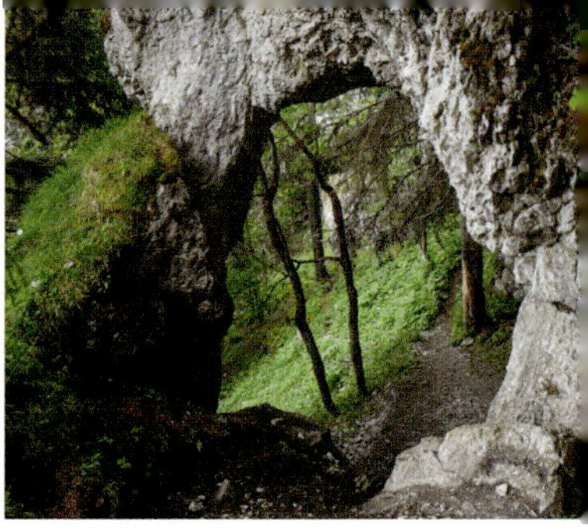

Das Felsenloch unterhalb der Poludnica.

Nach der Umgehung von zwei Kuppen beginnt ein weiterer Abstieg in den **Sedlo Javorie (12)**.
In Serpentinen steigen wir zur Bergwiese **Kosienky, poľana (13)** auf und gelangen hier links zur Verzweigung **Pod Krakovou hoľou (14)** und der 1752 m hohen **Krakova hoľa (15)**. Das Panorama ist fantastisch und etwas rechts unterhalb gibt es einen weiteren Aussichtspunkt. Auf demselben Weg geht es bis zur **Bergwiese (13)** zurück. Ein blau markierter Weg zieht sich zunächst über eine weite Wiesenfläche mit Bäumen. Später folgt eine Hangquerung auf sehr schmalem, etwas schrägem und nach Regen extrem rutschigem Pfad. Etwas überraschend taucht plötzlich das **Schild »Sedlo Predných« (16)** vor uns auf. Der schmale und teils steile Bergpfad bleibt aber noch eine Weile erhalten. Später wird der Weg breiter und vor allem trockener. Serpentinen winden sich in den **Sedlo pod Kúpeľom (17)** hinunter.
Jetzt wartet die letzte Herausforderung des Tages. Der Gipfel der Poludnica befindet sich gute 400 Hm

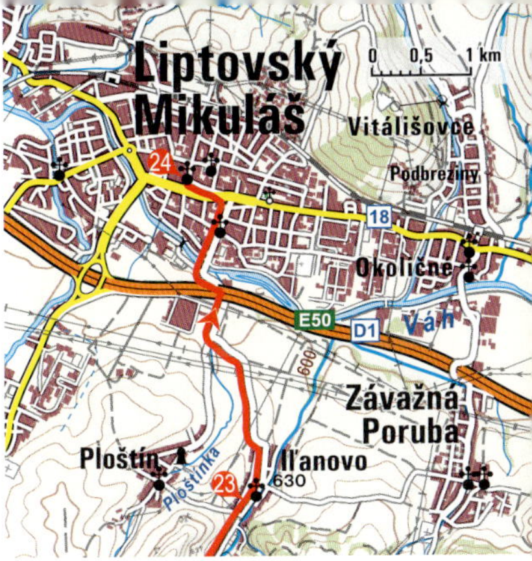

über dem Sattel. Der traumhafte Waldweg verläuft zunächst über den Seitenkamm an der Verzweigung **Kúpeľ (18)** vorbei und ab hier ziemlich steil hinauf. Nach der Umgehung einer Felsnase wird links an einer Felswand emporgestiegen. Neben Höhlen gibt es hier noch ein Felsenloch. An der einzigen Unterbrechung der Felswand führt der Weg auf die andere Seite und hier direkt durch ein gigantisches **Felsentor (19)**. Die letzten Meter hinauf zum Gipfel der **Poludnica (20)** sind nochmals sehr steil.

Im weiteren Verlauf folgen zwei kurze Stellen im Abstieg über steinige Felspassagen, die extrem rutschig sein können. Über Wiesengelände wird die **Predná Poludnica (21)** erreicht – eine Aussichtsterrasse, deren Blick durch die wachsenden Bäume jedoch mehr und mehr eingeschränkt wird. Der weitere Abstieg erfolgt nach links und nochmals bieten sich fantastische Ausblicke auf unseren letzten Gipfel, den kompletten Seitenkamm mit der Krakova hoľa sowie Ďumbier und Chopok. Eine letzte Felsstufe wird mithilfe einer etwa 5 m langen Eisenleiter überwunden. Nach einer Hangquerung und Aussichtspunkten, geht es in Serpentinen abwärts zum **Wegweiser »Iľanovo« (22)**. Eine Asphaltstraße führt in das gleichnamige Dorf **Iľanovo (23)** und weiter in Richtung Liptovský Mikuláš. Wir gehen unter der Autobahn hindurch und über den Váh in die Stadt hinein. Links von der großen Ampelkreuzung zweigt leicht rechts eine Straße (Ulica 1. mája) ins Zentrum ab. Auf dem großen Platz vor der Kreisverwaltung von **Liptovský Mikuláš (24)** endet unsere Wanderung. Busse fahren zum **Ausgangspunkt (1)** zurück.

Gipfelkreuz auf dem Ďumbier.

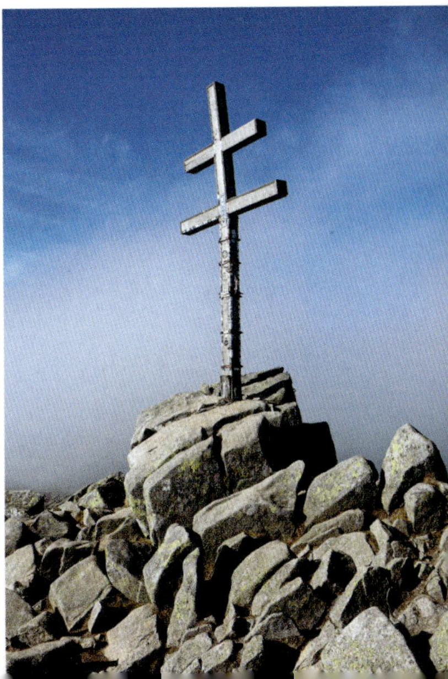

32 Waldmuseum Čierny Balog

3.00 Std.

Attraktiver Lehrpfad mit Interessantem zum Thema Wald

Für die Wanderung im Waldmuseum von Čierny Balog sollte man einen ganzen Tag einplanen. Neben meist zweisprachigen Informationstafeln gibt es auch Stationen, wo man selbst mitmachen kann, und am Forsthaus wartet ein kleiner Rundweg mit Fragen, die sich an Kinder richten und zusätzlich in englischer Sprache verfasst sind. Zu den Höhepunkten zählt sicherlich die Fahrt mit der Dampfeisenbahn, die in der Hochsaison täglich unterwegs ist. In der Nebensaison wird nur am Wochenende ein kleiner Schienenbus eingesetzt.

Ausgangspunkt: Čierny Balog, Infotafel in der Nähe des Bahnhofs, 531 m, Bushaltestelle »Obchodný dom«, kostenlose Parkmöglichkeit, in unmittelbarer Nähe oder am Wegweiser Čierny Balog gegenüber vom Rathaus, gute Bus- und Straßenanbindung von Brezno.
Höhenunterschied: 230 m.
Anforderungen: Einfacher Waldspaziergang über schmale Pfade oder Asphaltstraßen; bei Nässe können die Holzbohlen sehr glatt sein, diese können meist umgangen werden, Geländer bieten zusätzlichen Halt.
Einkehr: In Čierny Balog gibt es am Bahnhof eine Kneipe, am Eingang zum Waldmuseum befindet sich ein Restaurant.
Varianten: Die Waldeisenbahn verkehrt regelmäßig von Čierny Balog zum Museum, sodass man auch dort erst in die Wanderung einsteigen kann. Nähere Informationen dazu auf chz.sk (auch Englisch – mit Fahrplan).
Karte: SHOCart 1101 – Poľana 1:50.000.
Tipp: Eine sommerliche Fahrt mit der Dampfeisenbahn sollte sich niemand entgehen lassen (von 16.04. bis 01.10., Fahrpreise ab 11 €, chz.sk).
Hinweis: Der Waldmuseum ist von 01.05. bis 30.09. geöffnet und der Eintritt kostet 2 €. Außerhalb der Öffnungszeiten kann das Gelände trotzdem betreten werden.

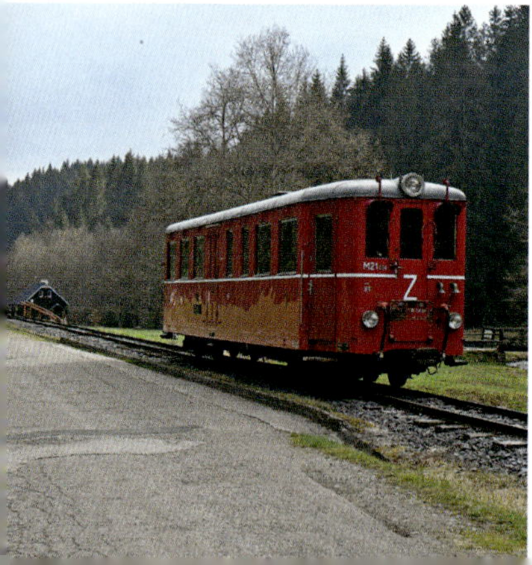

Am Wegweiser für Radfahrer und der Infotafel in **Čierny Balog (1)** startet der kleine Spaziergang zum Waldmuseum. Wir gehen hier über die Gleise und in Richtung Kirche, wo sich die das **Schild »Čierny Balog, Závodie« (2)** befindet und auf der anderen Straßenseite kostenlose Parkplätze vorhanden sind. Der Weg führt direkt am Rathaus hinauf und am Friedhof vorbei. Als Markierungen dienen Infotafeln, die über

Mit der Eisenbahn ins Waldmuseum.

die einzelnen Stadtteile des Ortes informieren. Es folgt ein Abstieg zu einem Haus an der Landstraße. Hier beginnt ein **Pfad (3)**, der uns etwas oberhalb der Straße durch den Wald zum Museumseingang des **Lesnícky skanzen (4)** bringt.

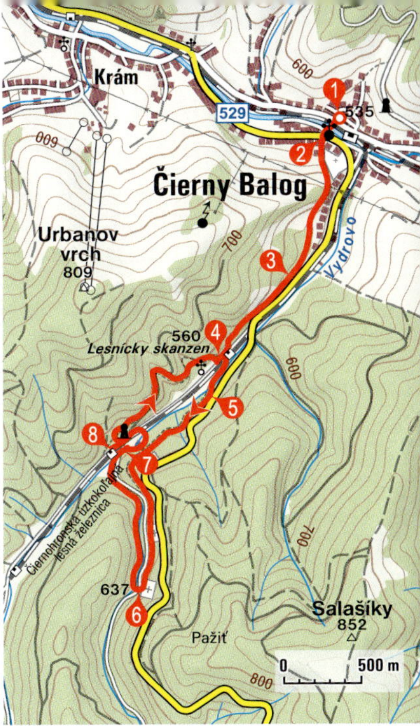

Bis zur Höhe der Holzkapelle gehen wir auf einer schmalen Teerstraße und halten uns danach links. Direkt am Waldrand bildet ein Holzbogen den Einstieg in den **Lehrpfad (5)**. Gut 70 Infotafeln begleiten den markierten Weg (grüne und rote Balken) und geben Erklärungen zu allen möglichen Themen, die das Thema Wald betreffen. Nach Erreichen einer Asphaltstraße geht es auf dieser links ins Tal hinein bis zum **symbolischen Waldfriedhof (6)**. Neben einem Holzkreuz beginnt wieder ein Pfad mit Infotafeln der sich talabwärts zieht. Nach einem Wildschweingehege geht es hinunter zur Straße und auf dieser linker Hand bis zu einem Ofen, wo rechts ein weiterer Pfad in den Wald abzweigt. Nach wenigen Metern folgt eine **Wiese** mit **Forsthaus (7)**. Es gibt einen kleinen Rundgang mit Informationen und einem Ratespiel für Kinder.Links vom großen Platz befinden sich ein **Hubschrauber** und eine **Wasserleitung (8)**. Etwa 100 m dahinter gibt es noch ein Gehege mit Damhirschen. Über einen Holzsteg wird auf die andere Hangseite gewechselt, wo sich ein Pfad an weiteren Stationen vorbei bergauf zieht. Die grüne Balkenmarkierung führt an einem Jeep und roten Bulldozer vorbei, bevor der Abstieg zurück zum Museumseingang erfolgt. Auf demselben Weg geht es zurück nach **Čierny Balog (1)** oder wir nehmen die Waldeisenbahn.

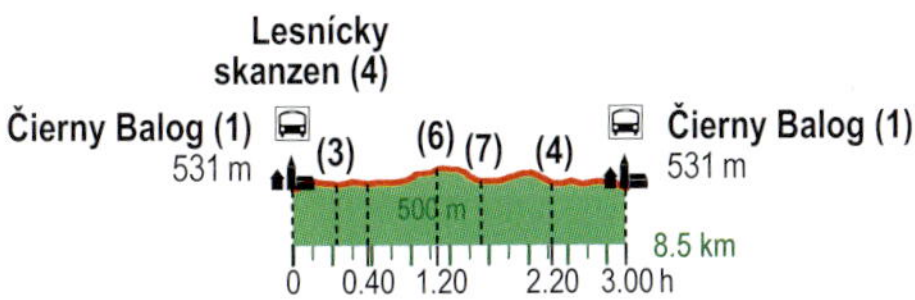

TOP **33**

Von Trangoška über die höchsten Gipfel der Niederen Tatra

8.15 Std.

Die wohl meistbegangene Wanderung zu den höchsten Erhebungen

Die anspruchsvolle Tagestour führt von der Südseite der Niederen Tatra zunächst zur Hütte Štefánika und von dort über den Ďumbier (2043 Meter) zum Chopok (2024 Meter) und weiter zum Dereše (2004 Meter). Im oberen Teil des Gebirges wurden in mühevoller Handarbeit Steinwege angelegt. Die Ausblicke bei guter Sicht in Richtung Norden auf die Westliche und die Hohe Tatra sowie nach Süden in die Poľana sind ein absoluter Höhepunkt eines Besuchs der Niederen Tatra. Leider ist der Bereich vom Ďumbier bis zum Dereše bei gutem Wetter sehr überlaufen.

Ausgangspunkt: Trangoška im Bystrá dolina, 1121 m, Bushaltestelle und wenige kostenlose Parkplätze am Ausgangspunkt, ein kostenpflichtiger Parkplatz in unmittelbarer Nähe.
Höhenunterschied: 1200 m.
Anforderungen: Anspruchsvolle Tageswanderung mit großem Höhenunterschied auf meist guten Pfaden oder angelegten Steinwegen; der Aufstieg auf den Gipfel Dereše erfordert Trittsicherheit und Schwindelfreiheit – kann aber ausgelassen werden.
Einkehr: Am Ausgangs- und Endpunkt befindet sich die Chata Zázvor, unterwegs kann in der Chata Štefánika, der Kamenná chata und im Restaurant Kosodrevina an der Mittelstation der Bergbahn eingekehrt werden.
Karte: SHOCart 1094 – Nízke Tatry Chopok 1:50.000.
Tipp: Auch im Winter ist die beschriebene Tour ein Hochgenuss und viel begangen. Vom Dereše sollte man aber zurück zum Chopok gehen und mit der Seilbahn abfahren oder am Rand der Skipiste absteigen, damit der Skibetrieb nicht gestört wird.
Hinweis: Der Gipfel der Štiavnica (2025 m) darf aus Naturschutzgründen nicht bestiegen werden. Der alte (direkte) Aufstiegsweg von der Chata Štefánika zum Ďumbier ist zwar deutlich zu sehen, der Weg wurde jedoch vor einigen Jahren aufgrund von Bodenerosion gesperrt und die jetzt beschriebene Variante angelegt. Dieses Verbot ist zu respektieren. Lediglich im Winter darf man von der Hütte auf direkter und mit Stangen markierter Spur zum Ďumbier aufsteigen.

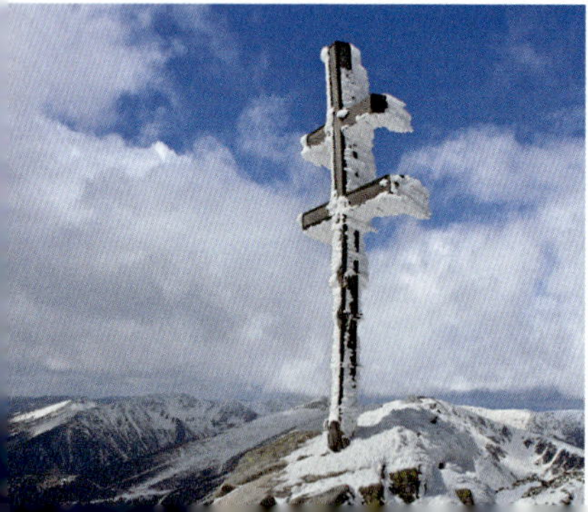

Von **Trangoška (1)** aus führt ein zunächst breiter und steiniger Weg in einem Seitental bergauf, der nach oben hin immer schmaler wird. Auf halber Strecke befindet sich eine Kreuzung mit **Wegweiser »K jaskyni mŕtvych netopierov« (2)**. Es geht geradeaus weiter und im Verlauf leiten Serpentinen auf dem letz

Ein Hochgenuss: Der Ďumbier im Winter.

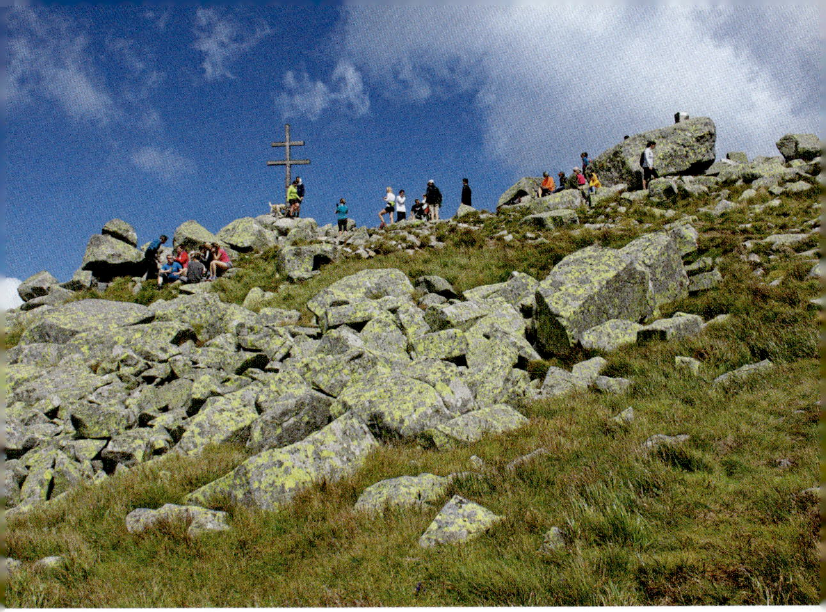

Auf dem Gipfel des Ďumbiers herrscht bei gutem Wetter immer großer Andrang.

ten Stück zur Hütte. Ab der **Chata Štefánika (3)** ist der Weg zum Ďumbier zunächst rot und grün markiert und zieht sich links unterhalb am Hang des höchsten Bergs entlang. Wir queren kleinere Geröllfelder und steigen an der Verzweigung **Rázcestie na Krúpové sedlo (4)** geradeaus nach oben zum **Krúpové sedlo (5)** auf. Ein steiniger Weg, der mit rotem Dreieck gekennzeichnet ist, bringt uns in knapp 30 Min. rechts zum höchsten Berg der Niederen Tatra – dem **Ďumbier (6)**. Eine fantastische Aussicht lohnt für den etwas mühevollen Aufstieg und mit etwas Glück sind die seltenen Tatragämsen zu sehen, von denen es heute nur noch wenige Hunderte Exemplare gibt.

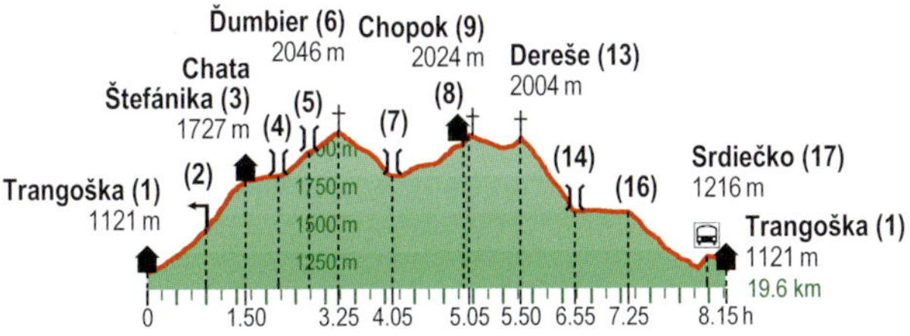

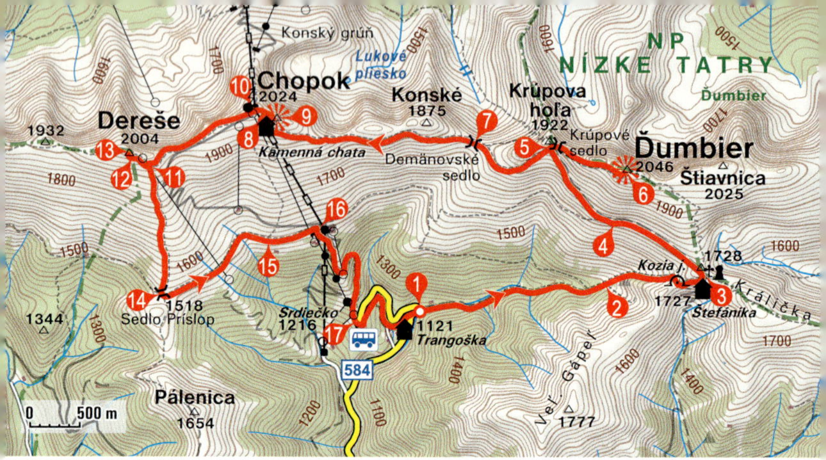

Wir steigen vom Gipfel bis zum Sattel und von dort auf dem rot markierten Kammweg in westliche Richtung bis zum **Demänovské sedlo (7)** auf meist angelegten Steinweg ab. Jetzt folgt ein längerer Anstieg mit Querung einiger kleiner Geröllfelder. Der Ausblick nach Norden auf das einsame Seitental ist fantastisch. Rechts hinter der **Kamenná chata (8)** beginnt ein schmaler Steinpfad, der uns in etwa 5 Min. in Serpentinen auf den **Chopok (9)** bringt.

Blick vom Dereše zum Chopok und Ďumbier.

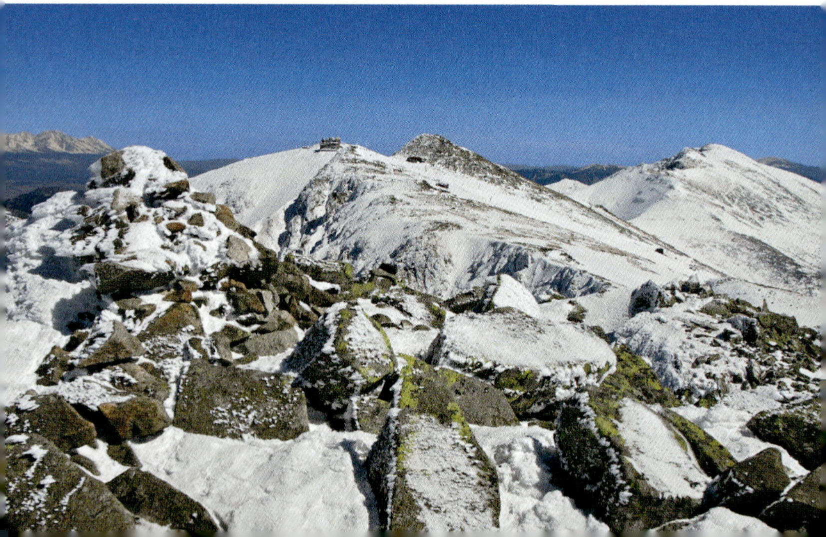

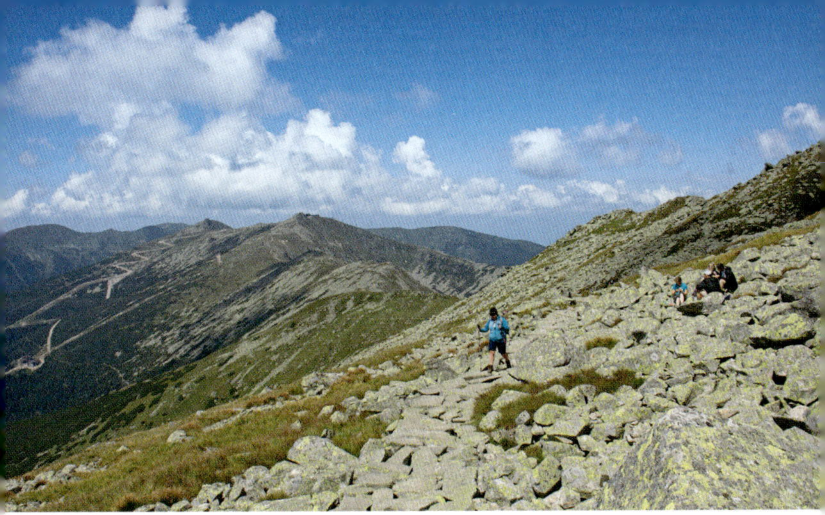

Aufstieg zum Ďumbier.

Auf selbem Weg geht es zur Hütte zurück und am **Wegweiser »Chopok« (10)** neben der Seilbahnstation vorbei zum nächsten Berg. Vom **Wegweiser »Dereše« (11)** aus erfolgt später der Abstieg. Etwas weiter oberhalb und knapp unter dem Gipfel befindet sich rechts vom Weg ein **Steinmann (12)**. Links davon wird über Blockwerk gestiegen. Dort leitet ein etwa 10 m langes Band recht einfach zum kleinen Gipfelplateau des **Dereše (13)** hinauf. Unter Umständen werden die Hände an einer Stelle zum Festhalten benötigt.
Auf demselben Weg geht es zurück bis zum **Wegweiser »Dereše« (11)**. Hier beginnt ein gelb gekennzeichneter Pfad, der zunächst einen Skilift kreuzt. Eine markante Felsformation dient im weiteren Verlauf als Orientierungshilfe. Nach dem großen Stein folgt ein längerer und steiler Abstieg mit mehreren Serpentinen zum **Sedlo Príslop (14)**. Nahezu ohne großen Höhenunterschied verläuft unser Weg jetzt nach links am Hang entlang und bietet kurz hinter dem **Wegweiser »Odbočka na Chopok« (15)** nochmals traumhafte Aussichten auf den Ďumbier. Am **Schild »Magistrála, Kosodrevina« (16)** zweigt rechts ein Pfad zur **Mittelstation** (Medzistanica) ab und leitet in einem Bogen am linken Rand der Skipiste hinab. Ein steiler Abschnitt wird im Wald mithilfe zweier weiten Schleife umgangen. An der ersten Verzweigung führt ein schmalerer Weg zur Piste zurück. Direkt an der Parkgarage befindet sich der **Radwegweiser »Srdiečko« (17)** und eine Bushaltestelle. Die hier beginnende Asphaltstraße bringt uns in etwa 15 Min. zum Ausgangspunkt **Trangoška (1)** zurück.

34 Von Bacúch über Čertovica und Beňuška nach Beňuš

9.15 Std.

Auf sehr einsamen Wegen und Pfaden durch ein entlegenes Gebiet

Etwas oberhalb von Bacúch befindet sich eine Quelle, die nach der tschechischen Schriftstellerin und Märchenbuchautorin Božena Němcová benannt wurde. Es ist ein sehr saures und eisenhaltiges Wasser und somit wirklich Geschmackssache. Kurz darauf erwartet uns ein Bachübergang der ganz besonderen Art. Der Weg führt direkt durch eine alte Staumauer. Nur wer eine Taschen- oder Stirnlampe mitführt, kann diesen spannenden Abschnitt erleben.

Ausgangspunkt: Bacúch, Bahnhof 573 m, Parkmöglichkeit in unmittelbarer Umgebung oder im Dorf, Bushaltestelle an der Landstraße oder im Ort.
Endpunkt: Beňuš, Bahnhof, 550 m, Bushaltestelle an der Landstraße.
Höhenunterschied: 1330 m im Aufstieg und 1390 m im Abstieg.
Anforderungen: Anspruchsvolle Tageswanderung mit großem Höhenunterschied auf Pfaden und Wegen; der Abschnitt an der Staumauer ist mit Lampe zu begehen – auf keinen Fall das rutschige Holzbrett benutzen oder über den Abfluss springen – Absturzgefahr! Wer am Wegweiser »Tajch, prameň« auf der Asphaltstraße bleibt oder aber rechts vor der Staumauer den Pfad nutzt, kann diesen Abschnitt umgehen. Der Abstieg vom Bacúšské sedlo ist oft rutschig und ziemlich steil.
Einkehr: In Bacúch gibt es eine Kneipe und ein Restaurant im oberen Teil der Ortschaft, am Sattel Čertovica bieten zwei Restaurants ihre Dienstleistungen an. Kurz vor Ende der Etappe kann in einer Bar eingekehrt werden.
Varianten: Von Vyšná Boca oder Čertovica zur Chata Štefánika aufsteigen und von dort weiter.
Karte: SHOCart 1094 – Nízke Tatry Chopok 1:50.000 oder SHOCart 1102 – Nízke Tatry Kráľova hoľa 1:50.000.
Tipp: Bitte Stirnlampe mitnehmen, um durch das Gemäuer des ehemaligen Staudamms zu gehen.

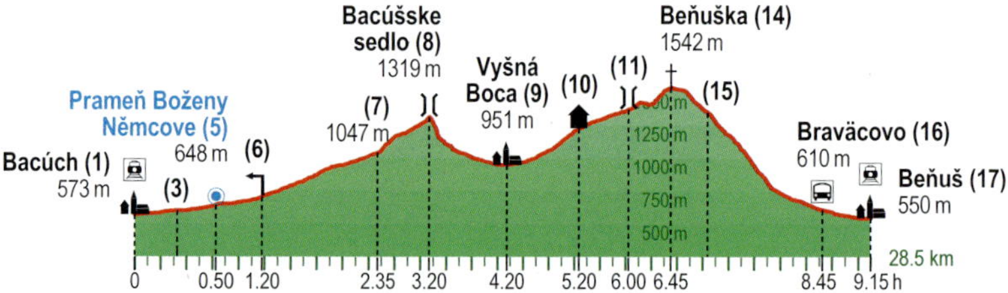

Am **Bahnhof** von **Bacúch (1)** beginnt die blau markierte Strecke und leitet zunächst zur **Bushaltestelle Bacúch, rázcestie (2)** an der Landstraße und über die Zufahrt in das weiter oben gelegene Dorf. Vom **Wegweiser**

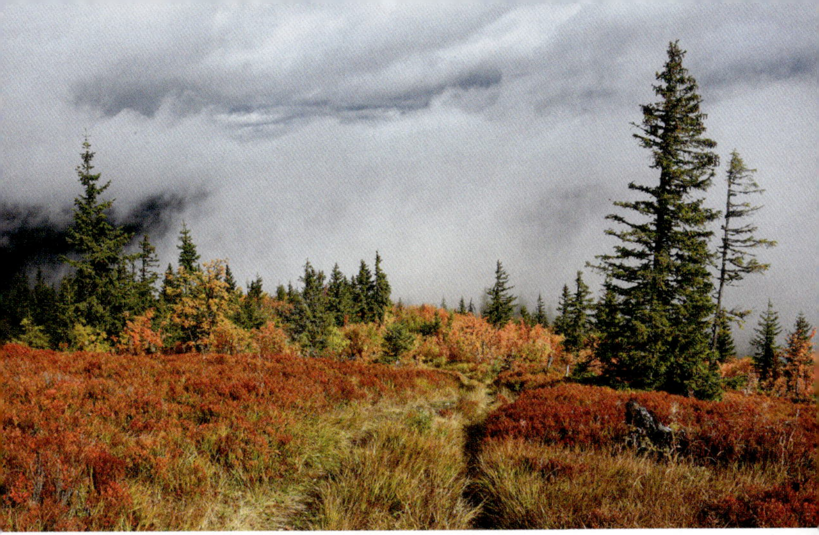

Aufzug von tiefen Wolken unter der Beňuška.

»Bacúch, námestie« (3) im Zentrum geht es an einem Restaurant vorbei ins Tal hinein. Kurz hinter dem Ort befindet sich das **Radfahrerschild** »**Tajch, prameň**« **(4)**, wo uns eine unbefestigte Straße und ein Weg zur **Quelle Prameň Boženy Němcovej (5)** leiten. Rechts von der Quelle gehen wir auf einem Pfad in den Wald und kommen wenig später zur alten Staumauer. Über eine steinerne Wendeltreppe wird in das Innere des Bauwerks gestiegen und über den Abflussschacht gelangt man wieder ans Tageslicht. Mithilfe einer steinernen Brücke wird zum anderen Ufer gewechselt und hinauf zur Teerstraße hochgestiegen – diese verläuft tief ins Tal hinein. Vor dem **Wegweiser »Podvrch, chata« (6)** gabelt sich die Straße – der linke Weg zieht sich in zwei sehr weiten Schleifen bis zu einem Platz hinauf. Nach 100 m zweigt ein schmalerer Weg nach rechts ab **(7)**. Hier sollte gut auf die Markierung geachtet werden. An der ersten Verzweigung biegt unsere Route nach links ab und in einem gerodeten Abschnitt wird ein Hang aufwärts zum **Bacúšske sedlo (8)** gequert. Stellenweise ist der Weg etwas zugewachsen. Ein schmaler Pfad leitet uns über Steine sehr steil ins Nachbartal hinab und erreicht einen Bachlauf. Diesem folgen wir bis zu einem breiten Forstweg und gelangen auf diesem nach **Vyšná Boca (9)**. Im Dorf geht es rechts neben der Kirche vorbei und an der ersten Kreuzung mit Bushaltestelle nach links. Nach der Ortschaft verläuft die Teerstraße durch einen offenen Bereich mit einzelnen Bäumen und später im Wald steil hinauf zum **Sattel Čertovica (10)**. Zwei Restaurants laden zum Rasten ein.

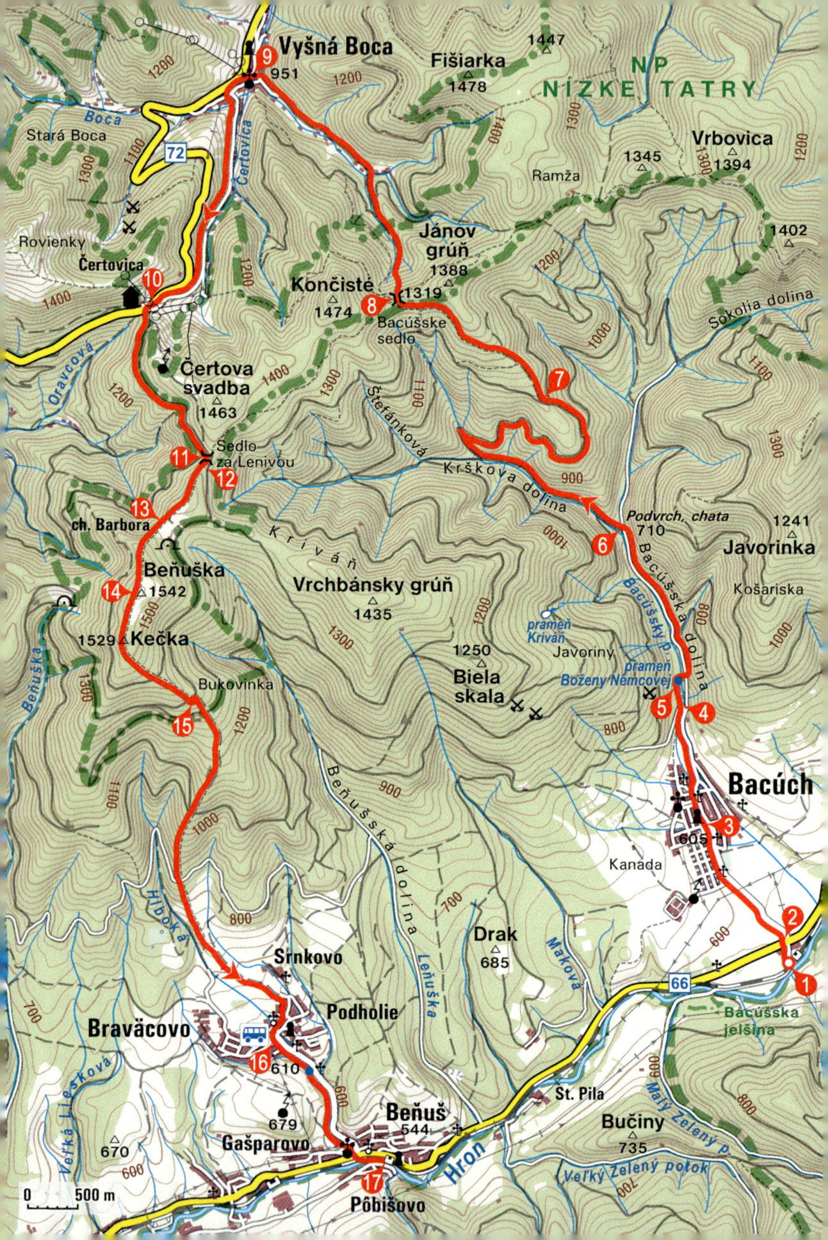
Vyšná Boca
951
Fišiarka
1478
1447
NP
NÍZKE TATRY
Stará Boca
Boca
72
Čertovica
Vrbovica
1394
1345
Ramža
Rovienky
Čertovica
Jánov grúň
1388
1402
Končisté
1474
1319
Bacúšske sedlo
Sokolia dolina
Čertova svadba
1463
Oravcová
Sedlo za Lenivou
Štefánková
Kršková dolina
ch. Barbora
Kriváň
Podvrch, chata
710
1241
Javorinka
Beňuška
1542
Vrchbánsky grúň
1435
Bacúšska dolina
Bacúšsky p.
Košariska
prameň Kriváň
Javoriny
1529
Kečka
1250
Biela skala
prameň Boženy Němcovej
Bukovinka
Bacúch
605
Beňušská dolina
Kanada
Hlboká
Drak
685
Maková
66
Srnkovo
Podholie
Bravčovo
Bacúšska jelšina
610
Leňuška
St. Pila
679
Beňuš
544
Bučiny
735
Malý Zelený p.
Veľká Liesková
670
Gašparovo
Hron
Veľký Zelený potok
0
500 m
Pôbišovo
1
2
3
4
5
6
7
8
9
10
11
12
13
14
15
16
17

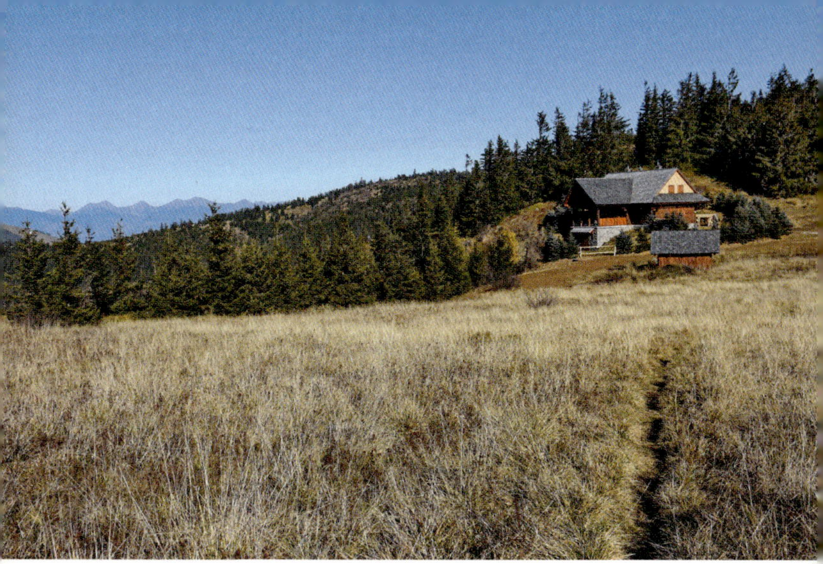

Einsame Hütte am Wegweiser Lenivá.

Hinter einer Schranke mit dem Hinweisschild »Rampa« beginnt ein unbefestigter rot und grün gekennzeichneter Forstweg, der rechts um einen Berg herum zum **Sedlo za Lenivou (11)** führt. Hier folgen wir dem breiten Weg noch etwa 100 m geradeaus und zweigen dort **(12)** rechts mit grünem Wanderzeichen ab. Über einen Bergrücken geht es hinauf und nochmals ein paar Meter hinunter zum **Wegweiser »Lenivá« (13)** an einer hübschen Holzhütte. Ein letzter Anstieg wartet auf uns. Mit jedem Meter wird der Ausblick schöner, und während im Osten die Kráľova hoľa zu sehen ist, thront im Westen der mächtige Ďumbier. Kurz darauf ist der höchste Punkt des Tages – die grasige Kuppe **Beňuška (14)** – erreicht. Nun beginnt der Abstieg. Ab der Chata Liška (Holzhütte mit Sitzgelegenheit) säumen auf den ersten Metern viele Weideröschen und hoher Bewuchs den Weiterweg. Auffällig ist im Verlauf ein handgeschriebener **Wegweiser** im **Wald (15)**, der hinunter ins Tal weist (grüne Markierung). Ab dem Waldrand leitet ein Feldweg über weitläufige Weideflächen zu einem neugebauten Anwesen. Ohne Markierung wird direkt zu den ersten Häusern des Orts abgestiegen. Dorfstraßen verlaufen abwärts bis zur **Bushaltestelle** von **Bravăcovo (16)**. Mangels Alternative wird auf der Asphaltstraße hinunter nach Beňuš im Hron-Tal gegangen. Entweder fahren wir von der Bushaltestelle an der Kreuzung direkt in wenigen Minuten zum **Ausgangspunkt (1)** zurück oder 300 m weiter links der Landstraße folgend befindet sich der **Bahnhof** von **Beňuš (17)**.

TOP **35**

Polomka – Veľký Bok, 1727 m – Závadka nad Hronom

9.15 Std.

Zu einem der schönsten Aussichtsgipfel der Niederen Tatra

Es ist schon etwas mühsam, aus Polomka zunächst auf den Hauptkamm des Gebirges aufzusteigen und danach über einen Seitenkamm zum Veľký Bok zu wandern. Die Aussicht, die der Berg zu bieten hat, ist jedoch einmalig. Durch die Lage nördlich des Hauptkamms sind vom Ďumbier bis zur Kráľova hoľa nahezu alle Berge zu sehen. Nach Norden hin erhebt sich die Westliche und die Niedere Tatra direkt vor uns. Ein wirklich einmaliges Erlebnis, wenn das Wetter stimmt.

Ausgangspunkt: Polomka, 620 m, Parkmöglichkeit und Bushaltestelle direkt am Startpunkt.
Endpunkt: Závadka nad Hronom, 617 m, Bushaltestelle.
Höhenunterschied: 1410 m im Aufstieg und Abstieg.
Anforderungen: Anspruchsvolle und lange Tageswanderung mit großem Höhenunterschied auf guten Pfaden, im Sommer ist der Bereich um den Sedlo pod Veľkým Bokom durch mannshohe Pflanzen bewachsen und der Weg nur schwer zu erkennen.
Einkehr: Nur am Ausgangspunkt gibt es ein Restaurant.
Varianten: Vom Veľký Bok könnte man nach Svarín (kein Bus!) oder Malužiná absteigen. Beide Orte nördlich des Hauptkamms bieten keine geeignete Möglichkeit, um zurück zum Ausgangspunkt zu gelangen. Auf dem Kammweg kann man in Richtung Ramža und Čertovica oder zur Útulňa Andrejcová weiterwandern.
Karten: SHOCart 1102 – Nízke Tatry Kráľova hoľa 1:50.000.
Tipp: Wer mit dem Auto nach Polomka fährt, sollte von Závadka mit dem Bus zurückfahren. Auf der Hauptstrecke im Hron-Tal gibt es regelmäßige Verbindungen zwischen beiden Orten.

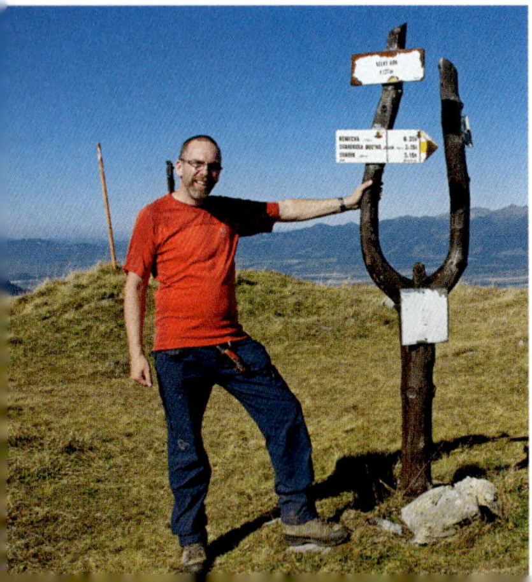

Direkt an der Bushaltestelle neben dem großen Supermarkt von **Polomka (1)** führt das grüne Wanderzeichen über die Ždiarska ulica in das gleichnamige Tal hinein. Am **Wegweiser »Ždiarska dolina« (2)** verlassen wir die Asphaltstraße nach rechts auf einen Waldweg, der sehr steil nach oben aufsteigt. Auf dem folgenden Bergrücken geht es auf einem Holzfällerweg links zur **Kreuzung Bukovinka (3)**. Der grün markierte Pfad verläuft geradewegs

Auf dem Veľký Bok.

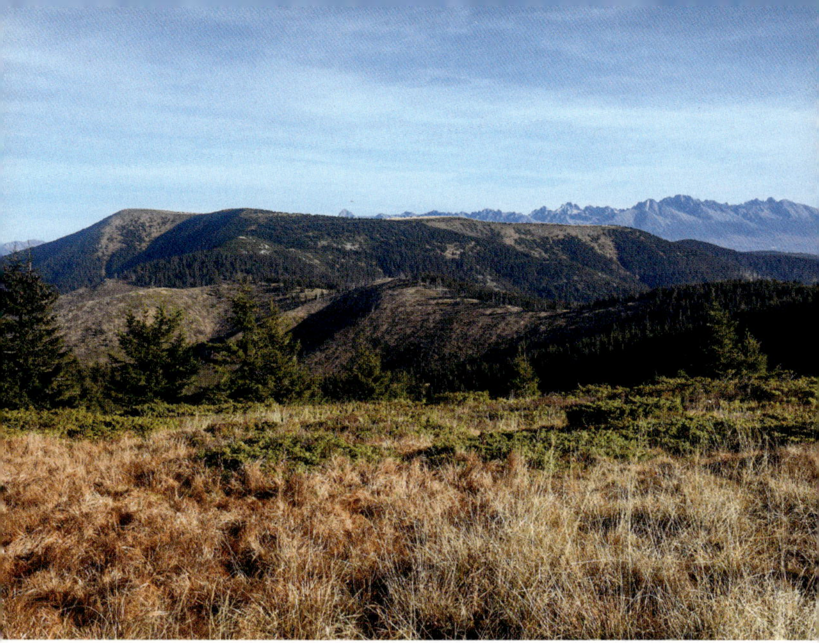

Blick vom Hauptkamm auf den Aussichtsberg Veľký Bok.

nach oben. An den kommenden Querwegen sollte genau auf die Markierung geachtet werden. Der stellenweise etwas zugewachsene Weg stößt am **Sedlo Homôľka (4)** auf den Hauptkamm der Niederen Tatra. Die rote Markierung bringt uns rechts in etwa 15 Min. zur **Zadná hoľa (5)**.

Über einen Seitenkamm verläuft ein gelb markierter Pfad in Richtung unseres Bergs. Vor allem im Sommer steht am **Sedlo pod Veľkým Bokom (6)** das Gras sehr hoch, sodass der Weiterweg fast nicht zu sehen ist. Vom Weg-

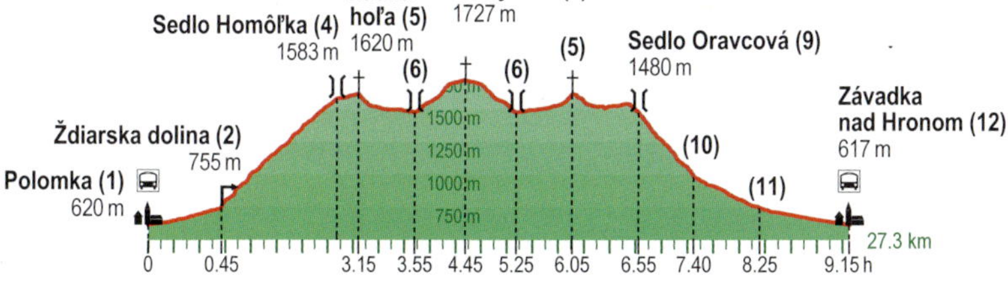

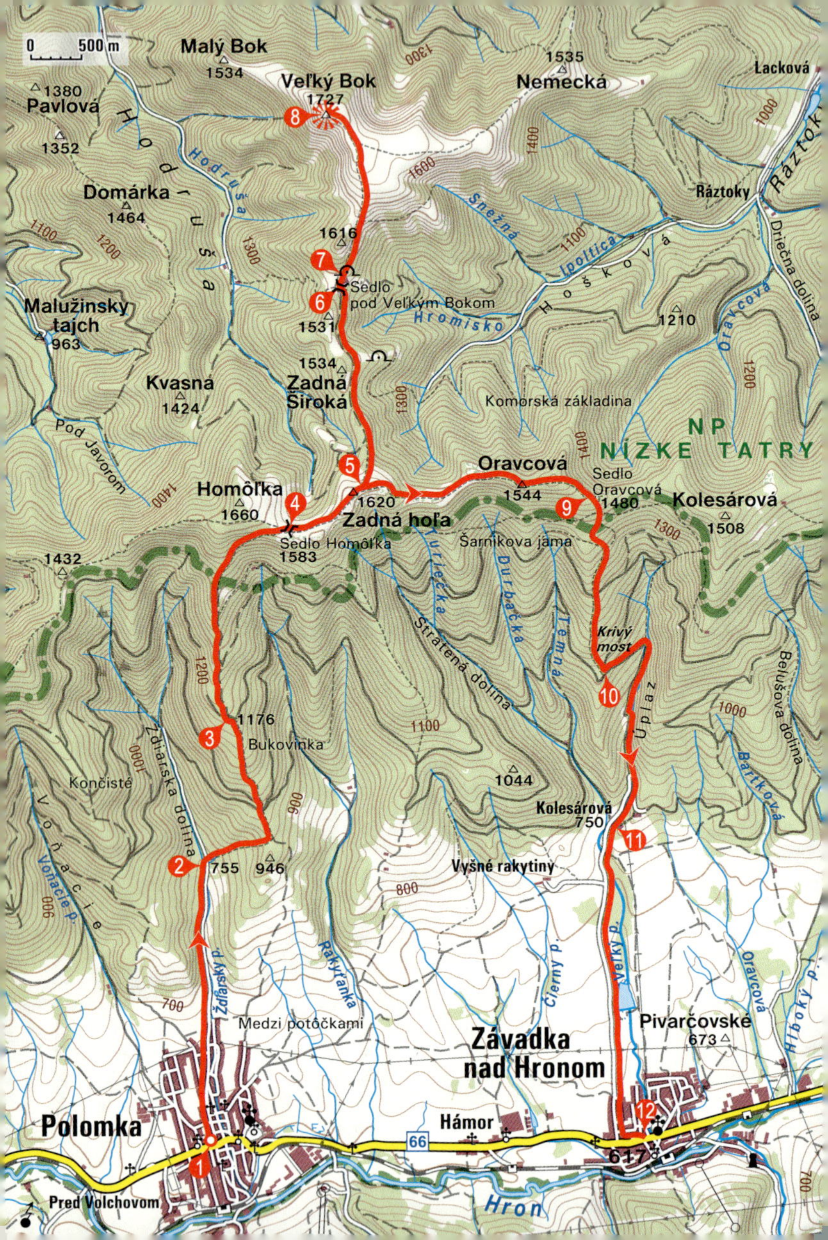

0 500 m
Malý Bok
1534
Veľký Bok
1727
Nemecká
1535
Lacková
Pavlová
1380
1352
Domárka
1464
Hodruša
Ráztoky
Ráztoka
Snežná
Ipoltica
Hošková
Driečna dolina
1616
Sedlo pod Veľkým Bokom
Hromisko
1531
1210
Oravcová
Malužinský tajch
963
1534
Zadná Široká
Kvasna
1424
Komorská základina
NP NÍZKE TATRY
Pod Javorom
Homôľka
1660
1620
Oravcová
1544
Sedlo Oravcová
1480
Kolesárová
1508
Zadná hoľa
Sedlo Homôľka
1583
Šarníkova jama
1432
Turiečka
Durbačka
Temná
Stratená dolina
Krivý most
Úplaz
Belušova dolina
1176
Bukovinka
Končisté
Zdiarska dolina
1044
Kolesárová
750
Bartková
Vonacie p.
755
946
Vyšné rakytiny
Rakytianka
Ždiarsky p.
Čierny p.
Veľký p.
Oravcová
Hlboký p.
Medzi potôčkami
Závadka nad Hronom
Pivarčovské
673
Polomka
Hámor
66
617
Pred Volchovom
Hron

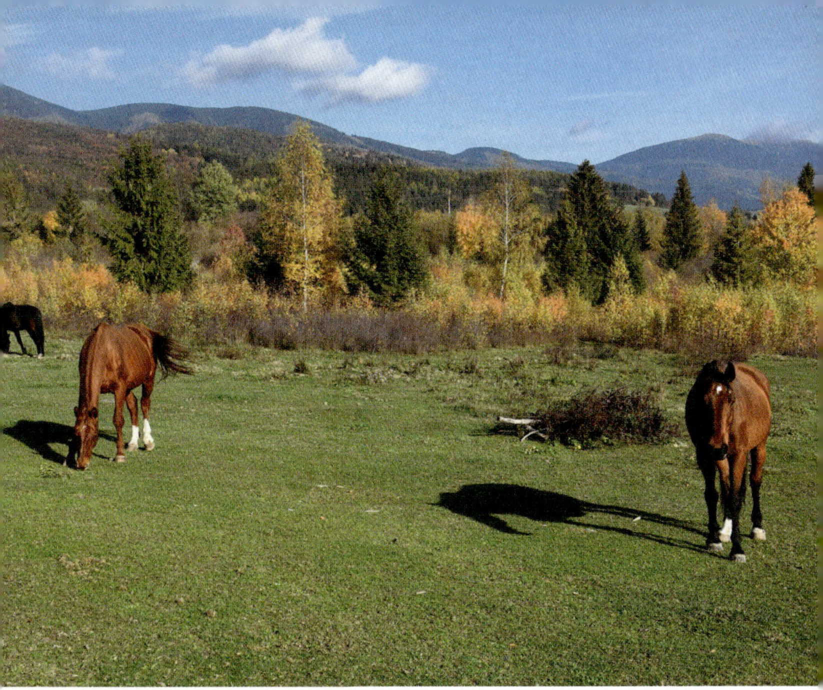

Weideflächen oberhalb von Závadka nad Hronom

weiser steigen wir die Wiese geradewegs nach oben und sehen einen **Baum** mit **Markierung (7)**. Unser schmaler Pfad führt von hier ohne Probleme zum Gipfel des **Veľký Bok (8)**. Die Aussicht ist ausgezeichnet. Auf demselben Weg geht es zurück zur **Zadná hoľa (5)**.
Den Kamm in östlicher Richtung folgend verläuft der Pfad zunächst durch Latschen und später im Wald in leichtem Auf und etwas mehr Ab bis zu einer Kreuzung am **Sedlo Oravcová (9)**. Über den jetzt blau markierten und etwas verwachsenen Pfad steigen wir nach rechts ab. Der Weg wird im weiteren Verlauf breiter und führt erst durch einen offenen Bereich und später sehr steil im Wald abwärts, bis zu einem großen Holzsammelplatz. Rechts davon steht der **Radwegweiser »Krivý most« (10)**. Von dort zieht sich ein Schotterweg links hinunter, der später an einer Schranke in eine Asphaltstraße mündet. Vorbei geht es am **Horáreň Kolesárová (11)** und später über Felder in den Ort. Von der Landstraße aus sind es noch 200 m nach links bis zum Endpunkt an der Bushaltestelle von **Závadka nad Hronom (12)**, wo regelmäßig Busse zum **Ausgangspunkt (1)** zurückfahren.

36 Rundweg von Heľpa auf die Veľká Vápenica, 1691 m

7.15 Std.

Herrliche Rundtour im Osten der Niederen Tatra mit Hütteneinkehr

Heľpa ist einer der etwas größeren Orte im Hron-Tal und verfügt über ein Amphitheater mit regelmäßigen Musikveranstaltungen. Hier starten wir zum Hausberg mit fantastischem Ausblick auf die gesamte Umgebung. Über den Hauptkamm des Gebirges führt unser Weg weiter zu einer der schönsten Hütten der Slowakei, bevor es wieder hinunter ins Tal geht. Zwischen Pohorelá und Heľpa passieren wir an der Gemarkungsgrenze den 20. Längengrad.

Ausgangspunkt: Heľpa, 649 m, Parkmöglichkeit direkt am Ausgangspunkt oder im Ort, Bushaltestelle mit sehr gutem Anschluss nach Brezno und Banská Bystrica direkt am Startpunkt.
Höhenunterschied: 1120 m.
Anforderungen: Mittelschwere Tageswanderung mit großem Höhenunterschied auf gut sichtbaren Pfaden; einige Abschnitte im Auf- und Abstieg sind sehr steil.
Einkehr: Die Útulňa Andrejcová bietet einfache Speisen und Getränke an. Die Übernachtung im Lager oder in den Zelten um die Hütte herum kostet 5 €. Reservierung erbeten! Die Hütte ist ganzjährig geöffnet. Von Anfang Mai bis Ende Oktober ist die Hütte bewirtschaftet – außerhalb der Saison mit Einschränkung nur am Wochenende (facebook.com/andrejcova). In Pohorelá gibt es am Dorfplatz mehrere Läden und ein Restaurant.
Variante: Mit einer Übernachtung auf der Hütte kann die Wanderung über den Hauptkamm bis zur Kráľova hoľa ausgeweitet werden.
Karte: SHOCart 1102 – Nízke Tatry Kráľova hoľa 1:50.000.
Tipp: Ein Übernachtung in der Útulňa Andrejcová mit abendlicher Lagerfeuerromantik ist ein unvergessliches Erlebnis.

Vom kleinen Platz an der Bushaltestelle von **Heľpa (1)** führt die Partizánska ulica mit blauer Markierung in Richtung Berge. Am Ortsende befindet sich der **Wegweiser »Nižné dolinky« (2)**. Es geht nach rechts und nach der Brücke sofort nach links auf einen Feldweg, der sich später im Wald sehr steil hinauf zu einer Wiese zieht. Eine Markierungsstange dient der Orientierung. An einer alten freistehenden Fichte wird nach links abgebogen. In einem recht jungen Mischwald steigen wir weiter auf, bis zu einem Querweg, dem nach

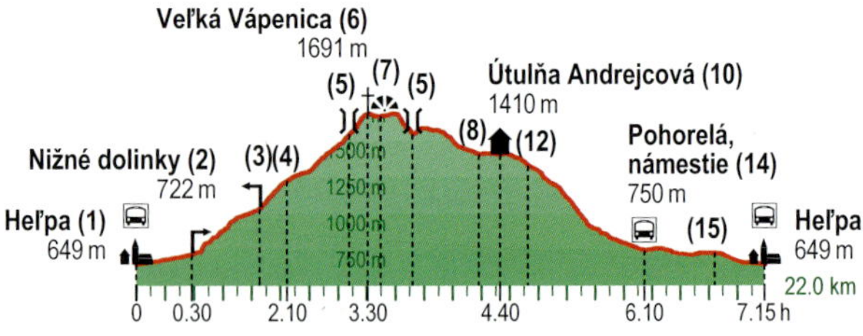

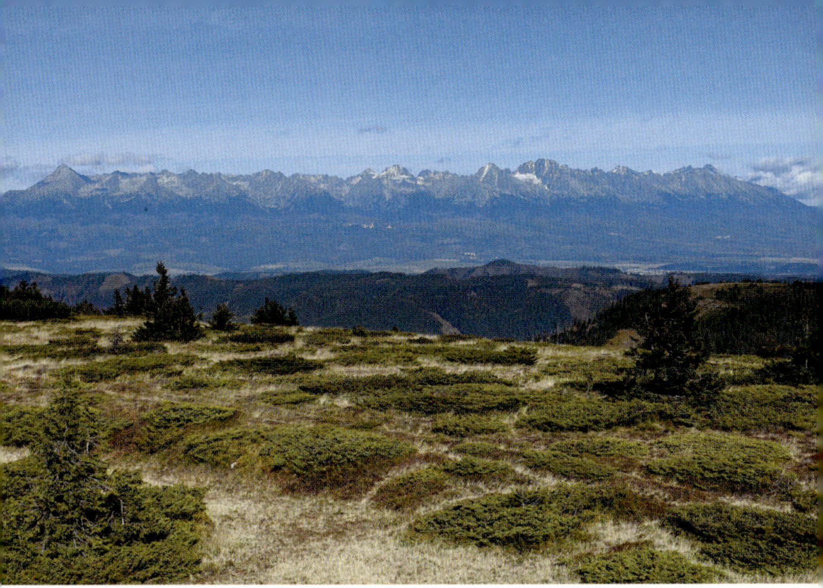

Panoramablick auf die Hohe Tatra.

rechts im spitzen Winkel in alten Waldbestand gefolgt wird. In der Kehre eines Schotterwegs halten wir uns an einem **Abzweig (3)** links. Über einen teilweise etwas ausgeschwemmten Waldweg und später einen Forstweg geht es am **Wegweiser »Vyšné Poľany« (4)** vorbei zu einem großen Holzsammelplatz. Unterhalb des Berges zieht sich der Weg den Hang hinauf zum **Sattel Priehybka (5)**.

Ein schmaler und mit roter Farbe gekennzeichneter Weg verläuft am Hang entlang hinauf zum **Gipfel** der **Veľká Vápenica (6)**. Es lohnt sich noch knapp 500 m weiter geradeaus bis zu einem **Fels (7)** zu wandern und von dort die Aussicht zu genießen. Das breite Gipfelplateau lädt zum Verweilen ein. Auf demselben Weg geht es bis zum **Sattel Priehybka (5)** zurück. Nochmals steigt der Pfad ein paar Meter an und zieht sich in der Folge meist leicht bergab bis zu einer weiteren großen Bergwiese mit **Wegweiser »Pod Košariskami« (8)**. Hier bietet sich die Gelegenheit nach Liptovská Teplička abzusteigen. Ungefähr 10 Min. sind es noch, bis zu einem Holzschild, das den **Abzweig** zur **Útulňa Andrejcová (9)** anzeigt. Die **Hütte (10)** befindet sich etwa 100 m weiter links. Das Panorama auf die Hohe Tatra ist einmalig und das stets überaus freundliche und zuvorkommende Personal lädt zu einer längeren Rast oder vielleicht sogar zu einer Übernachtung mit Lagerfeuerromantik ein.

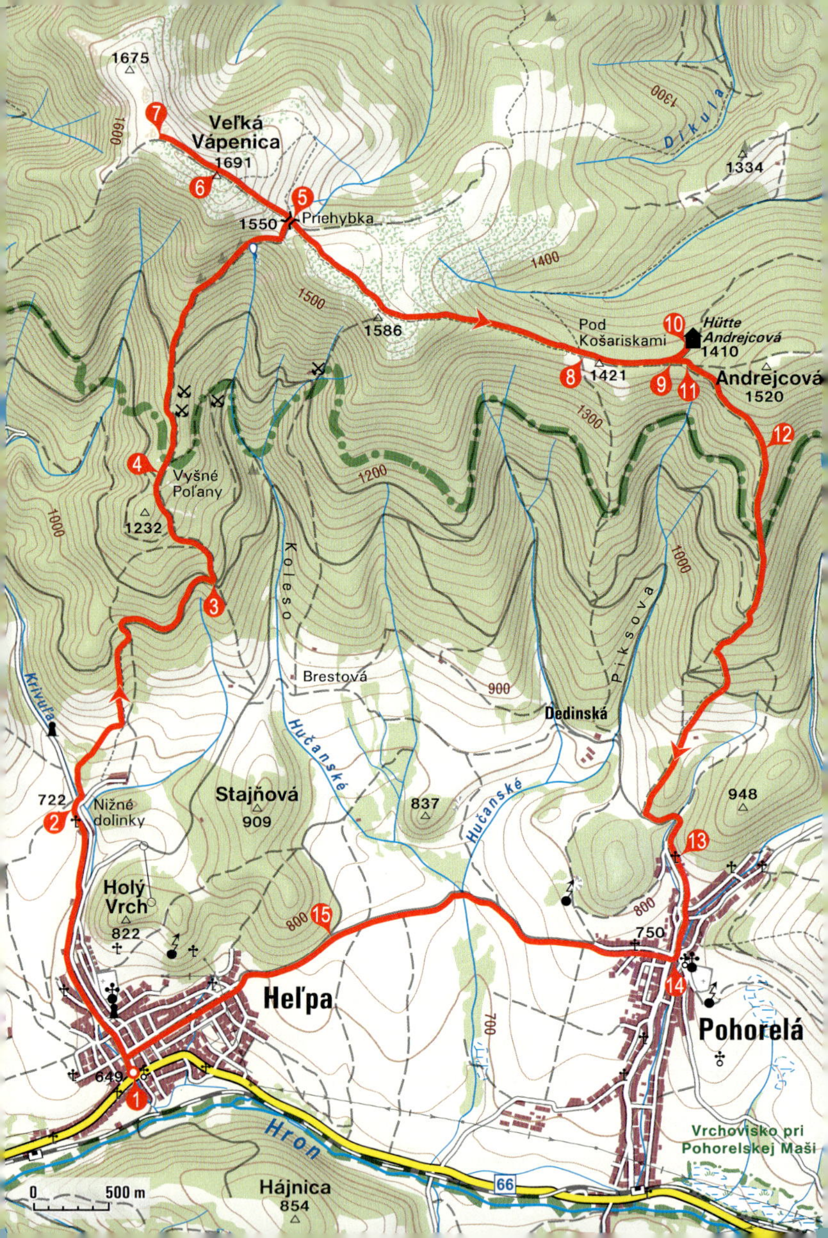
1675
Veľká Vápenica
1691
1550
Priehybka
Dikula
1334
1400
1500
1586
Pod Košariskami
Hütte Andrejcová
1410
1421
Andrejcová
1520
1300
1200
Vyšné Poľany
1232
1000
Koleso
Piksova
Brestová
900
Dedinská
Krivuľa
722
Nižné dolinky
Stajňová
909
Hučanské
837
948
Holý Vrch
822
800
750
700
Heľpa
Pohorelá
649
Hron
66
Vrchovisko pri Pohorelskej Maši
Hájnica
854
0
500 m

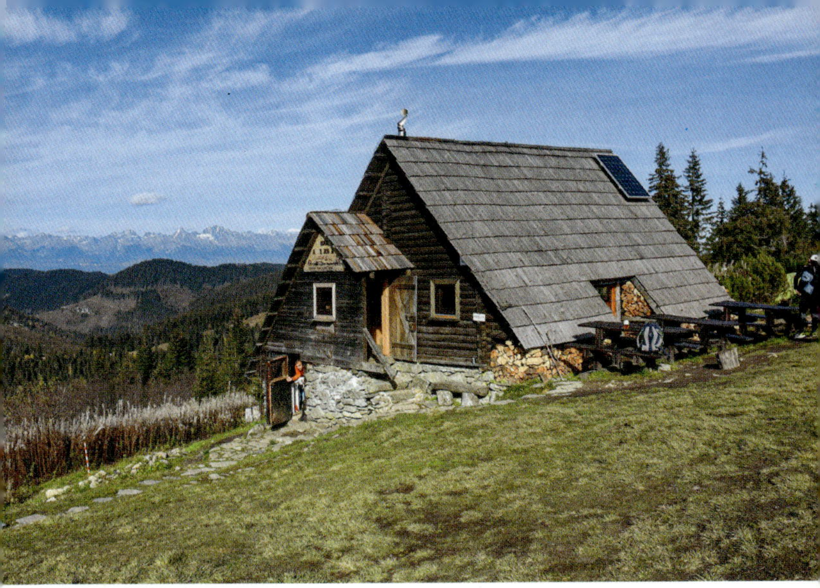

Die Notunterkunft Andrejcová.

Von der Hütte gehen wir wieder zum Kammweg zurück und finden direkt links davon den **Wegweiser »Andrejcová« (11)**. Leicht schräg nach rechts in Richtung eines Jesuskreuzes verläuft ein schmaler Pfad mit blauer Markierung. Zunächst nur langsam – später deutlich steiler – führt der mittlerweile breite Waldweg am **Schild »Pod Úplazíkom« (12)** vorbei auf einen größeren Platz zu. Geradeaus vor uns beginnt ein Wiesenweg und leitet in Richtung Tal. An einer Verzweigung weist die Markierung auf einem Stein nach links. Nach zwei Querwegen im Abstieg folgt eine große Wiese. Über diese und danach durch Wald sowie am Waldrand entlang zieht sich unsere Strecke zu einem Schotterweg hinunter. Dieser leitet nach links in einer Schleife herunter zu den ersten Häusern und über den **Wegweiser »Pohorelský medokýš« (13)** zum Dorfplatz von **Pohorelá (14)**.
Auf der Straße »Nová ulica« wandern wir in westlicher Richtung aus Pohorelá hinaus. Die mit blauem C für Radfahrer markierte schmale Asphaltstraße führt in einen Taleinschnitt hinunter, wo eine Infotafel über den 20. Längengrat informiert. Genau an der Gemarkungsgrenze endet der Asphalt und ein unbefestigter Feldweg zieht sich über eine Kuppe hinauf zum **Wegweiser »Pod Pustinou« (15)**. Links geht es zurück nach Heľpa und dort über die Krížna ulica bis zur Kreuzung mit der Partizánska ulica. Etwa 150 m links befindet sich der **Ausgangspunkt (1)**.

37 Rundweg zum Wasserfall von Pohorelá

3.00 Std.

Zu einer versteckten Kaskade im Wald

Der Wasserfall von Pohorelá ist relativ klein und unscheinbar. In Form als Rundtour bietet die Wanderung gleich nach dem Start mitten im Dorf eine Quelle mit sehr schmackhaftem Wasser und im Anstieg herrliche Ausblicke auf das Hron-Tal. Der etwas zugewucherte Pfad auf dem Bergrücken der Skalka ist eine willkommene Abwechslung und dürfte vor allem auch Kindern Freude bereiten.

Ausgangspunkt: Pohorelá, 750 m, Parkmöglichkeit im Ort, Bushaltestelle direkt am Ausgangspunkt – aber nicht jeder Bus fährt hinauf in den oberen Teil des Dorfs!
Höhenunterschied: 510 m.
Anforderungen: Halbtageswanderung ohne große technische Schwierigkeiten, der Aufstieg zur Skalka ist steil und der Pfad in einigen Bereichen etwas zugewachsen (grüne Markierung immer vorhanden), die letzten Meter zum Wasserfall sind steinig und bei Nässe kann es rutschig werden.
Einkehr: Ein Restaurant und ein Lebensmittelgeschäft am Ausgangspunkt, ansonsten nichts.
Variante: Wer wenig Zeit hat, kann die Strecke in umgekehrter Wegfolge über Lukačíková bis zum Wegweiser »Na ohrade« gehen und so ca. 45 Min. einsparen.
Karte: SHOCart 1102 – Nízke Tatry Kráľova hoľa 1:50.000.
Tipp: Auf jeden Fall von der Quelle trinken und vielleicht noch Wasser mitnehmen. Ab und an bildet sich eine Schlange von Leuten, die hier ihre Flaschen füllen.

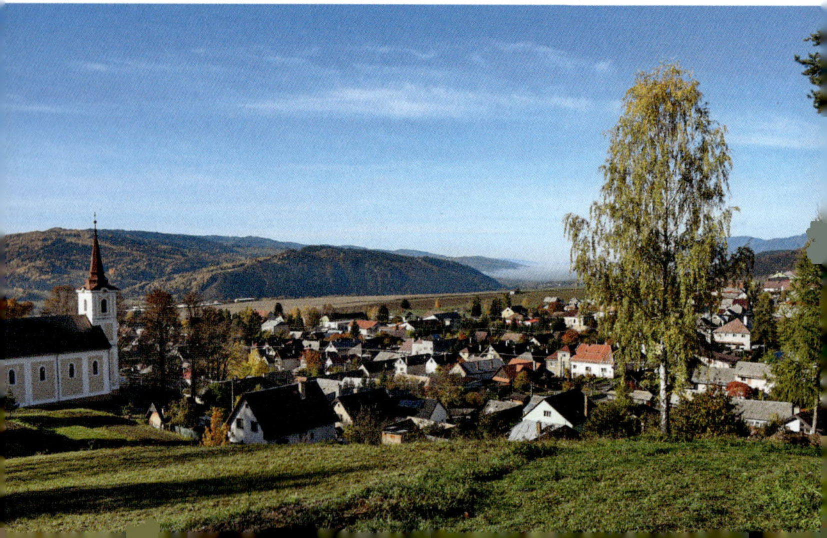

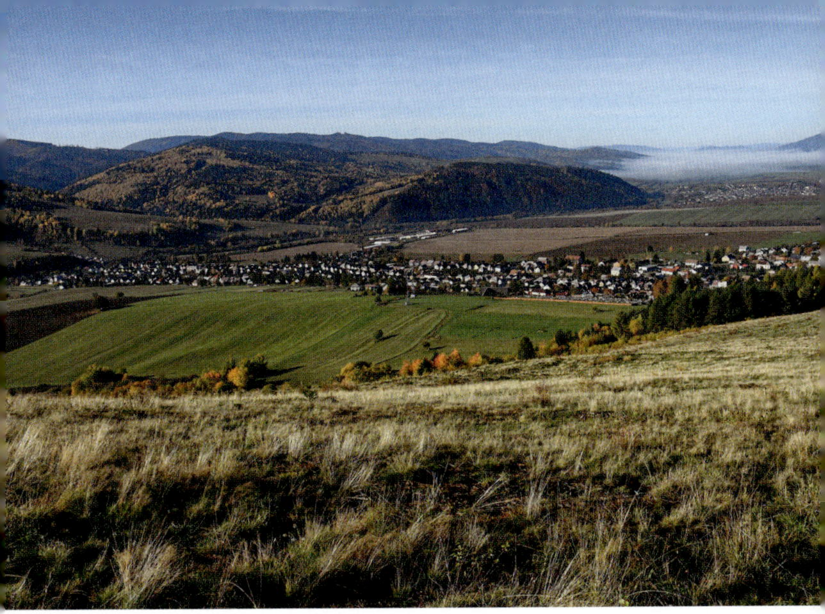

Oben: Das Hron-Tal verläuft hier zwischen der Niederen Tatra und der Muranská planina.
Links: Am Ortsausgang von Pohorelá.

Vom Dorfplatz in **Pohorelá (1)** gehen wir die Straße Orlová ulica rechts nach oben und erreichen nach wenigen Minuten eine Quelle und den **Wegweiser »Pod Skalkou« (2)**. Unser Weg zweigt hier erneut nach rechts ab und führt aus dem Ort heraus. Mithilfe der grünen Markierung wird ein Querweg erreicht. Etwa 50 m rechts unter einer **Wiese (3)** zweigen Wegspuren nach links ab und ziehen sich steil und direkt nach oben. Ein Blick zurück lohnt sich – das Hron-Tal zeigt sich von seiner schönsten Seite. Kurz unterhalb des Berges, stößt der Pfad auf einen breiten **Waldweg (4)**, der uns nach rechts hinauf auf den breiten Gipfel der Skalka leitet. Der östliche Teil des Hauptkamms bis zur Kráľova hoľa ist zu sehen. Es folgt ein etwas verwachsener Ab-

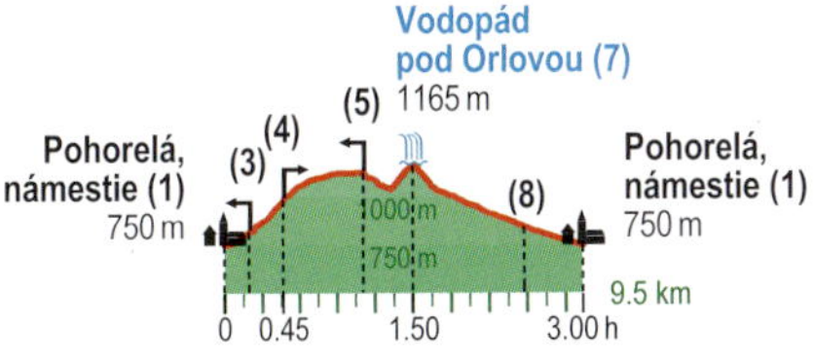

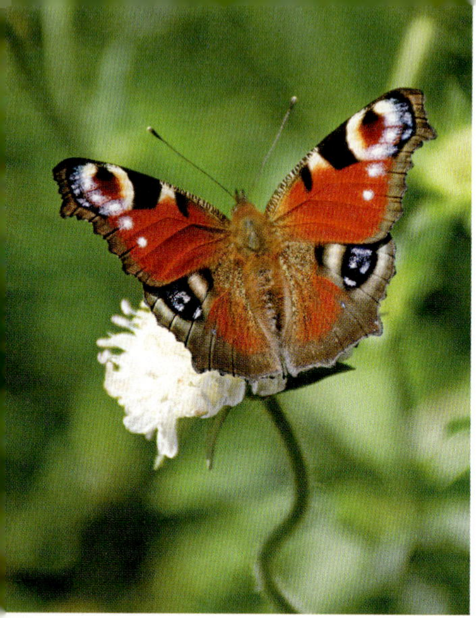

Rechts: Der Wasserfall von Pohorelá.
Links: Tagpfauenauge (Aglais io).

schnitt ohne relevanten Höhenunterschied bis zur Kreuzung **Salašná (5)**.

Eine Asphaltstraße zieht sich von hier hinunter zur Verzweigung **Na Ohrade (6)**, wo ein steiniger Pfad nach rechts in etwa 20 Min. zum **Vodopád pod Orlovou (7)** führt. Eine Bank mit Blick auf den Wasserfall lädt zum Verweilen ein. Auf demselben Weg gehen wir zum **Schild »Na ohrade« (6)** zurück und folgen dort der Teerstraße nach rechts über **Lukačíková (8)** durch das Tal hinab bis zum Ausgangspunkt in **Pohorelá (1)**.

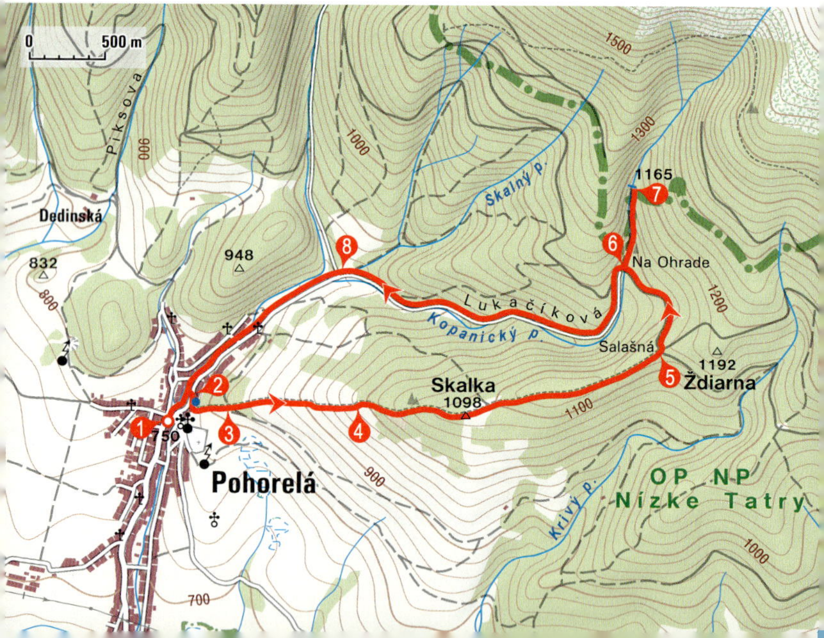

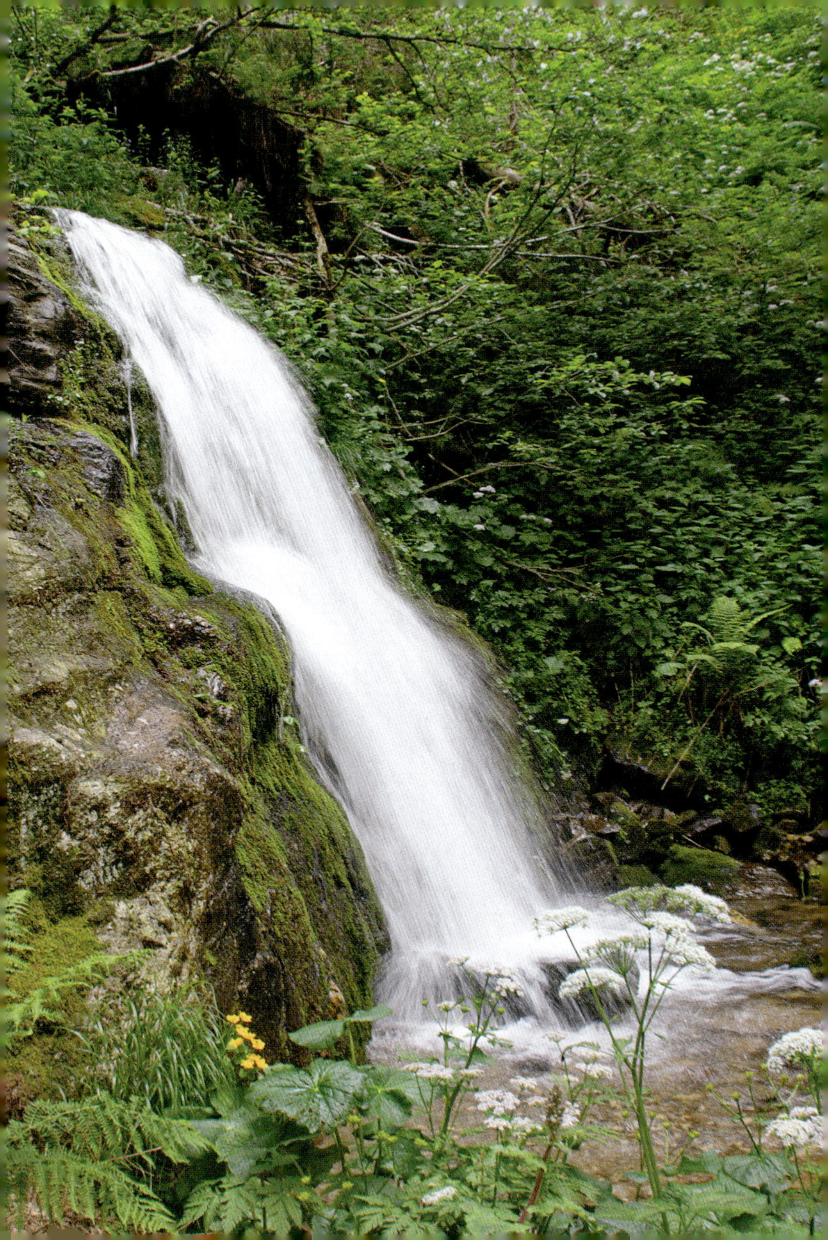

TOP 38 Rundweg von Telgárt auf die Kráľova hoľa, 1948 m

7.15 Std.

Eine traumhafte Runde auf den Hausberg von Telgárt

Das kleine Dorf Telgárt ist Ausgangspunkt für die Besteigung der Kráľova hoľa vom südlichen Hron-Tal. Bereits im Aufstieg zum Gipfel kommen wir an äußerst interessanten Felsformationen vorbei, die mit zu den Höhepunkten der Wanderung zählen. Der Ausblick auf das Tal ist fantastisch. Etwas westlich der Sendeantenne befindet sich der höchste Punkt der Kráľova hoľa, von wo aus der gesamte Kamm der Niederen Tatra sichtbar ist. Unser Berg ist der östlichste und letzte Gipfel auf dem Hauptkamm der Niederen Tatra. Auf dem Rückweg bietet der malerische Ort Šumiac noch eine Überraschung an. Dort stehen auch heute noch einige alte Holzhäuser.

Ausgangspunkt: Telgárt, 890 m, Parkmöglichkeit direkt am Ausgangspunkt und gute Busanbindung nach Brezno, Banská Bystrica und Poprad.
Höhenunterschied: 1260 m.
Anforderungen: Anspruchsvolle Tageswanderung mit großem Höhenunterschied, im Bereich um die Kráľova skala (Felsformation unter dem Gipfel) werden mindestens einmal die Hände für das Abklettern von ca. 3 m Felsen benötigt – hier auch Trittsicherheit erforderlich.
Einkehr: In Telgárt und Šumiac gibt es jeweils ein Restaurant und Geschäfte. Die Horská chata pod Kráľovou hoľou direkt neben dem Wegweiser Predné sedlo ist bei schönem Wetter ganzjährig geöffnet. Es gibt Suppen und Getränke.
Varianten: 1. Auf dem Hauptkamm kann man bis zur Útulňa Andrejcová gehen und dort übernachten. 2. Wer die Tour verkürzen möchte, kann von Šumiac mit dem Bus zurück nach Telgárt fahren. 3. Weitere Variante über den Lehrpfad von Šumiac nach Telgárt: Die grüne Balkenmarkierung leitet von Šumiac in östliche Richtung und zweigt an der ersten Möglichkeit rechts ab. Am Ende des Dorfs sind an allen wichtigen Punkten Wanderzeichen angebracht. Über wechselnde Wege geht es über Felder oder durch Wald zur Chamkova stodola – eine alte Scheune in herrlicher Natur. An der Landstraße wandern wir auf einem Weg links hinauf in den Wald und später über eine weitläufige Wiese geradeaus bis zu einem Hochstand. Markierungen sind etwas spärlich. Am Waldrand entlang führen erst Spuren und später ein Feldweg zur Landstraße und dem Wegweiser Meandre Hrona – die Mäander des Hron. Hinter einer Brücke gehen wir erst über einen Pfad am Bach entlang und später unter der Bahn hinauf bis zu einem Querweg mit Markierungsstange. Diesem wird nach links bis zur Bahnlinie gefolgt. Mithilfe einer Unterführung wird die Seite gewechselt und zum Bahnhofsgebäude weitergewandert. Der Lehrpfad leitet zunächst parallel der Gleise bis kurz vor eine Unterführung, wo links zu einer Bachquerung abgezweigt wird. Auf der anderen Seite führt ein Feldweg zu einer Brücke und am anderen Ufer hinauf zum Hotel Telgárt. Ortsstraßen leiten zum Wegweiser Telgárt im Zentrum des Dorfs (4,4 km länger).
Karte: SHOCart 1102 – Nízke Tatry Kráľova hoľa 1:50.000.

Die grüne Wandermarkierung begleitet uns von **Telgárt (1)** bis hinauf zur Kráľova hoľa. Zunächst gehen wir 50 m an der Bundesstraße entlang und

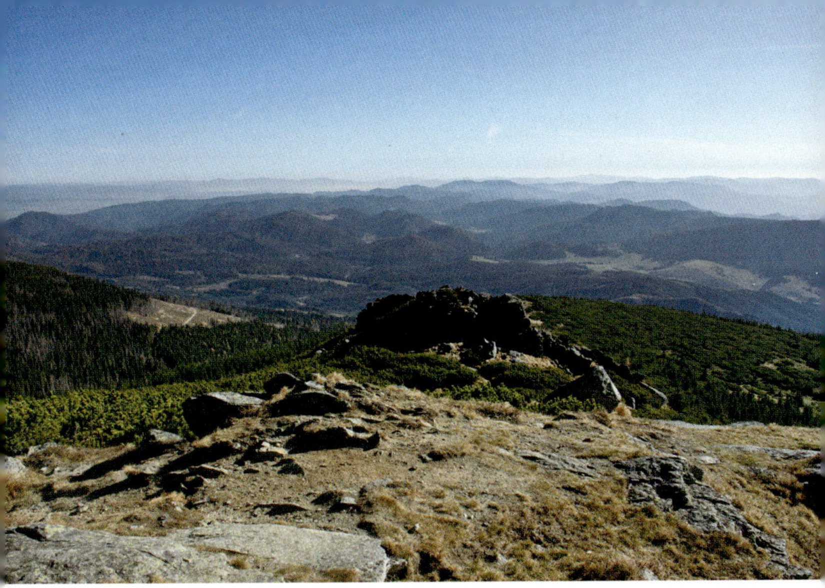

Bei den Felsen Kráľova skala.

biegen danach rechts ab. Die Strecke verläuft an der Kirche und dem Friedhof vorbei und von dort an sehr steil bergauf. An einem Fels mit Kreuzung befindet sich links eine Quelle und der rechte Weg führt im Wald zu einem Querpfad. Etwa 150 m links steht der **Wegweiser »Štráfy« (2)**. Erneut zieht sich ein Pfad rechts hinauf und mündet in einen Weg, wo wiederum links bis zu einer Kreuzung gewandert wird. Dort geht es rechter Hand nach oben und im Verlauf durch einen gerodeten Bereich bis zu einem großen **Platz (3)**. Ein Pfad quert von hier zunächst ansteigend den Hang und biegt danach zu den Felsen unter der Kráľova hoľa ab. An einem kleinen Abstieg werden die Hän-

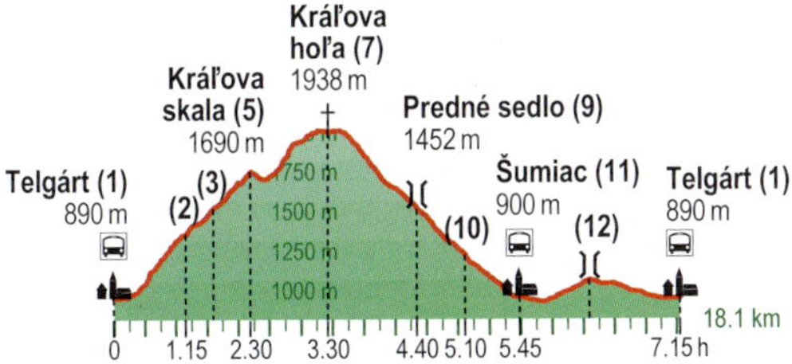

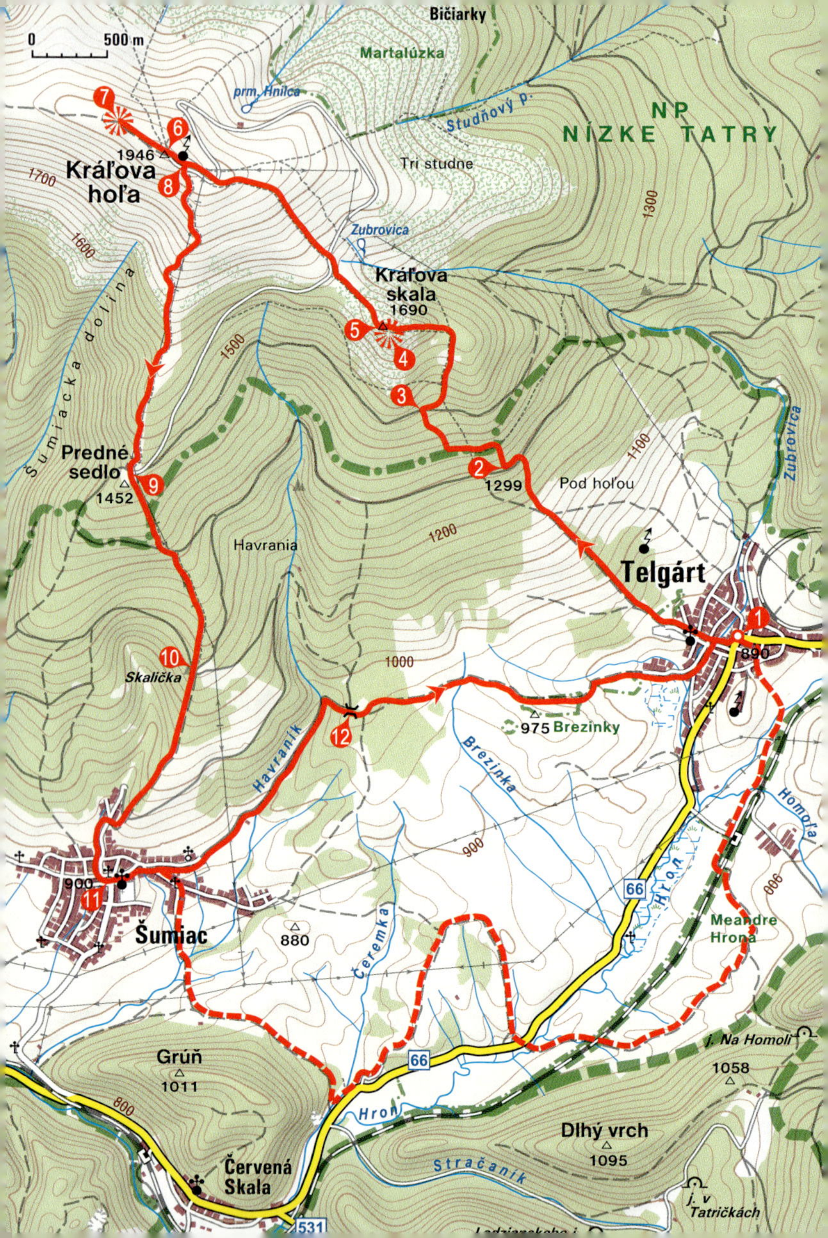

Bičiarky
0
500 m
Martalúzka
prm. Hnilca
Studňový p.
NP
NÍZKE TATRY
7
6
1946
Kráľova
hoľa
8
1700
Tri studne
1300
1600
Zubrovica
Kráľova
skala
1690
5
4
3
Šumiacka dolina
1500
2
1299
Pod hoľou
1100
Zubrovica
Predné
sedlo
9
1452
Havrania
1200
Telgárt
1
890
10
Skalička
1000
12
975 Brezinky
Havraník
Brezinka
Homoľa
900
66
Hron
900
11
Šumiac
880
Čeremka
Meandre
Hrona
j. Na Homoli
1058
Grúň
1011
66
800
Hron
Dlhý vrch
1095
Červená
Skala
Stračaník
j. v
Tatričkách
531

de zum Abklettern benötigt. Kurz darauf folgt ein **Aussichtspunkt (4)** mit herrlichem Blick hinunter ins Hron-Tal. Vom **Wegweiser »Kráľova skala« (5)** sind es nur ein paar Meter hinab, bis zur Zufahrtsstraße. Etwa 100 m weiter beginnt ein Pfad, der sich über eine Wiese wieder direkt hinauf zur Straße zieht. Von hier aus ist es nur noch ein kleines Stück nach links bis zur **Antenne der Kráľova hoľa (6)**. Knapp 400 m weiter westlich erheben sich mehrere **Felsen (7)**, die zugleich die höchste Erhebung des Bergs darstellen.Wir gehen vom Gipfelplateau ein paar Meter auf der Straße bis zum **Wegweiser »Pod vysielačom« (8)** hinunter und folgen dem breiten Weg mit blauer Markierung ins Tal. Es lohnt sich ein Blick zurück zu unserem Gipfel zu werfen, der von hier wohl am besten zu sehen ist. Auch die Felsen der Aufstiegsroute thronen links von uns. Der **Wegweiser »Predné sedlo« (9)** liegt an der Zufahrtsstraße zur Kráľova hoľa. Etwa 30 m rechts davon befindet sich eine sehr moderne Hütte, die zu einer Rast einlädt. Links des kleinen Bergrückens führt der Weg weiter geradewegs bergab und quert zum zweiten Mal die Straße. Am Fels **Skalička (10)** beginnt erneut ein Waldweg, auf dem weiter abgestiegen wird. Nach einer letzten Straßenquerung sind es nur noch wenige Meter bis zu den ersten Häusern. Auf der Dorfstraße geht es links weiter bis zum Hauptplatz von **Šumiac (11)**.

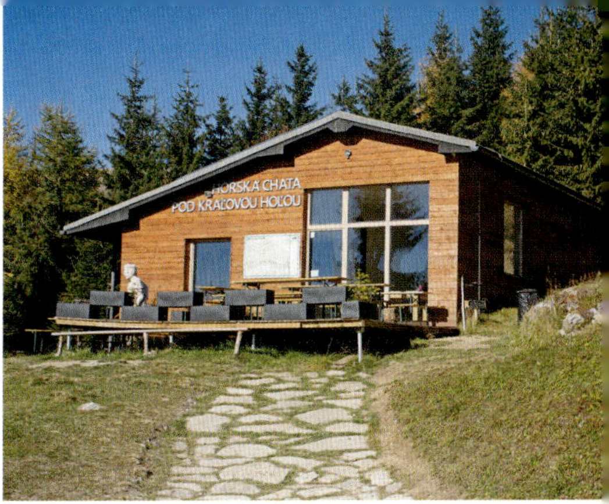

Die moderne Hütte am Predné sedlo.

Das blaue "C" (Radfahrermarkierung) leitet von hier zum Ausgangspunkt zurück. Über die Straße Ulica SNP wandern wir in östlicher Richtung aus dem Dorf heraus – die sehr gut erhaltenen Holzhäuser mit den liebevollen Details in den kleinen Fenstern stechen ins Auge. An einem Bauernhof vorbei geht es zunächst am Waldrand entlang auf einem Forstweg bis zu einem kleinen **Sattel (12)**. Dort wird leicht rechts auf eine kaum erkennbare Spur abgebogen. Das blaue »C« an einem Baum ist jedoch vorhanden. Später zieht sich ein schmaler Pfad an etlichen Bäumen vorbei und mündet auf einer großen Wiese und nach einer Bachquerung in einen Schotterweg. Dieser führt rechts hinunter nach Telgárt. Am Ortseingang befindet sich eine Romasiedlung. Die Kirche dient als Orientierung und so wird schnell wieder der **Ausgangspunkt (1)** erreicht.

39 Von Telgárt nach Dedinky

6.30 Std.

Von der Niederen Tatra in das Slowakische Paradies

Über den Europäischen Fernwanderweg E8 wandern wir von Telgárt zunächst an der berühmten Viaduktbrücke der Eisenbahnlinie vorbei und wenig später zur Quelle des Flusses Hron, der von hier auf der Südseite der Niederen Tatra entlang auf über 298 Kilometer Länge in die Donau fließt. Im weiteren Wegverlauf bieten sich zwei Aussichtsgipfel zur Besteigung an, bevor es dem Ziel entgegengeht. Dedinky – direkt am aufgestauten Hnilec gelegen – bietet ausgezeichnete Erholungs- und Wassersportmöglichkeiten.

Ausgangspunkt: Telgárt, 890 m, Parkmöglichkeit direkt am Ausgangspunkt und gute Busanbindung nach Brezno, Banská Bystrica und Poprad.
Endpunkt: Dedinky, 784 m, nur wenige Busse am Tag in Richtung Spišská Nová Ves, Poprad, Dobšiná und Rožňava, Eisenbahnlinie mit zwei Verbindungen am Tag nach Telgárt und Banská Bystrica.
Höhenunterschied: 550 m im Aufstieg und 660 m im Abstieg.
Anforderungen: Anspruchsvolle und lange Wanderung auf meist guten Wegen oder Pfaden; Einige Abschnitte sind steil.
Einkehr: In Telgárt gibt es zwei Restaurants. Am Ziel in Dedinky gibt es einen Laden mit integrierter Bar und eine Pizzeria. Etwas oberhalb der Kirche liegt die Penzión Pastierňa, die auch über ein Restaurant verfügt und ganzjährig in Betrieb ist.
Selbstversorgerhütten: Chata Rita, Tel. +421 915 254856 (Jozef Gorej) oder +421 904 622275 (Igor Matejzel), jozefgorej95@gmail.com; Chata Gápel, Tel. +421 58 7941291, ml@mldobsina.sk, mldobsina.sk/38/chata-gapel/ (nur auf Slowakisch).
Varianten: 1. Hütte Rita und Mária Skala: Von der Bergwiese Čuntava (6) etwa 400 m auf vorhandenem Weg abwärts zur Hütte und auf vorhandenem Pfad ein Stück durch den Wald zum Aussichtspunkt Mária Skala mit Rasthütte.
2. Aussicht Ondrejisko – Borovniak: Vom Wegweiser »Pod Ondrejiskom« (7) führt ein mit rotem Dreieck markierter Weg in nördliche Richtung. An der ersten Passhöhe rechts auf einem Waldweg an den Berg heran und an einem Markierungspfosten über einen Pfad nach links und von hinten zur Aussicht Ondrejisko – Borovniak hinauf. Das Panorama auf die Kráľova hoľa und das Slowakische Paradies ist herrlich, und zwei Bänke laden zum Verweilen ein. Für den Abstecher von 2,4 km Länge sind etwa 50 Min. einzuplanen.
3. Aussichtspunkt am Strmá prť: Rechts vom Abzweig zum Aussichtspunkt (8) führt ein Pfad über eine Wiese hinauf. Nach etwa 100 m verlassen wir den Pfad nach links und gehen mit der Markierung rotes Dreieck durch den Wald noch ein paar Meter hinauf zum Aussichtspunkt Strmá prť. Eine Bank lädt zum Ausruhen ein und es bietet sich eine lohnenswerte Aussicht in westliche Richtung. Für den Abstecher von 500 m sind etwa 15 Min. zu veranschlagen.
Karte: SHOCart 1102 – Nízke Tatry Kráľova hoľa 1:50.000 und SHOCart 704 – Slovenský raj.

Die Bundesstraße 66 führt vom Zentrum **Telgárts (1)** in östliche Richtung. Am Ortsende kommen wir am **Bahnhof (2)** vorbei und steigen direkt auf der

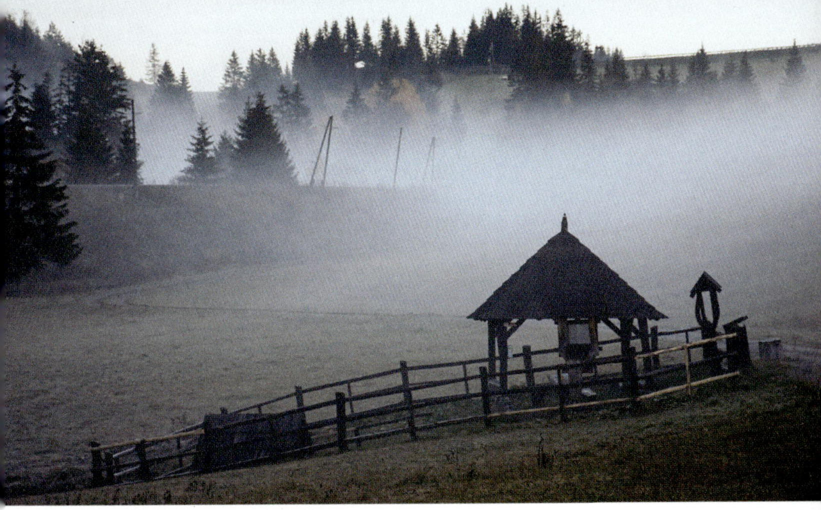

Frühmorgens an der Hron-Quelle.

anderen Seite der Gleise wieder an die Straße ab, die uns zum **Wegweiser »Prameň Hrona«** führt. Die **Quelle (3)** selbst befindet sich etwa 100 m links in einer Aue. Der Straße folgend geht es noch ein paar Meter hinauf, bis zum **Schild »Besník« (4)** – der offiziellen Grenze zum Slowakischen Paradies. Auf roter Markierung steigen wir zu einem Kreuz mit Rasthütte auf und wandern in das Seitental hinein. Kurz hinter einem Sattel wird die Kreuzung **Pod Čuntavou (5)** erreicht – nur ein paar Meter abwärts davon liegt die Bergwiese **Čuntava (6)** mit dem gleichnamigen Wegweiser. Mit Voranmeldung besteht die Möglichkeit, in der Hütte Rita (Variante) in unmittelbarer Nähe zu übernachten. Etwa 20 m hinter dem Schild leitet der zweite Weg links zur Verzweigung **Pod Ondrejiskom (7)**, wo die Möglichzeit zur Besteigung des zweithöchsten Berges des Slowakischen Paradieses besteht (Variante). Geradeaus zieht sich ein Pfad bis zu einer Wiese, wo es links hinauf zu einer weiteren Rasthütte und einem Sattel geht. Von hier kann zu einem weiteren

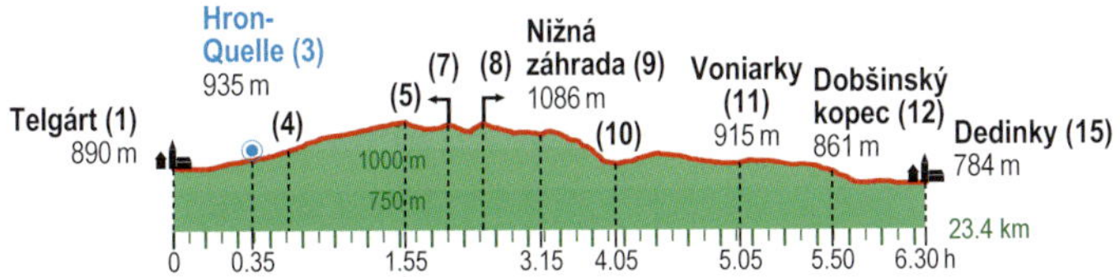

Aussichtspunkt (8) (Variante) abgebogen werden. Im Auf und Ab verläuft der Weg erst am Waldrand entlang und später im Wald oder über Wiesen. Nach dem Umrunden eines höheren Bergs folgt die Kreuzung **Nižná záhrada (9)**. Im Norden sind bereits die wilden Felsformationen über Stratená sichtbar. Wir wandern auf einem breiten Waldweg bergauf und zwischen zwei Anhöhen hindurch. Nach kurzem Abstieg wird eine Wiese mittels einer Rechtskurve gequert. Hinter einer eingestürzten Hütte verläuft der Weg in einer Schleife hinunter zum **Schild »Pod Hanesovou« (10)** und von dort mit geteertem Belag hinauf zu einer Karsthochebene. An einem Wegweiser der Gemeindeverwaltung in ungewöhnlicher Form biegen wir rechts ab und erreichen nach wenigen Minuten die **Chata Gápel** mit gefasster Quelle. In Richtung Osten ist es ein breiter Weg, der uns in wenigen Minuten zur Kreuzung **Voniarky (11)** leitet.
Etwa 50 m links vom großen Kreuz zweigt ein Pfad nach rechts ab. Ein leichtes Auf und Ab durch Wald- und Wiesenlandschaften führt zur Bundesstraße hinunter. Auf der anderen Straßenseite zieht sich der Weg etwas rechts einen Bergrücken hinauf und über eine Wiese und einem Feldweg zur Straßenkreuzung **Dobšinský kopec (12)** hinunter. Etwa 100 m links vom Wegweiser beginnt ein gelb markierter Pfad, der hinunter zum Stausee verläuft. Nach der Eisenbahnbrücke geht es auf einer kleinen Asphaltstraße zum **Bahnhof Dedinky, zastávka (13)**. Die grüne Wandermarkierung leitet uns zunächst über die Staumauer und danach auf einem Waldweg parallel oberhalb der Hauptstraße zum großen **Hotel** von **Dedinky (14)**. Mangels Alternative folgen wir hier der Straße am See entlang in das Zentrum von **Dedinky (15)**. Mit Bus oder Bahn wird zum **Ausgangspunkt (1)** zurückgekehrt.

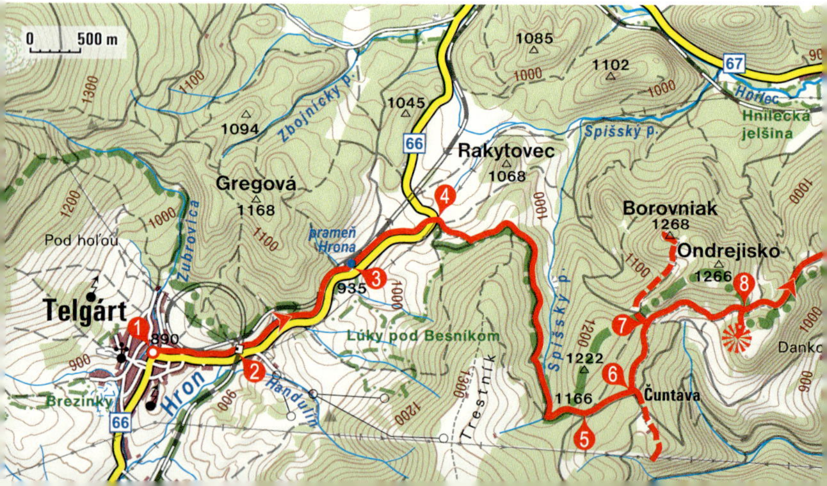

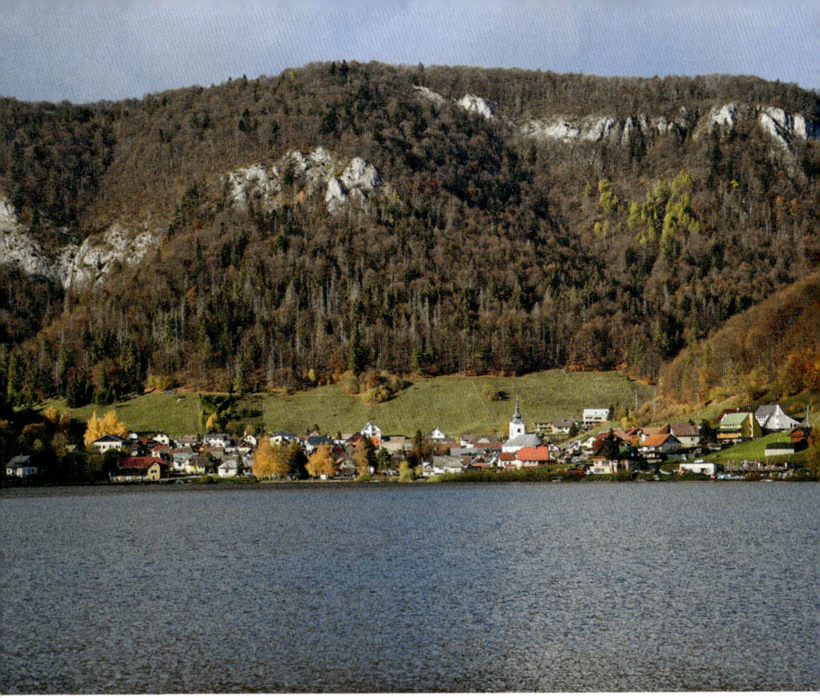

Blick von der Staumauer auf Dedinky.

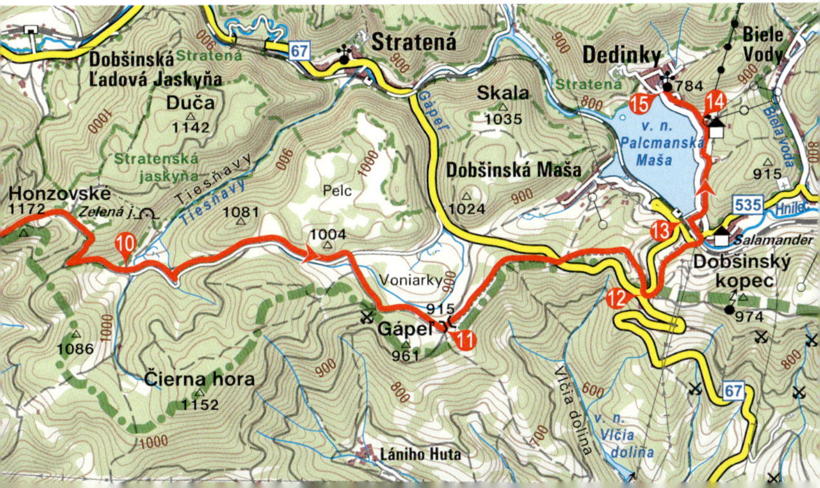

40 Von Dedinky zur Eishöhle Dobšiná

6.30 Std.

Auf wilden Pfaden durch ein einsames Tal zur Eishöhle von Dobšiná

In Stratená, vor der atemberaubenden Felsenkulisse, beginnt das kleine Tal Tiesňavy. Ein schmaler Pfad zieht sich meist in unmittelbarer Nähe des Bachlaufs empor und hat einiges zu bieten. Eine Holzleiter führt uns nach oben und auch Kettensicherungen erleichtern das Vorwärtskommen. Später erreichen wir die Eishöhle von Dobšiná. Die Höhle wurde in die Liste als UNESCO-Weltkulturerbe aufgenommen und ist ein Muss für jeden Slowakeibesucher. Knapp 475 Meter können im Rahmen einer Besichtigung begangen werden. In den 1950er-Jahren des vergangenen Jahrhunderts wurde der Große Saal von Eisläufern als Trainingsort genutzt.

Ausgangspunkt: Dedinky, 784 m, nur wenige Busse am Tag in Richtung Spišská Nová Ves, Poprad, Dobšiná und Rožňava, Eisenbahnlinie mit zwei Verbindungen täglich nach Telgárt und Banská Bystrica, Parkplatz direkt am Ausgangspunkt.

Höhenunterschied: 570 m.

Anforderungen: Anspruchsvolle Wanderung, die vor allem im Bereich der Schlucht Tiesňavy Trittsicherheit erfordert. Der Anstieg von der Bergwiese Hanesová ist sehr steil. Für die auf dem Weg liegenden Höhlen ist die notwendige Erfahrung und Ausrüstung zwingend erforderlich.

Einkehr: Am Ausgangspunkt in Dedinky gibt es einen Laden mit integrierter Bar und eine Pizzeria. Etwas oberhalb der Kirche liegt die Penzión Pastierňa, die auch über ein Restaurant verfügt und ganzjährig in Betrieb ist. Auch Stratená verfügt über zwei Restaurants mit eingeschränkten Öffnungszeiten. An der Eishöhle gibt es Kleinigkeiten und in der Siedlung an der Straße während der Saison ein Gasthaus.

Variante: Die Wanderung lässt sich einfach abkürzen, wenn man von Stratená aus beginnt.

Karten: SHOCart 1102 – Nízke Tatry Kráľova hoľa 1:50.000 und SHOCart 704 – Slovenský raj.

Tipp: Ein Besuch der Eishöhle von Dobšiná ist wohl die absolute Hauptattraktion der Wanderung. Die Höhle ist nur von Mitte Mai bis Ende September geöffnet (ssj.sk/de/jaskyna/6-die-dobsina-eishohle).

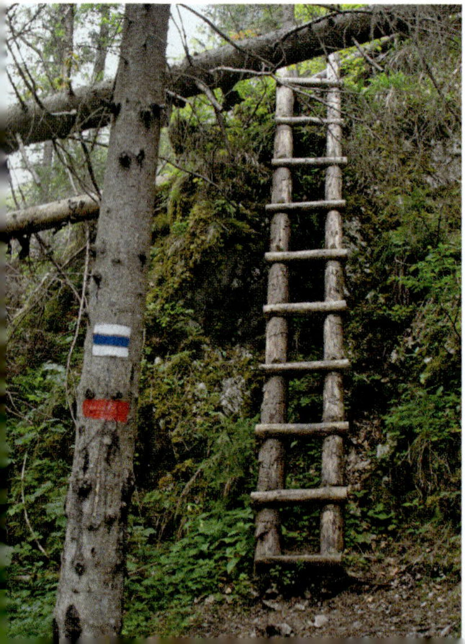

Holzleiter im Tal Tiesňavy.

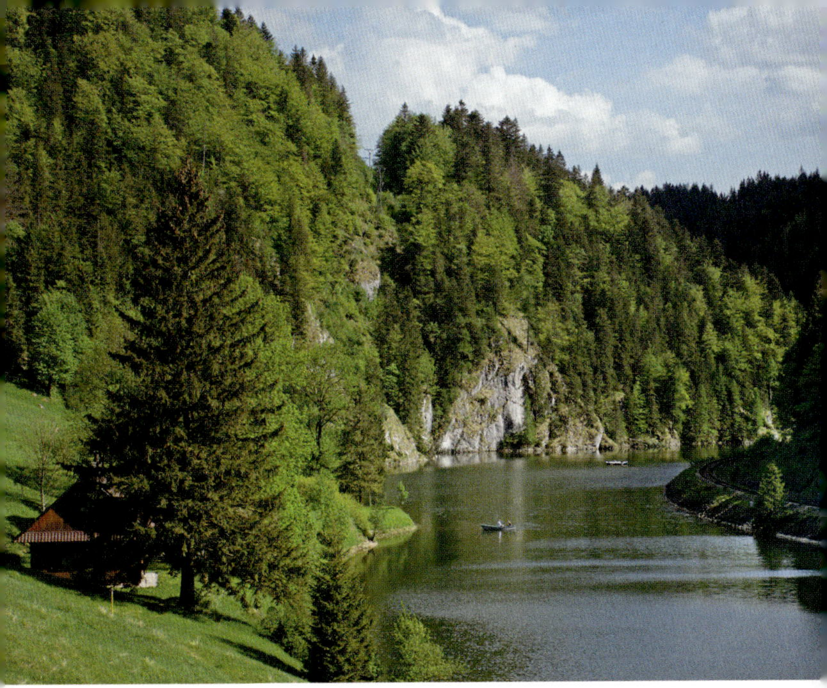

Der aufgestaute Hnilec bei Stratenská píla.
Bild Seite 209: Die Felsen von Stratená.

Die rote Wandermarkierung führt von **Dedinky (1)** zunächst am Rathaus vorbei und in Höhe der Hausnummer 172 nach links auf einen Pfad in den Wald. Es geht ein paar Meter hinauf und nach etwa 15 Min. zweigt ein Weg nach links ab. Im nun folgenden Abstieg wird eine größere Stufe mittels einer Holztreppe überwunden. Über eine Wiese queren wir einen Hang und erreichen **Stratenská píla (2)**. Ab hier leitet uns eine schmale Asphaltstraße durch das Tal des Hnilec bis zur Hauptstraße und geradeaus weiter bis **Stratená (3)**.
Mithilfe der blauen Markierung geht es nach links, an der Chata Pelc vorbei und unter der Eisenbahn hindurch in das Tal Tiesňavy hinein. Der schmale Pfad schlängelt sich anfangs über Wiesen und später im Wald am Bachlauf entlang. Den Wanderer erwarten hier Brücken, kurze Kettensicherungen, ein Holzsteg und mittels einer Holzleiter wird eine Felsstufe überwunden. Ein magischer Mischwald lädt zum Träumen ein. Im weiteren Verlauf zieht sich der Pfad steil nach oben und verlässt den Bach. Kurz darauf folgt auf einer

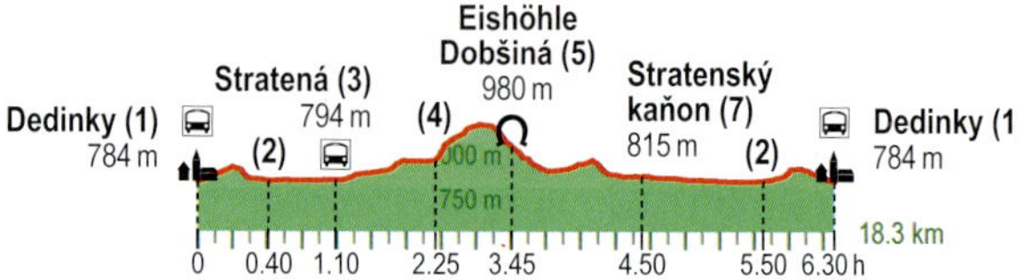

Wiese die Kreuzung **Pod Hanesovou (4)**. Wir steigen im 90-Grad-Winkel nach rechts auf und finden am Waldrand weitere Markierungen. Vorbei an Höhlen und wilden Felsformationen führt der Pfad hinauf auf eine Art Hochebene. Nach mehreren Wegwechseln zieht sich der Pfad sanft bergab. Kurz nach einem großen Felsaufbruch mit Höhle ist bereits die Einzäunung der **Eishöhle von Dobšíná (5)** zu sehen. Mehrere Tische vor dem Eingangsgebäude laden zu einer Rast ein.

Über den offiziellen Zustieg der Höhle steigen wir bis zur Ansiedlung **Dobšinská ľadová jaskyňa (6)** an der Bundesstraße ab und folgen dieser etwa 400 m nach rechts bis zu einem frei stehenden Haus. Die rote Markierung überwindet auf unbefestigten Wegen und Pfaden einen Bergrücken und kürzt so etliche Meter der Straße ab. Auf dem Weg zurück in Richtung Stratená wird der Straßentunnel über den alten Weg durch den **Stratenský kaňon (7)** umgangen. Mehrere Infotafeln erzählen aus der Region. Von **Stratená (3)** geht es auf demselben Weg über **Stratenská píla (2)** zurück nach **Dedinky (1)**.

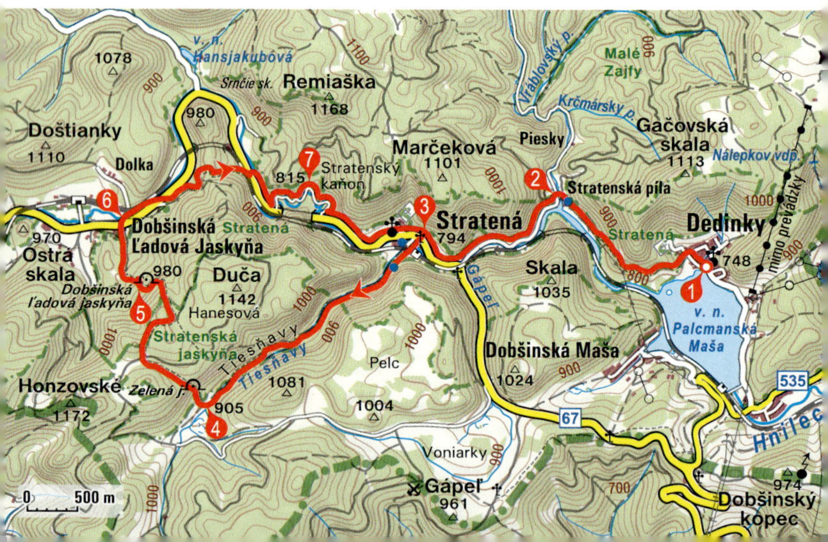

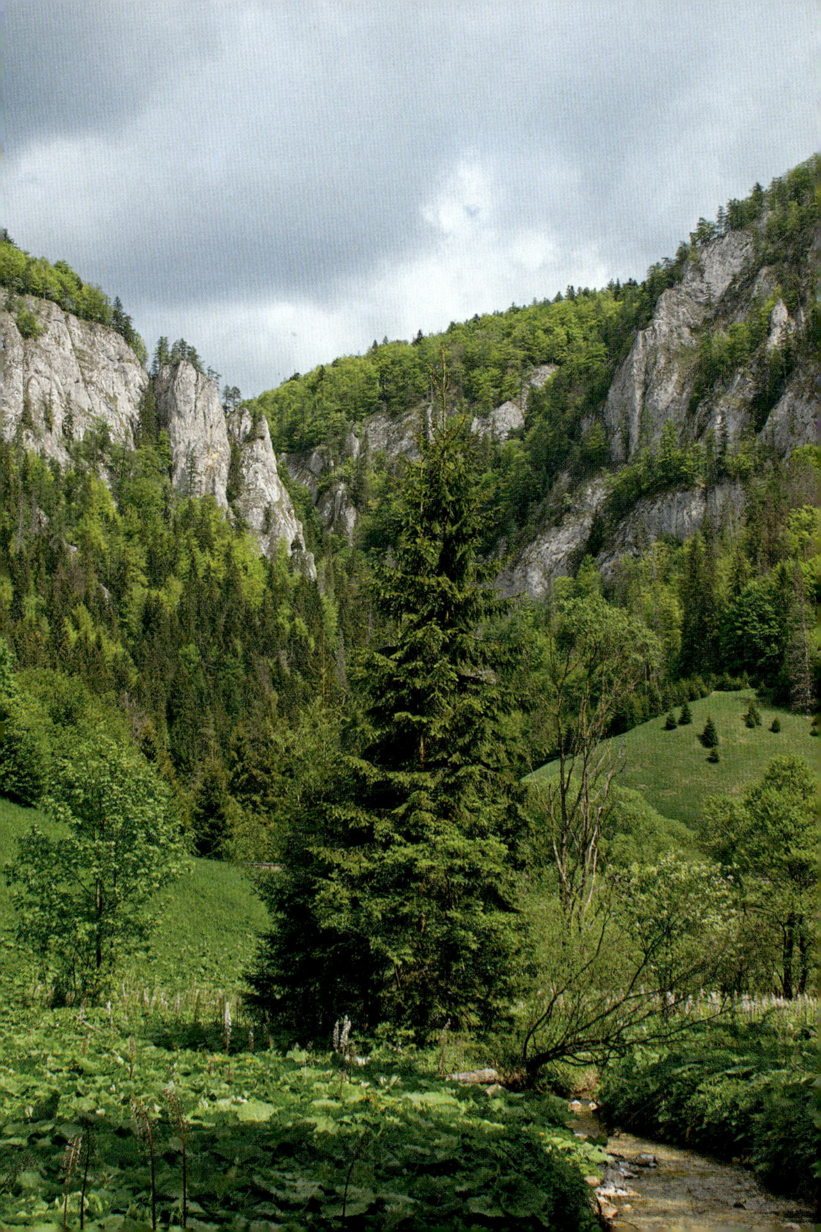

41 Über Geravy zur Havrania skala

6.15 Std.

Ein Aussichtspunkt mit Traumblicken auf das Slowakische Paradies

Von Dedinky erfolgt heute zunächst der Aufstieg zur Karsthochebene Geravy. Der sich an der Strecke befindliche Sessellift wurde renoviert und wartet auf die Zulassung zum Betrieb. Geravy ist eine der vielen Karsthochebenen des Slowakischen Paradieses. Es handelt sich hierbei um eine Wald- und Wiesenlandschaft, die zum Träumen einlädt. Rund um das Hotel und Restaurant lässt man Ziegen, Schafe und Pferde im Sommer zum Teil frei herumlaufen. Später sind wir in einem romantischen Tal unterwegs und steigen von hier zu unserem Gipfel auf. Auf der Südseite des Gebirges dürfte es der schönste Aussichtspunkt auf das Gebiet sein.

Ausgangspunkt: Dedinky, 784 m, nur wenige Busse am Tag in Richtung Spišská Nová Ves, Poprad, Dobšiná und Rožňava, Eisenbahnlinie mit zwei Verbindungen am Tag nach Telgárt und Banská Bystrica.
Höhenunterschied: 720 m.
Anforderungen: Anspruchsvolle Tageswanderung mit zum Teil sehr steilen An und Abstiegen. Trittsicherheit ist erforderlich und an einer Stelle werden die Hände benötigt. Wer die Tour von Veľké Zajfy a Malé Zajfy nach Stratenská píla abkürzt (Variante), kann alle Schwierigkeiten auslassen (Schwierigkeit in diesem Fall leicht).
Einkehr: Am Ausgangspunkt in Dedinky gibt es einen Laden mit integrierter Bar und eine Pizzeria. Etwas oberhalb der Kirche geht es an der Penzión Pastierňa vorbei, die auch über ein Restaurant verfügt und ganzjährig in Betrieb ist. Auf der Karsthochebene gibt es ein Gasthaus. Auch Stratená verfügt über zwei Restaurants mit eingeschränkten Öffnungszeiten.
Variante: Es ist möglich, die Tour von Veľké Zajfy a Malé Zajfy nach Stratenská píla abzukürzen. Leider verpasst man so aber auch die herrliche Aussicht.
Karte: SHOCart 704 – Slovenský raj.
Tipp: Man sollte auf jeden Fall den ganzen Tag für die Wanderung einplanen und bei gutem Wetter auf dem Gipfel und vielleicht auch später am Wasser ausgiebig rasten und die Seele baumeln lassen.

Von **Dedinky (1)** folgen wir zunächst dem Wegweiser zur Pension Pastierňa und weiter dem mit grüner Markierung gezeichneten Weg über eine Wiese hinauf in den Wald zu einem Stromverteilerkasten. Jetzt geht es steil bergauf und an einem Abzweig nach links. Später führt uns der Pfad über eine kurze Felsstufe nach oben und es wird deutlich fla-

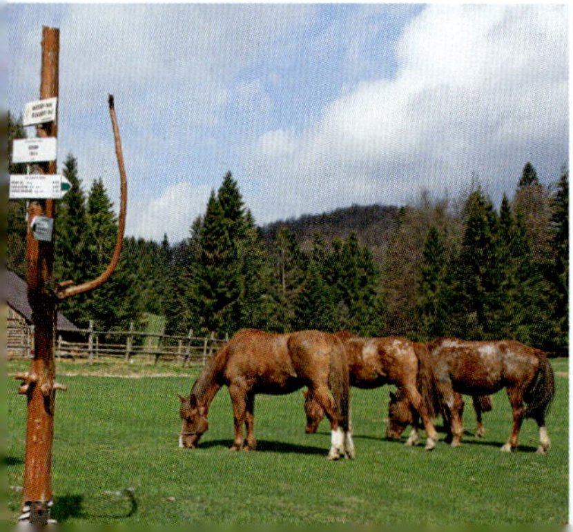

Geravy.

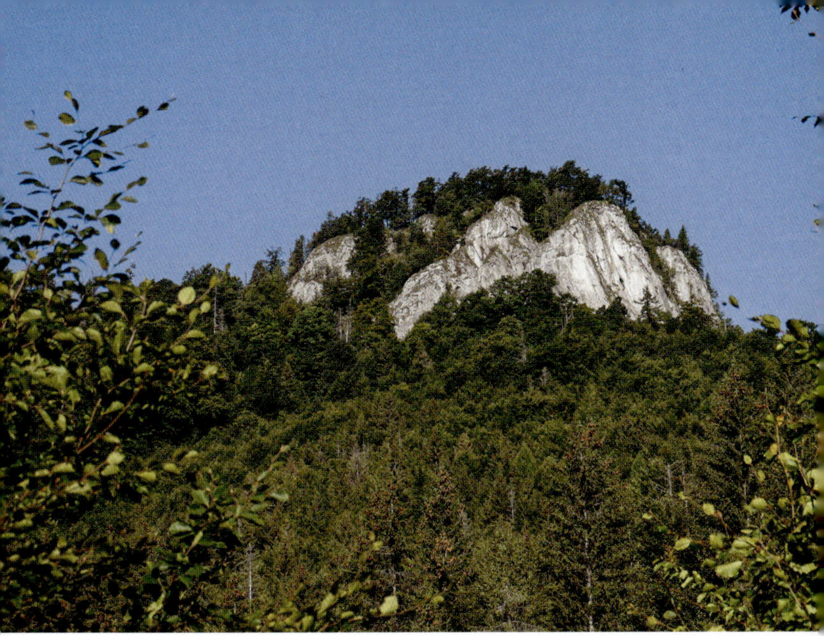

Havrania skala.

cher. An einer **Gabelung (2)** wird nach links abgebogen und kurz hinter einer Lichtung folgt ein weiteres Waldstück, bevor sich die Karstebene **Geravy (3)** ausbreitet. Vom Hotel und Restaurant führt eine Zufahrtsstraße zunächst an der großen Wiese entlang und später in den Wald. Direkt hinter einer **Wegkreuzung (4)** zweigt ein gelb markierter Pfad nach rechts ab und stößt etwas unterhalb auf einen breiten Waldweg. Diesem wird bis zum **Wegweiser »Malé Zajfy« (5)** abwärts gefolgt. Ein breiter Forstweg verläuft durch ein romantisches Tal und stößt am **Wegweiser »Veľké Zajfy a Malé Zajfy« (6)** auf eine Asphaltstraße, die uns nach rechts in ein extrem enges Durchbruchstal

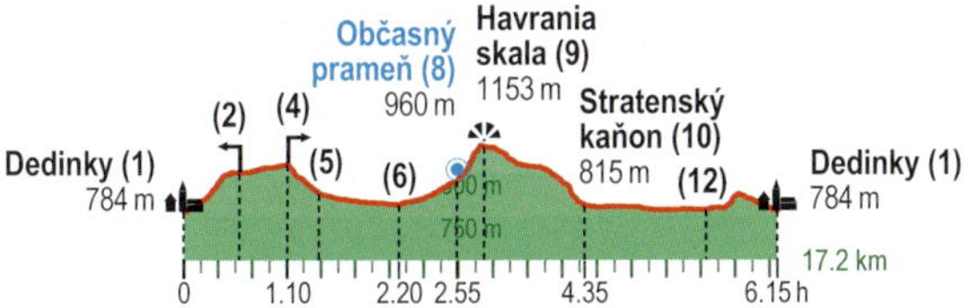

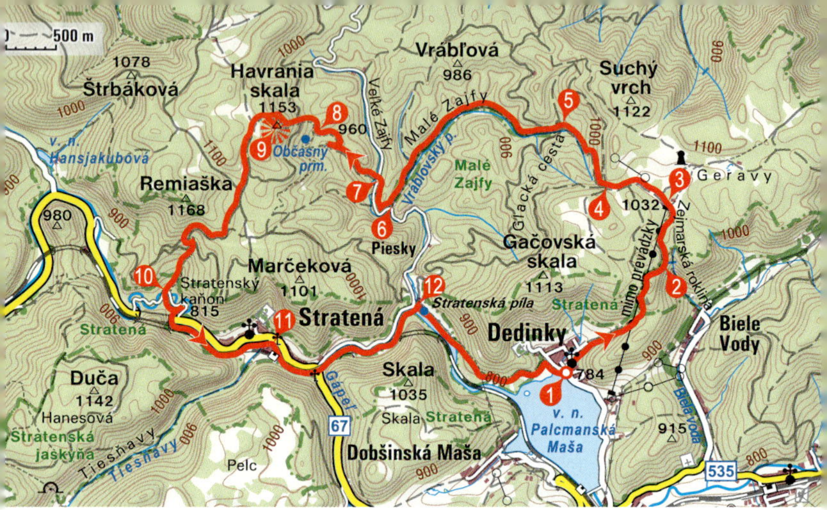

hineinleitet. Am **Ende** der **Engstelle (7)** weist die gelbe Markierung nach links. Auf den ersten Metern ist es ein Pfad, dann geht es auf einem Weg ein Stück durch ein Bachbett und schließlich in zwei weiten Schleifen hinauf zur Quelle **Občasný prameň (8).** Je nach Wasserstand im Innern des Berges

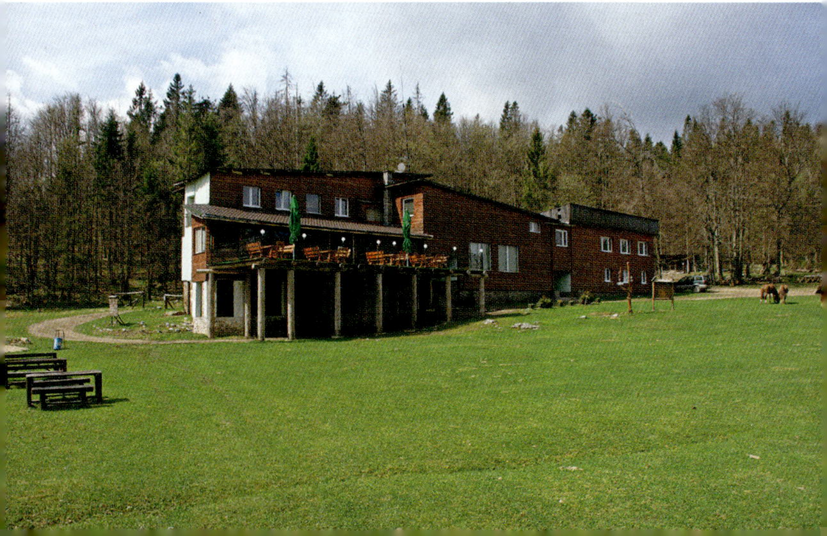

Das Hotel Geravy auf der gleichnamigen Karsthochebene.

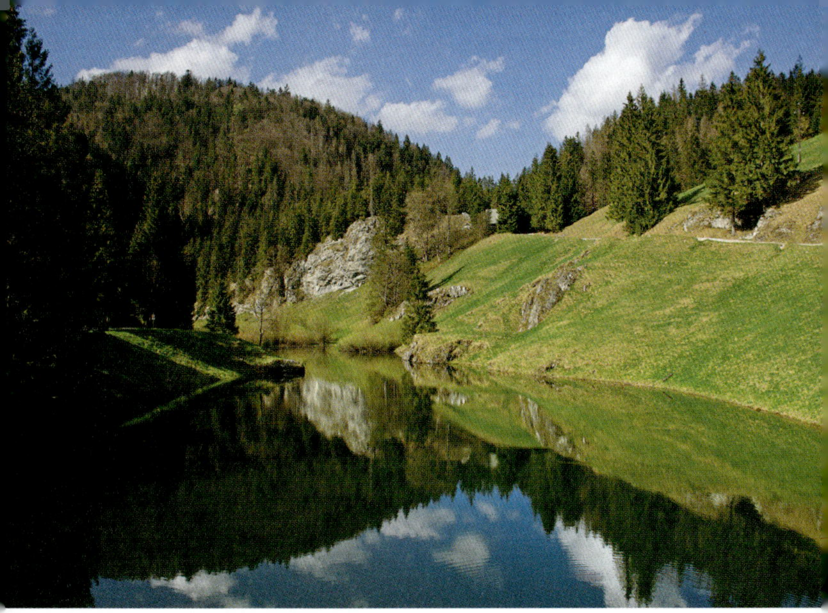

Ein herrlicher Rastplatz an der Stratenská píla.

wird viel oder nur sehr wenig Wasser ausgestoßen. Ein schmaler Pfad zieht sich von hier sehr steil im Wald hinauf und im weiteren Verlauf an einer Höhle vorbei bis zum bewaldeten Gipfelplateau. Am Wegweiser wird nochmals nach links abgebogen – etwa 3 Min. später ist die **Havrania skala (9)** erreicht. Weite Teile des Slowakischen Paradieses breiten sich vor dem Betrachter aus und einige Berge der Hohen Tatra sind zu sehen.
Es geht zunächst zum letzten Wegweiser zurück. Ab dort leitet uns die gelbe Markierung ins Tal. Nach der Querung einer Wiese führt ein Pfad zunächst an Felsen vorbei auf einen breiten Weg hinunter. Mehrmals wechseln wir die Waldwege und achten dabei stets auf die Markierungen. Nachdem der Blick auf den Gipfel der Kráľova hoľa (der Berg mit großer Antennenanlage vor uns) frei wird, zweigt ein Pfad nach links ab. Der steile Abstieg hinunter ins Tal des **Stratenský kaňon (10)** erfordert vollste Konzentration und an einer Felspassage im Bachbett werden kurz die Hände benötigt.
Von hier gehen wir links auf roter Markierung zur Hauptstraße und nochmals links nach **Stratená (11)**. Hinter dem Ortsausgang zweigt eine schmale Straße linker Hand nach **Stratenská píla (12)** ab. Über eine Wiese und durch Wald wird nochmals eine Anhöhe überwunden, bevor wieder der Ausgangspunkt in **Dedinky (1)** erreicht wird.

42 Rundtour von Dedinky nach Dobšiná

5.00 Std.

Vom Stausee zum größten Ort im Süden des Slowakischen Paradieses

Der Stausee Palcmanská Maša wurde 1956 angelegt und die Region hat sich danach sehr schnell zu einem Erholungsgebiet entwickelt. Im Gegensatz zu den meisten normalen Wanderungen gehen wir heute einmal nicht nach oben, sondern in eine Stadt im Tal hinunter. Es geht nach Dobšiná – mit über 5000 Einwohnern der größte Ort auf der Südseite des Gebirges. Hier gibt es neben vielen Geschäften auch einen Geldautomaten. Das Rathaus und der sich daran anschließende Platz sind sehenswert.

Ausgangspunkt: Dedinky, 784 m, nur wenige Busse am Tag in Richtung Spišská Nová Ves, Poprad, Dobšiná und Rožňava, Eisenbahnlinie mit zwei Verbindungen am Tag nach Telgárt und Banská Bystrica.
Höhenunterschied: 570 m.
Anforderungen: Mittelschwere Wanderung auf meist breiten Wegen oder gut sichtbaren Pfaden; die Querung von Wiesen erfolgt in der Regel weglos – die Orientierung ist hier etwas schwieriger, Markierungen sind jedoch immer vorhanden; der Aufstieg von Dobšiná nach Voniarky ist abschnittsweise steil.
Einkehr: Am Ausgangspunkt in Dedinky gibt es einen Laden mit integrierter Bar und eine Pizzeria. Etwas oberhalb der Kirche liegt die Penzión Pastierňa, die auch über ein Restaurant verfügt und ganzjährig in Betrieb ist. In Dobšiná gibt es Pizzerien in der Nähe des Hauptplatzes und Geschäfte.
Karte: SHOCart 1105 – Muránska planina 1:50.000.

Dobšiná befindet sich auf der Südseite des Slowakischen Paradieses.

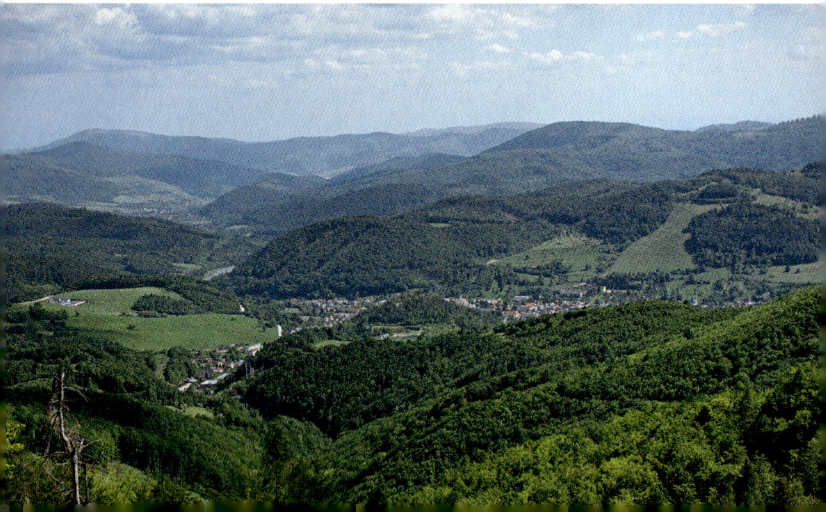

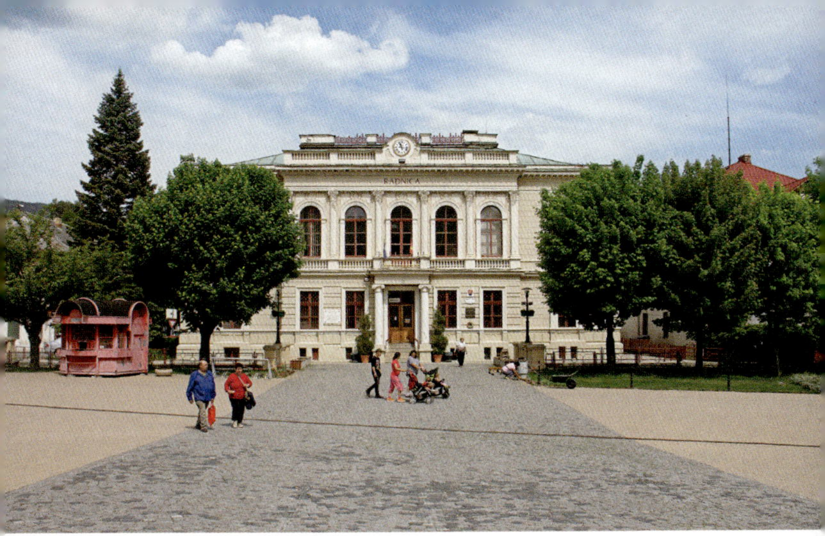

Rathausplatz in Dobšiná.

Die ersten Meter von **Dedinky (1)** bis zum großen **Hotel (2)** verlaufen an der Straße entlang. Von hier führt ein breiter Wanderweg links oberhalb des Sees zur Staumauer und über diese hinweg zum **Bahnhof Dedinky, zastávka (3)**. Wir folgen ab hier der gelben Wandermarkierung nach links, gehen unter der Eisenbahnlinie hindurch und wenig später auf einem Pfad linker Hand in den Wald. Nach einem kurzen Aufstieg wird die Landstraße und kurz dahinter der **Wegweiser »Dobšinský kopec« (4)** erreicht.
Etwa 250 m links von der Kreuzung befindet sich ein fantastischer **Aussichtspunkt (5)** mit Blick auf das gesamte Tal und Teile des Slowakischen Paradieses. Direkt daneben führt eine Treppe hinunter auf eine Wiese. Eine gut sichtbare Spur verläuft schräg zur Straße hinunter, die in der Folge zweimal überquert wird. Der Pfad zieht sich danach an einer Einzäunung vorbei und verbreitert sich. Mithilfe einer Schleife wird Höhe verloren und kurz darauf werden die ersten Häuser erreicht. Am ersten Wohnblock gehen wir links und immer weiter geradeaus, bis kurz vor eine größere Kreuzung. Die Ulica SNP leitet rechts in Richtung Zentrum. Am ersten Abzweig hinter einem Gedenkstein wird links abgebogen. An der ersten Straßenkreuzung ist linker Hand die Bushaltestelle mit Wegweiser zu sehen. Etwa 150 m rechts davon liegt der **Rathausplatz (6)**, wo sich auch ein Geldautomat befindet.
Hinter dem Rathaus gehen wir über die SNP-Straße bis zum Supermarkt nach rechts. Die Kúpeľná ulica führt links mit blauer Wandermarkierung aus der Ortschaft heraus. Ein Feldweg leitet uns zu eingezäunten Wochenend-

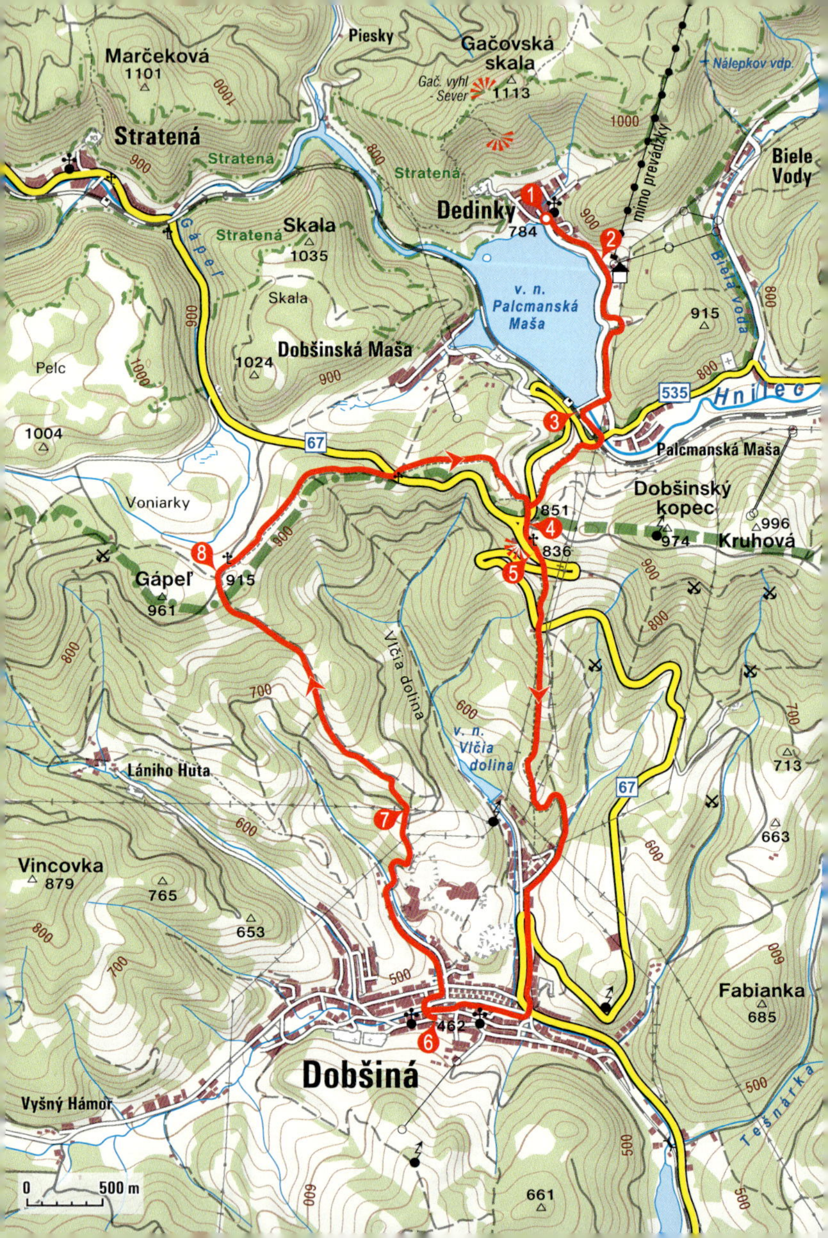

Marčeková
1101
Piesky
Gačovská skala
Gač. vyhl. Sever
1113
Nálepkov vdp.
Stratená
Stratená
Stratená
Stratená
Gápeľ
Skala
1035
Skala
Dedinky
784
mimo prevádzky
Biele Vody
v. n. Palcmanská Maša
Biela voda
915
Dobšinská Maša
1024
Pelc
1004
535
Hnilec
Palcmanská Maša
67
Voniarky
851
Dobšinský kopec
974
996
Kruhová
836
Gápeľ
961
915
Vlčia dolina
v. n. Vlčia dolina
67
713
663
Lániho Huta
Vincovka
879
765
653
Fabianka
685
462
Dobšiná
Vyšný Hámor
Tešnárka
661
0
500 m

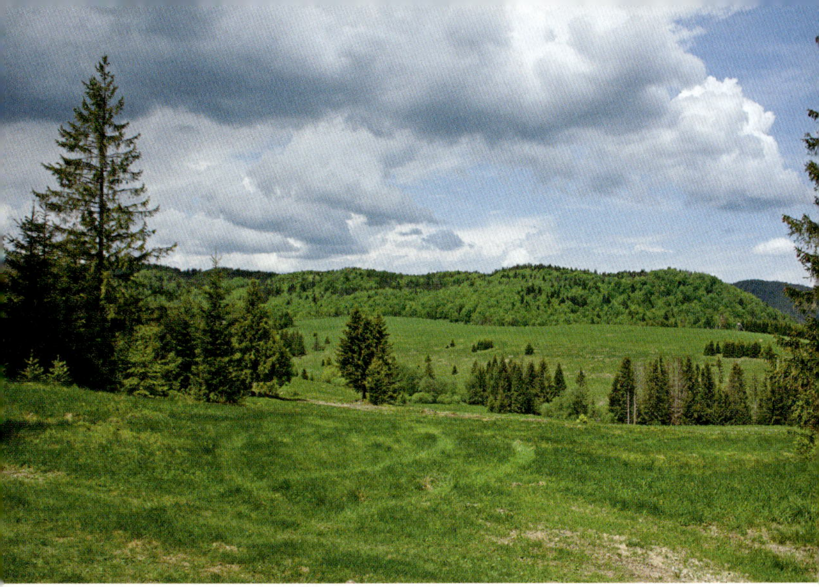

Die Querung der Wiesen im Aufstieg erfordert etwas Orientierungssinn.

häusern und dahinter beginnt ein Pfad, der sich abwechselnd über Wald und Wiesen nach oben windet. Während die Wiesen meist weglos zu queren sind – an Strommasten oder an Bäumen ist immer wieder eine **Markierung (7)** zu sehen – ist der Pfad im Wald stets gut auszumachen. Abschnittsweise ist es steil und am Ende eines breiten Wegs befindet sich etwas rechts davon die Wegkreuzung **Voniarky (8)**. Ab hier wird der roten Markierung gefolgt, die etwa 50 m hinter dem Wegweiser nach rechts auf einen Pfad abzweigt und im leichten Auf und Ab zur Landstraße verläuft. Auf der anderen Straßenseite zieht sich der Weg rechter Hand einen Bergrückens hinauf und über eine Wiese und einem Feldweg zur **Straßenkreuzung Dobšinský kopec (12)** hinunter. Auf bekannter Strecke geht es über den **Bahnhof (3)** und das **Hotel (2)** zum **Ausgangspunkt (1)** zurück.

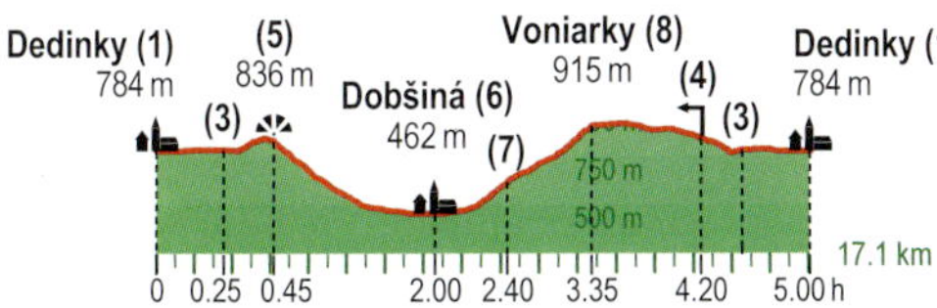

43 Kleine Runde um Dedinky

2.45 Std.

Rundwanderung um den Stausee Palcmanská Maša

Sobald es im Frühjahr wärmer wird, erwacht auch Dedinky wieder zum Leben. Zu den ganzjährig anwesenden Fischern gesellen sich dann andere Wassersportler und auch das Radfahren in der Region erlangt mittlerweile immer mehr Beliebtheit. Ein kleiner Nachmittagsspaziergang um den Stausee erweckt sicherlich die Sinne und in der Nähe von Stratenská píla ist es angenehm ruhig und man kann herrlich Rasten, Ausruhen oder einfach nur die Natur genießen.

Ausgangspunkt: Dedinky, 784 m, nur wenige Busse am Tag in Richtung Spišská Nová Ves, Poprad, Dobšiná und Rožňava, Eisenbahnlinie mit zwei Verbindungen am Tag nach Telgárt und Banská Bystrica.
Höhenunterschied: 240 m.
Anforderungen: Einfache Umrundung des Stausees ohne nennenswerte Schwierigkeiten. Vorsicht verlangt lediglich der Aufstieg hinter Stratenská píla, der über eine Holztreppe erfolgt, und der anschließende Pfad ist etwas steinig und steil.
Einkehr: Am Ausgangspunkt in Dedinky gibt es einen Laden mit integrierter Bar und eine Pizzeria. Etwas oberhalb der Kirche liegt die Penzión Pastierňa, die auch über ein Restaurant verfügt und ganzjährig in Betrieb ist. In Dobšinská Maša bietet das Hotel Raj eine Einkehrmöglichkeit an.
Karte: SHOCart 704 – Slovenský raj 1:25.000.

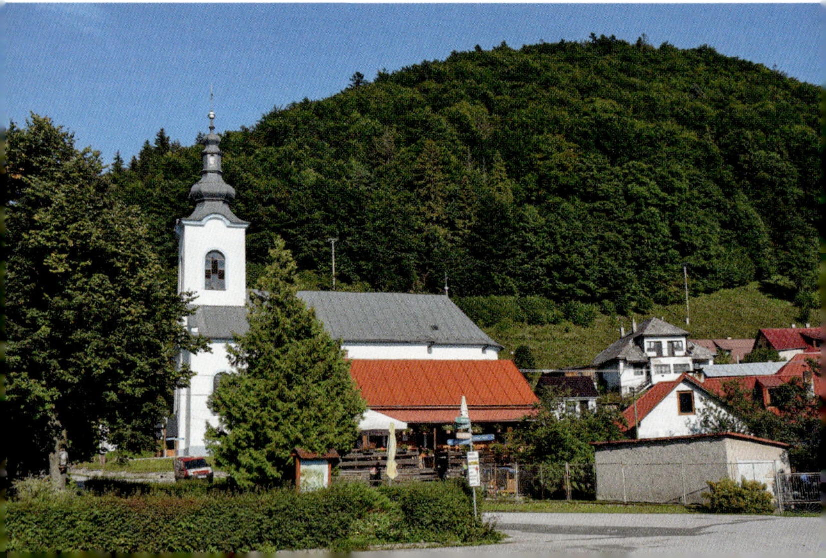

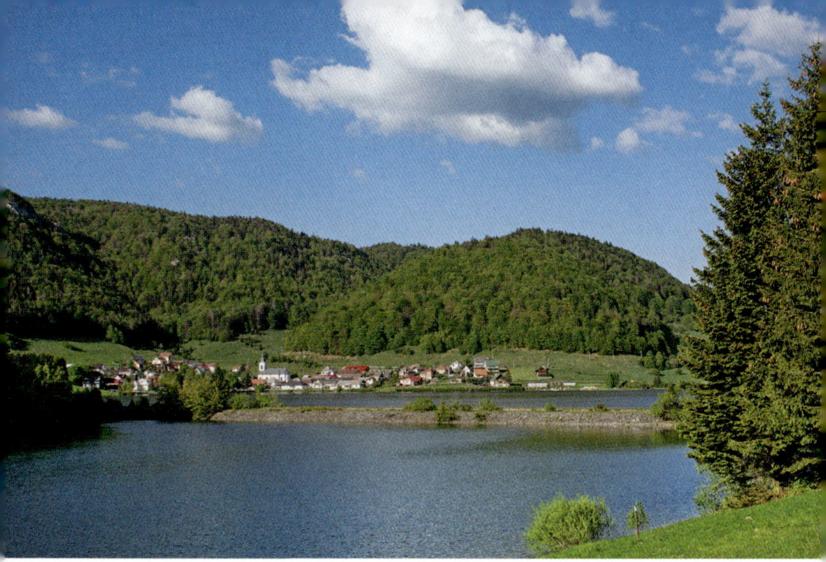

Oben: Der Stausee Palcmanská Maša.
Links: Am Ausgangspunkt in Dedinky.

Die ersten Meter von **Dedinky (1)** bis zum großen **Hotel (2)** verlaufen an der Straße entlang. Von hier führt ein breiter Wanderweg links oberhalb des Sees zur Staumauer und über diese hinweg zum **Bahnhof Dedinky, zastávka (3)** Dem Verlauf der grünen Wandermarkierung folgend überqueren wir die Gleise und gehen auf der Teerstraße nach rechts bis in den Ortsteil Dobšinská **Maša (4)**. Ein schmaler Asphaltweg zieht sich aus der Siedlung heraus und in das vor uns liegende Tal hinein. Ab dem letzten Haus ist es ein unbefestigter Feldweg, der hinauf zur Bundesstraße und dem **Wegweiser »Pod Čižmou« (5)** leitet. Mangels Alternative bleibt uns nichts anderes übrig, als der Bundesstraße nach rechts bis zum Fluss Hnilec hinabzufolgen.
Wir zweigen nochmals nach rechts auf eine kleine, asphaltierte Nebenstraße ab und wandern am Wasser entlang nach **Stratenská píla (6)**. Ab hier ist es ein schmaler und rot markierter Pfad, der zunächst über eine Wiese und spä-

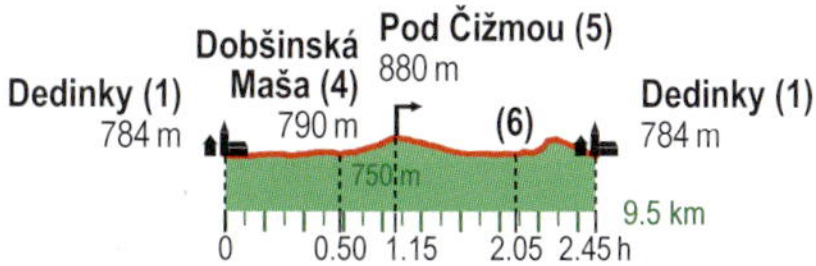

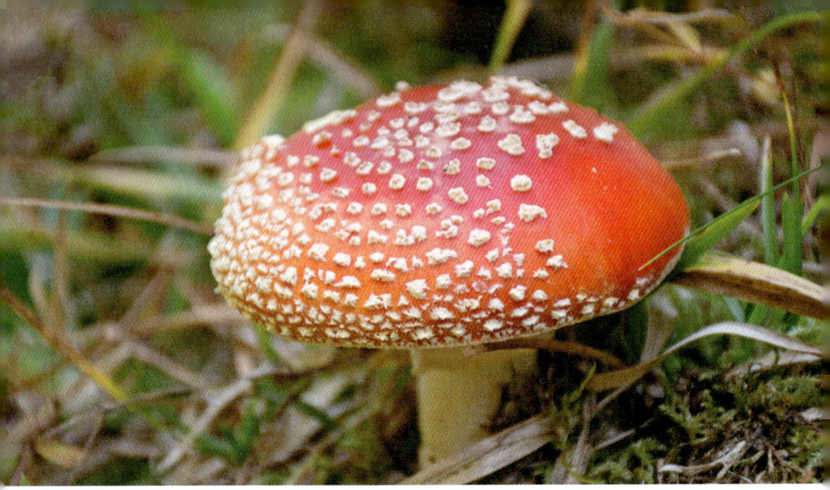

Fliegenpilz (Amanita muscaria).

ter im Wald an eine Holztreppe heranführt. Nach dem Überwinden der Steilstufe folgt noch ein kurzer und steiniger Anstieg. Später verbreitert sich der Weg deutlich und bringt uns sanft und angenehm nach **Dedinky (1)** zurück.

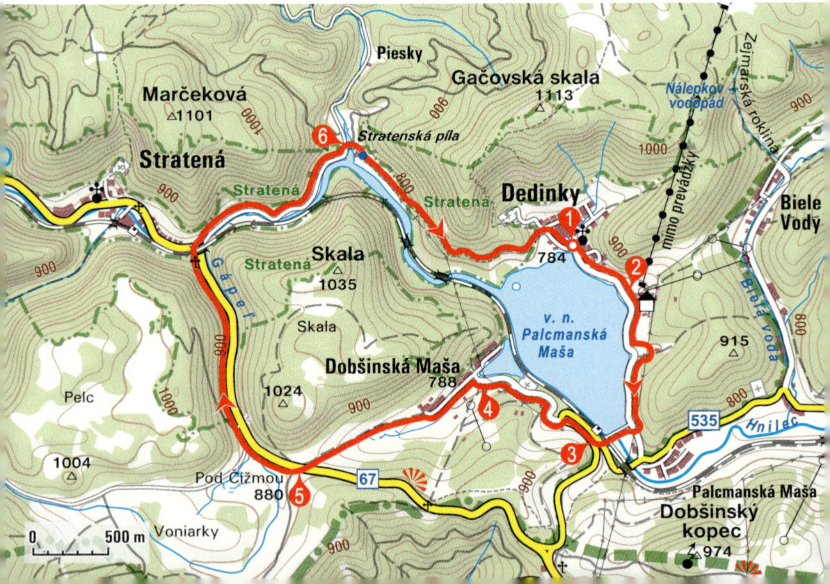

2.30 Std.

Zejmarská roklina 44 TOP

Die attraktivste Schlucht im Süden des Slowakischen Paradieses

An den Ausläufern des Slowakischen Paradieses haben sich die Bäche zum Teil tiefe Schluchten ins Gestein gegraben. Einige dieser Täler sind Besuchern zugänglich. Auf der Südseite des Gebirges befindet sich lediglich eine dieser versicherten Klammen, sie verspricht mit Leitern, Tritthilfen und Kettensicherungen eine spannende Wanderung. Die Zejmarská roklina führt uns auf die Karsthochebene Geravy, wo im Sommer Pferde und Schafe frei herumlaufen.

Ausgangspunkt: Dedinky, 784 m, nur wenige Busse am Tag in Richtung Spišská Nová Ves, Poprad, Dobšiná und Rožňava, Eisenbahnlinie mit zwei Verbindungen am Tag nach Telgárt und Banská Bystrica.
Höhenunterschied: 340 m.
Anforderungen: Kurze aber in der Schlucht versicherte Wanderung, die unbedingt Trittsicherheit und Schwindelfreiheit verlangt. Bei Nässe verwandeln sich Holzleitern und Tritthilfen aus Holz zum Teil in glitschige Rutschbahnen, die besonderer Vorsicht bedürfen. Nur für erfahrene Wanderer geeignet!
Einkehr: Am Ausgangspunkt in Dedinky gibt es einen Laden mit integrierter Bar und eine Pizzeria. Etwas oberhalb der Kirche und kurz vor dem Ende der Tour geht es an der Penzión Pastierňa vorbei, die auch über ein Restaurant verfügt und ganzjährig in Betrieb ist. Auf der Karsthochebene gibt es ein Gasthaus, geravy.sk (nur auf Slowakisch).
Variante: Wer etwas mehr Zeit mitbringt, sollte von Geravy weiter über den Predný und Zadný Hýľ nach Chotárna dolka gehen und von dort zum Einstieg in die Schlucht zurückkehren. Dazu folgen wir von Geravy zunächst der grünen Markierung über weite Wiesenflächen. Später wechseln Abschnitte im Wald mit Wiesenlandschaften, bis zum Wegweiser Predný Hýľ. Der breite Forstweg ist ab hier gelb markiert und führt uns in knapp 10 Min. zum Zadný Hýľ. Wir wechseln dort auf die blauen Markierung und wandern hinunter ins Tal zur Wegkreuzung Chotárna dolka. Eine breite und unbefestigte Forststraße mit roter Markierung bringt uns über einen Sattel zurück zum Einstieg der Schlucht. Ab hier geht es auf demselben Weg zurück nach Dedinky. Die gesamte Tour ist 11,2 km lang, umfasst 490 Hm und dauert 4.15 Std.
Karte: SHOCart 704 Slovenský raj 1:25.000.
Hinweis: Die Schlucht darf nur von unten nach oben begangen werden!

Die ersten Meter von **Dedinky (1)** bis zum großen **Hotel (2)** verlaufen an der Straße entlang. Rechts vom Campingplatz mit seinem dreieckigen Rezeptionsgebäude führt ein Feldweg nach oben in einen Sattel

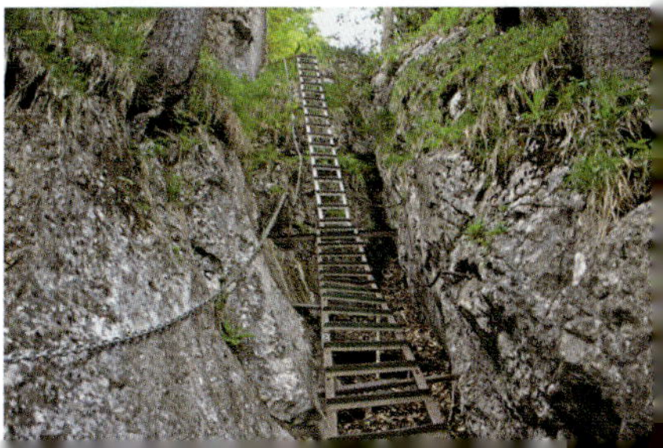

Die Schlüsselstelle der Zejmarská roklina.

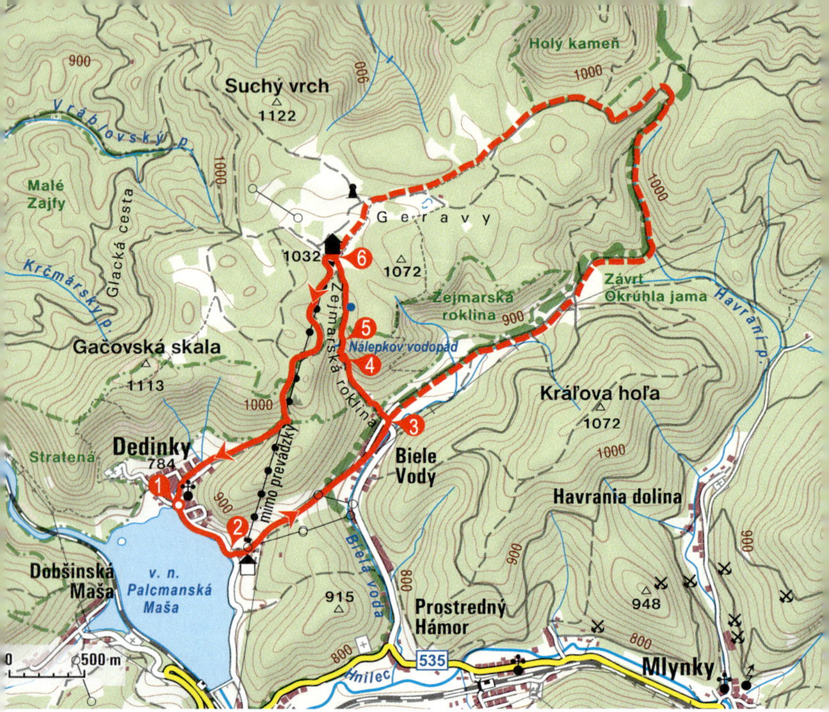

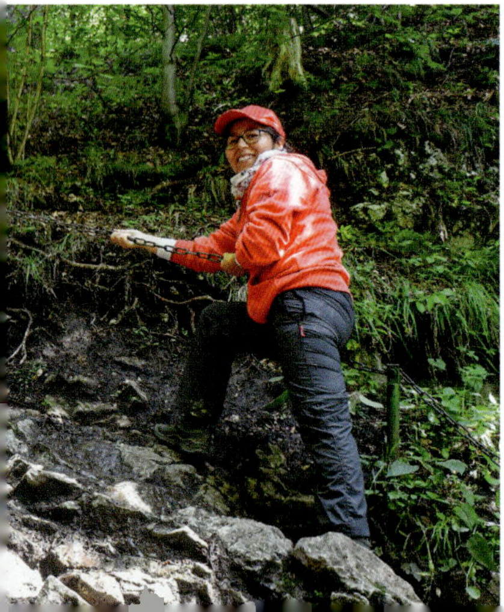

hinein und von dort ins Nachbartal nach Biele Vody hinunter. Nach Stromleitungen und Gärten folgt ein größeres Gebäude. Es ist die Kantine eines Jugendheims, das rechts umgangen wird. Über eine Dorfstraße sind es etwa 300 m geradeaus zum **Wegweiser »Zejmarská roklina, ústie« (3)**. Ein blau markierter Pfad zieht sich in das schmale Seitental hinein und mit etwas Glück sind hier auch Feuersalamander zu sehen. Bereits nach zwei Minuten erwarten uns die ersten Tritthilfen aus Metall, um einen Fels zu

Kettensicherung in einer Steilpassage.

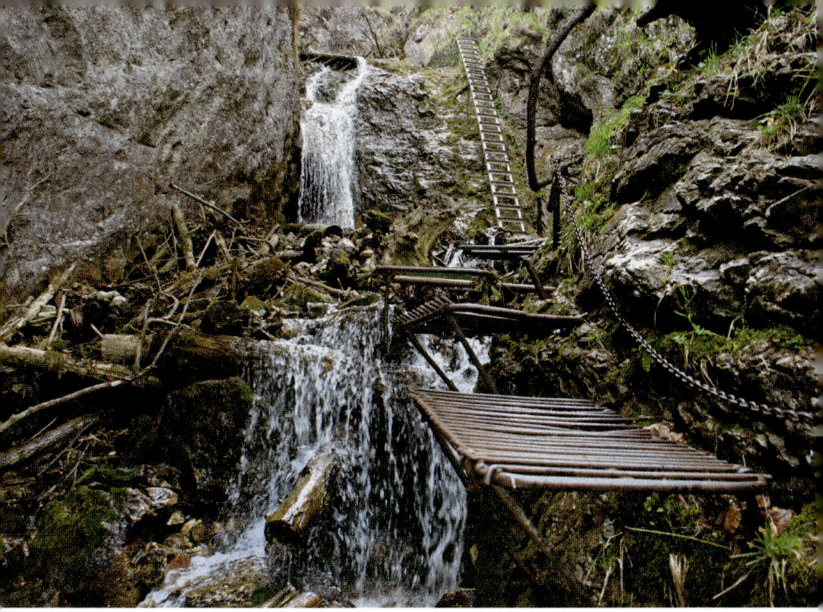

Mit dieser Leiter überwinden wir die Felsstufe.

überwinden. Nach einer weiteren mit Ketten versicherten Stelle folgt eine **Leiter (4)** aus Eisen, die eine Felsstufe überwindet. Ab und an legen wir ein paar Meter im Bachbett zurück und erreichen danach die Schlüsselstelle. Rechts von einem **Wasserfall (5)** führen Eisenleitern mit Kettensicherungen und Tritthilfen steil nach oben. Nach einer Holzleiter wird es deutlich flacher und nach einer letzten versicherten Stelle leitet ein einfacher Waldweg an einer Quelle vorbei auf die Karsthochebene **Geravy (6)**.
Auf dem grün markierten Weg geht es zunächst ein paar Meter zurück und weiter im leichten Auf und Ab Dedinky entgegen. Mehrmals wandern wir unter dem Sessellift entlang. An einer Art Felsenpforte hindurch führt der Pfad steil ins Tal hinunter. Nach einem Stromverteiler verlässt der Weg den Wald und verläuft über eine Wiese nach **Dedinky (1)** hinunter.

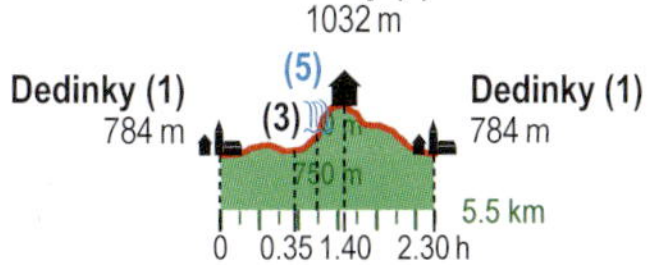

TOP 45 Von Dedinky nach Spišské Tomášovce

6.30 Std.

Über das Gebirge in das romantische Tal Tomášovská Belá

Es gibt mehrere Möglichkeiten das Slovenský raj zu durchqueren. Die Variante über die Karsthochebene Geravy und durch das Tal Tomášovská Belá zählt für mich zu den schönsten Wanderungen des Gebirges. Frei laufende Tiere auf der Karsthochebene, einsame Pfade im Tal und die fantastische Aussicht von der Tomášovský výhľad sind die absoluten Höhepunkte der Tour. Kurze versicherte Abschnitte und Holzstegleitern direkt über dem Wasser verleihen der Wanderung einen abenteuerlichen Charakter.

Ausgangspunkt: Dedinky, 784 m, nur wenige Busse am Tag in Richtung Spišská Nová Ves, Poprad, Dobšiná und Rožňava, Eisenbahnlinie mit zwei Verbindungen am Tag nach Telgárt und Banská Bystrica.

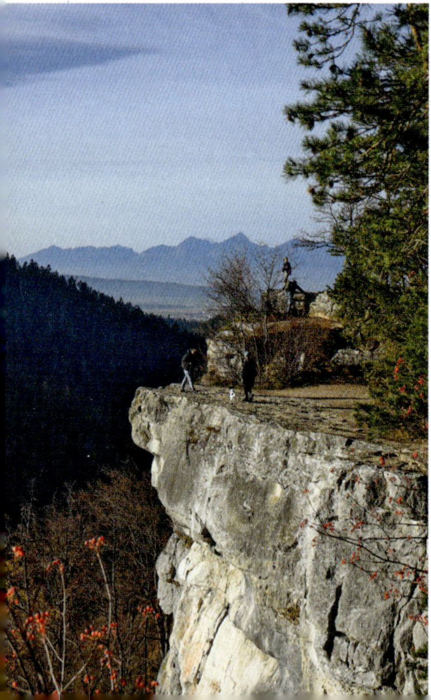

Endpunkt: Bahnhof in Spišské Tomášovce, 520 m, mehrmals täglich Busverbindung (Haltestelle Spišské Tomášovce, cintorín an der Kreuzung zwischen den beiden letzten Wegpunkten), Regionalzüge nach Poprad und Spišská Nová Ves.
Höhenunterschied: 490 m Aufstieg, 740 m Abstieg.
Anforderungen: Mittelschwere Tageswanderung auf meist guten Pfaden und Waldwegen, in der Tomášovská Belá mehrere versicherte Stellen und Abschnitte auf Holzstegleitern, die bei Nässe extrem glatt sein können, Trittsicherheit erforderlich.
Einkehr: Am Ausgangspunkt in Dedinky gibt es einen Laden mit integrierter Bar und eine Pizzeria. Etwas oberhalb der Kirche geht es an der Penzión Pastierňa vorbei, die auch über ein Restaurant verfügt und ganzjährig in Betrieb ist. Auf der Karsthochebene gibt es ein Gasthaus. In Spišské Tomášovce kann in einer Bar oder im Restaurant MIMOKLUB eingekehrt werden.
Varianten: Am Wegweiser Biely potok, rázcestie können wir nach Kláštorisko aufsteigen und weiter nach Podlesok gehen (Tour 51). Anstatt auf die Tomášovský výhľad aufzusteigen, besteht auch die Möglichkeit, die Wanderung bis Čingov (Tour 50 oder 53) zu führen.
Karte: SHOCart 704 – Slovenský raj.

Felsabbruch an der Tomášovský výhľad.

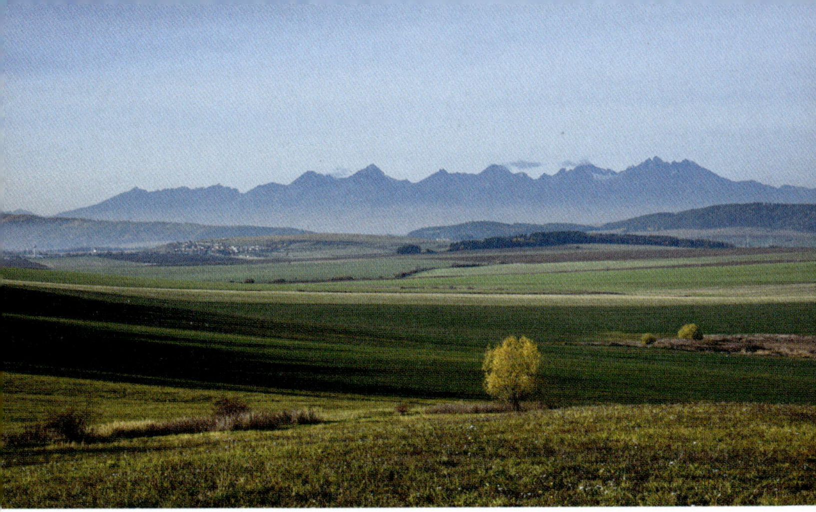

Im Abstieg nach Spišské Tomášovce erhebt sich die Hohe Tatra vor uns.

Von **Dedinky (1)** folgen wir zunächst dem Wegweiser zur Pension Pastierňa und weiter dem mit grüner Markierung gezeichneten Weg über eine Wiese hinauf in den Wald zu einem Stromverteilerkasten. Jetzt geht es steil bergauf und an einem Abzweig nach links. Später führt uns der Pfad über eine kurze Felsstufe nach oben und es wird deutlich flacher. An einer **Gabelung (2)** wird nach links abgebogen und nach einer Lichtung und einem weiteren Abschnitt im Wald die Karstebene **Geravy (3)** erreicht.
Von hier führt der Weg zunächst an Weidezäunen vorbei. Wald und Wiesen wechseln sich ab. An der Verzweigung unter dem **Predný Hýľ (4)** geht es links mit einer sehr lang gezogenen Schleife in ein Tal hinunter. Nach der Überquerung eines Bachs wird weitgehend seinem Bett bis zum **Schild »Berezinec« (5)** an einem breiten Forstweg gefolgt. Dieser leitet geradeaus zu den Wasserbecken **Klauzy**, wo man an einem kleinen Unterstand am See ausgezeichnet rasten kann. Der gleichnamige **Wegweiser (6)** befindet sich ein paar Meter weiter am Ufer des Sees.

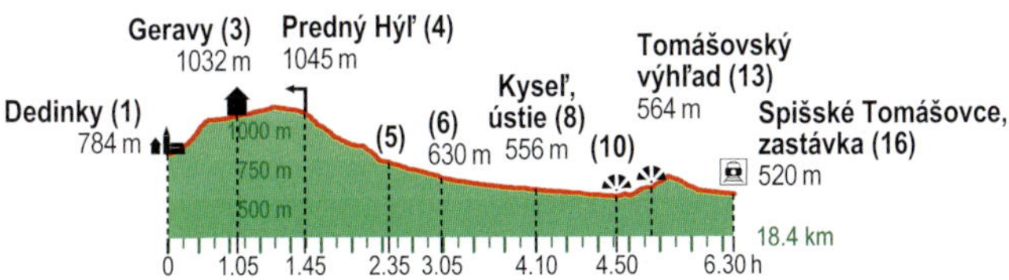

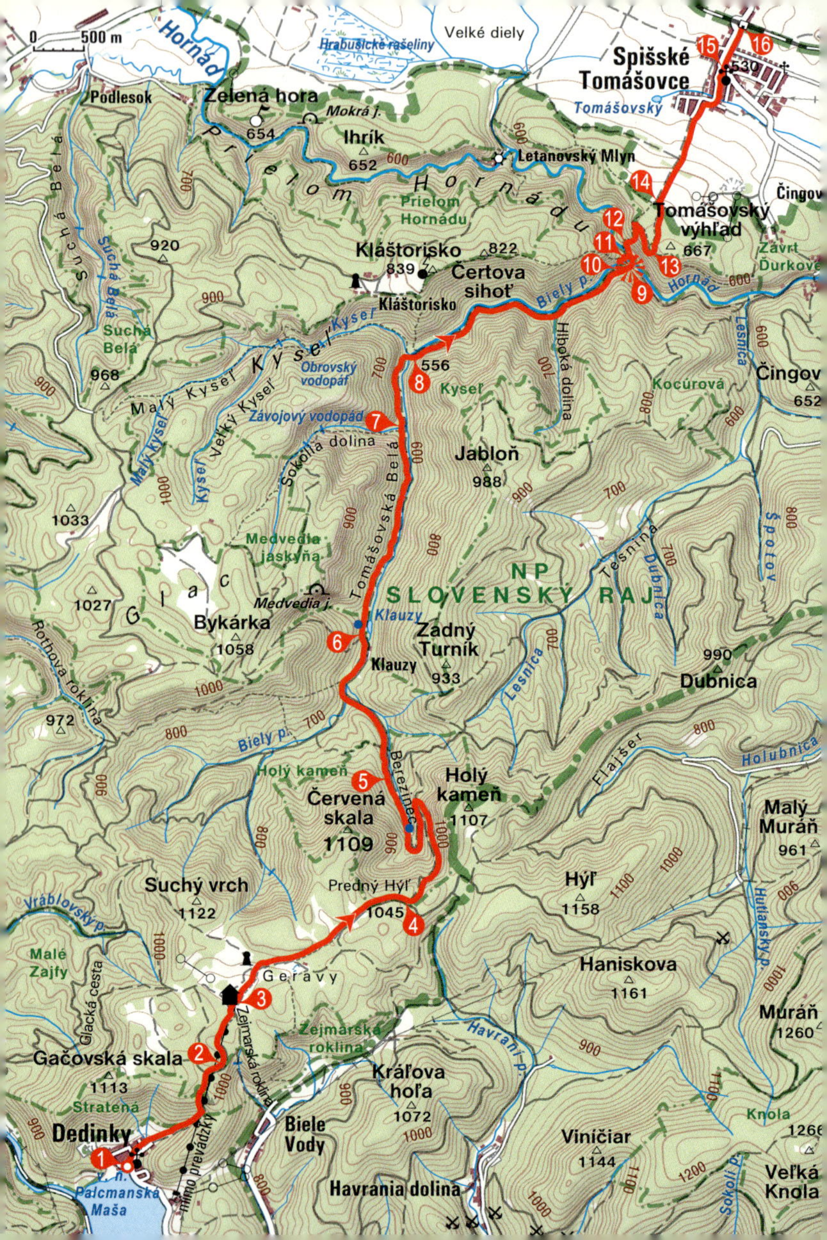

0
500 m
Hornád
Hrabušické rašeliny
Veľké diely
Spišské Tomášovce
530
Podlesok
Zelená hora
654
Mokrá j.
Ihrík
652
Prielom Hornádu
Letanovský Mlyn
Tomášovský
Čingov
Tomášovský výhľad
667
Závrt Ďurkovec
Kláštorisko
839
822
Čertova sihoť
Biely p.
Hornád
Suchá Belá
920
968
Malý Kyseľ
Veľký Kyseľ
Kyseľ
Obrovský vodopád
Závojový vodopád
Sokolia dolina
556
Hlboká dolina
Kocúrová
Čingov
652
Lesnica
Jabloň
988
Tomášovská Belá
1033
Medvedia jaskyňa
1027
Glac
Bykárka
1058
Medvedia j.
Klauzy
NP SLOVENSKÝ RAJ
Tesnina
Dubnica
Zadný Turník
933
Lesnica
Špotov
990
Dubnica
Rothova roklina
972
Biely p.
Holý kameň
Červená skala
1109
Berezinec
Holý kameň
1107
Flajšer
Holubnica
Malý Muráň
961
Predný Hýľ
Suchý vrch
1122
1045
Hýľ
1158
Vráblovský p.
Malé Zajfy
Geravy
Haniskova
1161
Hutiansky p.
Glacká cesta
Zejmarská roklina
Havraní p.
Muráň
1260
Gačovská skala
1113
Stratená
Zejmarská roklina
Kráľova hoľa
1072
Knola
Dedinky
Biele Vody
Viničiar
1144
1266
mimo prevádzky
v. n. Palcmanská Maša
Havrania dolina
Sokolí p.
Veľká Knola
1
2
3
4
5
6
7
8
9
10
11
12
13
14
15
16

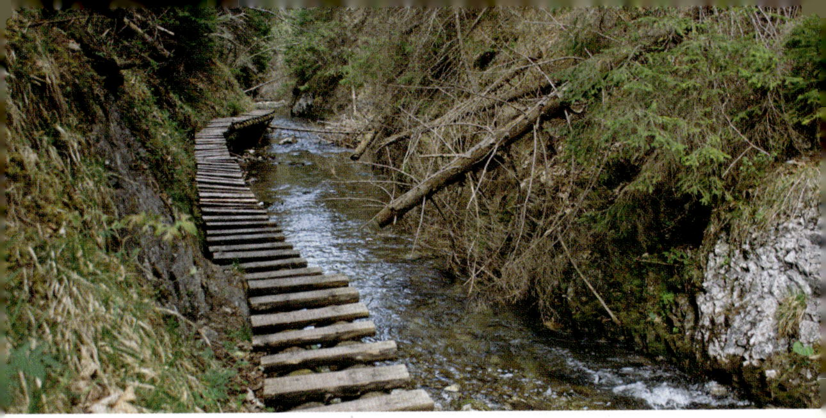

Lange Holzstege im Tal Tomášovská Belá.

Mittels Holzleiterbrücken werden im weiteren Verlauf Bachseiten gewechselt und weiter durch das Tal bis zur Mündung der Schlucht **Sokolia dolina (7)** gewandert. Ab hier wird der Weg deutlich interessanter. Es folgen längere Passagen mit Holzstegleitern direkt über dem Wasser und nach einem kurzen Auf- und Abstieg ist die Mündung der **Kyseľ-Schlucht (8)** erreicht. Mittels eines Stegs geht es über den gleichnamigen Bach. Direkt danach zweigt ein gelb markierter Weg nach Kláštorisko ab. Wir bleiben jedoch im Tal und queren das Gewässer noch insgesamt drei Mal über richtige Brücken und an zwei Stellen erwarten uns Eisentrittstufen mit Kettensicherungen. Der Bach mündet hinter der Verzweigung **Biely potok, ústie (9)** in den Hornad. Es lohnt sich noch 100 m geradeaus zu gehen und von dort die **Aussicht (10)** auf die Tomášovský výhľad zu genießen.
Es geht von hier wieder ein paar Meter bis zum letzten **Schild (9**) zurück, dort über den Bach und ein kurzes Stück auf schmalem, mit Ketten versichterten Pfad hinauf zum **Wegweiser »Biely potok, rázcestie« (11)**. Nach 200 m im Tal des Hornáds zweigt an der Weggabelung **Pod Tomášovským výhľadom (12)** ein Pfad nach rechts ab. Serpentinen leiten uns schnell in einen kleinen Sattel hinauf, wo erneut rechts abgebogen wird. Ein großer Felsen, wird an seiner rechten Seite ohne Schwierigkeiten umgangen. Wenige Minuten später erreichen wir einen der schönsten Aussichtspunkte des Slowakischen Paradieses – **Tomášovský výhľad (13)**. Mit Glück ist bei guter Sicht die Hohe Tatra zu sehen. Ein Weg verläuft von hier quer durch den Wald zur Kreuzung Pri **Tomášovskom výhľade (14)** und über Felder ins Dorf hinunter. Die Wanderung endet in **Spišské Tomášovce (15)** unterhalb vom Friedhof am **Wegweiser »Spišské Tomášovce, zastávka« (16)** in unmittelbarer Nähe des Bahnhofs. Mit Umstieg in Spišská Nová Ves wird zum **Ausgangspunkt (1)** zurückgekehrt.

46 Von Dedinky nach Spišská Nová Ves

6.45 Std.

Einfache Süd-Nord-Überschreitung des Slowakischen Paradieses

Diese Variante ist unter anderem für Weitwanderer gedacht, die keine Lust auf schwierige Wegabschnitte haben. Wie auch bei der vorangegangenen Überschreitung geht es zunächst über die Karsthochebene Geravy, bevor bei dieser Tour jedoch in ein anderes Tal abgestiegen wird. Erste Ortschaft auf der Strecke ist Novoveská Huta, das bereits zu Spišská Nová Ves gehört. Über einen Bergrücken wandern wir erst zu einem Aussichtsturm und im Anschluss daran in die Hauptstadt der Region Spiš, die zugleich Ausgangspunkt für eine Vielzahl von weiteren Unternehmungen ist.

Ausgangspunkt: Dedinky, 784 m, nur wenige Busse am Tag in Richtung Spišská Nová Ves, Poprad, Dobšiná und Rožňava, Eisenbahnlinie mit zwei Verbindungen am Tag nach Telgárt und Banská Bystrica.
Endpunkt: Spišská Nová Ves, 460 m, Bahnhof und Busterminal etwa 1 km in nordwestlicher Richtung mit guter Anbindung aus allen Teilen des Landes.
Höhenunterschied: 470 m im Aufstieg und 780 m im Abstieg.
Anforderungen: Mittelschwere Tageswanderung auf meist guten Pfaden oder breiten Waldwegen. Nur der Abstieg vom Sattel Čertova hlava ist ziemlich steil.
Einkehr: Am Ausgangspunkt in Dedinky gibt es einen Laden mit integrierter Bar und eine Pizzeria. Etwas oberhalb der Kirche geht es an der Penzión Pastierňa vorbei, die über ein Restaurant verfügt und ganzjährig in Betrieb ist. Auf der Karsthochebene gibt es ein Gasthaus. Kurz vor Novoveská Huta bietet »Remeselný šenk za Holubnicou« und im Dorf selbst eine Kneipe eine willkommene Einkehrmöglichkeit. In Spišská Nová Ves gibt es alles, was das Herz begehrt.
Variante: Die Tour lässt sich abkürzen, in dem man in Novoveská Huta mit dem Stadtbus nach Spišská Nová Ves fährt (2023: 0,60 € pro Person).
Karte: SHOCart 704 – Slovenský raj.
Tipp: Spišská Nová Ves hat einen Zoo.

Von **Dedinky (1)** folgen wir zunächst dem Wegweiser zur Pension Pastierňa und weiter dem mit grüner Markierung gezeichneten Weg über eine Wiese hinauf in den Wald zu einem Stromverteilerkasten. Jetzt geht es steil bergauf und an einem Abzweig nach links. Später führt uns der Pfad über eine kurze Felsstufe nach oben und es wird deutlich flacher. An einer **Gabelung (2)** wird nach links ab

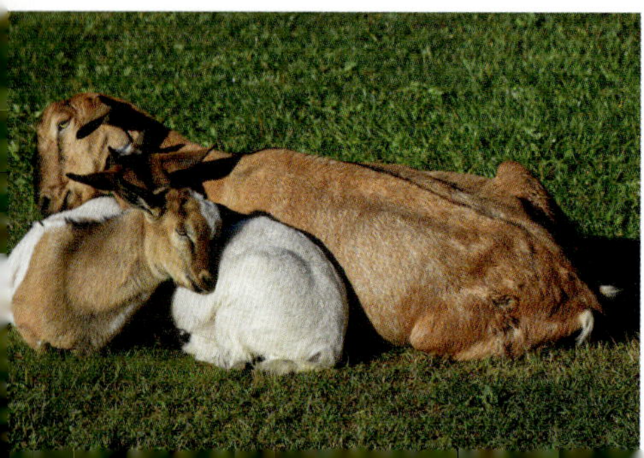

Freilaufende Ziegen auf Geravy.

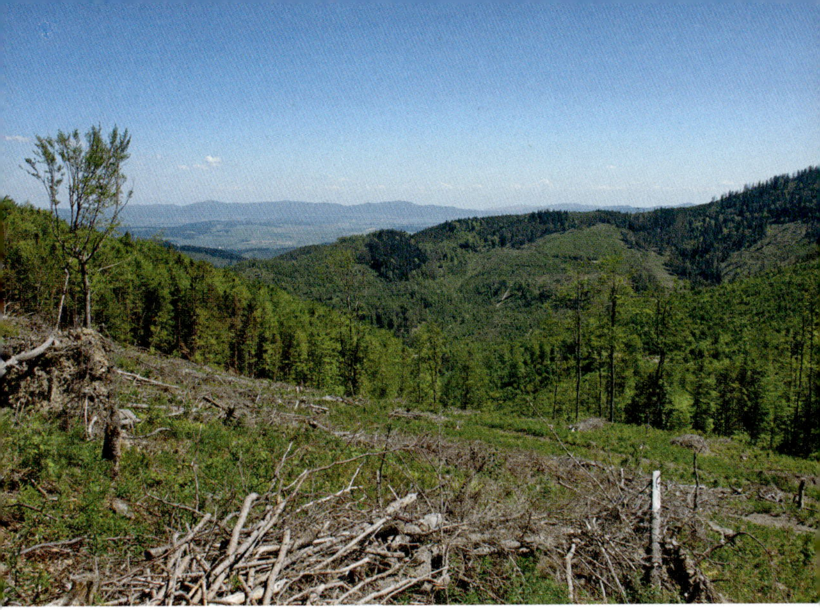

Im Abstieg vom Sattel Čertova hlava.

gebogen und nach einer Lichtung und einem weiteren Abschnitt im Wald die Karstebene **Geravy (3)** erreicht.

Ab hier führt der Weg zunächst an Weidezäunen vorbei. Wald und Wiesen wechseln sich ab. An der **Verzweigung unter dem Predný Hýľ (4)** geht es auf gelb markiertem Weg geradeaus weiter bis zum **Wegweiser »Zadný Hýľ« (5)**. Hier zweigt links ein Pfad ab, der sich jedoch schnell verbreitert. An einer Kreuzung wandern wir geradeaus weiter, kommen später an einem gerodeten Hang vorbei und erreichen kurz darauf den **Sattel Čertova hlava (6)**.

Ab hier führt ein rot gekennzeichneter breiter Schotterweg nach links steil in ein Tal hinab. Auf den ersten Metern bietet sich ein herrlicher Blick auf das

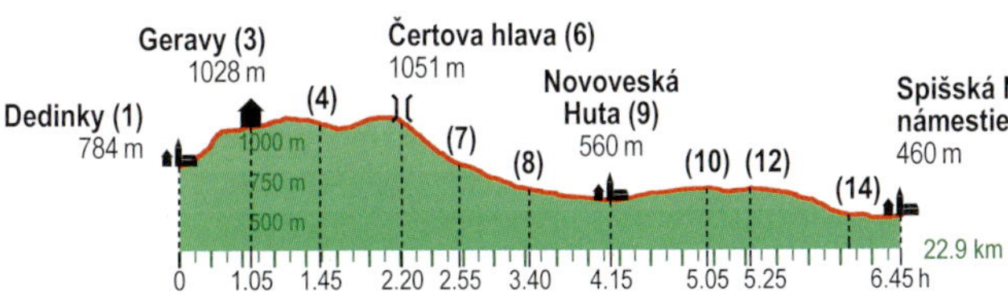

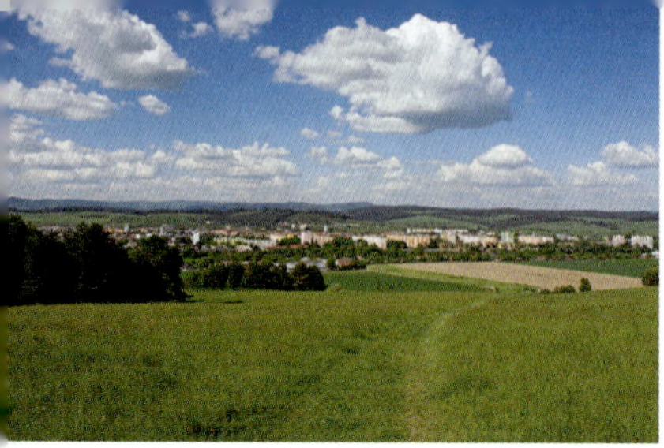

Abstieg nach Spišská Nová Ves.

Zipser Land. Am **Wegweiser »Vojtechova samota« (7)** halten wir uns geradeaus und verlassen die hier beginnende Asphaltstraße nach etwa 150 m nach rechts auf einen Pfad. Nach der Querung eines Baches wird der Pfad breiter und hinter einem Gebäude des Wasserwerks leitet ein Schotterweg zur Asphaltstraße zurück. **Bei Rybníky (8)** beginnen die ersten Ferienhütten. Etwas oberhalb der Siedlung zieht sich die Straße am Hang entlang und mündet neben der Bushaltestelle von **Novoveská Huta (9)** in die Bundesstraße. Ein Gasthaus am Platz lädt zu einer Einkehr ein.

Die grüne Markierung zieht sich auf der anderen Seite der Hauptstraße durch den Ostteil der Siedlung und über einen Schotterweg abwechselnd durch Wald- und Wiesenlandschaften auf einen Bergrücken hinauf. Ein **Abzweig**

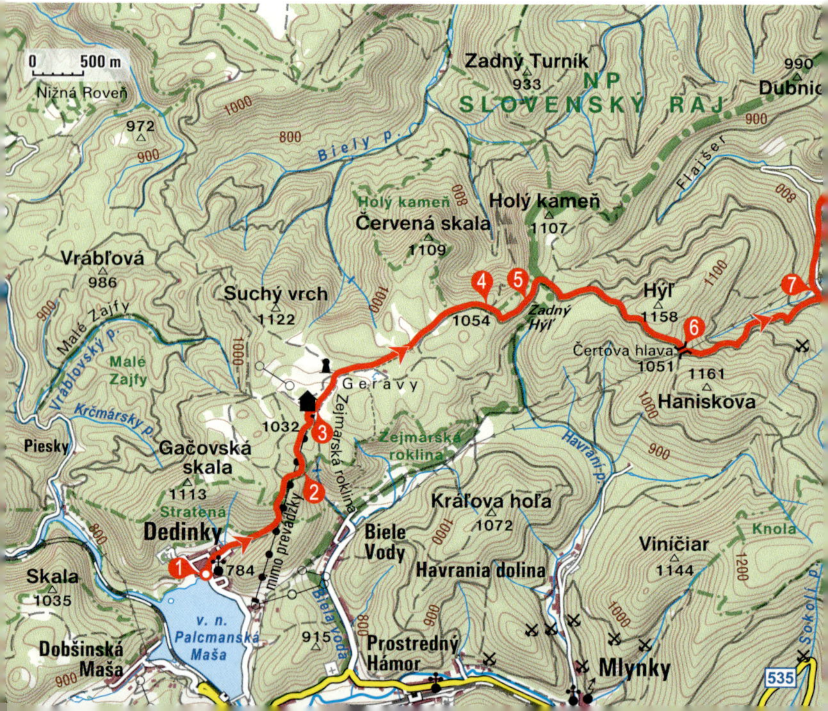

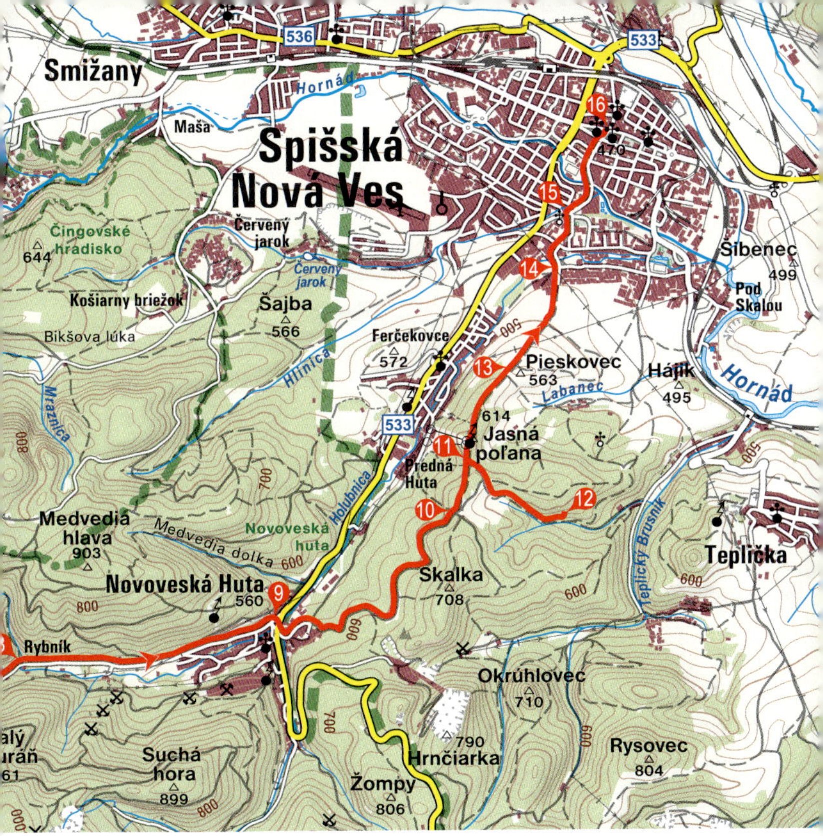

auf einer Wiese (10) leitet uns nach links und an einem Unterstand vorbei zur Kreuzung **Rittenberg (11)**. Hier besteht die Möglichkeit auf grünem Dreieck 850 m nach rechts in Richtung **Schulerloch, rozhľadňa (12)** zu wandern. Der neugebaute Aussichtsturm eröffnet eine traumhafte Aussicht. Hinter Rittenberg beginnt ein größerer Kiefernhain und darauf folgt die Wiese **Pieskovec (13)**. An einem frei stehenden Baum und einem Strommast vorbei geht es in eine Siedlung mit Häusern und Kleingärten, wo sich das Radfahrerschild **Tarča, Vyšný hámor (14)** befindet. Das grüne Wanderzeichen leitet an Wohnblöcken vorbei hinunter zum **Wegweiser »Pod Tarčou« (15)**. Kurz hinter dem Hotel Preveza wird der Fluss Hornád überquert und kurz darauf ein großer Platz erreicht, wo die Wanderung am **Wegweiser »Spišská Nová Ves, námestie« (16)** endet. Busse verkehren zum **Ausgangsort (1)** zurück.

47 Rundweg von Novoveská Huta auf die Veľká Knola

5.30 Std.

Unterwegs an den östlichen Ausläufern des Slowakischen Paradieses

Novoveská Huta, der Ausgangspunkt für die hier vorgestellte Tour, hat eine bewegte Geschichte hinter sich. Im Jahre 1383 wurde der Ort erstmals urkundlich erwähnt. Später gab es Bergbau und bis 1939 war hier Kurbetrieb. Der Vorort von Spišská Nová Ves ist auch heute wieder für Minengesellschaften interessant geworden. Es gibt Uranvorkommen, die private Investoren erschließen möchten. Auf einem Rundweg besteigen wir die Veľká Knola und genießen vor allem im Auf- und Abstieg herrliche Aussichten auf weite Teile des Slowakischen Erzgebirges.

Ausgangspunkt: Novoveská Huta, 560 m, Parkmöglichkeit im Dorf, Bushaltestelle direkt am Ausgangspunkt, gute Bus- und Straßenanbindung von Spišská Nová Ves.
Höhenunterschied: 750 m.
Anforderungen: Mittelschwere Tageswanderung, die lediglich im Bereich unter der Veľká Knola etwas Orientierungssinn erfordert. – Markierungen sind aber vorhanden. Ein kurzer Abstieg hinter Hnilčík – Cechy ist nicht markiert.
Einkehr: Direkt am Ausgangspunkt in Novoveská Huta gibt es eine Kneipe und in Hnilčík – Cechy befindet sich an der Straße ein Restaurant.
Variante: Die gelbe Wandermarkierung leitet von Pod Muráňom in etwa 50 Min. zum Sattel Čertova hlava hinunter. Hier kann dem Verlauf der Wanderung 46 zurück nach Novoveská Huta gefolgt werden.
Karte: SHOCart 704 – Slovenský raj.
Tipp: Wer mit dem eigenen Fahrzeug unterwegs ist, sollte bis zur Siedlung Stražanská Huta fahren (genau am Ortsende von Novoveská Huta in der Kurve der Bundesstraße) und dort parken.

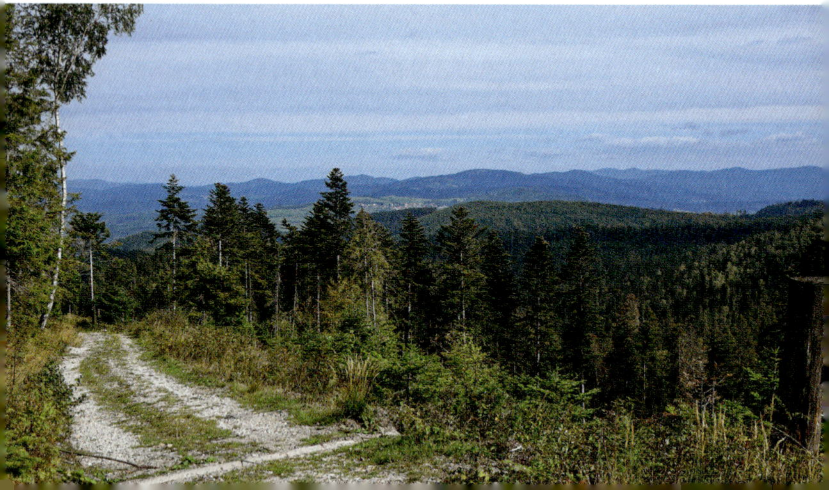

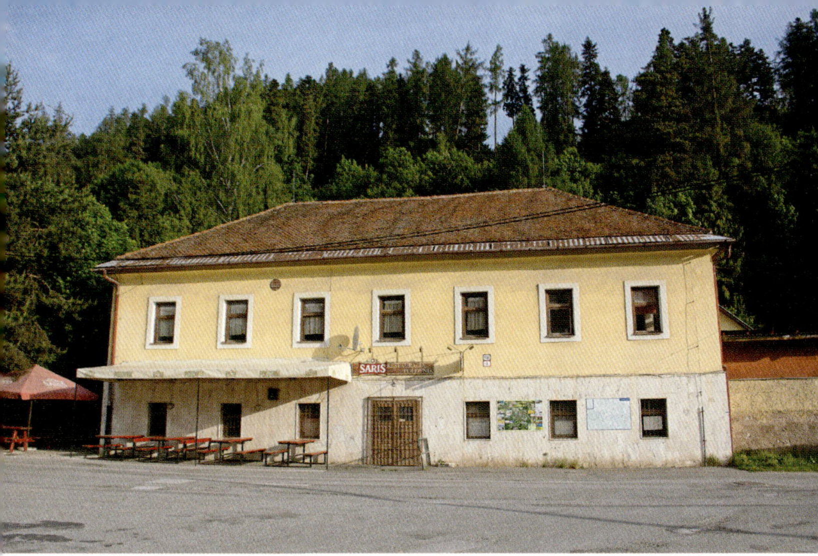

Oben: Das Gasthaus in Novoveská Huta hat schon bessere Zeiten erlebt.
Links: Das Zipser Land breitet sich vor uns aus.

An der Bushaltestelle von **Novoveská Huta (1)** beginnt die blaue Wandermarkierung, die von hier an der Bundesstraße entlang zur etwas weiter oberhalb gelegenen Siedlung **Stražanská Huta (2)** führt. An der Verzweigung gehen wir rechts über eine teilweise befestigte Forststraße das Tal hinauf und am ersten großen Holzsammelplatz nach links auf einen Waldarbeiterweg, der sehr steil ansteigt. An einer Gabelung wird rechts auf einen Pfad und an dessen Ende nochmals rechts auf einen grasigen Weg abgebogen. Nach der Querung eines Forstwegs leitet an einer Gabelung der mittlere Weg erneut steil nach oben auf eine Asphaltstraße und zum **Wegweiser »Poľana pod Muráňom« (4)**. Ein unbefestigter Schotterweg zieht sich mit fantastischen Ausblicken auf das Umland hinauf zur Verzweigung **Pod Muráňom (5)**. Hier wird der gelben Markierung für etwa 80 m nach links ge-

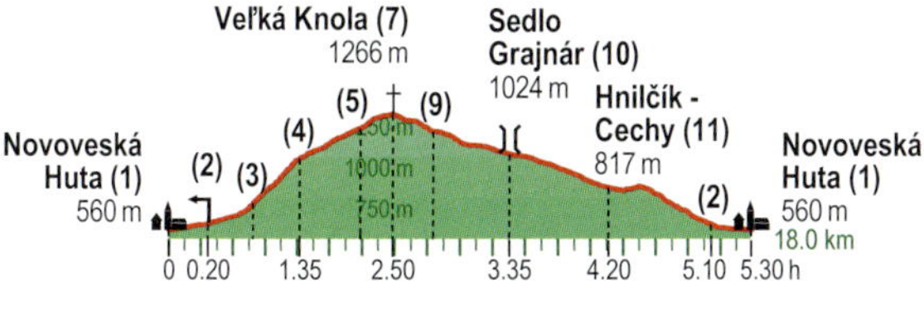

folgt und rechts nach oben aufgestiegen. An einer Verzweigung ist es der rechte Weg, der hinauf zum **Wegweiser »Pod Veľkou Knolou« (6)** führt. Ein mit gelbem Dreieck markierter Pfad verläuft in drei Minuten durch den Wald zur **Veľká Knola (7)** – die Aussicht ist wegen des hohen Bewuchses eingeschränkt.

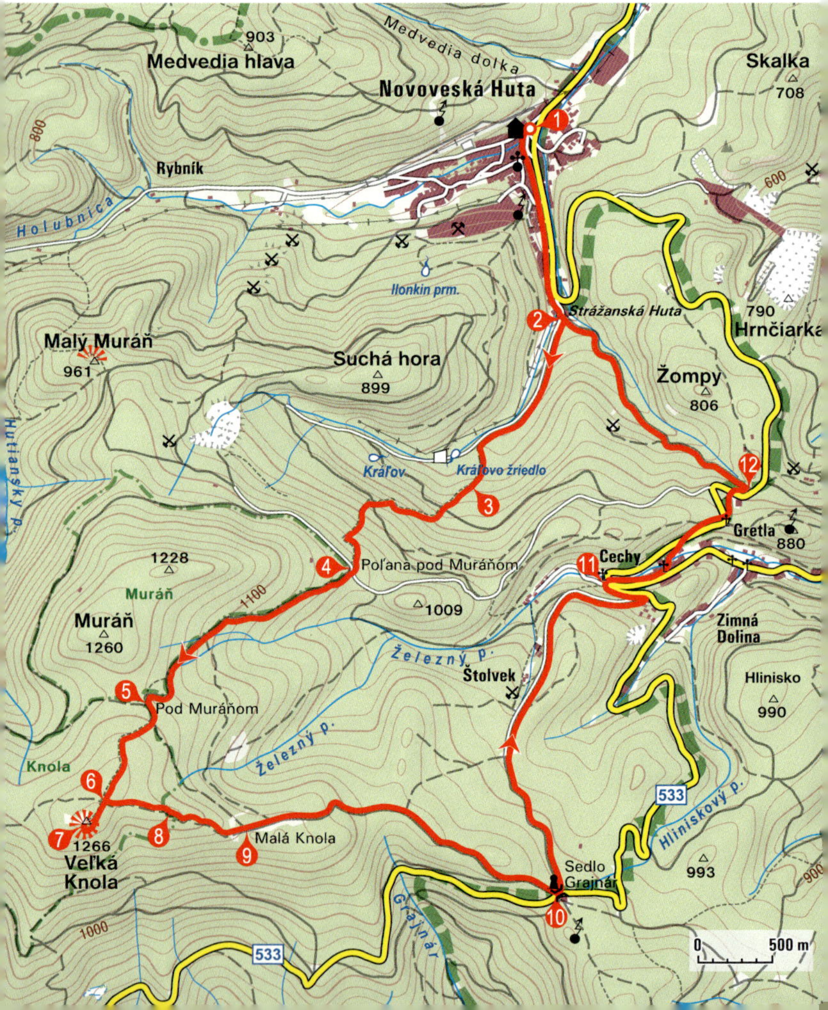

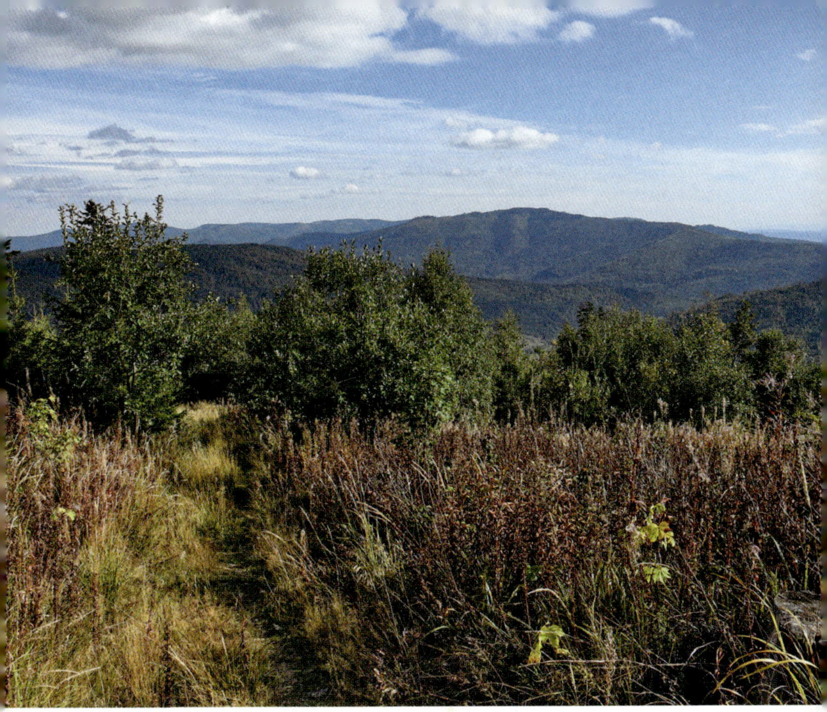

Im Abstieg zur Malá Knola.

Wir steigen bis zum **Wegweiser (6)** ab und folgen der gelben Markierung. Im Verlauf bietet ein **Baumstumpf (8)** die Möglichkeit über den Bewuchs zu schauen. Ein herrliches Panorama auf die östlichen Berge des slowakischen Erzgebirges und des Zipser Landes breitet sich vor uns aus. Ein breiter Weg zieht sich erneut mit blauem Wanderzeichen von der **Malá Knola (9)** zum **Sedlo Grajnár (10)** hinunter. Die Heckflosse eines Kampfflugzeuges erinnert an ein tragisches Unglück. Ein Forstweg verläuft durch ein Seitental bergab zur Bundesstraße und kurz darauf folgt links die Siedlung **Hnilčík – Cechy (11)**. An der Landstraße in Richtung Hnilčík geht es an einem Restaurant vorbei und am ersten Abzweig nach links. Hinter den Häusern und dem Bach wird zu einem kleinen Sattel neben der Bundesstraße aufgestiegen. Hinter einem Gedenkstein leitet ein unmarkierter Weg abwärts zum Forsthaus Gretla an der Straße. Direkt auf der anderen Seite beginnt ein grün markierter **Waldweg (12),** der steil abwärts nach **Stražanská Huta (2)** führt. Auf bekannter Strecke geht es von hier zurück nach **Novoveská Huta (1)**.

48 Rundweg zur Medvedia hlava

5.45 Std.

Aus der großen Stadt heraus zu einem Aussichtspunkt in der Natur

Spišská Nová Ves gehört mit seinen etwas mehr als 37.000 Einwohnern zu den größeren Städten der Ostslowakei und ist ein idealer Ausgangspunkt für Wanderungen im Slowakischen Paradies. Alle wichtigen Sehenswürdigkeiten befinden sich direkt im Stadtzentrum und mit 87 Meter Höhe besitzt die römisch-katholische Kirche den höchsten Kirchturm der Slowakei. Über Wiesen und Felder wandern wir zum Naherholungszentrum Košiarny briežok und von dort weiter zu einem ruhigen und einsamen Aussichtspunkt. Auf dem Rückweg bieten sich immer wieder herrliche Ausblicke auf die Stadt und das Zipser Land.

Ausgangspunkt: Stadtzentrum von Spišská Nová Ves, 460 m, gebührenpflichtige Parkplätze im Zentrum oder kostenlose Parkmöglichkeiten an den Großmärkten, der Bahnhof für Bus und Bahn befindet sich zwei Straßenzüge weiter nördlich des Hotels Metropol (offizieller Startpunkt der gelben Wandermarkierung).
Höhenunterschied: 540 m.
Anforderungen: Einfache Tageswanderung, die lediglich aufgrund ihrer Länge mit Schwierigkeitsgrad mittel eingestuft wurde. Die Tour verläuft größtenteils über breite Wege oder gut sichtbare Pfade.
Einkehr: In der Stadt Spišská Nová Ves gibt es alles, was das Herz begehrt. Direkt im Zentrum befinden sich zahlreiche sehr gute Restaurants. Alle großen Supermärkte liegen etwas westlich der Stadtmitte und in der Nähe unserer Tour, rechts vom Wegweiser am Naherholungszentrum Košiarny briežok liegt die Novákova chata (im Sommer täglich geöffnet, im Winter nur an Wochenenden).
Variante: Von der Medvedia hlava nach Novoveská Huta absteigen und mit dem Stadtbus zurück nach Spišská Nová Ves fahren.
Karte: SHOCart 704 – Slovenský raj.
Tipp: Besonders für Kinder ist der kleinste Zoo der Slowakei interessant (zoosnv.sk, nur auf Slowakisch).

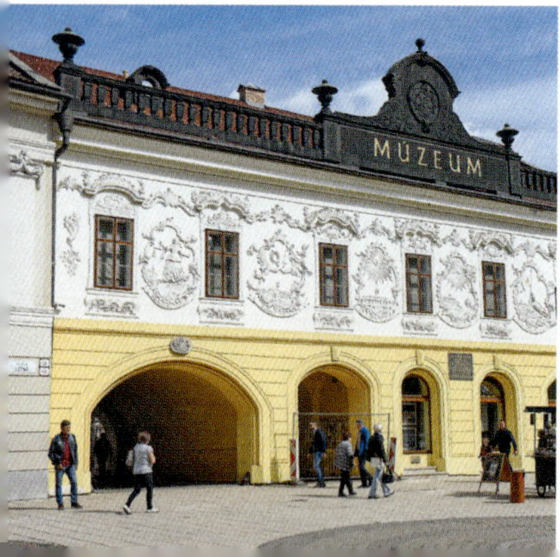

Vom **Wegweiser »Spišská Nová Ves, námestie« (1)** im Zentrum gehen wir zunächst entlang der Durchgangsstraße in westliche Richtung bis zum Hotel Metropol und biegen dort nach links ab – von hier leitet die gelbe Wandermarkierung über den Fluss Hornád in die Siedlung **Mier (2)**. Später geht es über die Straße Tehelná ulica aus der Stadt heraus. Links von uns ist eine grö-

Das Museum am Ausgangspunkt.

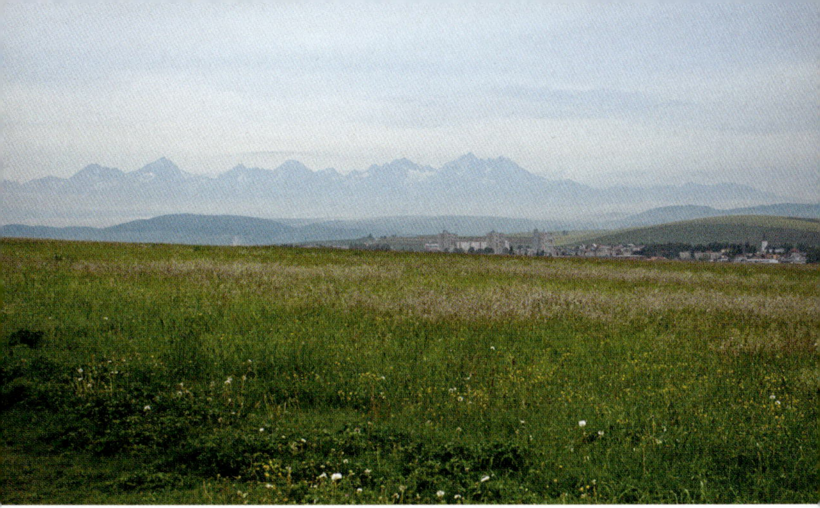

Oberhalb von Spišská Nová Ves ist die Hohe Tatra zu sehen.

ßere Romasiedlung zu sehen und nach dem kleinen Flugplatz befindet sich rechts ein kleines Neubaugebiet. In einer Datschensiedlung im Kiefernhain wird an einem **Abzweig (3)** rechts abgebogen. In der Folge führt eine befestigte Waldstraße zur Feriensiedlung **Košiarny briežok (4)**.
Über die Asphaltstraße links des Wegweisers gelangen wir in etwa 1 Std. zum **Sedlo Medvedia hlava (5)** und wandern dem gelben Dreieck folgend weiter geradeaus. Etwa 400 m hinter dem Wegweiser endet die Straße und ein steiler Waldweg bringt uns zum Aussichtspunkt **Matka Božia (6)** hinauf. Von der Abbruchkante bietet sich ein traumhafter Blick über weite Teile des Slowakischen Paradieses bis hin zur Kráľova hoľa in der Niederen Tatra und auch einige Berge der Hohen Tatra sind sichtbar. Auf selber Strecke geht es zurück zum letzten **Sattel (5)** und von hier auf einem Pfad steil hinauf zum Gipfel **Medvedia hlava (7)**, der wegen des hohen Bewuchses jedoch keine Aussicht mehr bietet.

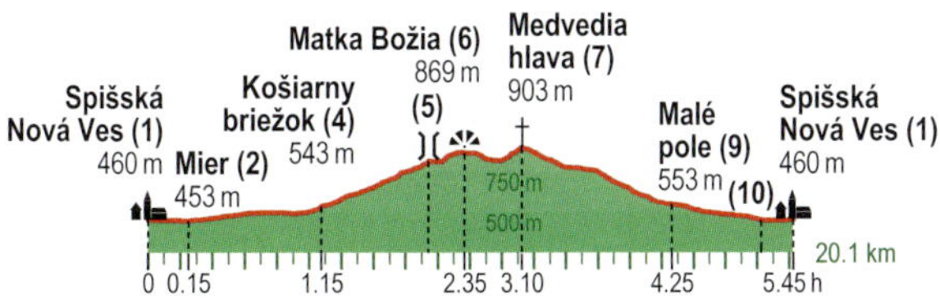

Ein paar Meter unter dem Berg befindet sich der **Wegweiser »Pod Medveďou hlavou« (7)**, von wo aus ein blau markierter Pfad nach Novoveská Huta abzweigt. Der gelben Markierung folgend wandern wir durch einen Mischwald, der hier nach umfangreichen Rodungsarbeiten bereits wieder zu einer stattlichen Größe herangewachsen ist. Ein etwas verwachsener und grüner Waldweg zieht sich langsam abwärts, und an einer Gabelung wird erst rechts und später an einer Kreuzung nach links abgebogen. Am Rande einer **Wiese (8)** sind deutliche Spuren zu erkennen, die über diese hinunter zum Neubaugebiet **Malé pole (9)** leiten. Ein Feldweg verläuft etwas oberhalb der Weiden links um einen Hügel herum und an einem Reiterhof vorbei zur Landstraße. Dort wird links auf einen Fahrradweg in Richtung Stadt und später an einer zugstellten Straße nach rechts abgezweigt. Nach dem **Wegweiser »Pod Tarčou« (10)** führen Fußwege am Hotel Preveza vorbei über den Hornád und zurück ins Zentrum zum **Ausgangspunkt (1)**.

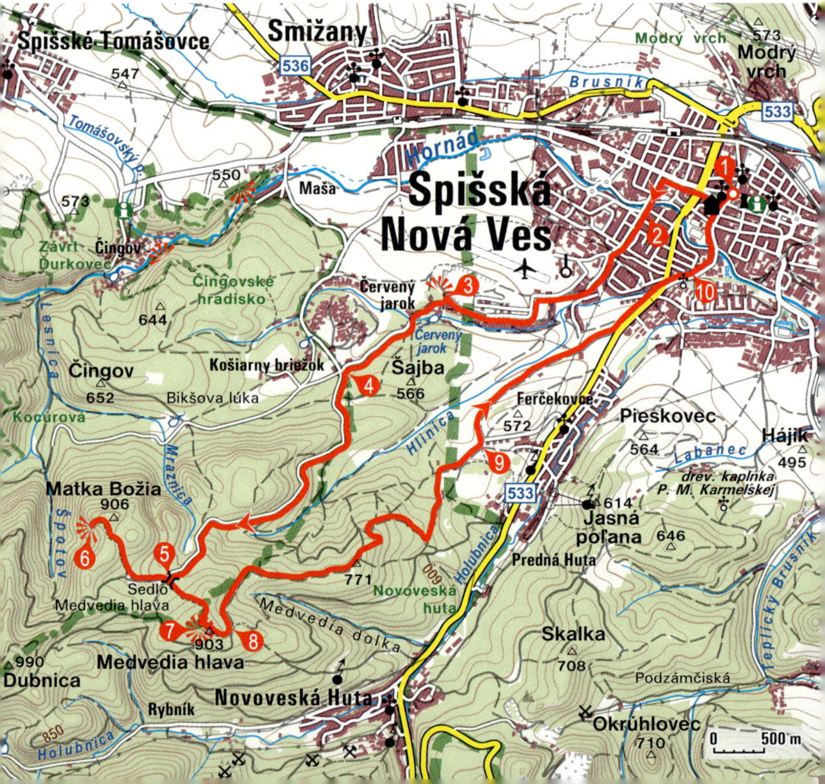

2.30 Std.

Kleine Runde um Čingov herum

49

Spaziergang nahe des Ferienzentrums mit Besuch eines Aussichtspunkts

Čingov ist einer der zwei großen Zentren für Ausflüge in den nördlichen Teil des Slowakischen Paradieses. Im Rahmen eines kurzen Spaziergangs erkunden wir die Umgebung südlich der Ansiedlung und gehen in das Naherholungszentrum Košiarny briežok, wo eine Holzhütte mit Restaurant zu einer Rast einlädt. Höhepunkt der Wanderung ist sicherlich der Aussichtspunkt an der Sovia skala, wo sich ein wahrhaft unvergesslicher Blick auf das Zipser Land eröffnet.

Ausgangspunkt: Čingov, centrum, 494 m, gebührenpflichtiger Parkplatz in der Nähe des Ausgangspunkts, Bushaltestelle mit Verbindung nach Spišské Tomášovce und Spišská Nová Ves.
Höhenunterschied: 210 m.
Anforderungen: Einfacher Spaziergang ohne größere Schwierigkeiten, lediglich der Abstieg vom Aussichtspunkt ist steil.
Einkehr: Direkt am Ausgangspunkt in Čingov und in der Novákova chata (im Sommer täglich geöffnet, im Winter nur an Wochenenden). Am Wegweiser Včelinec wurde ein Buffet errichtet.
Karte: SHOCart 704 – Slovenský raj 1:25.000.
Tipp: Wer wenig Zeit mitbringt, sollte auf jeden Fall von Čingov zum Aussichtspunkt Sovia skala hinaufsteigen und die Aussicht genießen. Für Auf- und Abstieg sind etwa 45 Min. einzuplanen.
Hinweis: Für die Erhaltung der Wege wird ein Eintrittsgeld von 1,50 € pro Person und Tag erhoben.

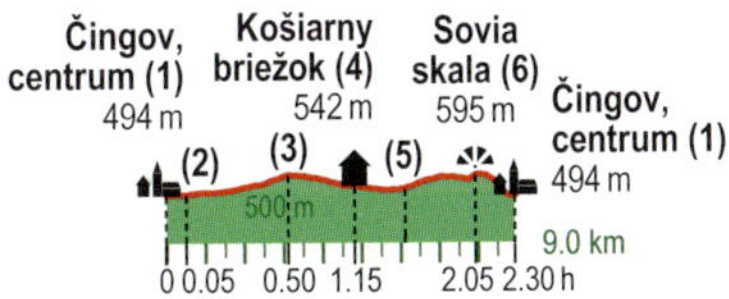

Wir folgen von **Čingov, centrum (1)** zunächst rechts vom Infozentrum der asphaltierten Zufahrtsstraße zu einem einsamen Haus und halten uns kurz davor links. Über eine Brücke wird der Hornád überquert und an der ersten Gabelung **Lesnica, ústie (2)** zweigt ein breiterer Pfad nach links ab. Auf grüner Markierung zieht sich im Verlauf ein Weg um den Berg Čingov herum und an seiner Rückseite langsam bergauf. Nach einer Bachquerung leitet erst ein Schotter- und später ein Feld-

Teufelskralle.

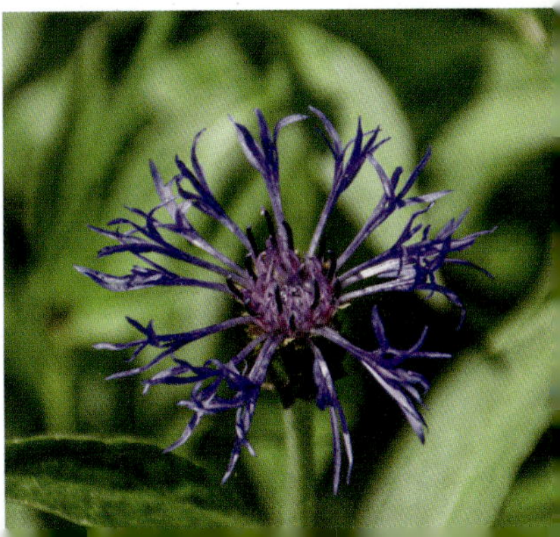

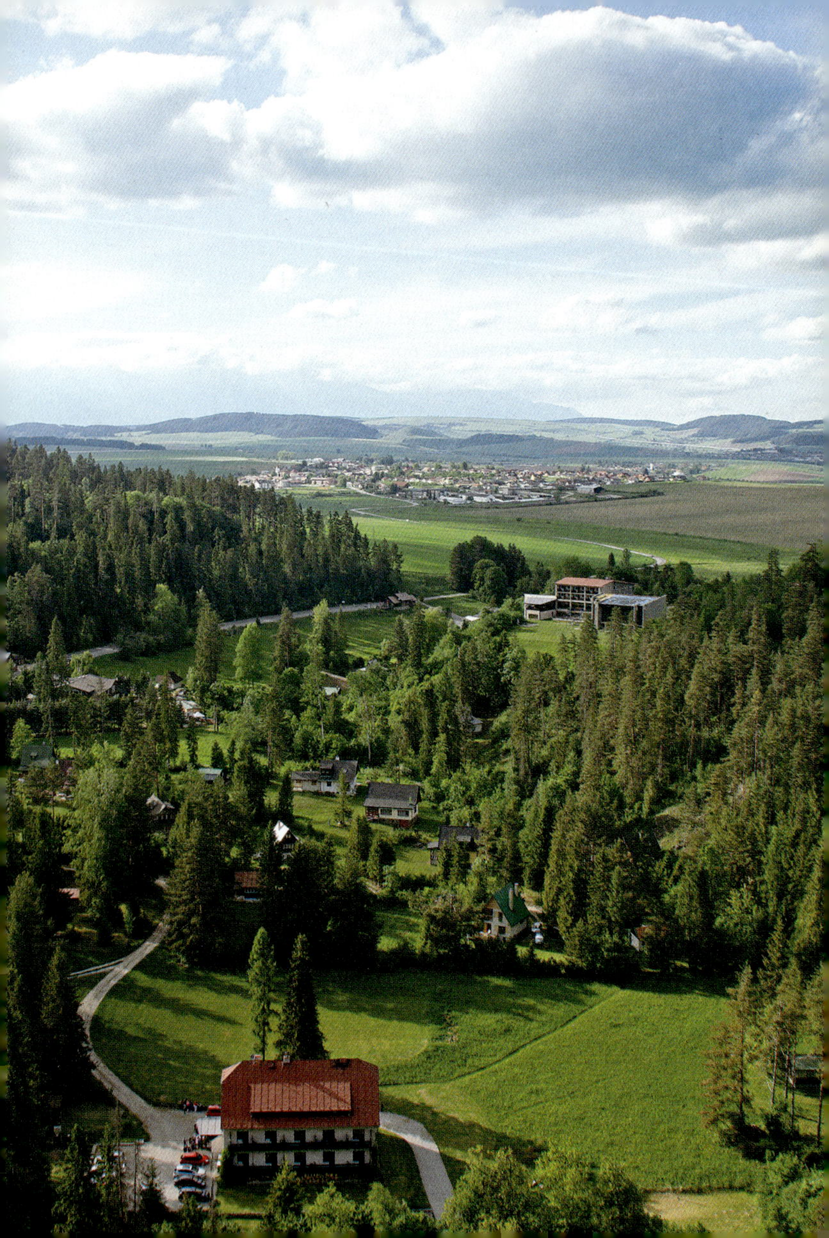

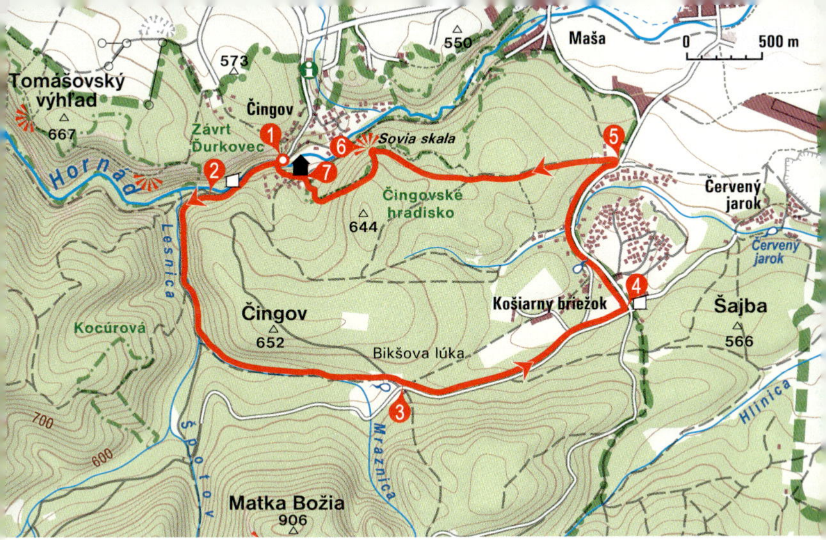

weg nach links hinauf zu einer großen Blumenwiese. An deren Ende befindet sich der **Wegweiser »Bikšova lúka« (3)** an einer Asphaltstraße, die nach links hinunter zum Erholungsgebiet **Košiarny briežok (4)** führt.

Eine Teerstraße zweigt nach links ab. Direkt rechts auf der großen Wiese befindet sich die Hütte Novákova chata, die zu einer Rast einlädt. Im weiteren Verlauf folgen mehrere Ferienhütten und Häuser und der Weg verläuft bis zum **Wegweiser »Včelinec« (5)** und einem Buffet weitgehend durch Wald. Hier verlassen wir die Asphaltstraße nach links und biegen zuerst auf einen Feldweg ab, der weiter oben in den Wald hineinführt. Der Weg wird nach einer Kreuzung deutlich schmaler und nach einem kurzen steilen Anstieg erwartet uns der Aussichtspunkt **Sovia skala (6)**. Fantastische Ausblicke auf das Zipser Land laden zum Träumen ein.Vom Aussichtspunkt aus führt ein Pfad zu einer kleinen Wiese hinunter, wo sich rechts das Schild **»Čingov – reštaurácia« (7)** befindet. Für Kinder gibt es einen Spielplatz. Holzbohlen weisen auf den ersten Metern den Weg nach links. Es geht danach an einer Quelle vorbei in die Siedlung und über den Hornád zum **Ausgangpunkt (1)** zurück.

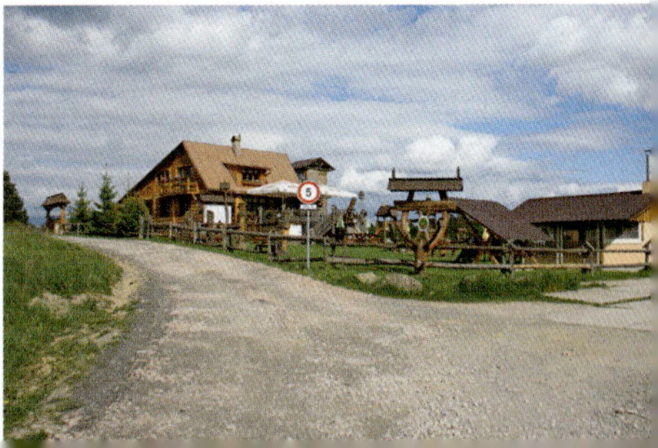

Links: Die Sovia skala oberhalb von Čingov lädt zum Verweilen ein. Rechts: Novákova chata.

50 Kyseľ-Schlucht (Klettersteig)

6.15 Std.

Auf einem Klettersteig durch eine wilde Schlucht

Die Kyseľ-Schlucht war über 40 Jahre lang für Wanderer nicht zugänglich, nachdem in der Nacht vom 16. auf den 17. Juli 1976 ein Waldbrand ausbrach und über eine Woche wütete. 30 Hektar Wald wurden damals zerstört und aufgrund der beginnenden Erosion kam es zu gefährlichen Steinschlägen, die die Schließung der Klamm notwendig machte. Heute – mehr als 40 Jahre danach – haben sich die Hänge renaturiert und Kyseľ kann wieder besucht werden. Am 18. August 2016 wurde dann der erste richtige Klettersteig im Slowakischen Paradies eingeweiht. Auf einer Gesamtlänge von 1470 Metern hat man 320 Meter Drahtseil und 430 Trittstufen aus Eisen verbaut.

Ausgangspunkt: Čingov, centrum, 494 m, gebührenpflichtiger Parkplatz und Bushaltestelle mit Verbindung nach Spišské Tomášovce und Spišská Nová Ves in 400 m Entfernung an der Zufahrtsstraße.

Höhenunterschied: 410 m.

Anforderungen: Klettersteig der Kategorie C; Klettersteigset, Helm, Handschuhe und gute Bergstiefel sind Grundvoraussetzung; Trittsicherheit und Schwindelfreiheit zwingend erforderlich.

Einkehr: Direkt am Ausgangspunkt in Čingov gibt es Restaurants, in der Hütte Kláštorisko befindet sich eine Gaststätte (im Sommer täglich von 10 Uhr bis 16 Uhr geöffnet, außerhalb der Saison nur am Wochenende, von November bis März meist geschlossen (letanovce.sk/bufet-klastorisko).

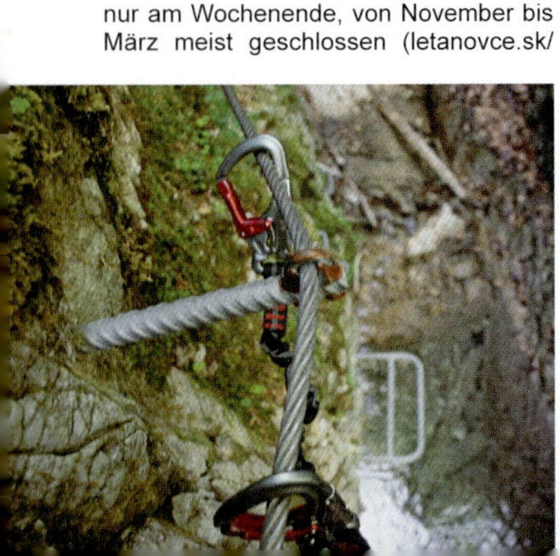

Varianten: Vom Ende des Klettersteigs kann man die Durchsteigung der Schlucht Malý oder Veľký Kyseľ direkt anschließen. Der Zustieg zur Klamm ist auch direkt von der Hütte Kláštorisko aus möglich.

Karte: SHOCart 704 – Slovenský raj 1:25.000.

Tipps: Genügend Zeit einplanen, da es an schönen Sommertagen sehr voll werden kann und sich dadurch die Wegzeiten deutlich verlängern. Wer kein Klettersteigset hat, kann dies gegen eine Gebühr von 10–15 € (je nach Ausleihort) ausleihen. Informationen im Internet unter de.cubeadventure.sk/klettersteig-verleih/#info. – Am Ausgangspunkt gibt es auch einen Kinderklettersteig, der ab 6 Jahren zusammen mit einem Elternteil begangen werden darf und zu zwei Höhlen führt.

Hinweis: Die Schlucht ist nur vom 15. Juni bis zum 31. Oktober geöffnet und darf ausschließlich von unten nach oben begangen werden. Zuwiderhandlungen werden bestraft! Für den Unterhalt des Klettersteigs wird eine Eintrittsgebühr von 5 € pro Person erhoben.

Ein Klettersteigset ist für die Begehung der Schlucht obligatorisch.

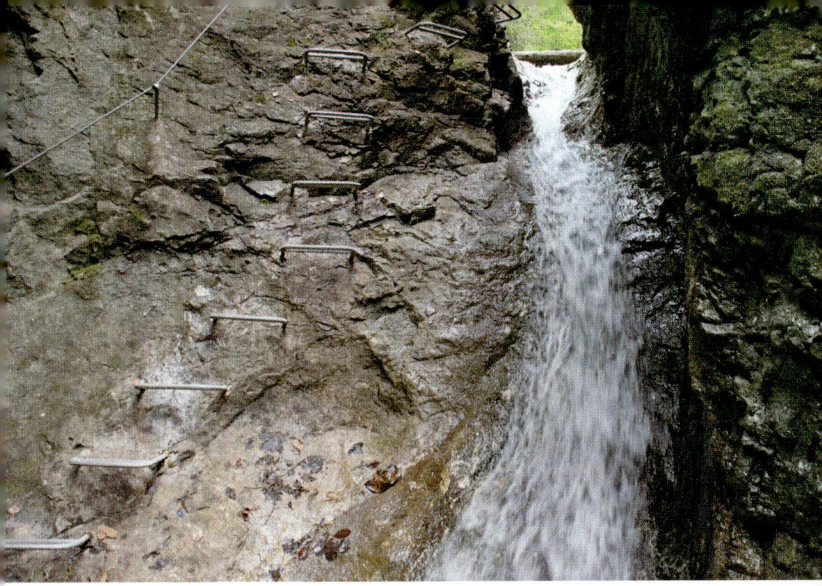

Spektakuläre Wegführung durch die Kysel'-Schlucht.

Von **Čingov, centrum (1)** führt unser zunächst blau markierter Weg über die Verzweigung **Lesnica, ústie (2)** und dem **Aussichtspunkt** auf die **Tomášovský výhľad (3)** zum **Wegweiser »Biely potok, ústie« (4)**. Wir folgen ab hier dem grün markierten Weg ins Tal Tomášovská Belá und passieren auch gleich erste Eisentritte mit Kettensicherungen. Kurz hinter der Kreuzung **Kyseľ, ústie (5)** beginnt rechts der Klettersteig, der fortan mit einer grünen Balkenmarkierung gekennzeichnet ist.

Bereits nach wenigen Metern erwartet uns ein erstes längeres Stück mit Drahtseilen und Eisenbügeln – es geht oberhalb des Bachlaufs an Felsen entlang. Wer sich nicht traut oder Angst bekommt, sollte spätestens hier umkehren. Die versicherten Stellen wechseln mit romantischem Wegverlauf durch ein Tal und teilweise wird auch das Bachbett als Weg genutzt. Es folgen acht nummerierte und versicherte Abschnitte. Nach der sehr kurzen Stel-

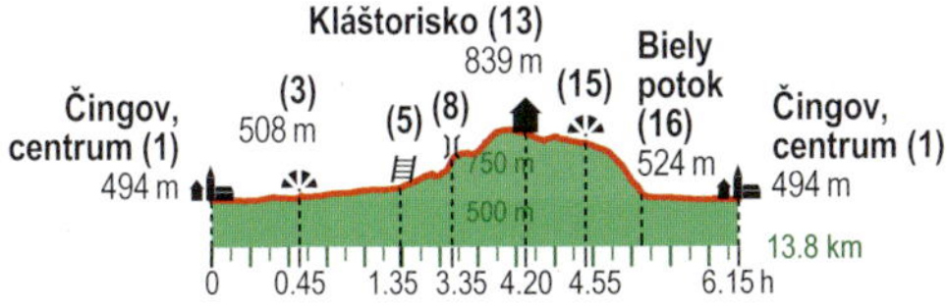

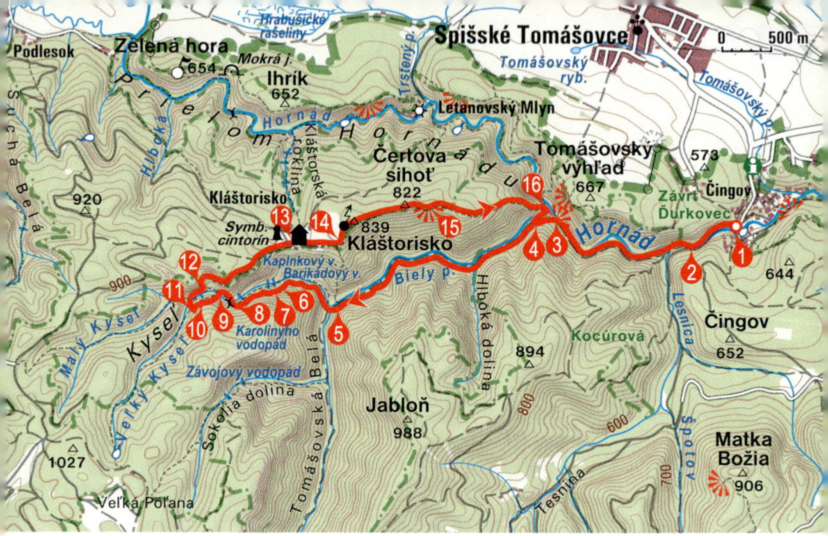

le »Riečisko« (Bachbett) liegt jede Menge Baumbruch herum, der mit grünen Talpassagen wechselt. Bei »Pred Barikádou« wird an der linken Felswand aufgestiegen, direkt darauf folgt der **Barikádový vodopád (6)**. Die längere und anstrengende Passage zur Überwindung eines Wasserfalls kostet Kraft. Die vierte Stelle nennt sich »Udiareň« – die Räucherkammer, die Sicherungen befindet sich an der rechten Felsflanke. Daran schließt sich ein wildes Durcheinander von ineinander verkeilten Baumstämmen an. Der nächste Wasserfall stellt sich in den Weg – der **Kaplnkový vodopád (7)**. Ein weiterer sehr anspruchsvoller Abschnitt ist Temnica. In der engen Klamm werden die Seiten gewechselt und die wirklich ansprechende Wegführung ist spektakulär. Nach ein paar Metern zum Durchatmen beginnt

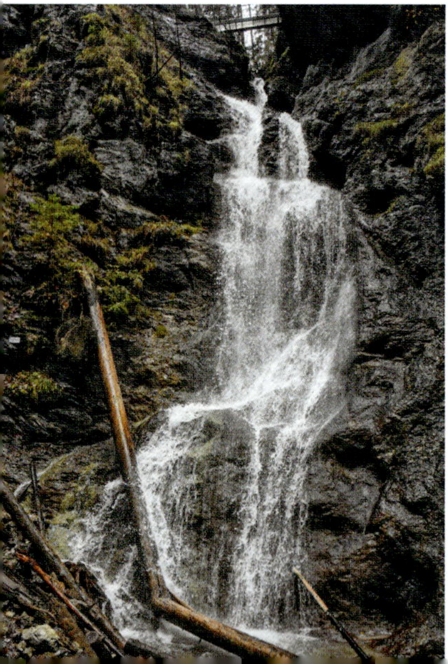

Links vom Obrovský vodopád geht es steil hinauf.

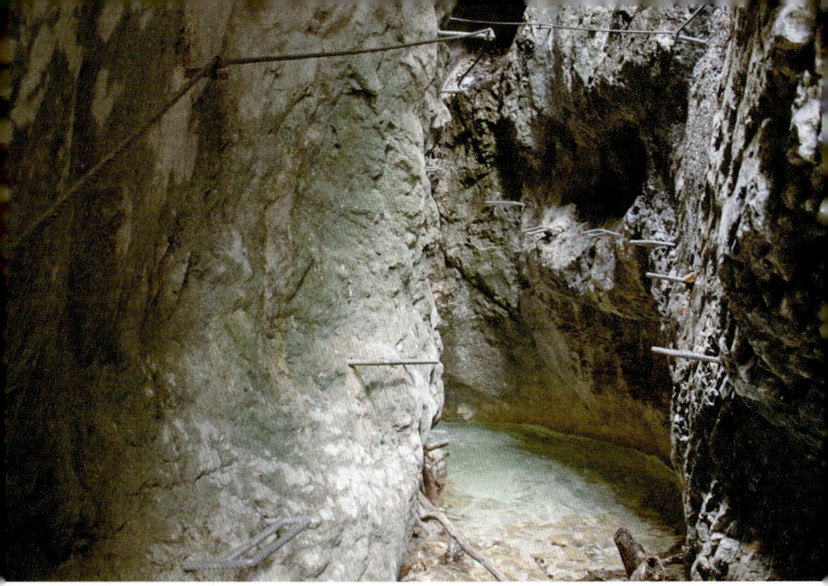

An dieser engen Stelle im Tal werden die Seiten gewechselt.

»Nad Temnicou« – eine längere Verengung des Tals mit erneutem Seitenwechsel. Nur kurz darauf folgt die Schlüsselstelle des Klettersteigs. Links vom Obrovský vodopád – dem riesigen Wasserfall – steigen wir mithilfe von Drahtseilen und Eisenbügeln sehr steil und fast senkrecht nach oben bis zu einer **Brücke (8)**. Ab hier sind es Eisengitter mit Kettensicherungen, die durch eine weitere Engstelle zur Kreuzung **V Kyseli (9)** führen. Als Bonus stellt sich uns nochmals ein Wasserfall in den Weg – der **Karolínyho vodopád (10)**. Es ist der letzte versicherte Abschnitt und direkt neben dem Wasserlauf geht es atemberaubend bergauf. Direkt im Anschluss sehen wir bereits die Gabelung **Kyseľ, rázcestie (11)**. Ein blau markierter Wanderweg zieht sich von hier rechts über den **Wegweiser »Nad Kyseľom« (12)** den Hang hinauf und weiter zur **Hütte Kláštorisko (13)**.
Wir bleiben auf dem blau markierten Weg und steigen zum **Wegweiser »Kláštorisko, lúka« (14)** hinauf und an der Funkantenne vorbei weiter auf einem Bergrücken bis zu einer schönen **Aussicht (15)**. Von hier windet sich der Pfad sehr steil und mit kurzen Kettensicherungen hinab ins Tal des Hornád. Von der Kreuzung **Biely potok, rázcestie (16)** sind es nochmals ein paar Meter nach rechts über einen versicherten Felsen bis zum **Wegweiser »Biely potok, ústie« (4)** Der breite Wanderweg führt links zurück nach **Čingov, centrum (1)**.

51 Von Čingov über Kláštorisko nach Podlesok

3.15 Std.

Ideale Wanderung: der Hornád-Durchbruch als Rundtour

Vom Touristenkomplex Čingov geht es zunächst einmal tief ins Tal hinein, bis unter die mächtige Felswand der Tomášovský výhľad. Ein steiler Pfad führt hinauf bis zur Bergwiese am ehemaligen Kloster Kláštorisko. Besonders im Frühsommer können sich die Wanderer an der prächtigen Blumenpracht erfreuen. Ein Besuch der Berghütte und des symbolischen Friedhofs bietet sich ebenfalls an und bei gutem Wetter blicken wir bis zu den steil aufragenden Felsengipfeln der Hohen Tatra. Es handelt sich mit Sicherheit um einen der schönsten Plätze des Slowakischen Paradieses. Am zweiten Touristenkomplex des Gebiets – am Podlesok – endet unsere Tour.

Ausgangspunkt: Čingov, centrum, 494 m, gebührenpflichtiger Parkplatz und Bushaltestelle mit Verbindung nach Spišské Tomášovce und Spišská Nová Ves in 400 m Entfernung an der Zufahrtsstraße.
Endpunkt: Podlesok, 545 m, gebührenpflichtiger Parkplatz auf der anderen Bachseite, nur im Hochsommer Busverbindung, die nächste Haltestelle außerhalb der Saison befindet sich in Hrabušice, Mýto (vom Parkplatz 1,2 km über die Asphaltstraße in Richtung Hrabušice).
Höhenunterschied: 370 m im Aufstieg und 320 m im Abstieg.
Anforderungen: Mittelschwere Halbtageswanderung mit steilem Anstieg hinauf zum ehemaligen Kloster Kláštorisko; Trittsicherheit an der Kettensicherung erforderlich.
Einkehr: Direkt am Ausgangspunkt in Čingov gibt es Restaurants, auf der Tour eine Gaststätte in der Hütte Kláštorisko (im Sommer täglich von 10 Uhr bis 16 Uhr geöffnet, außerhalb der Saison nur am Wochenende; von November bis März meist geschlossen letanovce.sk/bufet-klastorisko), am Ende in Podlesok gibt es mehrere Einkehrmöglichkeiten.
Karte: SHOCart 704 – Slovenský raj 1:25.000.
Tipp: Die Tour bietet sich als ideale Rückkehrmöglichkeit für die Wanderung durch die Hornád-Schlucht (Tour 53) an. Wer von Podlesok aus kommt, steigt am Wegweiser »Biely potok, rázcestie« in die Tour ein und spart sich 45 Min. Wegzeit.
Hinweis: Für die Erhaltung der Wege wird ein Eintrittsgeld in Höhe von 1,50 € erhoben.

Vom **Zentrum** des Touristenkomplexes **Čingov (1)** führt rechts vom Infozentrum ein breiter Weg ins Tal hinein. Über eine Brücke wechseln wir auf die andere Seite des Hornád und bleiben bei der Verzweigung **Lesnica, ústie (2)** auf dem parallel zum Fluss führenden breiten Weg, der uns in etwa 45 Min. zu einer Wiese mit **Aussicht** auf die **Tomášovský výhľad (3)** bringt. Nur ein paar Meter weiter befindet sich der **Wegweiser »Biely potok, ústie« (4)**. Der Bach, der sich hier sehr tief eingegraben hat, wird mittels eines Eisenstegs überquert. Danach zieht sich der Pfad steil hinauf zur Gabelung

Der Biely potok hat sich tief in das Tal hineingegraben.

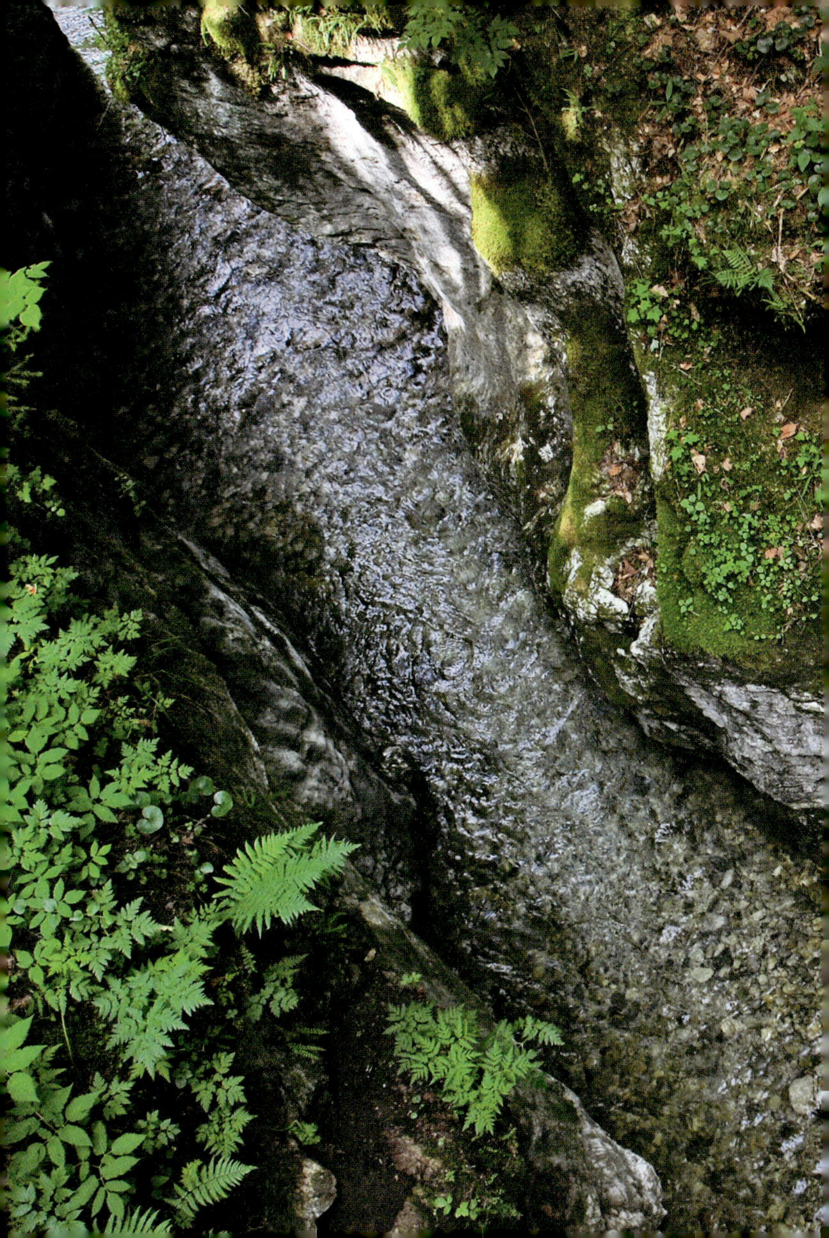

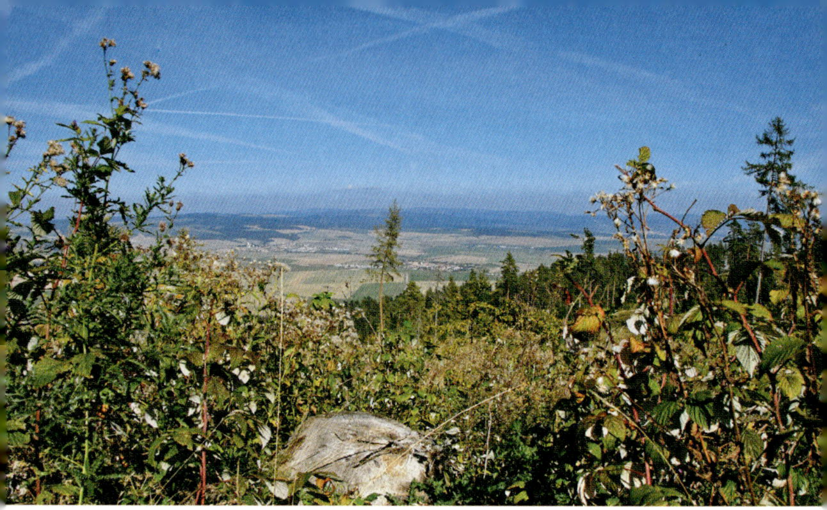

Aussichten ins Zipser Land.

Biely potok, rázcestie (5) und das letzte Stück ist sogar mit einer Kette versichert.
Ein blau markierter Pfad zweigt nach links ab und mittels ein paar Serpentinen und Schleifen geht es steil nach oben. Es folgen weitere Kettensicherun-

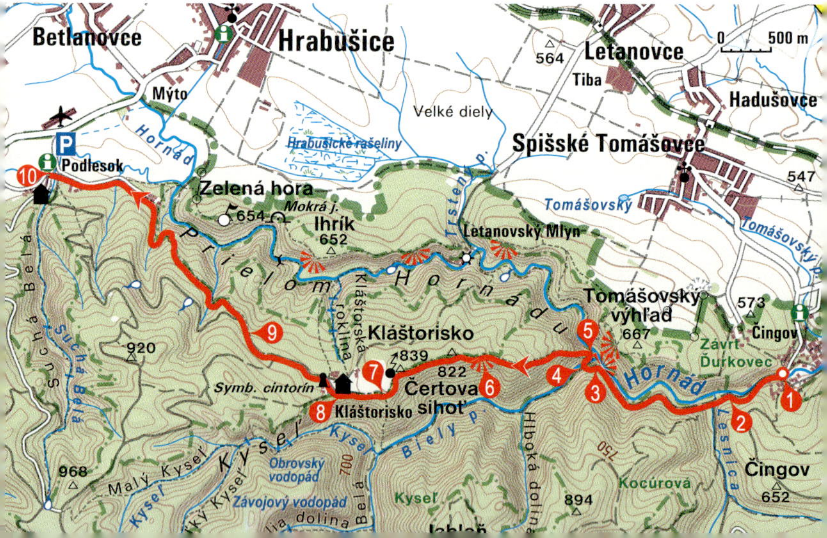

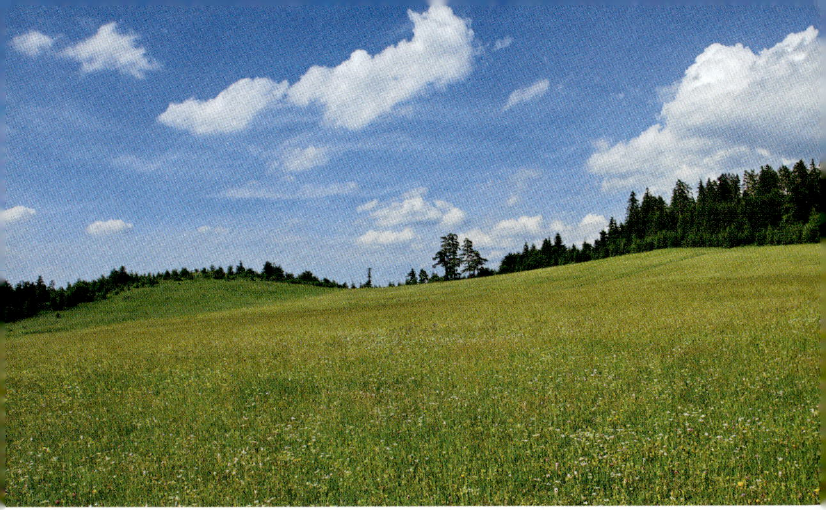

Die Bergwiese am ehemaligen Kloster Kláštorisko.

gen, die jedoch hier nicht unbedingt notwendig sind. Später erreichen wir den Kamm und kommen zu einer **Aussicht (6)** – der Blick reicht weit ins Tal und über die Wälder des Slowakischen Paradieses bis zur Kráľova hoľa in der Niederen Tatra. Kurz hinter der weithin sichtbaren Funkantenne beginnt eine große Wiese. Vom **Wegweiser »Kláštorisko, lúka« (7)** sind es nur noch ein paar Minuten bis zur **Hütte Kláštorisko (8)**, oberhalb der Klosterruine.
Die grüne Markierung verläuft hinunter ins Tal. Zunächst gehen wir auf breiten Wegen am symbolischen Friedhof vorbei und in den Wald hinein. Am **Wegweiser »Pod Kláštoriskom« (9)** wird nach rechts von der Forststraße abgezweigt. An zwei kurzen felsigen Stellen wurden Sicherungen angebracht und nach einem Taleinschnitt folgt ein kurzer Gegenanstieg. Steil zieht sich der Pfad weiter nach unten und nochmals stellt sich ein ein kleines Tal mit kurzem Anstieg in den Weg. Direkt danach taucht der Touristenkomplex »Turistický raj« vor uns auf. Wer von hier durch den Hornád-Durchbruch wandern möchte, muss mit der grünen Markierung nach rechts abbiegen. Die hier beginnende Asphaltstraße ist blau markiert und führt nach Podlesok.
Die Wanderung endet auf der anderen Seite des kleinen Bachs neben dem Restaurant am **Schild »Podlesok, ATC« (10)**. Aus dem nächstgelegenen Ort Hrabušice gibt es Busverbindungen zurück zum **Ausgangspunkt (1)**.

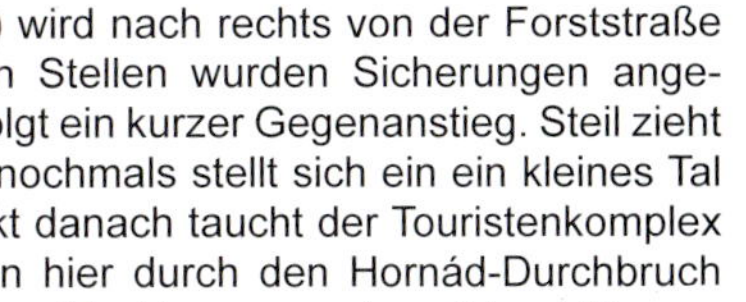

52 Von Čingov über die Tomášovský výhľad nach Podlesok

3.45 Std.

Zur schönsten Aussichtsterrasse im Slowakischen Paradies

Auf der Wanderung zwischen den beiden großen Touristenkomplexen Čingov und Podlesok kommen wir schon nach kurzer Zeit zu einem steilen Felsabbruch. Es ist der Aussichtspunkt Tomášovský výhľad – wohl eine der meistfotografierten Szenerien im Slowakischen Paradies. Bei klarer Sicht ragen die steilen Felsgrate der Hohen Tatra in den Himmel und vor allem im Frühjahr mit Schnee im Hochgebirge ist es eine Aussicht, die man niemals mehr vergessen wird. Die Tour bietet verschiedene Kombinationsmöglichkeiten mit anderen Wanderungen des Buchs. Im zweiten Abschnitt gehen wir streckenweise in der Nähe der Abbruchkante entlang und können immer wieder tief in den Hornád-Durchbruch blicken.

Ausgangspunkt: Čingov, centrum, 494 m, gebührenpflichtiger Parkplatz und Bushaltestelle mit Verbindung nach Spišské Tomášovce und Spišská Nová Ves in 400 m Entfernung an der Zufahrtsstraße.

Endpunkt: Podlesok, 545 m, gebührenpflichtiger Parkplatz auf der anderen Bachseite, nur im Hochsommer Busverbindung, die nächste Haltestelle außerhalb der Saison befindet sich in Hrabušice, Mýto (vom Parkplatz 1,2 km über die Asphaltstraße in Richtung Hrabušice).

Höhenunterschied: 450 m im Aufstieg und 400 m im Abstieg.

Anforderungen: Mittelschwere Halbtageswanderung mit einigen steilen An- und Abstiegen.

Einkehr: Direkt am Ausgangspunkt in Čingov gibt es Restaurants, am Ende in Podlesok sind mehrere Einkehrmöglichkeiten vorhanden.

Karte: SHOCart 704 – Slovenský raj 1:25.000.

Tipp: Die Tour bietet sich als ideale Rückkehrmöglichkeit für die Wanderung durch die Hornád-Schlucht an. Wer nur zur Tomášovský výhľad möchte, kann als Rundtour ab dem Aussichtspunkt auf grüner Markierung ins Hornád-Tal (Schwierigkeit: leicht) absteigen oder an der Steinbrücke hinter dem Wegweiser Trstený potok auf die Tour 53 wechseln und nach Čingov zurückkehren. Für den Abschnitt durch die Schlucht sind Schwindelfreiheit und Trittsicherheit erforderlich (Schwierigkeit: schwierig). Wer sich die Parkgebühren und den Eintritt sparen möchte, kann in Čingov, Ďurkovec umsonst das Auto abstelllen und von dort zur Tomášovský výhľad gehen.

Hinweis: Für die Erhaltung der Wege wird ein Eintrittsgeld in Höhe von 1,50 € erhoben.

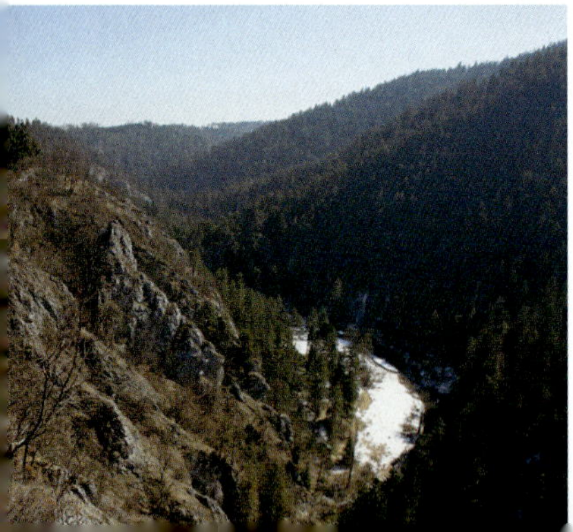

Der Hornád-Durchbruch.

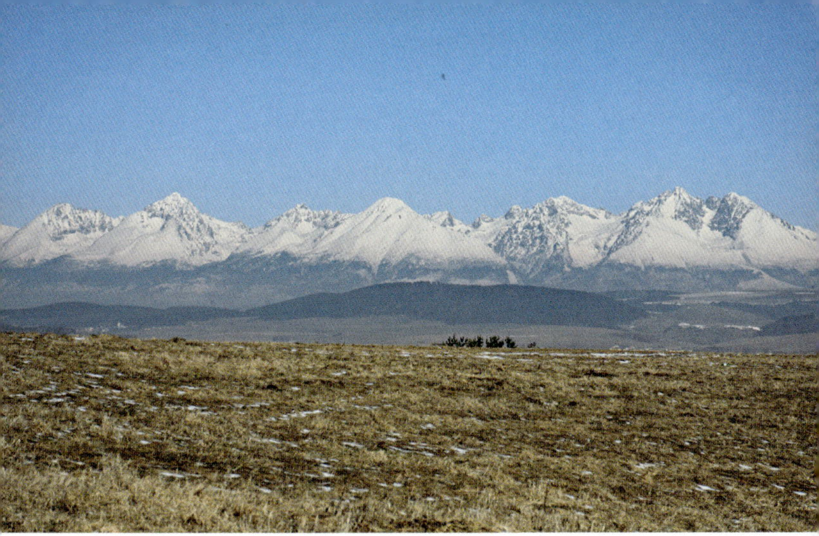

An klaren Tagen liegt die Hohe Tatra zum Greifen nah.

Am **Wegweiser »Čingov, centrum« (1)** beginnt ein gelb markierter Pfad, der nach rechts in den Wald hineinläuft. Hinter dem Haus der Bergrettung zweigt ein Weg nach links ab. Eine Gabelung ist uninteressant, da die beiden Wege wieder zusammenführen. Nach etwa 10 Min. kommen wir zur Wiese **Čingov, Ďurkovec (2)** – in die Jahre gekommene Gebäude und auch ganz neue Häuser stehen hier. Hinter einem alten Hotel führt unser Weg links in den Wald und zieht sich stetig ansteigend am Hang entlang hinauf bis knapp unter den Bergrücken und weiter zur **Tomášovský výhľad (3)**. Mit etwas Glück kann man den Kletterern zuschauen, wie sie zum Teil extrem schwere Routen durch den steilen Fels hinauf zur Aussichtsterrasse bezwingen.
Von hier verläuft der Weg zunächst weiter am Bergrücken entlang. Einen großen Felsen können wir an seiner linken Seite umgehen und gelangen so in einen kleinen Sattel. Hier besteht die Möglichkeit, auf grün markiertem Pfad ins Hornád-Tal abzusteigen. Die gelbe Markierung weist jedoch nach rechts in Richtung einer Wiese mit Blick hinunter auf Spišské Tomášovce.

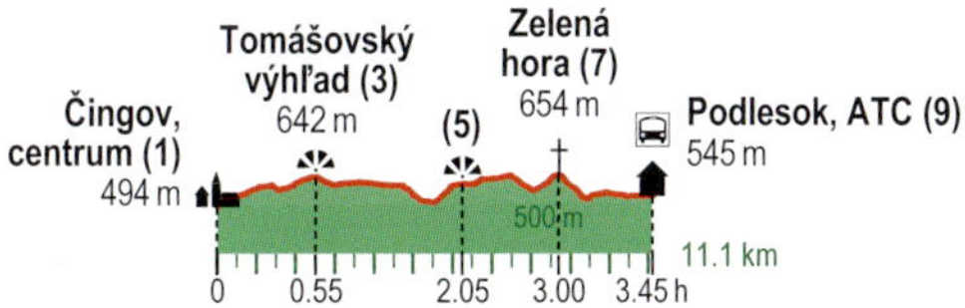

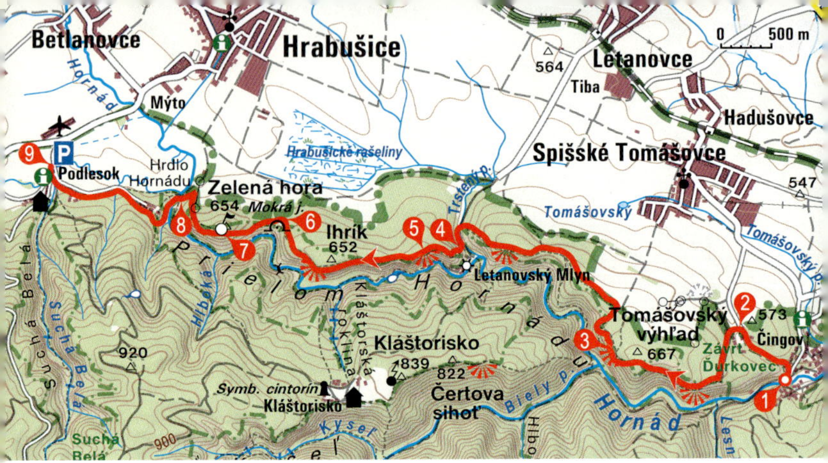

Zunächst links am Waldrand und später durch den Wald zieht sich der Weg direkt über oder in der Nähe des bewaldeten Kamms entlang und im weiteren Verlauf hinunter in einen Taleinschnitt. Eine unbefestigte Straße führt von Letanovce kommend nach links zum **Wegweiser »Trstený potok« (4)**. Wer hier in den Hornád-Durchbruch einsteigen möchte, kann entweder nach links in Richtung Čingov oder nach rechts zur **Letanovský mlyn** und den **Hrdlo Hornádu** gehen.

Gegenüber dem Wegweiser beginnt der zweite Abschnitt der Wanderung. Unser Pfad verläuft im Wald mithilfe von Serpentinen auf den nächsten Bergrücken hinauf. Jetzt gehen wir in der Nähe der Abbruchkante entlang und genießen einen **schönen Blick (5)** in die Schlucht. Etwa einen Kilometer hinter der Höhle Gackova diera führt an einer Stromleitung ein Pfad rechts hinunter zu einem lokalen Wegweiser. Wenige Meter rechts befindet sich das **Arboretum Včely raja (6)** – links leitet ein Weg steil hinauf zum bewaldeten Gipfel **Zelená hora (7)**. Der Berg wurde bereits in der Steinzeit besiedelt und die Reste der im 13. Jahrhundert errichteten Burg, sind heute von Pflanzen überwachsen und nicht mehr erkennbar. Im Abstieg wird eine Skipiste erreicht und am unteren Ende des Lifts nach links zum Einstieg in den Hornád-Durchburch – den **Hrdlo Hornádu (8)** – abgebogen. Auf der anderen Seite des Flusses zieht sich der Pfad durch eine Felspartie hinauf zur Touristenunterkunft »Turistický raj«. Der hier beginnenden Asphaltstraße folgen wir nach rechts in Richtung Podlesok. Die Wanderung endet auf der anderen Seite des kleinen Bachs neben dem Restaurant am **Schild »Podlesok, ATC« (9)**. Aus dem nächstgelegenen Ort Hrabušice gibt es Busverbindungen zurück zum **Ausgangspunkt (1)**.

Tomášovský výhľad.

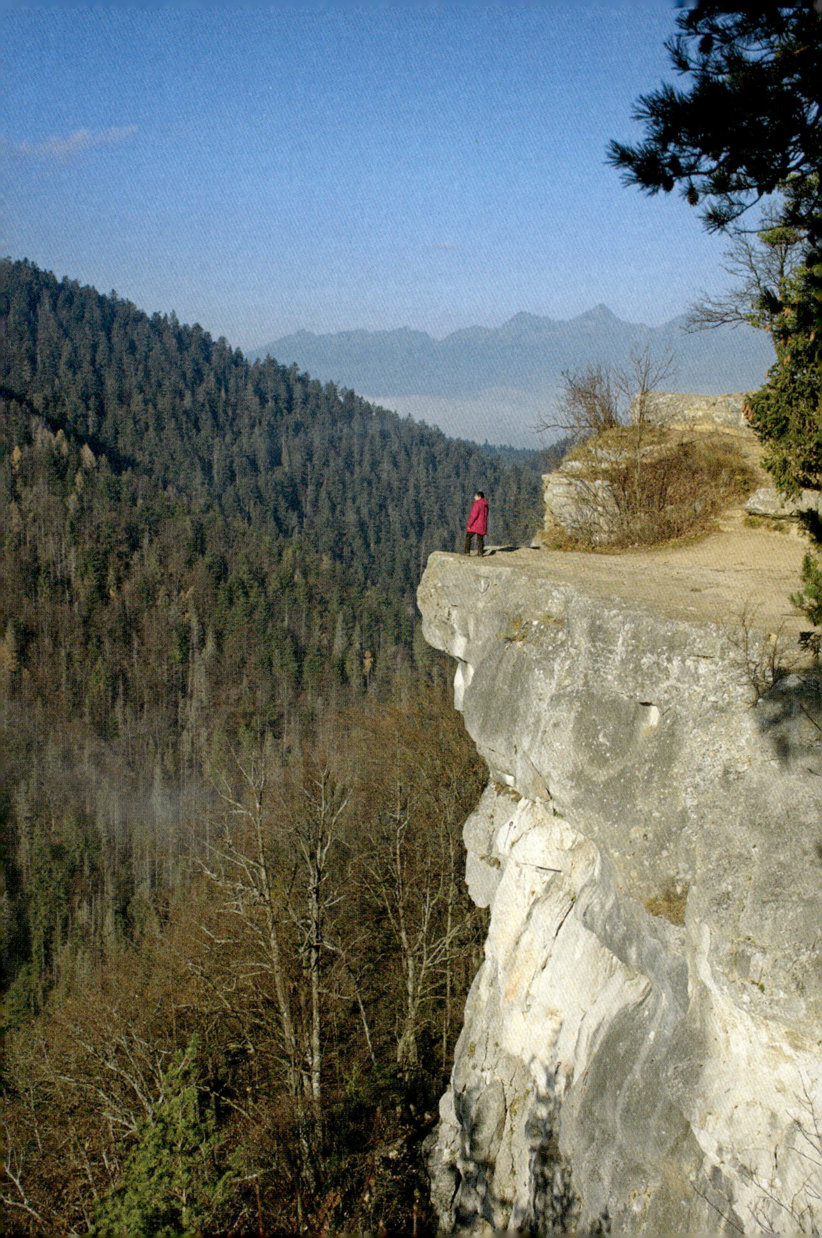

TOP 53 Hornád-Durchbruch

4.30 Std.

Auf einer der meistbegangenen Routen durch die Hornád-Schlucht

Der Hornád ist mit seinen 286 Kilometern Länge der viertgrößte Fluss der Slowakei und entspringt unweit von Liptovská Teplička in den nördlichen Ausläufern der Niederen Tatra. Kurz vor Hrabušice durchfließt er das Slowakische Paradies. Es hat sich ein äußerst interessantes Tal gebildet, das dank eines Wanderwegs erschlossen ist. Eisengitter, Ketten, Brücken, Holzleitern und andere Hilfsmittel machen den Wegverlauf zu einem unvergesslichen Abenteuer.

Ausgangspunkt: Podlesok, 545 m, ATC neben dem Restaurant Rumanka, gebührenpflichtige Parkplätze auf der anderen Seite des größeren Bachs, nur im Hochsommer Busverbindung, die nächste Haltestelle außerhalb der Saison befindet sich in Hrabušice, Mýto (1,2 km über eine Ashaltstraße in Richtung Gebirge).
Endpunkt: Čingov, centrum, 494 m, gebührenpflichtiger Parkplatz 400 m hinter dem Wegweiser an der Zufahrtsstraße, dort gibt es eine Bushaltestelle mit Verbindung nach Spišské Tomášovce und Spišská Nová Ves sowie ein Restaurant.
Höhenunterschied: 110 m im Aufstieg und 160 m im Abstieg.
Anforderungen: Anspruchsvolle Halbtagestour, die aufgrund ihrer vielen technischen Hilfsmittel »schwierig« eingestuft wurde. Die Tour erfordert Trittsicherheit und Schwindelfreiheit. Da die Wanderung sehr oft begangen wird, sind einige Steine abgelaufen und glatt. Bei Nässe verwandeln sich Holzleitern und Tritthilfen aus Holz zum Teil in spiegelglatte Rutschbahnen, die besonderer Vorsicht und Sorgfalt bedürfen. Nur für erfahrene Wanderer geeignet!
Einkehr: Am Ausgangspunkt gibt es in der Saison mehrere Einkehrmöglichkeiten, unterwegs ein Buffet mit Sitzgelegenheiten an der Letanovský mlyn. An der Bushaltestelle Čingov gibt es ebenfalls ein Gasthaus, das ganzjährig geöffnet hat.
Karte: SHOCart 704 – Slovenský raj.
Variante: Es bietet sich an, die Wanderung mit der Tour 51 ab Biely potok, rázcestie oder 52 ab Pod Tomášovským výhľadom beziehungsweise Čingov zu verknüpfen und sich so eine anspruchsvolle und unvergessliche Rundwanderung zusammenzustellen.
Hinweis: Der Hornád-Durchbruch ist die einzige Schlucht im Slowakischen Paradiese, die in beide Richtungen begangen werden darf. Da an schönen Tagen eine Vielzahl von Wanderern im Durchbruch unterwegs sind, sollte auf jeden Fall mehr Zeit als auf den Wegweisern angegeben eingeplant werden. Für die Erhaltung der Wege wird ein Eintrittsgeld in Höhe von 1.50 € erhoben.

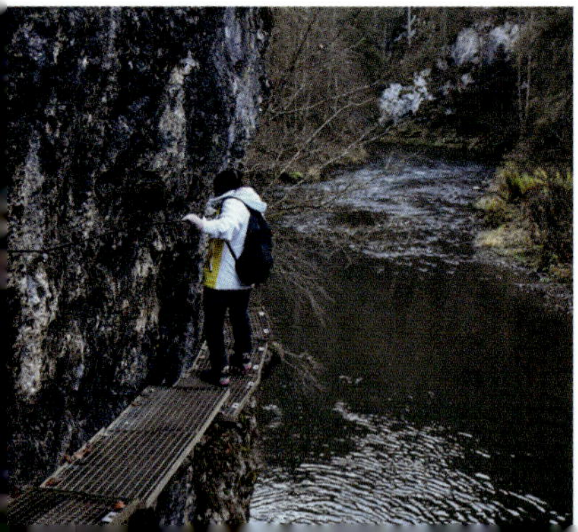

Der Wegverlauf erfordert Mut.

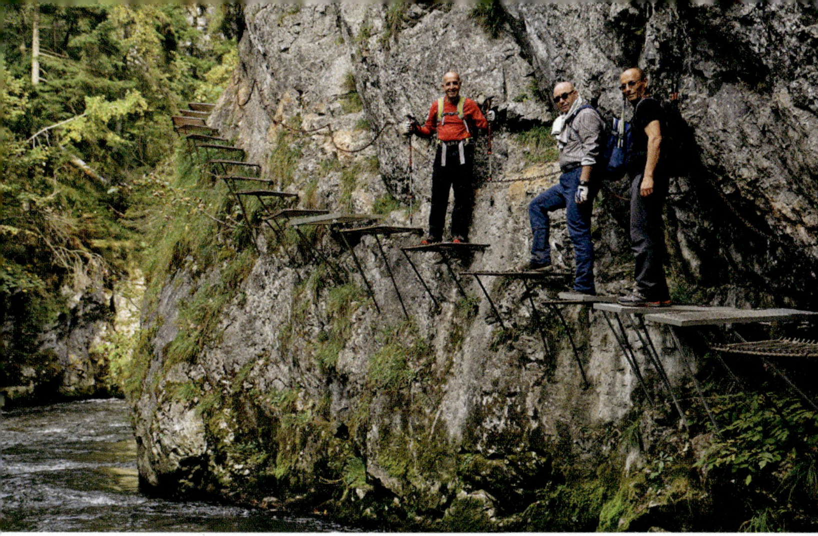

Direkt über dem Hornád geht es über Steighilfen und Kettensicherungen nach oben.

Am **Wegweiser »Podlesok, ATC« (1)** gehen wir der blauen Markierung folgend am Restaurant vorbei über einen kleinen Bach und später auf einer Asphaltstraße links am Waldrand entlang. Vorbei geht es an der Ranč Podlesok und dem einfachen Touristenkomplex »Turistický raj«. Direkt dahinter führt ein Weg linker Hand an einer Wiese entlang und später über abgelaufene Felsen hinunter zum Hornád. Am **Hrdlo Hornádu (2)** – dem Hals des Hornád – beginnt der ansprechende Wegverlauf durch die Schlucht.

Sofort nach dem Einstieg gehen wir über Eisengitter mit Kettensicherung direkt am Felsen entlang und über dem Wasser des Hornád. Etwas überraschend taucht plötzlich eine Notunterkunft im Wald auf. Im weiteren Verlauf folgen zahlreiche kurze versicherte Stellen im Auf und Ab. Später führt eine Kettenbrücke ans andere Ufer und auch dort warten interessante, mit Holzstegen, Eisentritten und Drahtseilen versicherte Abschnitte. Hinter einer Gedenktafel für einen tragischen Hubschrauberabsturz und einem weiteren Abschnitt mit Sicherungen wird die Verzweigung **Kláštoriská roklina, ústie (3)**

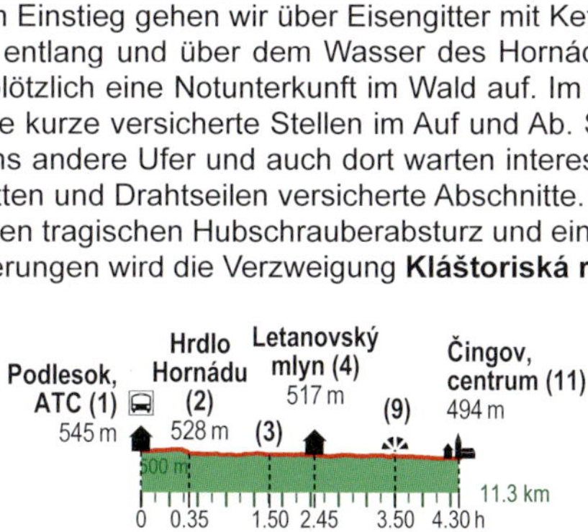

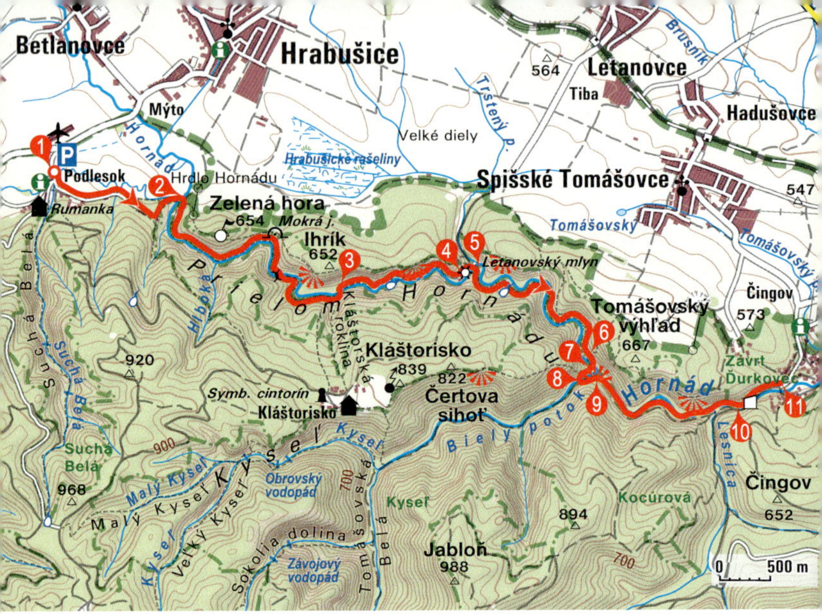

Die Wegführung im Hornád-Durchbruch ist spektakulär.

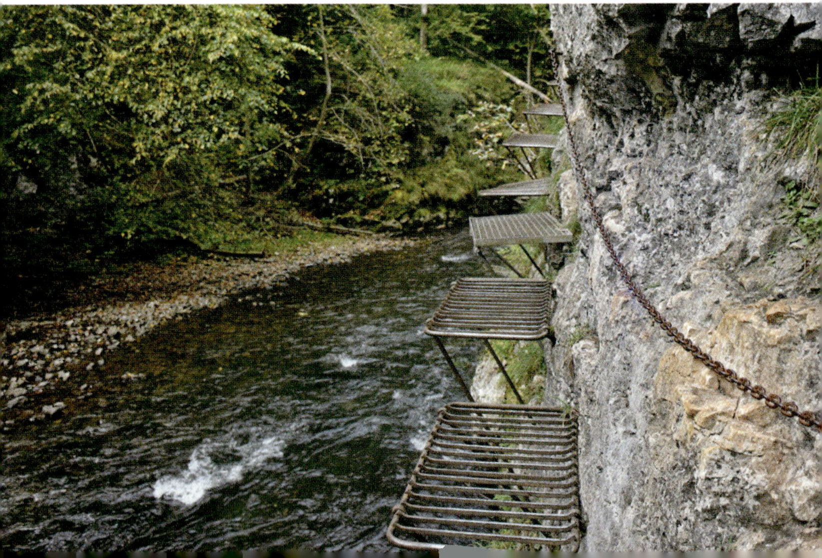

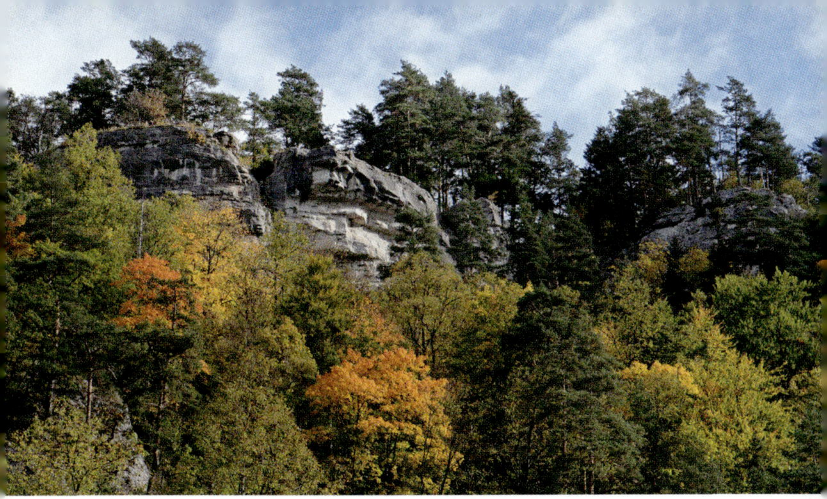

Die Tomášovský výhľad vom Hornád-Tal aus gesehen.

erreicht. Mittels einer Hängebrücke geht es wieder auf die andere Seite des Hornád. Ein weiterer imposanter Abschnitt mit Eisentritten und Drahtseilen erwartet uns vor der nächsten Bachquerung. Auf der anderen Seite beginnen sofort wieder gesicherte Abschnitte in sehr steilem Gelände mit Absturzgefahr. Eine weitere Brücke leitet zum Weiler **Letanovský mlyn (4)**, wo es ein Buffet gibt.

Kurz hinter Häusern überqueren wir den Hornád auf einer großen Steinbrücke. Der breite Weg verläuft am **Wegweiser »Letanovský mlyn« (5)** sowie an einem mächtigen Felsen vorbei. Später wird er zu einem schmalen Pfad, der links an den Fluss heranleitet. Kurz darauf erwarten uns die interessantesten Abschnitte des gesamten Weges. Bei »Pri mlynom« und »Pri jaskyni« führen Fußstützen aus Eisen direkt über dem Wasser weiter und lassen die Wanderer förmlich an den Felsen kleben. Auf der anderen Seite des Hornád kann am Abzweig **Pod Tomášovským výhľadom (6)** zu einer Aussichtsterasse aufgestiegen werden und zwischen zwei weiteren Bachquerungen besteht bei **Biely potok, rázcestie (7)** die Möglichkeit, auf die Wanderung 51 zu wechseln. An der Kreuzung **Biely potok, ústie (8)** wird nach links abgebogen. Nur wenige Meter weiter an einer Wiese befindet sich der **Aussichtspunkt** auf die **Tomášovský výhľad (9)** und über den breiten Weg geht es angenehm über die **Verzweigung Lesnica, ústie (10)** vorbei hinunter ins Zentrum des Touristenkomplexes **Čingov (11)**. Wer von hier dem Wegverlauf der Wanderung 52 nicht folgen möchte, kann mit dem Bus zurück zum **Ausgangspunkt (1)** fahren. Die Haltestelle befindet sich etwa 400 m weiter an der Zufahrtsstraße.

54 Rundweg über die Schlucht Kláštorská roklina

4.00 Std.

Zu einem der schönsten Plätze des Slowakischen Paradieses

Die hier vorgestellte Wanderung bietet eine Kombination aus dem ersten Teil der Hornád-Schlucht in Verbindung mit einem etwas abgelegenen aber durchaus sehenswerten Seitental, das auch über spannende Sicherungsmaßnahmen verfügt. Mehrere kleine Wasserfälle müssen überwunden werden und etwas unterhalb des ehemaligen Kartäuserklosters endet unser Schluchtendurchstieg an der Bergwiese Kláštorisko. Dort können wir bei schönem Wetter ausgiebig rasten und bei guter Sicht das Panorama der Hohen Tatra genießen.

Ausgangspunkt: Podlesok, 545 m, ATC neben dem Restaurant Rumanka, gebührenpflichtige Parkplätze auf der anderen Seite des größeren Bachs, nur im Hochsommer Busverbindung, die nächste Haltestelle außerhalb der Saison befindet sich in Hrabušice, Mýto (1,2 km über eine Ashaltstraße in Richtung Gebirge).
Höhenunterschied: 300 m.
Anforderungen: Anspruchsvolle Halbtagestour, die aufgrund ihrer vielen technischen Hilfsmittel »schwierig« eingestuft ist. Die Tour erfordert Trittsicherheit und Schwindelfreiheit. Da die Wanderung

Spannende Wegführung über dem Wasser.

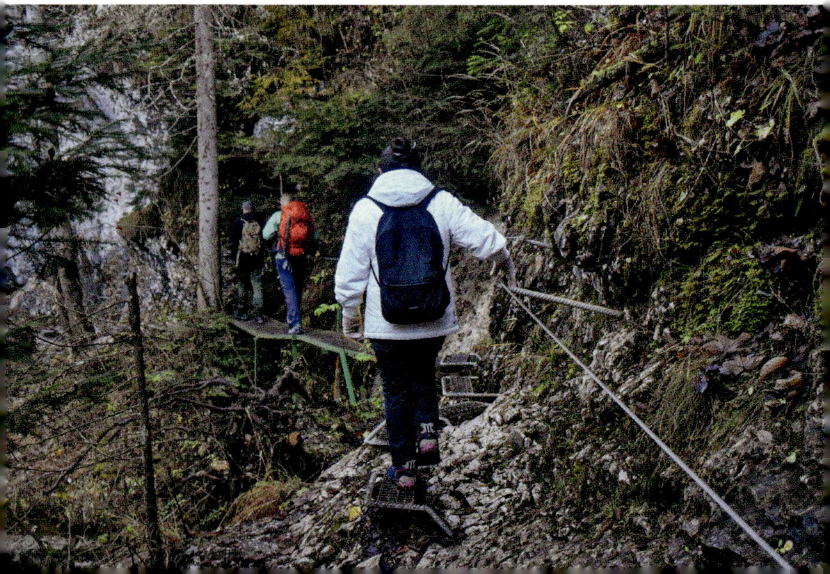

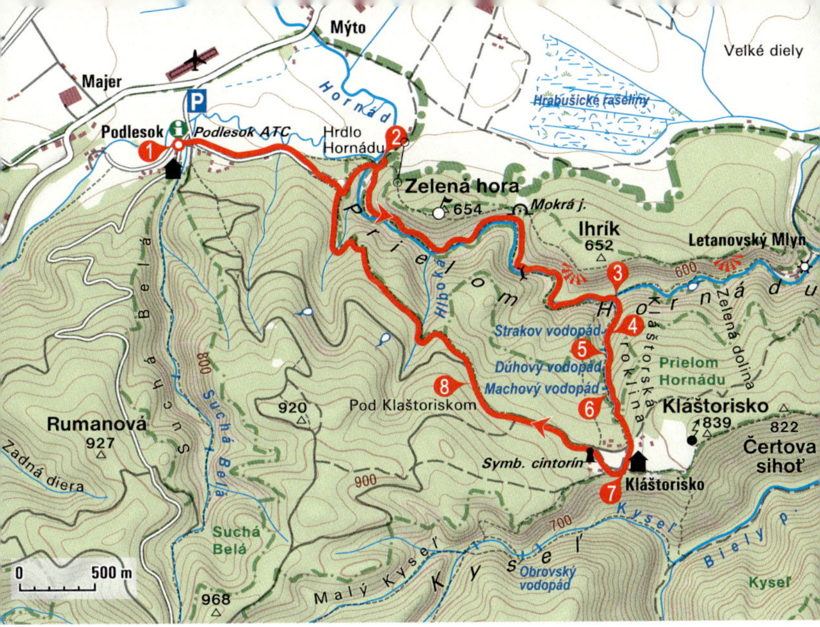

sehr oft begangen wird, sind einige Steine abgelaufen und glatt. Bei Nässe verwandeln sich Holzleitern und Tritthilfen aus Holz zum Teil in spiegelglatte Rutschbahnen, die besonderer Vorsicht bedürfen. Nur für erfahrene Wanderer geeignet!

Einkehr: Am Ausgangs- und Endpunkt gibt es in der Saison mehrere Einkehrmöglichkeiten. Unterwegs befindet sich in der Hütte Kláštorisko ein Restaurant. (im Sommer täglich 10–16 Uhr geöffnet, außerhalb der Saison nur am Wochenende; von November bis März meist geschlossen, letanovce.sk/bufet-klastorisko).

Karte: SHOCart 704 – Slovenský raj.

Hinweis: Die Kláštorská roklina darf nur in einer Richtung von unten nach oben begangen werden. Bei einer Vielzahl von Touristen und bei schlechten Witterungsbedingungen können sich die angegebenen Wegzeiten verlängern. Nach längeren Regenperioden und Tauwetter kann der Wasserstand hoch sein und die Tour erschweren oder unmöglich machen. Für die Erhaltung der Wege wird ein Eintrittsgeld in Höhe von 1,50 € pro Person erhoben.

Vom **Wegweiser »Podlesok, ATC« (1)** neben dem Restaurant folgen wir zunächst dem Verlauf der blauen Wandermarkierung über die Brücke und einer Asphaltstraße am Waldrand entlang bis zur Kreuzung hinter der Unterkunft »Turistický raj«. Dort wird nach links abgebogen und später über Felsen zum **Schild »Hrdlo Hornádu« (2)** abgestiegen. Hier beginnt rechts der Durchbruch. Mittels zahlreicher versicherter Stellen geht es im Auf und Ab zum Einstieg in die Klamm am **Wegweiser »Kláštoriská roklina, ústie« (3)**.

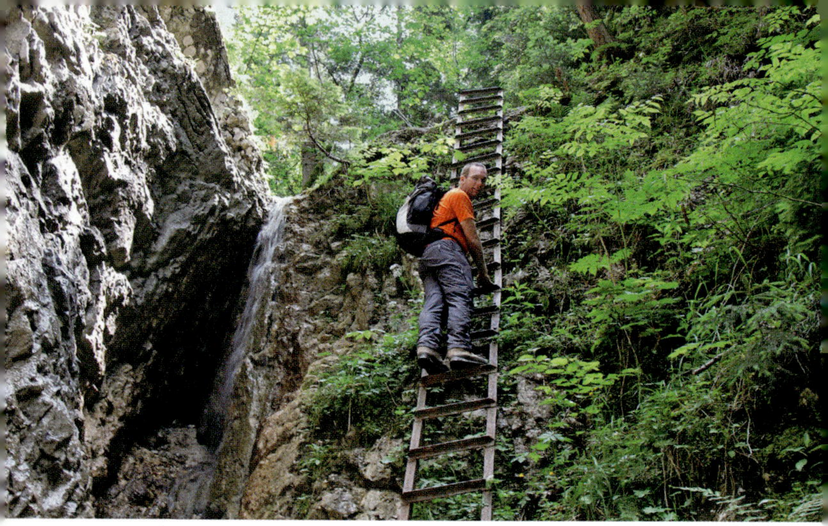

Die Eisenleiter am Wasserfall Dúhový vodopád.

Von hier führt der grün und gelb markierte Pfad direkt ins Tal hinein und ein erster versicherter Abschnitt erwartet uns. Das gelbe Wanderzeichen verlässt kurz darauf die Schlucht, während wir am Wasser oder direkt im Bachbett nach oben wandern. Baumstämme oder Steine sind nützlich, um die Füße trocken zu halten. Ein erster Absatz wird mittels einer Holzleiter überwunden. Danach befindet sich links oben die Biela jaskyňa. Die Höhle kann mittels eines sehr steilen Steigs erreicht werden. Am Wasserfall **Strakov vodopád (4)** wird mithilfe einer Eisenleiter eine gute 10 m hohe Felswand überwunden. Nach einer mit Ketten gesicherten Felspassage folgt nur ein paar Minuten später der nächste Wasserfall **Dúhový vodopád (5)** mit langer Stahlleiter. Kurz darauf leiten Eisentritte, Eisengitter und Kettensicherungen an eine kleinere Leiter heran. Der Verlauf des Weges bleibt dank mehrerer Sicherungsmaßnahmen bis zur Stahleiter am **Machový vodopád (6)** spannend. Eine letzte Höhenstufe wird linker Hand mit Ketten und Trittstufen umgangen, bevor der Pfad in einen Forstweg mündet und es neben der Klosterruine über eine große Wiese bis zur **Hütte Kláštorisko (7)** geht. Über den ebenfalls grün markierten Wanderweg steigen wir über die **Gabelung »Pod Kláštoriskom« (8)** und die Unterkunft »Turistický raj« nach **Podlesok (1)** ab.

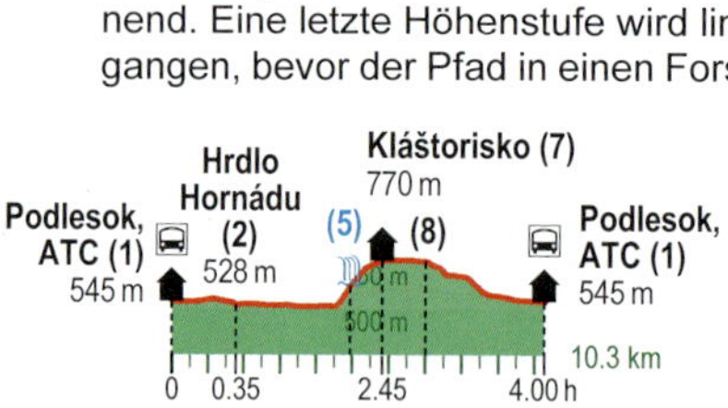

3.15 Std.

Rundtour von Podlesok zur Klosterruine Kláštorisko

55

Kleiner Spaziergang zur ehemaligen Klosterruine

Kláštorisko ist wohl der bekannteste Ort im Slowakischen Paradies. Unterhalb einer großen Bergwiese befindet sich eine rekonstruierte Ruine eines Katäuserklosters aus dem 13. und 14. Jahrhundert. Neben einer Berghütte gibt es auch noch einen symbolischen Friedhof, der einen Besuch wert ist. Kláštorisko ist ein wichtiger Knoten- und Ausgangspunkt für Wanderungen im mittleren Teil des Slowakischen Paradieses. Es gibt nicht viel Schöneres, als im Frühsommer oder Herbst auf der Bergwiese zu sitzen und bei gutem Wetter den Blick auf die Hohe Tatra zu genießen.

Ausgangspunkt: Podlesok, 545 m, ATC neben dem Restaurant Rumanka, gebührenpflichtige Parkplätze auf der anderen Seite des größeren Bachs, nur im Hochsommer Busverbindung, die nächste Haltestelle außerhalb der Saison befindet sich in Hrabušice, Mýto (1,2 km über eine Ashaltstraße in Richtung Gebirge).
Höhenunterschied: 410 m.
Anforderungen: Einfache Halbtageswanderung auf meist breiten Wegen,an einer Stelle im Auf- und zwei kurzen Passagen im Abstieg wurden an felsigen Stellen ein Geländer aus Ketten angebracht, die grundsätzlich nicht notwendig wären.

Einkehr: Am Ausgangs- und Endpunkt gibt es in der Saison mehrere Einkehrmöglichkeiten. Unterwegs befindet sich in der Hütte Kláštorisko ein Restaurant (im Sommer täglich von 10 Uhr bis 16 Uhr geöffnet, außerhalb der Saison nur am Wochenende und von November bis März meist geschlossen, letanovce.sk/bufet-klastorisko).
Karte: SHOCart 704 – Slovenský raj.
Variante: Vom Wegweiser »Pod Kláštoriskom« dem breiten Schotterweg mit gelber Markierung zur Verzweigung »Nad Podleskom« folgen. Von dort auf roter Markierung direkt nach Podlesok absteigen (700 m weiter).

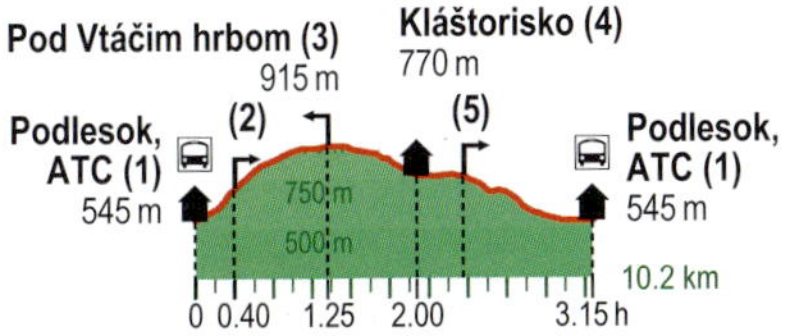

Vom **Wegweiser »Podlesok, ATC (1)** wandern wir am Restaurant vorbei, überqueren den kleinen Bach und biegen danach rechts auf eine Asphaltstraße ab. Ein rot markierter Pfad zweigt nach links ab und quert im Verlauf den mittlerweile unbefestigten Weg zwei Mal. Beim dritten Mal folgt der **Wegweiser »Nad Podleskom« (2)**. An der Gabelung geht es rechts weiter und kurz darauf wird links auf einem Pfad eine Schleife des breiten Wegs abge

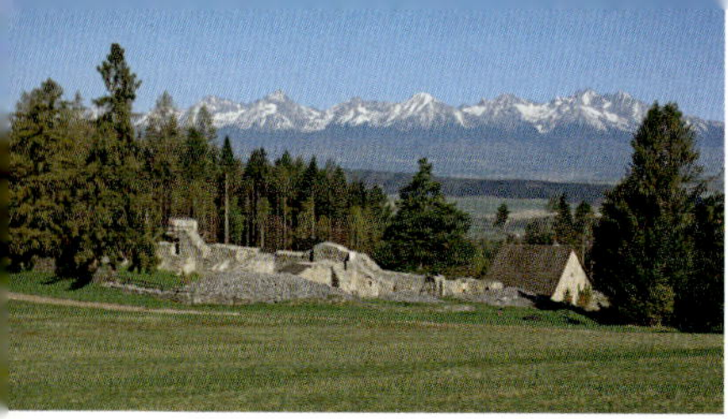

Links: Klosterruine Kláštorisko.
Rechts: Im Abstieg nach Podlesok.

kürzt. Im weiteren Verlauf befindet sich im Taleinschnitt eine Quelle und etwas dahinter kürzt erneut ein Pfad eine Kurve ab. Der Forstweg zieht sich weiter oberhalb über eine Kuppe und ein paar Meter abwärts zur **Kreuzung Pod Vtáčim hrbom (3)**. Ab hier führt ein schmalerer Waldweg links weiter. Nach der Überquerung einer unbefestigten Forststraße leitet der Weg hinunter bis zu einer Bergwiese und der **Hütte Kláštorisko (4)**. Im Abstieg orientieren wir uns an der grünen Markierung und steigen erst über die Wiese ab und gehen später auf einem breiten Waldweg bis zur **Gabelung Pod Kláštoriskom (5)**, wo es rechts nach unten geht. Später wurde an zwei felsigen Stellen ein Geländer angebracht. Diese können aber rechts umgangen werden. Nach einem Taleinschnitt erwartet uns ein kurzer Gegenanstieg. Es geht steil nach unten und nochmals folgt ein kleines Tal mit kurzem Anstieg. Kurz darauf wird der Touristenkomplex »Turistický raj« erreicht, von wo aus die blaue Markierung über eine Asphaltstraße zurück zum **Ausgangspunkt (1)** führt.

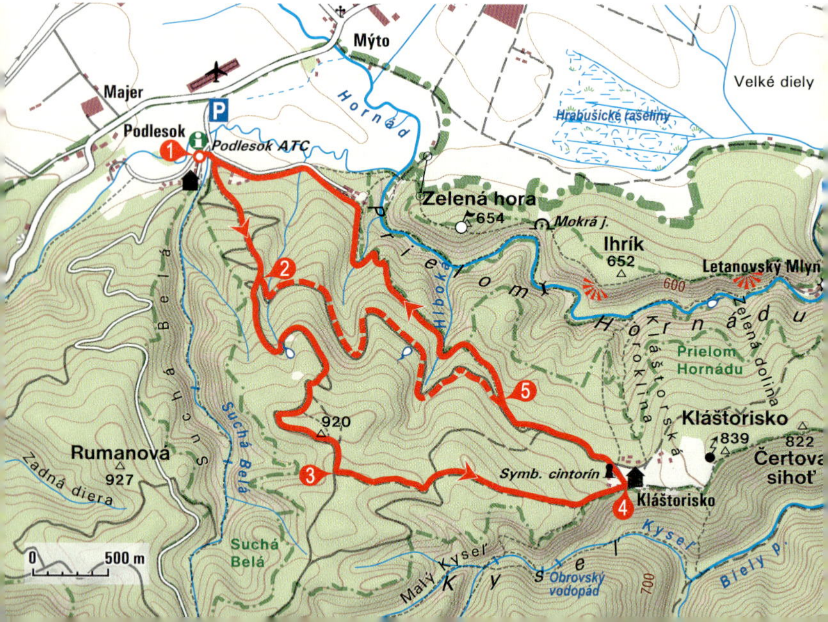

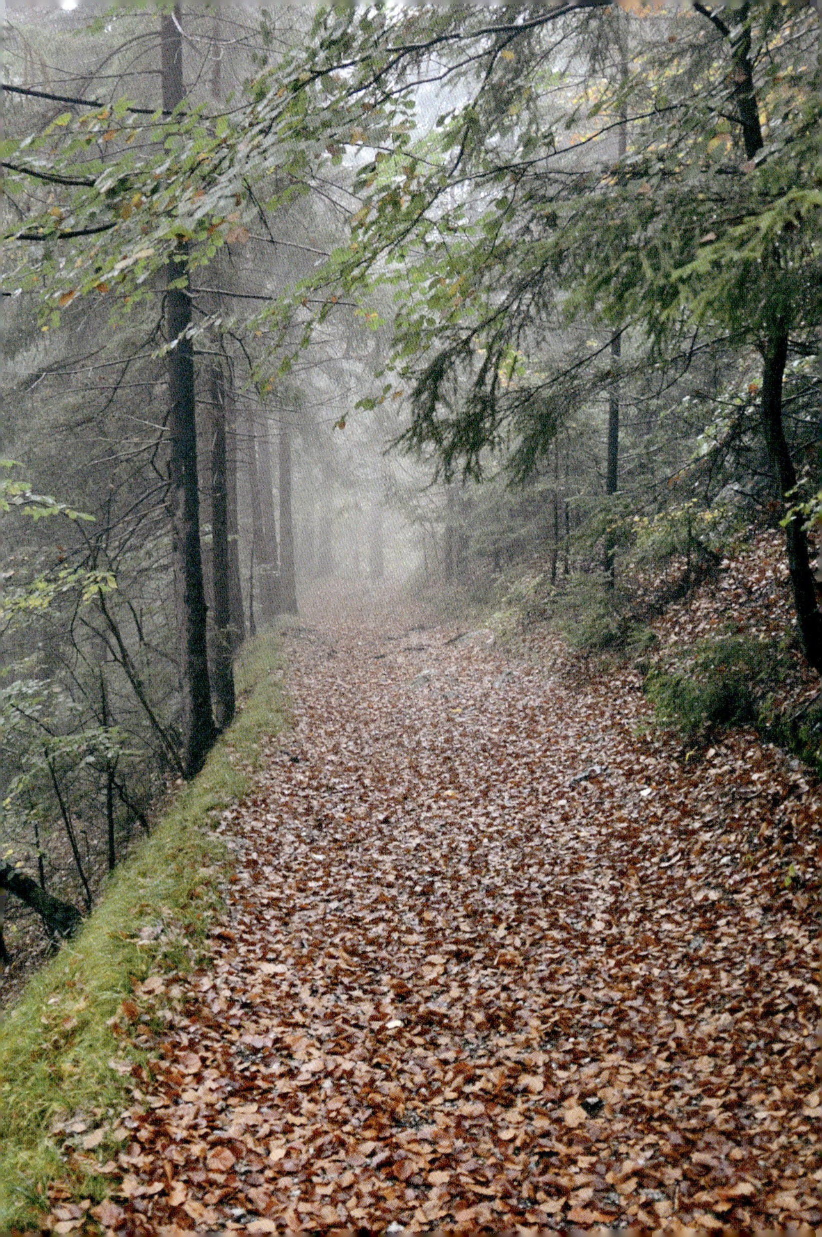

TOP **56** # Sokolia dolina

4.30 Std.

Die Schlucht mit dem höchsten Wasserfall im Slowakischen Paradies

Für die drei Schluchten und den Klettersteig im Mittelteil des Slovenský raj bietet sich die Hütte Kláštorisko an der Ruine des ehemaligen Kartäuserklosters als Ausgangspunkt an. Das Sokolia dolina gehört zu den wildesten Tälern des Gebiets und ist bereits seit 1912 für Besucher zugänglich. Der mit 75 Meter höchste Wasserfall im Slowakischen Paradies ist der Závojový vodopád – der Schleierwasserfall. Ein 80 Meter hohes System aus mehreren Leitern und Brücken macht es möglich, direkt neben dem Wasser aufzusteigen. Ein absoluter Höhepunkt und ein unvergessliches Erlebnis.

Ausgangspunkt: Hrabušice, 542 m, Hütte Kláštorisko, 770 m (Zu- und Abstiegszeit: für Podlesok ca. 3 Std. und für Čingov ca. 4 Std. einplanen).
Höhenunterschied: 510 m.
Anforderungen: Anspruchsvolle Tageswanderung mit zum Teil langen versicherten Stellen und steilen Stahlleitern, Absturzgefahr! Bei Nässe verwandeln sich Holzleitern und Tritthilfen aus Holz zum Teil in spiegelglatte Rutschbahnen, die besonderer Vorsicht bedürfen. Nur für erfahrene Wanderer geeignet!
Einkehr: In der Hütte Kláštorisko gibt es ein Restaurant (im Sommer täglich von 10 Uhr bis 16 Uhr geöffnet, außerhalb der

Die Klosterruine Kláštorisko wird im Hintergrund von der Hohen Tatra überragt.

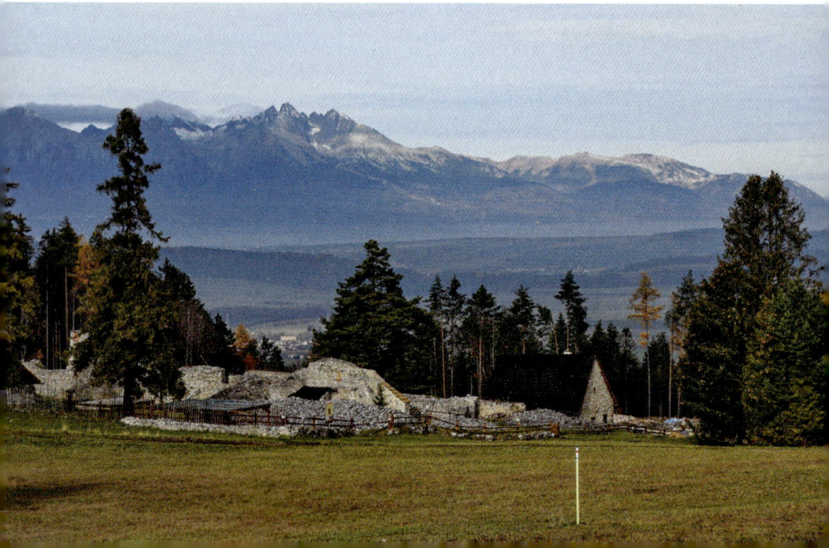

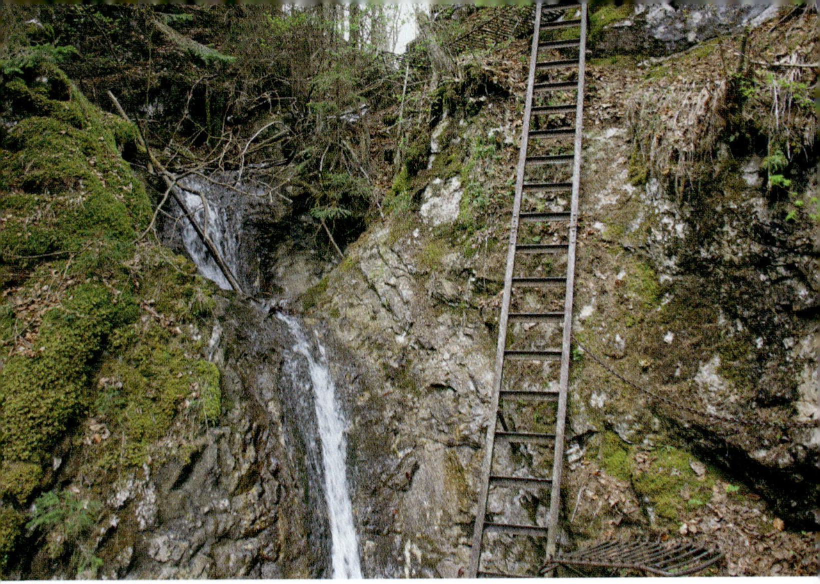

Vyšný vodopád.

Saison nur am Wochenende; von November bis März meist geschlossen, letanovce.sk/bufet-klastorisko).
Karte: SHOCart 704 – Slovenský raj.
Variante: Von Čingov aus ist der Zustieg zuerst durch das Hornád-Tal und später durch das Tal Tomáševská Belá möglich. Man steigt dann bei Kyseľ, ústie (5) in die Tour ein und läuft von Kláštorisko analog der Tour 50 zum Ausgangspunkt zurück (Gehzeit vom Parkplatz Čingov etwa 7.30 Std.).

Hinweis: Das Sokolia dolina darf nur in einer Richtung von unten nach oben begangen werden. Bei einer Vielzahl von Touristen und bei schlechten Witterungsbedingungen können sich die angegebenen Wegzeiten verlängern. Nach längeren Regenperioden und Tauwetter kann der Wasserstand hoch sein und die Tour erschweren oder unmöglich machen. Für die Erhaltung der Wege wird ein Eintrittsgeld in Höhe von 1,50 € pro Person erhoben.

Der Zustieg zur Schlucht erfolgt von der **Hütte Kláštorisko (1)** über den gelb markierten Wanderweg. Zunächst gehen wir etwa 500 m am Rande einer Wiese in östliche Richtung zur Verzweigung **Kláštorisko, lúka (2)** und steigen dort nach rechts sehr steil über einen steinigen und mit Wurzeln gespickten Pfad ab. Einige Abschnitte sind mit Eisenketten und Tritthilfen gesichert. Bei **Kyseľ, ústie (3)** wird der Talgrund erreicht und ein grün markierter Pfad führt weiter ins Tal Tomášovská Belá. Nach einem kurzen An- und Abstieg folgen längere Passagen mit Holzstegen, die uns direkt über dem Wasser entlang zum **Wegweiser »Sokolia dolina, ústie« (4)** heranleiten.

Ein gelb markierter Pfad zieht sich in die Klamm. Die Wegführung durch die Schlucht ist typisch – mal am Wasser entlang oder direkt über Steine und Hölzer durch den Bachlauf hindurch. Auch einige Bäume liegen kreuz und quer herum. Am **Skalný vodopád (5)** erwartet uns eine erste kleinere Leiter und etwas später entfernt sich der Weg vom Bachlauf und steigt danach extrem steil an. Unter einer mächtigen Felswand und hinter einem ausgesetzten Abschnitt wird wieder das Wasser erreicht. Es folgt die Hauptattraktion der Schlucht – der **Závojový vodopád (6)**. Über eine gigantische Kombination aus Leitern, Brücken, Steighilfen und Kettensicherungen erklimmen wir in einem Zug nahezu 80 Hm. Je nach Besucherstrom sollten mindestens 10 bis 15 Min. für diesen Abschnitt einkalkuliert werden. Holzstege und Eisengitter führen nur wenig später an den dritten Wasserfall – den **Vyšný vodopád (7)** heran. Zwei etwas gebogene Eisenleitern überwinden die Steilstufe. Nach einer letzten Holzleiter sind alle Schwierigkeiten geschafft und auf normalem Weg geht es weiter nach oben. An einer Gabelung gehen wir rechts und aus der Schlucht heraus zum **Schild »Sokolia dolina, záver« (8)**.

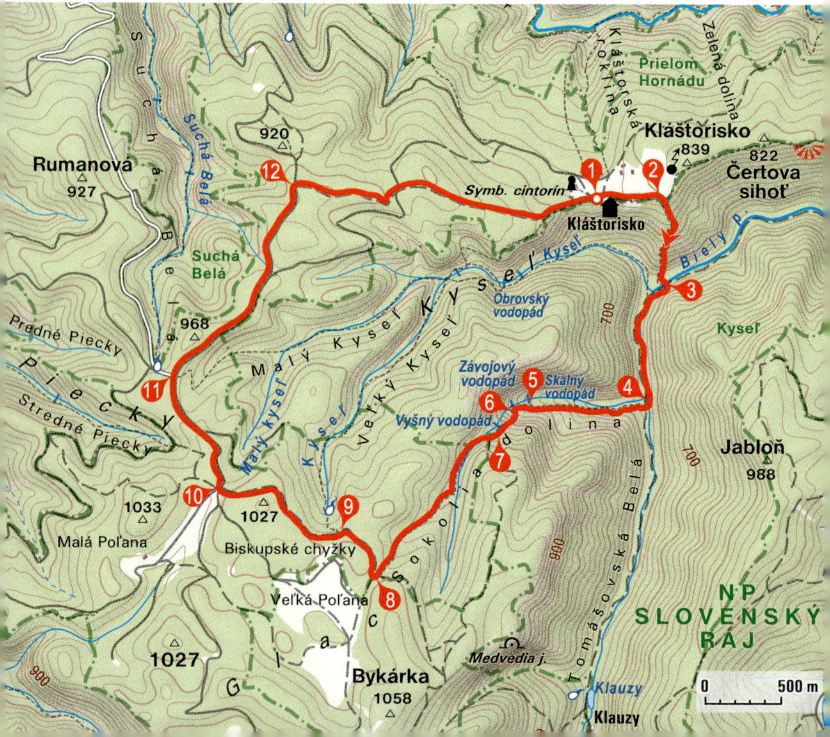

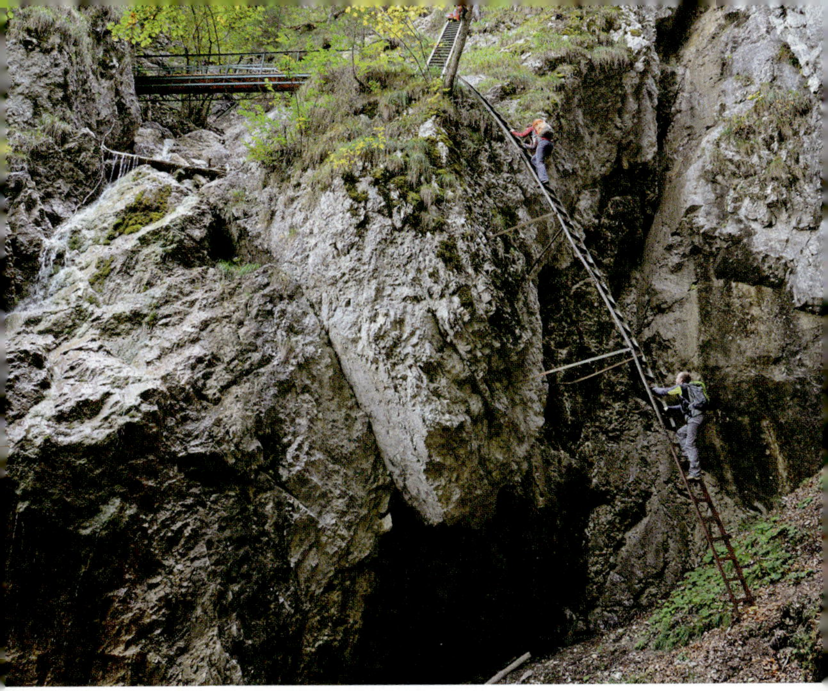

Die erste von vielen Leitern am Závojový vodopád.

Etwa 50 m rechts des Wegweisers beginnt ein Waldweg, der an einer Holzhütte vorbei leitet und etwa 100 m später eine Linkskurve macht. Nach **Pod Biskupskými Chyžkami (9)** geht es im Rahmen einer Hangquerung nochmals ein paar Meter rauf und auch wieder runter. An einer großen Wiese befindet sich die Rasthütte **Glac, Malá poľana (10)**. Über eine Asphaltstraße gehen wir angenehm hinab zur Kreuzung **Suchá Belá, záver (11)** und folgen hier zunächst der gelben Markierung bis zur **Verzweigung Pod Vtáčim hrbom (12)**. Ab hier führt uns die rote Markierung nach rechts zurück zum Ausgangspunkt an der **Hütte Kláštorisko (1)**.

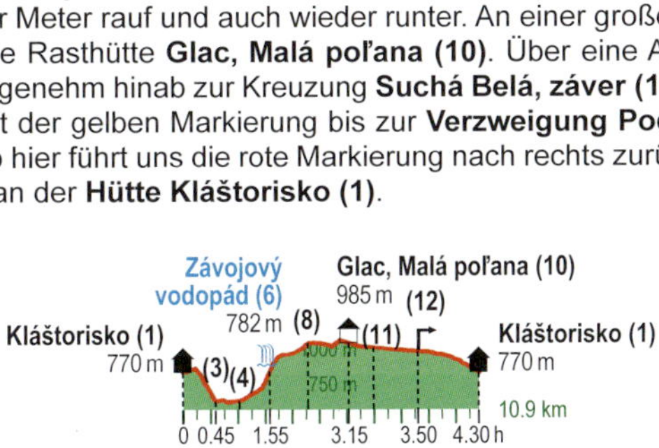

57 Malý Kysel'

3.15 Std.

Durch den oberen Teil der Kysel'-Schlucht

Vom Ende des Klettersteigs hinter dem Obrovský vodopád – dem Riesenwasserfall – führt der obere Teil der Kysel'-Schlucht hinauf bis zur Karsthochebene Glac. Am Wegweiser teilt sich das Tal in einen linken (den größeren und längeren) und einen rechten Teil. Die Schwierigkeiten sind vielleicht nicht ganz so groß, wie in den anderen Klammen. Trotzdem bietet die Malý Kysel' zwei kleinere Wasserfälle, die es mit technischen Hilfsmitteln zu überwinden gilt. Die Tour eignet sich auch, um nach dem Klettersteig, bis zum tatsächlichen Ende der Schlucht hinaufzusteigen.

Ausgangspunkt: Hrabušice, 542 m, Hütte Kláštorisko, 770 m (Zu- und Abstiegszeit: für Podlesok ca. 3 Std. und für Čingov ca. 4 Std. einplanen).
Höhenunterschied: 310 m.
Anforderungen: Anspruchsvolle Tageswanderung mit versicherten Stellen und Stahlleitern, Trittsicherheit und Schwindelfreiheit erforderlich. Bei Nässe verwandeln sich Holzleitern und Tritthilfen aus Holz zum Teil in spiegelglatte Rutschbahnen, die besonderer Vorsicht bedürfen. Nur für erfahrene Wanderer geeignet!
Einkehr: In der Hütte Kláštorisko befindet sich ein Restaurant (im Sommer täglich von 10 Uhr bis 16 Uhr geöffnet, außerhalb der Saison nur am Wochenende; von November bis März meist geschlossen, letanovce.sk/bufet-klastorisko), auf der Tour keine.
Karte: SHOCart 704 – Slovenský raj.
Variante: Wer sich einen ganzen Tag Zeit nimmt, kann die beiden oberen Teile der Kysel'-Schlucht nacheinander durchwandern.
Hinweis: Die Schlucht Malý Kysel' darf nur in einer Richtung von unten nach oben begangen werden. Bei einer Vielzahl von Touristen und bei schlechten Witterungsbedingungen können sich die angegebenen Wegzeiten verlängern. Nach längeren Regenperioden und Tauwetter kann der Wasserstand hoch sein und die Tour erschweren oder unmöglich machen. Für die Erhaltung der Wege wird ein Eintrittsgeld in Höhe von 1,50 € pro Person erhoben.

Der Zustieg zur Schlucht erfolgt vom Wegweiser an der **Hütte Kláštorisko (1)** aus gesehen zunächst auf blauer Markierung nach rechts. Auf einem Bergrücken geht es im Wald ein paar Meter bergauf und später nach links ab und hinunter in den Mittelteil des Slowakischen Paradieses. Am **Wegweiser »Nad Kysel'om« (2)** zweigt ein gelb markierter Pfad nach links ab. Wir steigen über diesen sehr steil zur **Kreuzung V Kyseli (3)** hinab und gehen dort nach links über Steighilfen und Gitter zur **Brücke (4)** oberhalb des Obravský vodopád. Auf keinen Fall darf hier über den Klettersteig abgestiegen werden! Auf selber Strecke wird zum **Wegweiser »V Kyseli« (3)** zurückgekehrt und dort links dem Verlauf der Klamm auf grüner Balkenmarkierung gefolgt. Kurz darauf erwartet uns mit dem Karolínyho vodopád eine sehr anspruchsvolle versicherte Passage, die an der **Gabelung Kysel', rázcestie (6)** endet. Hier

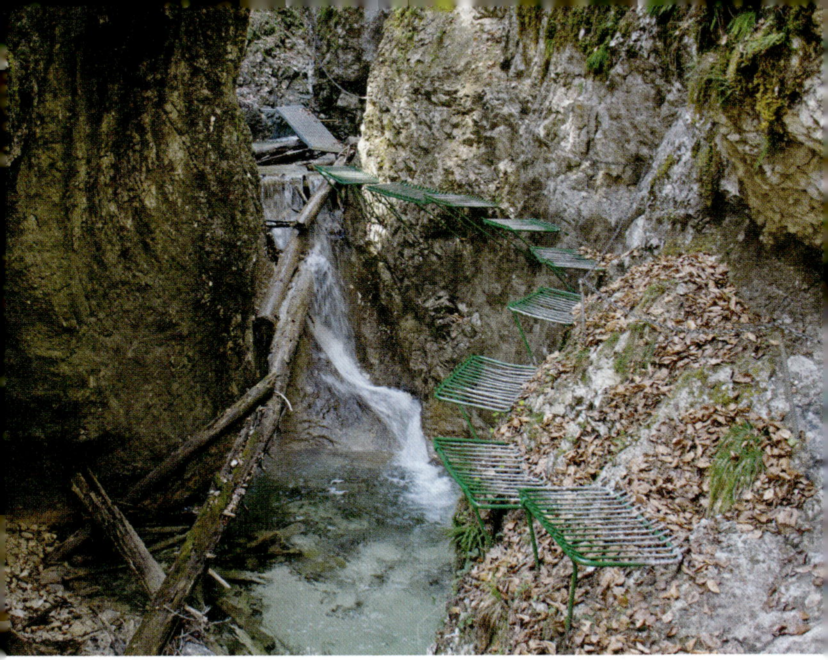

Über Tritthilfen geht es durch die Engstelle im Unterlauf der Schlucht.

beginnt die eigentliche Schlucht **Malý Kyseľ** und der Pfad ist erneut blau markiert. Nach knapp 5 Gehminuten stellt sich der nächste Wasserfall in den Weg – der **Malý vodopád (7)**. Mittels einer Eisenleiter wird der Felsabsatz überwunden. Der weitere Wegverlauf führt über Holzstege, die insbesondere bei Nässe extrem glatt sind, zum nächsten Wasserfall – dem Machový vodopád. Dieser Abschnitt wird ebenfalls über mäßig steile Holzleitern bezwungen. Danach wird es deutlich einfacher und an einer Verzweigung des Tals wird rechts abgebogen. Nach einer kleinen Kaskade, an der es rechts vorbei geht, zieht sich der Weg in einer S-Kurve aus dem Tal heraus und trifft auf den großen Platz am **Wegweiser »Suchá Belá, záver« (8).**

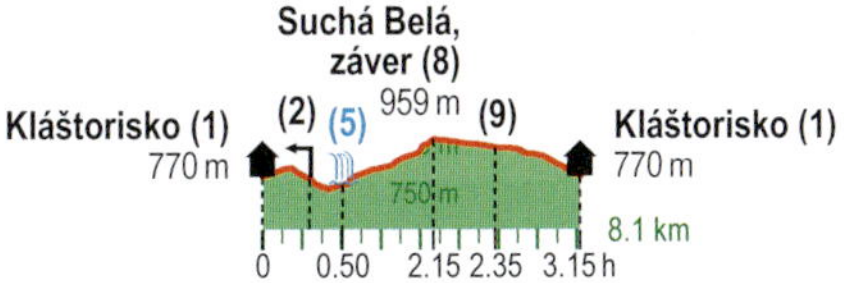

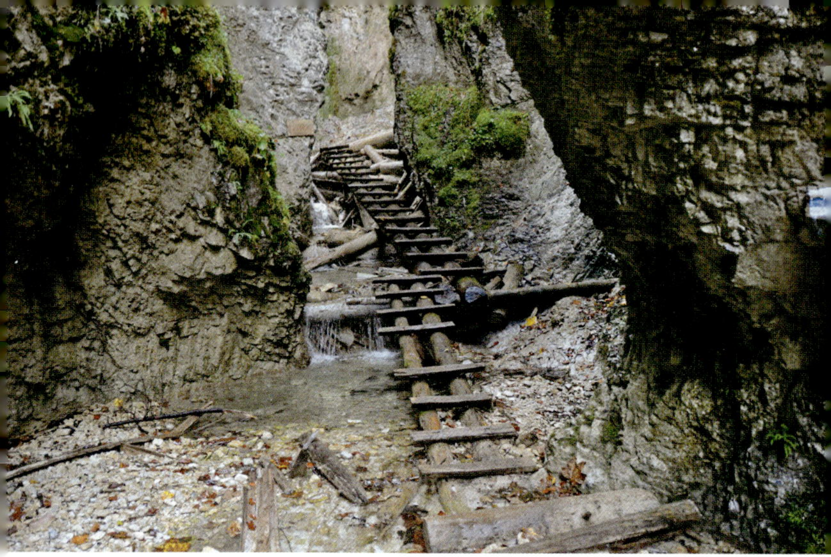

Die Holzstege sind nicht nur bei Regen glatt.

Über den gelb markierten Forstweg gehen wir bis zur Verzweigung **»Pod Vtáčim hrbom« (8)** und biegen hier rechts auf den rot gekennzeichneten Waldweg ab, der uns wieder zur Hütte Kláštorisko führt.

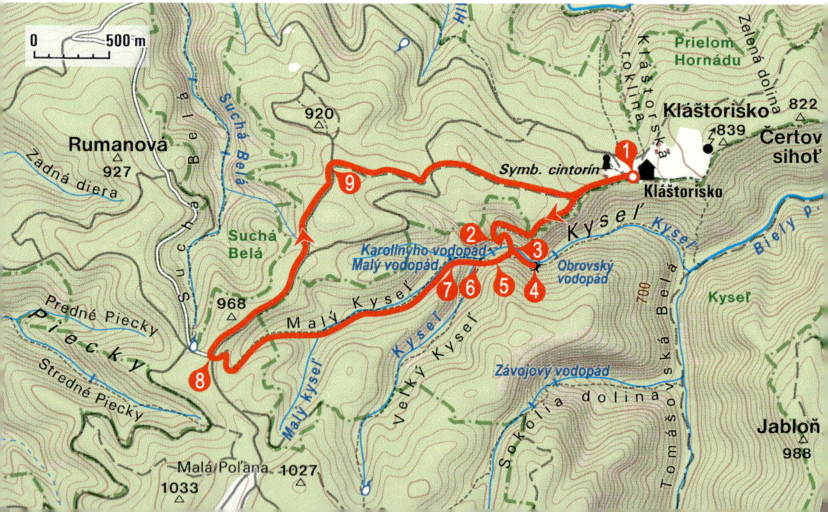

Veľký Kyseľ 58

Herrliche Klamm im Herzen des Slowakischen Paradieses

Die Schlucht Veľký Kyseľ ist der linke Teil, der sich im Oberlauf verzweigenden Klamm im Mittelteil des Slowakischen Paradieses, der sich hinauf bis zur Karsthochebene Glac zieht. Auf einer Länge von nicht ganz 2 Kilometern erwarten den Wanderer drei Wasserfälle und technische Sicherungen. Wer einmal recht einsam unterwegs sein möchte und trotzdem auf Abenteuer nicht verzichten will, kann sich für diese Schlucht entscheiden. Kurz vor dem Ausstieg befindet sich noch eine gefasste Quelle am Wegrand.

Ausgangspunkt: Hrabušice, 542 m, Hütte Kláštorisko, 770 m (Zu- und Abstiegszeit: für Podlesok ca. 3 Std. und für Čingov ca. 4 Std. einplanen).
Höhenunterschied: 320 m.
Anforderungen: Anspruchsvolle Tageswanderung mit versicherten Stellen und Stahlleitern; Trittsicherheit und Schwindelfreiheit erforderlich. Bei Nässe verwandeln sich Holzleitern und Tritthilfen aus Holz zum Teil in spiegelglatte Rutschbahnen, die besonderer Vorsicht bedürfen. Nur für erfahrene Wanderer geeignet!
Einkehr: In der Hütte Kláštorisko befindet sich ein Restaurant (im Sommer täglich von 10 Uhr bis 16 Uhr geöffnet, außerhalb der Saison nur am Wochenende; von November bis März meist geschlossen, letanovce.sk/bufet-klastorisko), auf der Tour keine.
Karte: SHOCart 704 – Slovenský raj.
Variante: Wer sich einen ganzen Tag Zeit nimmt, kann die beiden oberen Teile der Kyseľ-Schlucht nacheinander durchwandern.
Hinweis: Die Schlucht Veľký Kyseľ darf nur in einer Richtung von unten nach oben begangen werden. Bei einer Vielzahl von Touristen und bei schlechten Witterungsbedingungen können sich die angegebenen Wegzeiten verlängern. Nach längeren Regenperioden und Tauwetter kann der Wasserstand hoch sein und die Tour erschweren oder unmöglich machen. Für die Erhaltung der Wege wird ein Eintrittsgeld in Höhe von 1,50 € pro Person erhoben.

Der Zustieg zur Schlucht erfolgt vom Wegweiser an der **Hütte Kláštorisko (1)** aus gesehen zunächst auf blauer Markierung nach rechts. Auf einem Bergrücken geht es im Wald ein paar Meter bergauf und an einer Gabelung wird nach links abgebogen. Über den **Wegweiser »Nad Kyseľom« (2)** wandern wir zur Kreuzung **Kyseľ, rázcestie (3)**. Ein grün markierter Weg leitet links die

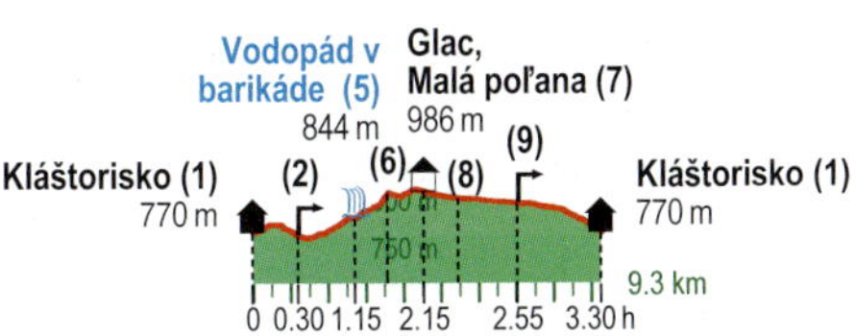

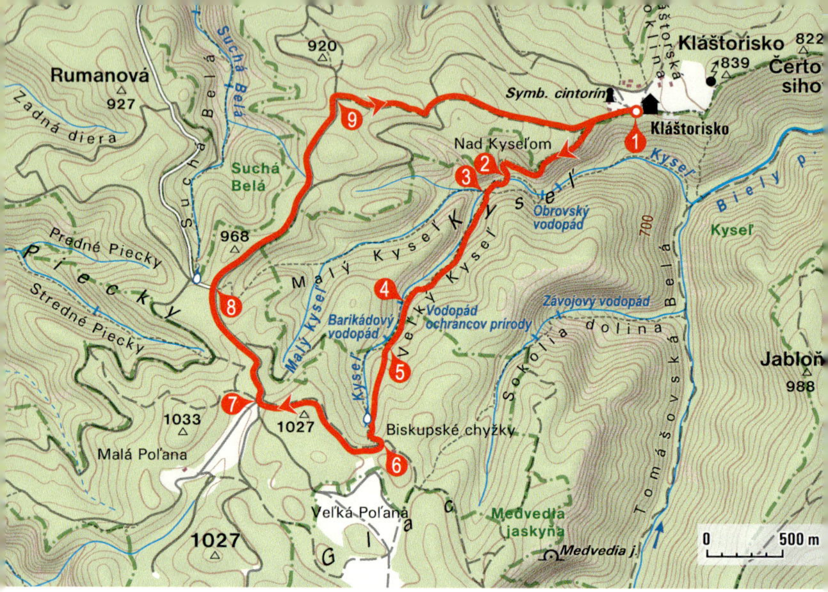

Schlucht **Veľký Kyseľ** hinein. Zunächst führt unser Pfad neben dem Bachlauf entlang, später geht es stellenweise auch mitten durch das Wasser hindurch und ein paar umgefallene Bäume erschweren das Vorwärtskommen. Die erste Kaskade wird rechts umgangen und es folgen Holzleitern, die nicht nur bei Nässe extrem glatt sein können. Am Wasserfall **Vodopád ochrancov prírody (4)** wird mittels einer Eisenleiter und mehrerer Eisengitter eine Felsstufe überwunden. Nach einigen herumliegenden Baumstämmen wartet eine Holzleiter und der nächste Wasserfall **Vodopád v barikáde (5)** auf die Wanderer. Links des Wasserlaufs befindet sich eine weitere Stahlleiter mit sich daran anschließenden Metallgittern und Holzleitern. Im weiteren Verlauf hilft uns eine Kettensicherung über einen Felsen. Danach wird es deutlich einfacher. Ein normaler Pfad windet sich aus dem Tal heraus und die letzten Meter zum Ausstieg verlaufen auf Serpentinen nach oben.

Vom **Wegweiser »Pod Biskupskými Chyžkami« (6)** zieht sich ein breiter Waldweg nach rechts bis zu einer großen Wiese mit Rasthütte **Glac, Malá poľana (7)**. Wir gehen über die Asphaltstraße hinunter bis zum Unterstand an der Kreuzung.**Suchá Belá, záver (8)** und folgen von dort dem mit gelber Markierung gekennzeichneten Forstweg, bis zur Verzweigung **Pod Vtáčim hrbom (9)**. Der hier beginnende Waldweg ist rot markiert und bringt uns in knapp 45 Min. zurück zur **Hütte Kláštorisko (1)**.

Holzstegleitern in der Schlucht Veľký Kyseľ.

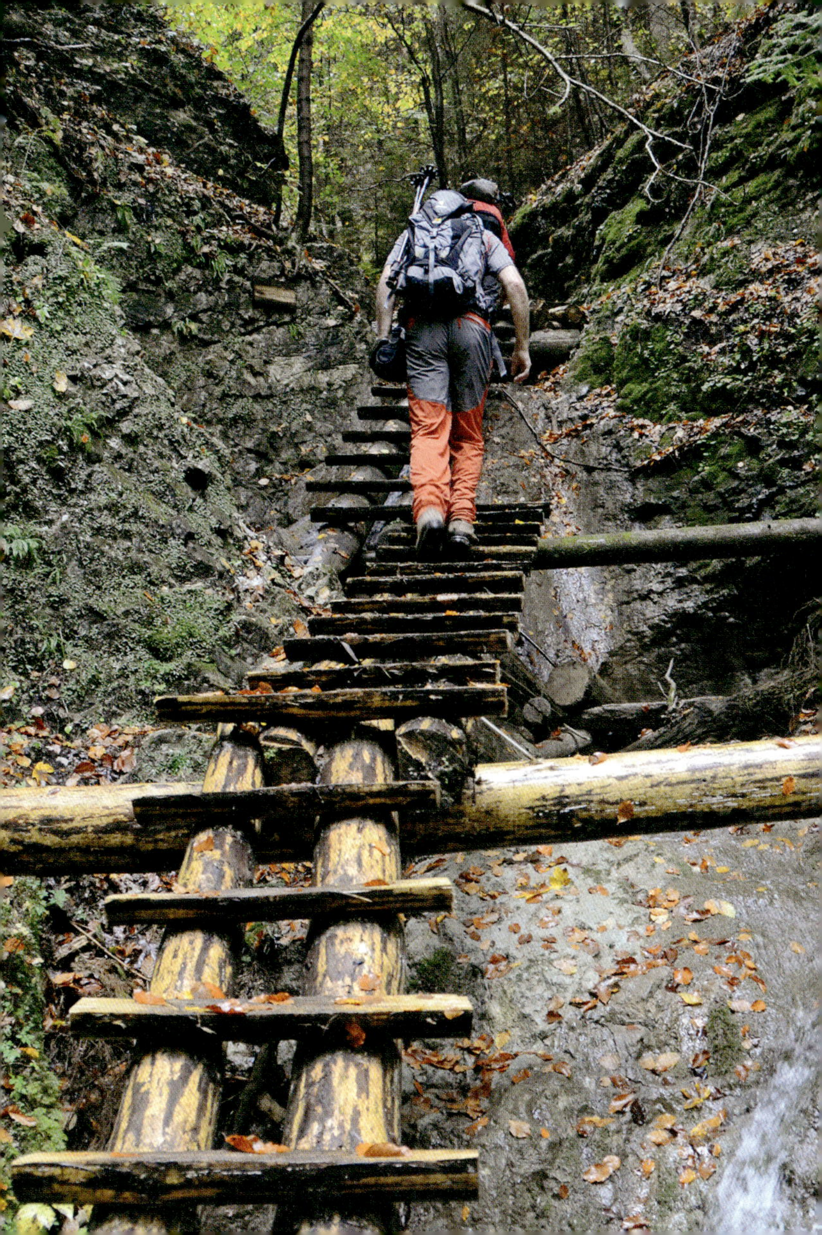

TOP **59**

Schlucht Suchá Belá

4.30 Std.

Unterwegs in der populärsten Schlucht des Slowakischen Paradieses

Die Suchá Belá ist die meistbegangene Schlucht im Slowakischen Paradies und bietet auf den etwa zwei Kilometern Länge eine bunte Mischung von Sicherungen wie Holzstege, Eisenleitern und Tritthilfen. Die Popularität liegt zweifelsfrei an ihrer Lage, denn die Klamm beginnt direkt oberhalb von Podlesok und es ist kein längerer Zustieg notwendig. Es bietet sich förmlich an, die Wanderung über die Bergwiese Kláštorisko mit dem ehemaligen Kartäuserkloster zu führen.

Ausgangspunkt: Podlesok, 545 m, ATC neben dem Restaurant Rumanka, gebührenpflichtige Parkplätze auf der anderen Seite des größeren Bachs, nur im Hochsommer Busverbindung, die nächste Haltestelle außerhalb der Saison befindet sich in Hrabušice, Mýto (1,2 km über eine Asphaltstraße in Richtung Gebirge).
Höhenunterschied: 440 m.
Anforderungen: Anspruchsvolle Halbtageswanderung mit vielen technischen Sicherungen in der Schlucht, Trittsicherheit und Schwindelfreiheit ist erforderlich. Bei Nässe verwandeln sich Holzleitern und Tritthilfen aus Holz zum Teil in spiegelglatte Rutschbahnen, die besonderer Vorsicht bedürfen. Nur für erfahrene Wanderer geeignet!
Einkehr: Am Ausgangs- und Endpunkt gibt es in der Saison mehrere Einkehrmöglichkeiten. Unterwegs befindet sich in der Hütte Kláštorisko ein Restaurant (im Sommer täglich 10–16 Uhr geöffnet, außerhalb der Saison nur am Wochenende; von November bis März meist geschlossen, letanovce.sk/bufet-klastorisko).
Karte: SHOCart 704 – Slovenský raj.
Variante: Wer wenig Zeit mitbringt, kann vom Ausstieg aus der Schlucht auch sofort nach Podlesok zurückkehren (3,3 km kürzer).
Hinweis: Die Schlucht Suchá Belá darf nur in einer Richtung von unten nach oben begangen werden. Bei einer Vielzahl von Touristen und bei schlechten Witterungsbedingungen können sich die angegebenen Wegzeiten verlängern. Nach längeren Regenperioden und Tauwetter kann der Wasserstand hoch sein und die Tour erschweren oder unmöglich machen. Für die Erhaltung der Wege wird ein Eintrittsgeld in Höhe von 1,50 € pro Person erhoben.

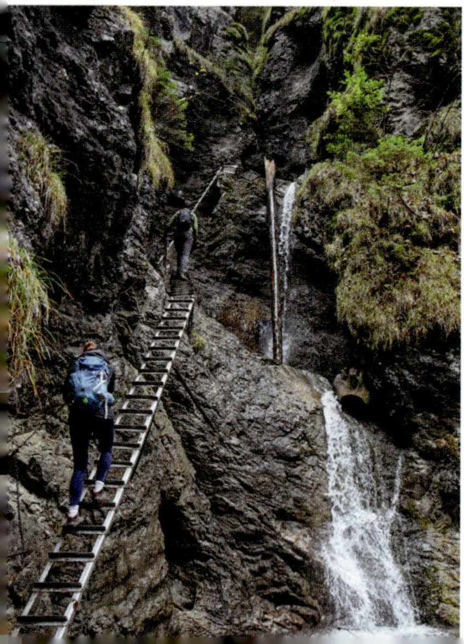

An der Leiterkombination der Misové vodopády.

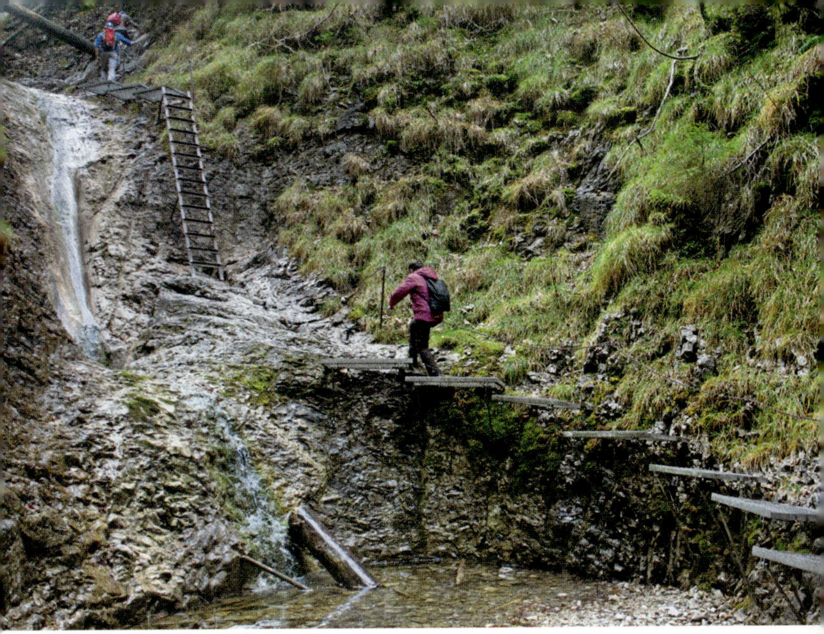

Immer wieder geht es mithilfe versicherter Stellen hinauf.

Vom **Wegweiser »Podlesok, ATC« (1)** neben dem Restaurant gehen wir geradeaus nach oben und ein Hinweisschild mit dem Namen der Schlucht dient auf einer Wiese zur Orientierung. Nach Erreichen der Suchá Belá führen nur noch kurze Abschnitte über einen Pfad. Ansonsten sucht man sich die einfachste Möglichkeit vorwärtszukommen – mal im Bachbett über Steine und Äste oder im Kies neben dem Wasser. Der erste schwierige Abschnitt wird mithilfe von Holzleitern und Kettensicherungen bewältigt, bevor ein recht einfacher Teil folgt und uns an die Wasserfälle **Misové vodopády (2)** heranbringt. Ein Aufstieg über drei Leitern und in der Folge Eisengitter und Holzstege erfordern höchste Konzentration.

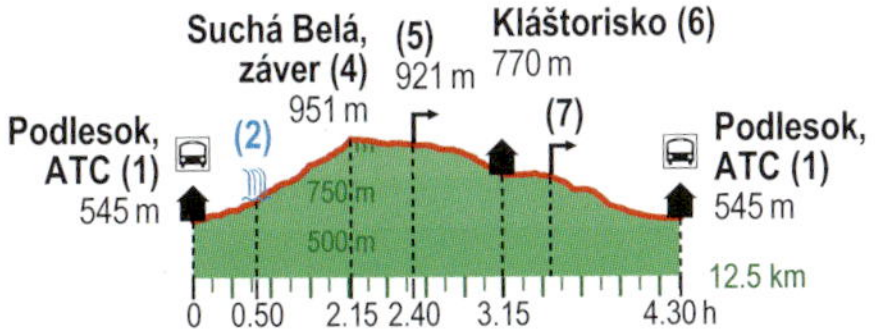

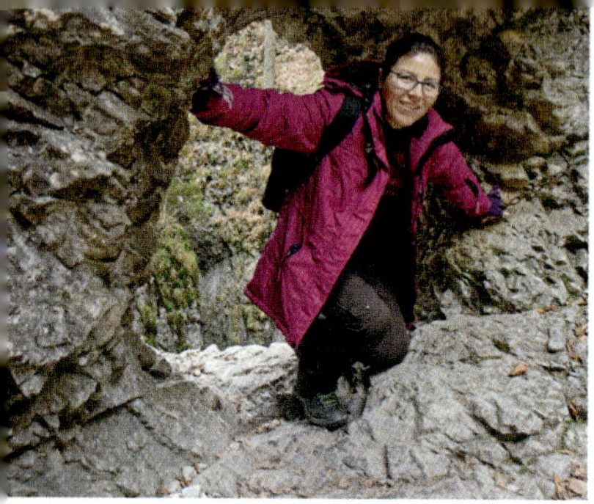

Das berühmte Fotomotiv oberhalb des Okienkový vodopád.

Im weiteren Verlauf wird es richtig eng in der Schlucht. Über jede Menge Tritthilfen gelangen wir an den zweiten Wasserfall – den **Okienkový vodopád (3)**. Dieser wird mit einer großen Leiter erklommen und kurz darauf wartet eins der schönsten Fotomotive – das Felsenloch. Der weitere Wegverlauf an den Kaskaden Korytový vodopád und Bočný vodopád vorbei ist eine Kombination von technischen Hilfsmitteln, die das Vorwärtskommen wesentlich erleichtern. Über Holzlei-

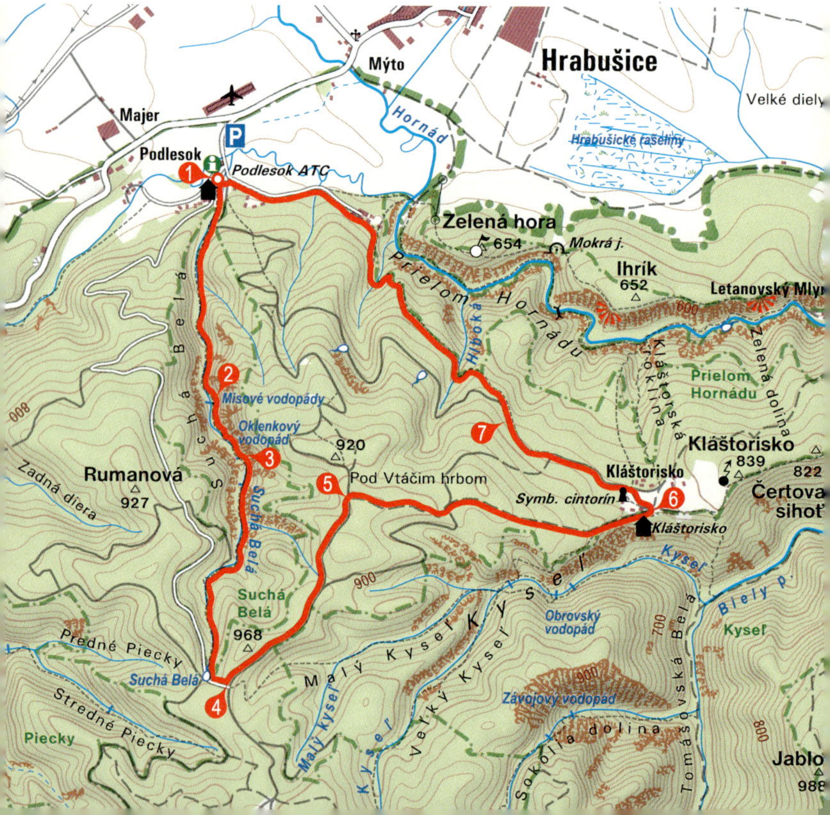

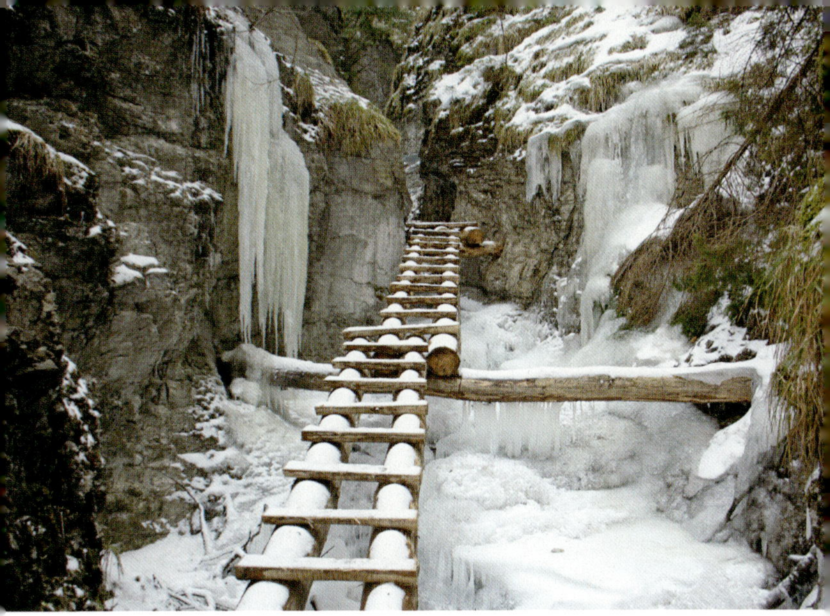

Die Schlucht ist im Winter ein Paradies für Wasserfallkletterer und abenteuerlustige Wanderer.

tern, Eisengitter, Steighilfen und Kettensicherungen geht es weiter bergauf und ab und an dient auch wieder der Wasserlauf als Weg. Im Ausstieg ist es nochmals ein Pfad, der an die kleine gefasste Quelle heranführt. Von dort sind es nur noch wenige Meter, bis zum Unterstand am **Wegweiser »Suchá Belá, záver« (4)**. Über einen breiten Forstweg und mittels gelber Markierung gehen wir in östliche Richtung, bis zur Kreuzung **Pod Vtáčim hrbom (5)**, wo uns der rot markierte Waldweg in einer knappen Dreiviertelstunde zur **Hütte Kláštorisko (6)** leitet. Auf grün gekennzeichneten Wegen erfolgt der Abstieg über die Verzweigung **Pod Kláštoriskom (7)** zur Kreuzung vor der Unterkunft »Turistický raj« und dort geradeaus auf einer Teerstraße mit blauer Wandermarkierung zurück nach **Podlesok (1)**.

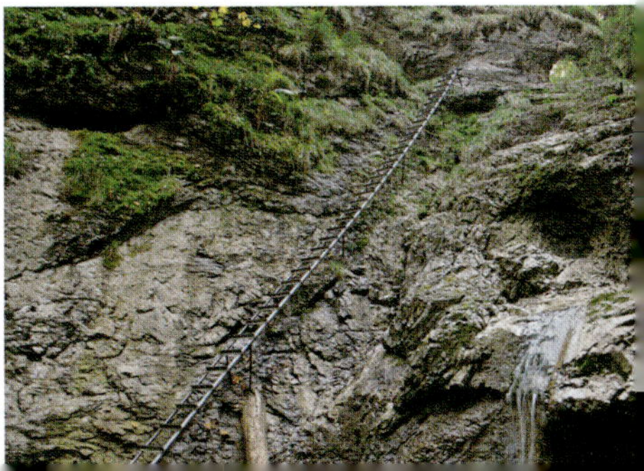

Leiter am Okienkový vodopád.

60 Schlucht Piecky

5.30 Std.

Mit technischen Hilfsmitteln durch eine herrliche Klamm

Um zur Schlucht Piecky zu gelangen, ist ein Zustieg von einer Stunde notwendig. Das mag den einen oder anderen Wanderer zwar abschrecken, es ist aber zweifelsohne eine lohnende Investition. Piecky bedeutet auf Deutsch Öfchen und die Namensnennung soll auf die vielen Wasserbassins zurückzuführen sein. Wer mehrere Tage im Slowakischen Paradies ist, sollte diese herrliche Schlucht auf keinen Fall auslassen.

Ausgangspunkt: Podlesok, 545 m, ATC neben dem Restaurant Rumanka, gebührenpflichtige Parkplätze auf der anderen Seite des größeren Bachs, nur im Hochsommer Busverbindung, die nächste Haltestelle außerhalb der Saison befindet sich in Hrabušice, Mýto (1,2 km über eine Asphaltstraße in Richtung Gebirge).
Höhenunterschied: 460 m.
Anforderungen: Anspruchsvolle Halbtageswanderung mit vielen technischen Sicherungen in der Schlucht, Trittsicherheit und Schwindelfreiheit ist erforderlich. Bei Nässe verwandeln sich Holzleitern und Tritthilfen aus Holz zum Teil in spiegelglatte Rutschbahnen, die besonderer Vorsicht bedürfen. Nur für erfahrene Wanderer geeignet!
Einkehr: Am Ausgangs- und Endpunkt gibt es in der Saison mehrere Einkehrmöglichkeiten. In der Chata Piecky und am Rande der Siedlung am Wegweiser gibt es ein Buffet; in der Hütte Kláštorisko befindet sich ein Restaurant (im Sommer

Eine Kombination von Holzsteg-Leitern oberhalb des Veľký vodopád.

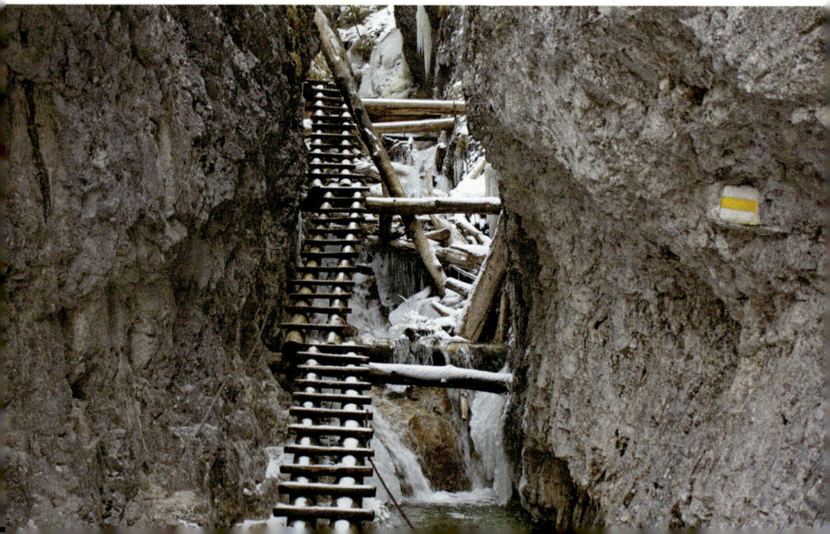

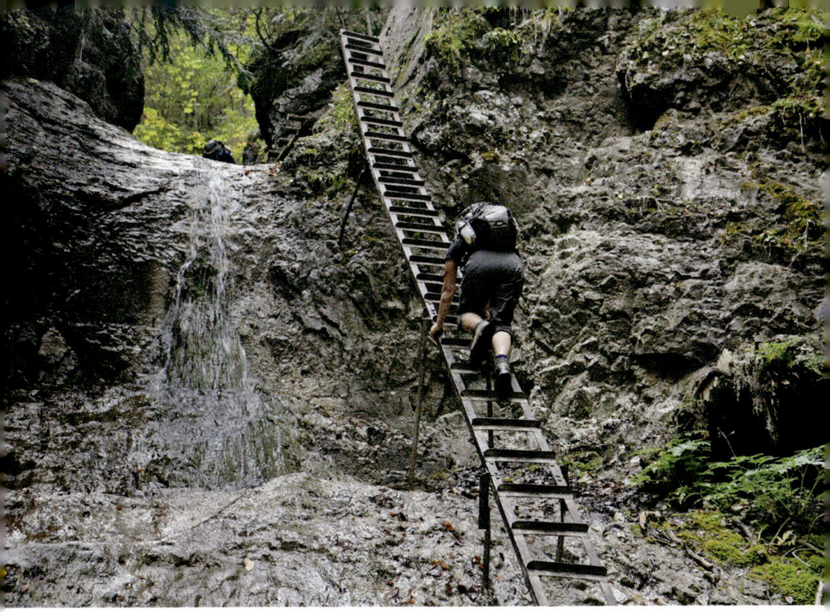

Terasový vodopád.

täglich 10–16 Uhr geöffnet, außerhalb der Saison nur am Wochenende; von November bis März meist geschlossen, letanovce.sk/bufet-klastorisko).
Karte: SHOCart 704 – Slovenský raj.
Variante: Wer wenig Zeit mitbringt, kann von Suchá Belá, záver über Pod Vtáčim hrbom auch sofort nach Podlesok absteigen (was die Tour um 1 Std. und 3,3 km verkürzt).
Hinweis: Die Schlucht Piecky darf nur in einer Richtung von unten nach oben begangen werden. Bei einer Vielzahl von Touristen und bei schlechten Witterungsbedingungen können sich die angegebenen Wegzeiten verlängern. Nach längeren Regenperioden und Tauwetter kann der Wasserstand hoch sein und die Tour erschweren oder unmöglich machen. Für die Erhaltung der Wege wird ein Eintrittsgeld in Höhe von 1,50 € pro Person erhoben.

Vom **Wegweiser »Podlesok, ATC« (1)** wandern wir einige Meter nach unten zu den Buffets, dort nach links und am Tennisplatz sowie dem Autocamping vorbei. Der grünen Wandermarkierung folgend geht es an einem Abzweig nach links auf einen Feldweg. Kurz hinter einer Rasthütte beginnt rechts ein schmaler Pfad, der über einen Holzsteg in ein kleines Durchbruchstal führt. Es erwarten uns an der engsten Stelle eine Holzleiter, Eisentritte und Kettensicherungen. Später wird das Tal breit und das letzte Stück nach Píla verläuft über die schmale Asphaltstraße. Unsere Strecke zieht sich durch die Siedlung und am Ortsende befindet sich der **Wegweiser »Píla, Piecky« (2)**.

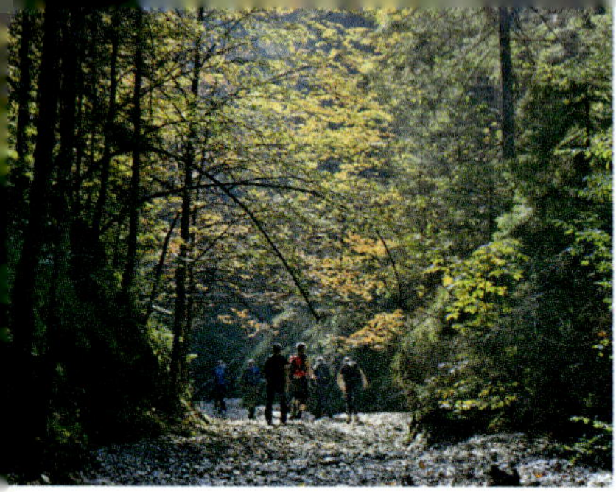

Einfacher Wegabschnitt in der Schlucht.

Der Weg durch die Schlucht ist durchgängig gelb markiert. Zunächst führt ein breiter Weg in den Wald und über eine Holzleiter geht es in die Klamm hinein. Über Stock, Stein und Kiesbett kommen wir gut voran. Ab und an ist auch ein Pfad zu erkennen. Links von der ersten Gabelung im Tal befindet sich der **Veľký vodopád (3)**, der Große Wasserfall. Eine gut 15 m lange Eisenleiter überwindet das Hindernis. Es folgen mehrere Abschnitte mit Holzleitern und Kettensicherung durch das mittlerweile sehr enge Tal. An der nächsten Verzweigung leitet der rechte Einschnitt in einen einfachen Teil der Schlucht. Später führen Holzstegleitern an den **Terasový vodopád (4)** heran. Rechts des Wasserfalls befindet sich wieder eine Eisenleiter und daran schließen im engen Oberlauf des Tals erneut längere Abschnitte über Eisengitter und Holzleitern an. Ein feuchter und glatter Fels ist die letzte Schlüs-

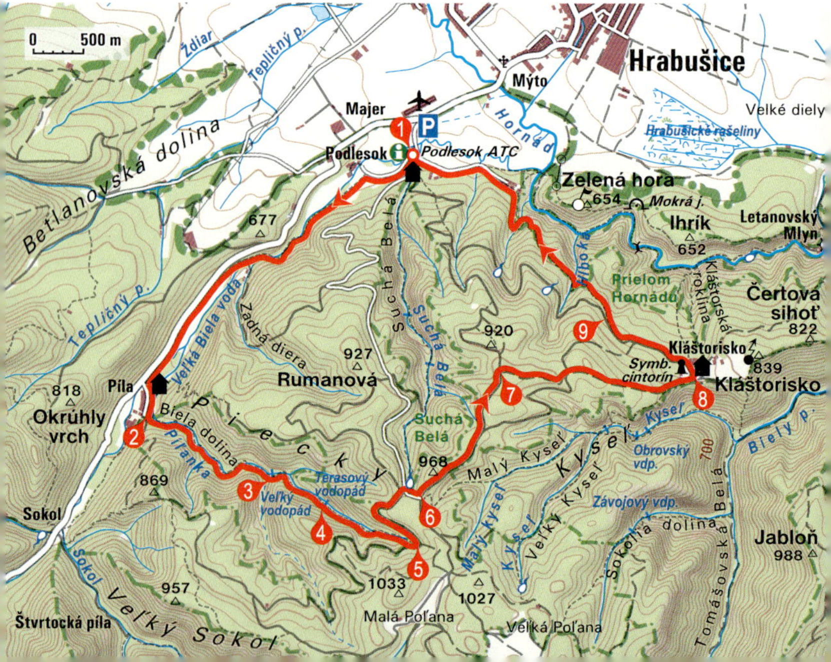

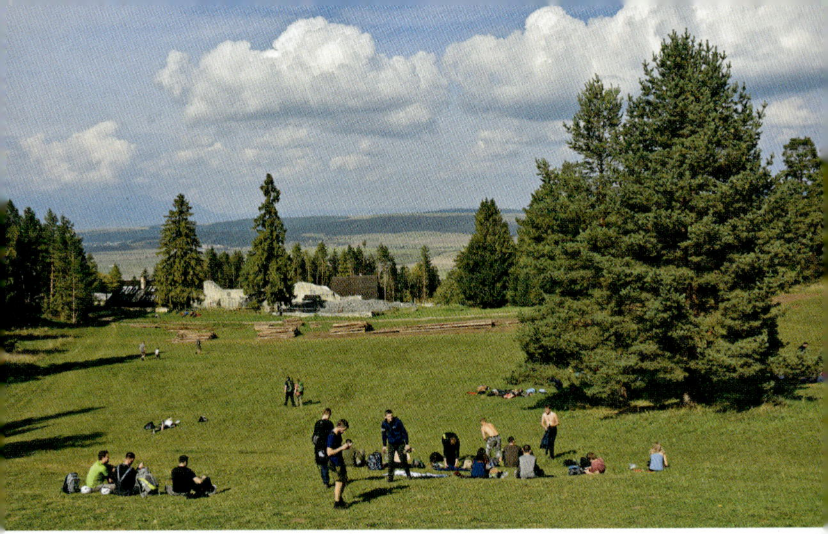

Wiese am ehemaligen Kloster Kláštorisko.

selstelle, die mit einer Kette abgesichert ist. Danach sind wir auf einem Pfad oder im Bachbett unterwegs und steigen aus der Klamm heraus. Einmal noch geht es an einer Gabelung nach links und kurz darauf ist der Ausstiegspunkt am **Wegweiser »Piecky, vrch« (5)** erreicht.

Ein breiter Forstweg führt in knapp 15 Min. links um eine bewaldete Bergkuppe herum zum Unterstand am **Schild »Suchá Belá, záver« (6)**. Über einen Schotterweg und mittels gelber Markierung gehen wir in östliche Richtung, bis zur Kreuzung **Pod Vtáčim hrbom (7)**, wo uns der rot markierte Waldweg in einer knappen Dreiviertelstunde zur **Hütte Kláštorisko (8**) leitet. Auf grün gekennzeichnete Wegen erfolgt der Abstieg über die Verzweigung **Pod Kláštoriskom (9)** zur Kreuzung vor der Unterkunft »Turistický raj« und dort geradeaus auf einer Teerstraße mit blauer Wandermarkierung zurück nach **Podlesok (1)**.

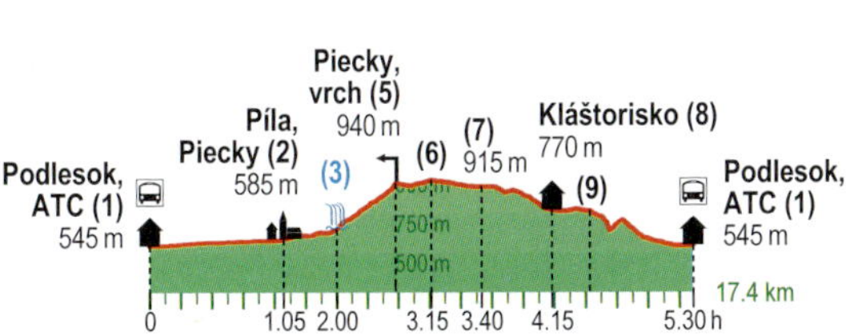

61 Podlesok – Glac – Dedinky

6.00 Std.

Von Nord nach Süd über die Karsthochebenen Glac und Geravy

Die Überschreitung des Slowakischen Paradieses kann wie auf der hier vorgestellten Tour auch über die zwei großen Karsthochebenen erfolgen. Glac befindet sich auf der nördlichen Seite des Gebirges und ist zugleich der zentrale Punkt an dem sich nahezu alle zugänglichen Schluchten treffen. In die auf der südlichen Seite gelegene Ebene Geravy mündet nur eine Schlucht, die zugleich die kürzeste zugängliche Klamm ist. Die Tour kann auch mit vielen anderen Wanderungen kombiniert werden. Viele Wanderer werden wir nicht treffen, denn auf den breiten Wegen ist man fast immer alleine unterwegs.

Ausgangspunkt: Podlesok, 545 m, ATC neben dem Restaurant Rumanka, gebührenpflichtige Parkplätze auf der anderen Seite des größeren Bachs, nur im Hochsommer Busverbindung, die nächste Haltestelle außerhalb der Saison befindet sich in Hrabušice, Mýto (1,2 km über eine Asphaltstraße in Richtung Gebirge).
Endpunkt: Dedinky, 784 m, nur wenige Busse am Tag in Richtung Spišská Nová Ves, Poprad, Dobšiná und Rožňava, Eisenbahnlinie mit zwei Verbindungen am Tag nach Telgárt und Banská Bystrica.
Höhenunterschied: 670 m im Aufstieg und 430 m im Abstieg.
Anforderungen: Mittelschwere Tagestour, meist auf breiten Wegen. Steiler Aufstieg auf die Hochebene Glac und Geravy.
Einkehr: Am Ausgangspunkt gibt es in der Saison mehrere Einkehrmöglichkeiten. Auf der Tour befindet sich in der Chata Piecky und am Rande der Siedlung am Wegweiser ein Buffet sowie auf Geravy ein Gasthaus.
Karte: SHOCart 704 – Slovenský raj.
Hinweis: Für die Erhaltung der Wege wird ein Eintrittsgeld in Höhe von 1,50 € pro Person erhoben.

Winter an der Malá poľana.

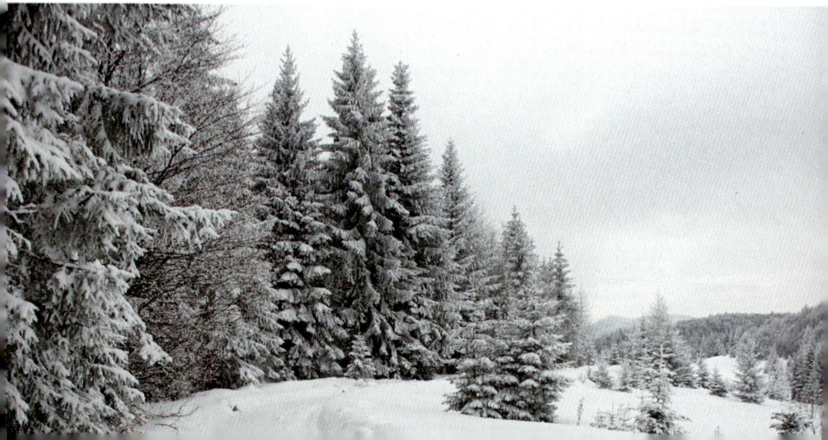

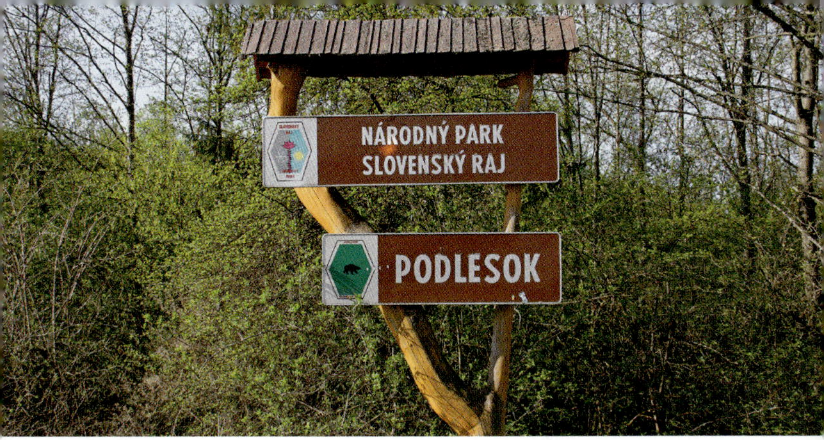

Podlesok ist neben Čingov der zweite Ausgangspunkt im Norden des Slowakischen Paradieses.

Vom **Wegweiser »Podlesok, ATC« (1)** wandern wir einige Meter nach unten zu den Buffets, dort nach links und am Tennisplatz sowie dem Autocamping vorbei. Der grünen Wandermarkierung folgend geht es an einem Abzweig nach links auf einen Feldweg. Kurz hinter einer Rasthütte beginnt rechts ein schmaler Pfad, der über einen Holzsteg in ein kleines Durchbruchstal führt. Es erwarten uns an der engsten Stelle eine Holzleiter, Eisentritte und Kettensicherungen. Später wird das Tal wieder breit und das letzte Stück nach Píla verläuft über die schmale Asphaltstraße. Unsere Strecke zieht sich durch eine Siedlung und am Ortsende befindet sich der **Wegweiser »Píla, Piecky« (2)**. Vom Wegweiser sind es noch 30 m geradeaus, bis zu einem Buffet, wo links abgezweigt wird. Ein gelb markierter Pfad führt rechts steil bergauf (hier genau auf die Markierung achten!). An dessen Ende wird links auf einem Weg abgebogen, der hinauf zum **Schild »Palc, rázcestie« (3)** leitet. Ab hier verläuft die rote Wandermarkierung bis Geravy. Wir gehen links weiter und erreichen erst einen Bergrücken und sind oberhalb der Schlucht Veľký Sokol unterwegs. Später beginnt rechter Hand ein Pfad und verbreitet sich im

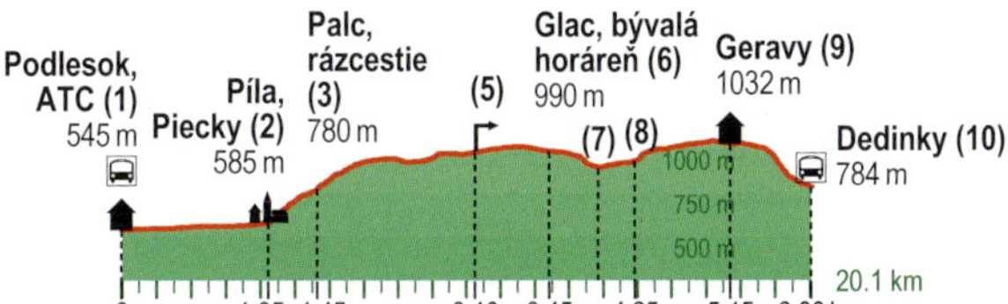

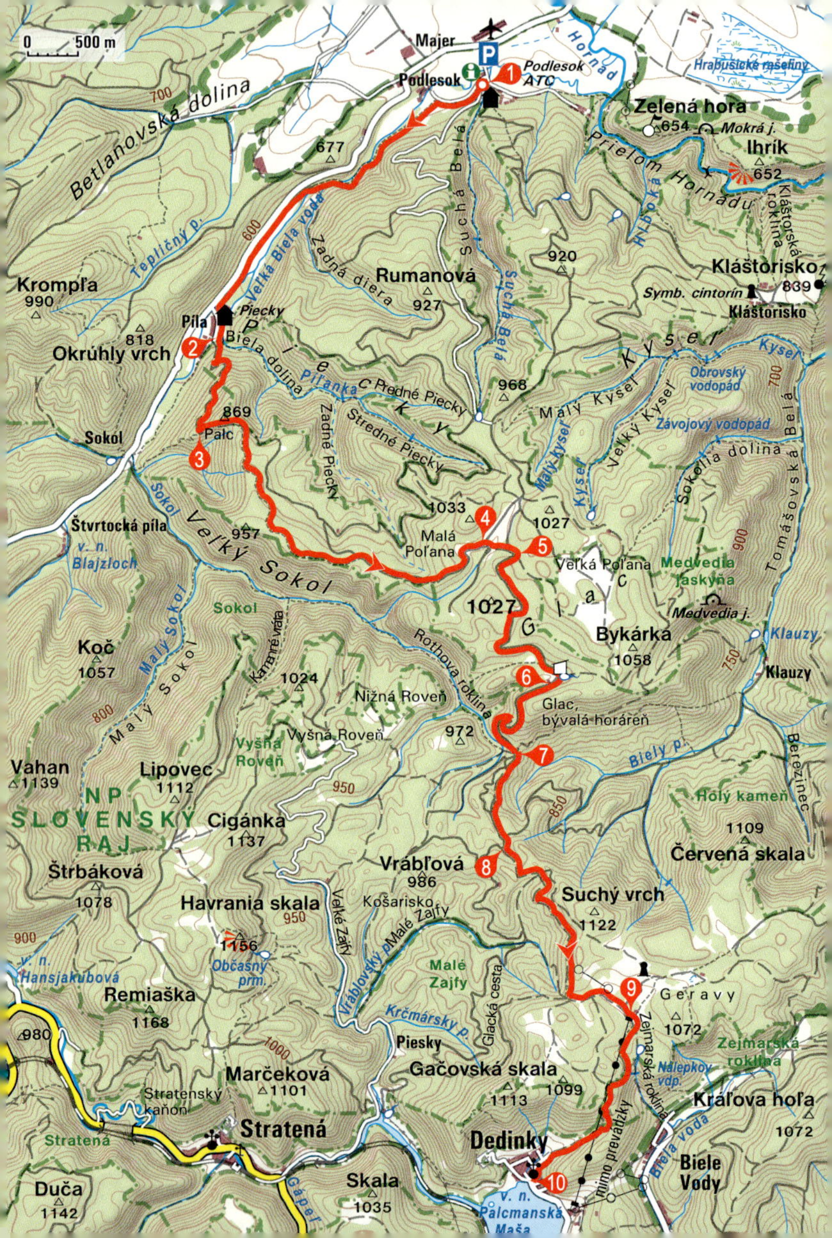

0
500 m
Majer
Podlesok
Podlesok ATC
Hornád
Hrabušické rašeliny
Zelená hora
654
Mokrá j.
Ihrík
652
Prielom Hornádu
Kláštorská roklina
Betlanovská dolina
677
Teplíčny p.
Veľká Biela voda
Zadná diera
Suchá Belá
Hlboká
920
Rumanová
927
Kláštorisko
839
Symb. cintorín
Kláštorisko
Krompľa
990
818
Píla
Piecky
Okrúhly vrch
Biela dolina
Piľanka
Predné Piecky
Stredné Piecky
Zadné Piecky
968
Malý Kyseľ
Veľký Kyseľ
Kyseľ
Obrovský vodopád
Závojový vodopád
Sokolia dolina
Tomášovská Belá
869
Palc
Sokol
1033
1027
Malá Poľana
Veľká Poľana
Medvedia jaskyňa
Medvedia j.
Štvrtocká píla
v. n. Blajzloch
957
Veľký Sokol
1027
Glac
Bykárka
1058
Klauzy
Klauzy
Koč
1057
Malý Sokol
Kamenné vráta
1024
Nižná Roveň
Rothova roklina
Glac, bývalá horáreň
Vyšná Roveň
972
Biely p.
Berezinec
Vahan
1139
Lipovec
1112
Holý kameň
NP SLOVENSKÝ RAJ
Cigánka
1137
1109
Červená skala
Štrbáková
1078
Vrábľová
986
Košarisko
Malé Zajfy
Veľké Zajfy
Suchý vrch
1122
Havrania skala
1156
Občasný prm.
v. n. Hansjakubová
Malé Zajfy
Vráblovský p.
Glacká cesta
Geravy
1072
Remiaška
1168
Krčmársky p.
Zejmarská roklina
Zejmarská roklina
Nálepkov vdp.
980
Pieský
Gačovská skala
Marčeková
1101
1113
1099
Kráľova hoľa
1072
Stratenský kaňon
Stratená
Stratená
Dedinky
mimo prevádzky
Biela voda
Biele Vody
Duča
1142
Skala
1035
Hnilec
v. n. Palcmanská Maša

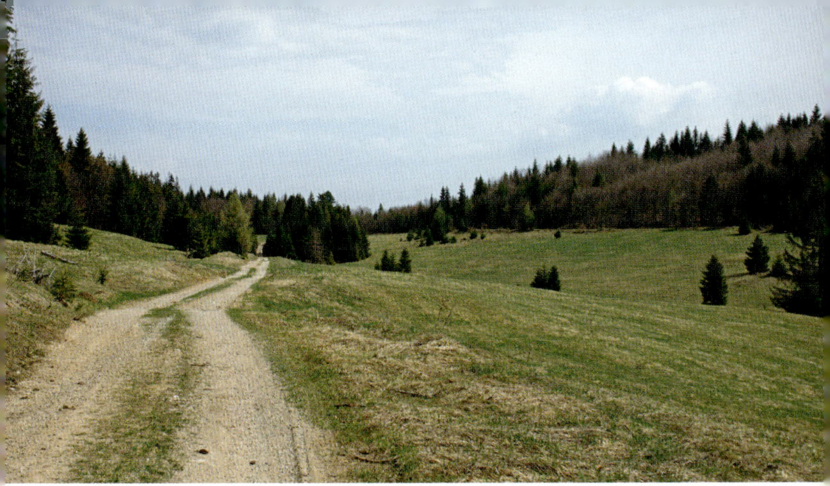

Glac – Malá poľana.

Verlauf zu einem Schotterweg. Das rote Wanderzeichen weist im Verlauf rechts auf einem Seitenweg, um einige Meter des Hauptwegs abzukürzen. Kurz darauf wird der breite Weg in einer Kurve vor der Bergwiese nach rechts auf einen **Pfad (4)** verlassen. Nach kurzem Ab- und kleinem Anstieg stößt dieser erneut auf einen Forstweg und den **Wegweiser »Malá poľana, rázcestie« (5)**.

Dem Forstweg wird nach rechts gefolgt – angenehm aufwärts geht es über einen Bergrücken und danach in einer Spitzkehre hinunter zur Wiese am **Wegweiser »Glac, bývalá horáreň« (6)**. Über zwei Serpentinen zieht sich der Weg nach unten zur Kreuzung **Glacká cesta (7)**. Hinter einer Bank beginnt ein schmaler Pfad, der geradewegs in den Wald hineinführt und so einige Meter über einen bewaldeten Kamm abkürzt. Später wird wieder der breite Weg erreicht, auf dem wir nach links zum **Wegweiser »Pod Suchým vrchom« (8)** wandern. Hier wartet ein letzter steiler Anstieg auf uns. Weiter oben wird ein Waldweg erreicht, auf dem nach links abgebogen wird. Nach einer längeren Hangquerung mündet der Weg in eine unbefestigte Zufahrtsstraße, die in etwa 400 m links auf die Karsthochebene **Geravy (9)** leitet. Der Abstieg von der Hochebene erfolgt auf grüner Markierung. Der Weg verläuft im leichten Auf und Ab Dedinky entgegen. Mehrmals gehen wir unter dem restaurierten Sessellift entlang. An einer Art Felsenpforte hindurch zieht sich unser Pfad steil ins Tal hinab. Vorbei geht es an einem Stromverteiler und aus dem Wald heraus über eine weitläufige Wiese bis nach **Dedinky (10)** hinunter. Mit Umstieg in Spišská Nová Ves fahren Busse zum **Ausgangspunkt (1)** zurück.

62 Veľký Sokol

6.45 Std.

Rundweg durch die westlichste Schlucht im Slowakischen Paradies

Die Schlucht Veľký Sokol – zu deutsch die »Große Falkenschlucht« wurde bereits im Jahre 1898 erstmals durchstiegen. Sie befindet sich am westlichen Rand des Gebirges und ist mit 6 Kilometern auch die längste Klamm im Slowakischen Paradies. Bereits im Jahr 1956 wurden Leitern fest installiert und Veľký Sokol somit der Öffentlichkeit zugänglich gemacht. Der Ausstieg erfolgt über die Karsthochebene Glac und von hier gehen wir zurück nach Podlesok. Mit knapp 22 Kilometern Gesamtlänge ist es eine der längsten Wanderung im Slowakischen Paradies.

Ausgangspunkt: Podlesok, 545 m, ATC neben dem Restaurant Rumanka, gebührenpflichtige Parkplätze auf der anderen Seite des größeren Bachs, nur im Hochsommer Busverbindung, die nächste Haltestelle außerhalb der Saison befindet sich in Hrabušice, Mýto (1,2 km über eine Asphaltstraße in Richtung Gebirge).
Höhenunterschied: 490 m.
Anforderungen: Anspruchsvolle Tageswanderung, in der Schlucht Veľký Sokol technische Hilfsmittel in Form von Holz und Stahlleiter, Kettensicherungen sowie Trittstufen, Trittsicherheit und Schwindelfreiheit ist erforderlich. Bei Nässe verwandeln sich Holzleitern und Tritthilfen aus Holz zum Teil in spiegelglatte Rutschbahnen, die besonderer Vorsicht bedürfen. Nur für erfahrene Wanderer geeignet!
Einkehr: Am Ausgangs- und Endpunkt gibt es in der Saison mehrere Einkehrmöglichkeiten. Auf der Tour befindet sich nur in der Chata Piecky und am Wegweiser am Rande der Siedlung ein Buffet.
Karte: SHOCart 704 – Slovenský raj.
Variante: Vom Forsthaus Sokol auf roter Markierung hinauf zur Verzweigung »Palc, rázcestie« und weiter nach oben bis zur Bergwiese »Malá poľana«. Am Abzweig vom breiten Weg biegen wir nicht ab, sondern folgen dem Feldweg über die Wiese hinauf bis zum Unterstand an der Kreuzung Glac,Malá poľana. Ab hier geht es auf normaler Route weiter zurück nach Podlesok (Schwierigkeitsgrad der Variante: mittel).
Hinweis: Die Schlucht Veľký Sokol darf nur in einer Richtung von unten nach oben begangen werden. Bei einer Vielzahl von Touristen und bei schlechten Witterungsbedingungen können sich die angegebenen Wegzeiten verlängern. Nach längeren Regenperioden und Tauwetter kann der Wasserstand hoch sein und die Tour erschweren oder unmöglich machen. Für die Erhaltung der Wege wird ein Eintrittsgeld in Höhe von 1,50 € pro Person erhoben.

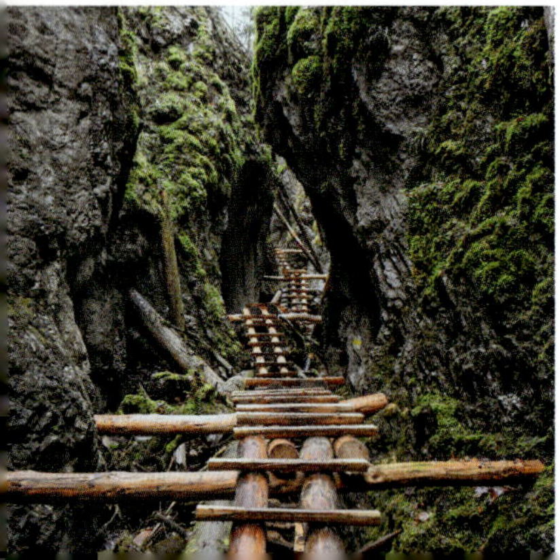

Holzleiterpassage in der Schlucht.

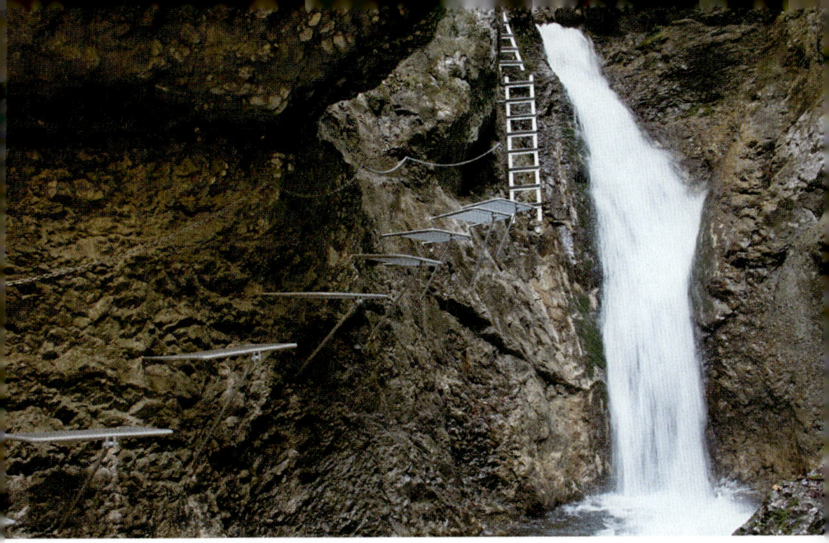

Versicherte Stellen am Veľký vodopád.

Vom **Wegweiser »Podlesok, ATC« (1)** wandern wir einige Meter nach unten zu den Buffets, dort nach links und am Tennisplatz sowie dem Autocamping vorbei. Der grünen Wandermarkierung folgend geht es an einem Abzweig nach links auf einen Feldweg. Kurz hinter einer Rasthütte beginnt rechts ein schmaler Pfad, der über einen Holzsteg in ein kleines Durchbruchstal führt. Es erwarten uns an der engsten Stelle eine Holzleiter, Eisentritte und Kettensicherungen. Später wird das Tal wieder breit und das letzte Stück nach Píla verläuft über die schmale Asphaltstraße. Unsere Strecke zieht sich durch eine Siedlung und am Ortsende befindet sich der **Wegweiser »Píla, Piecky« (2)**. Geradeaus leitet der Weg erst über Betonplatten an einem Gebäude der Wasserversorgung vorbei und danach unbefestigt bis vor ein Forsthaus. Dort zweigt ein schmaler Pfad nach rechts zum **Hinweisschild »Sokol, horáreň« (3)** ab.

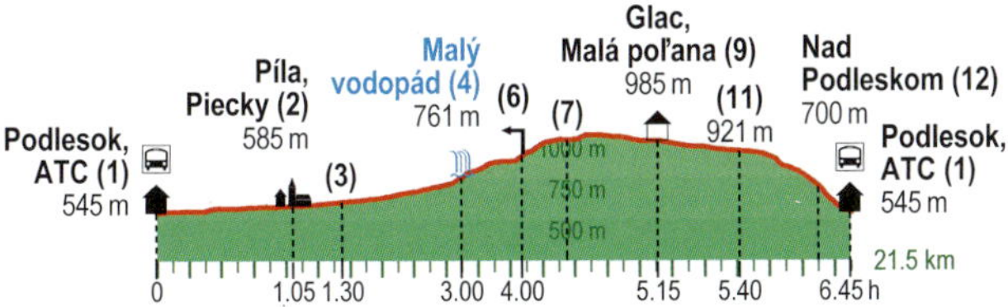

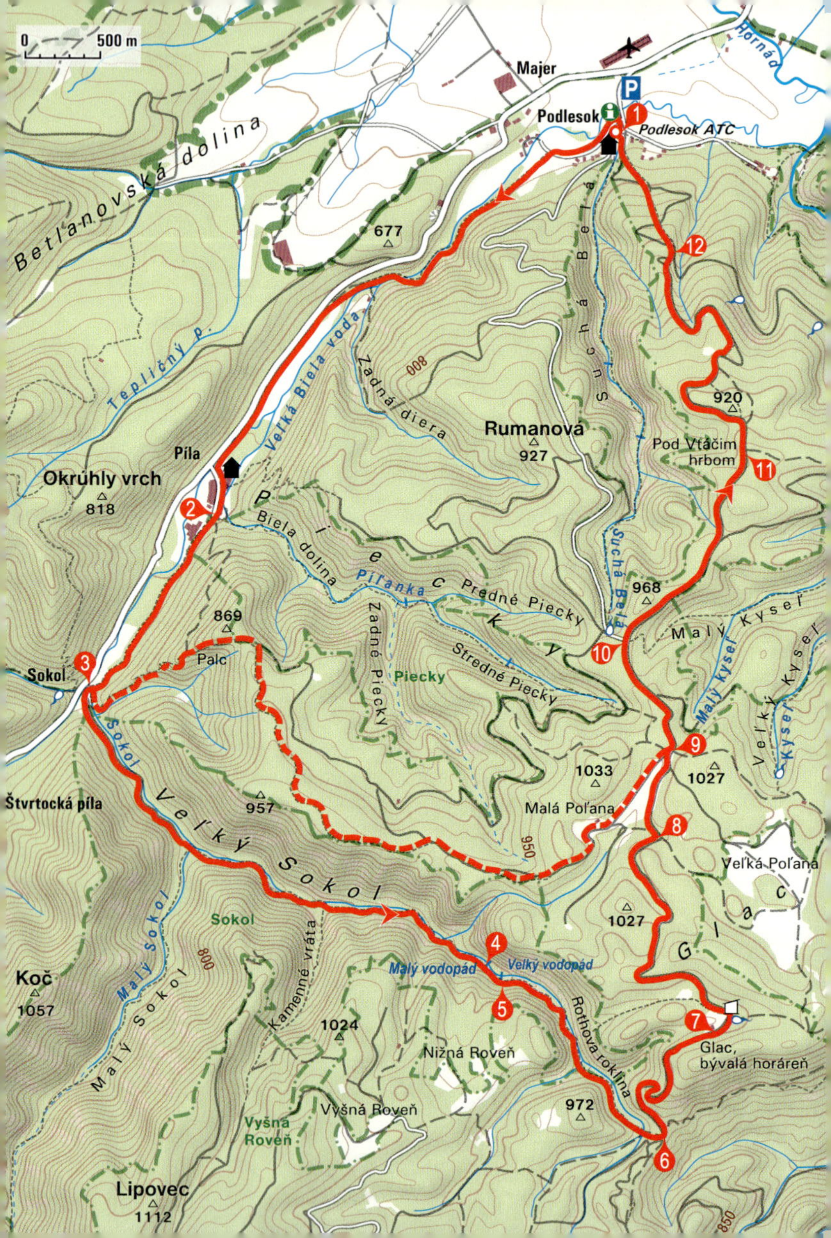

0
500 m
Majer
Podlesok
Podlesok ATC
Hornád
Betlanovská dolina
677
Tepličný p.
Veľká Biela voda
Zadná diera
Rumanová
927
Suchá Belá
920
Pod Vtáčím hrbom
Píla
Okrúhly vrch
818
Piecky
Biela dolina
Piľanka
Predné Piecky
968
Malý Kyseľ
Veľký Kyseľ
869
Palc
Sokol
Zadné Piecky
Stredné Piecky
1033
1027
Štvrtocká píla
957
Malá Poľana
950
Veľká Poľana
Veľký Sokol
1027
Glac
Malý Sokol
800
Kamenné vráta
Malý vodopád
Veľký vodopád
Rothova roklina
Koč
1057
1024
Nižná Roveň
Glac, bývalá horáreň
Vyšná Roveň
972
Lipovec
1112
850

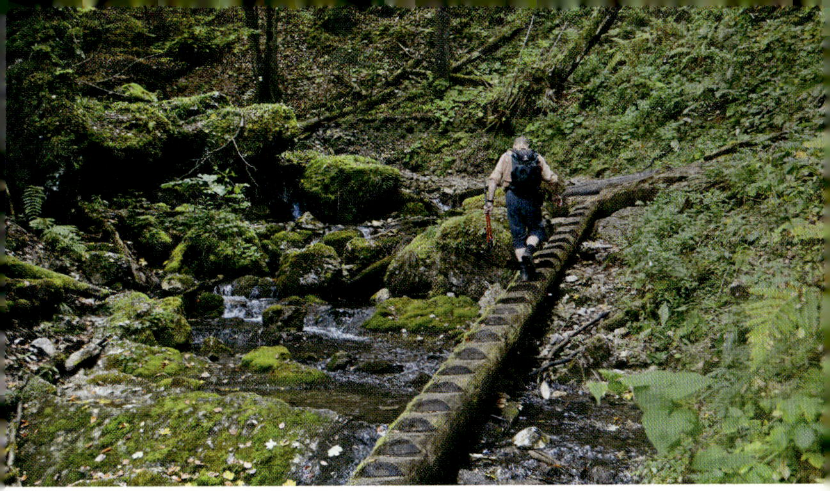

Auch Baumstämme dienen zum Vorwärtskommen in der Schlucht.

Ein breiter gelb markierter Weg führt an einer Hütte vorbei in das Tal hinein. Links hinter der Gabelung befindet sich die erste Holzleiter – es kann jedoch einfacher sein, direkt durch das Bachbett zu gehen. Unser Pfad wechselt mehrfach die Seiten des kleinen Wasserlaufs. Mithilfe von Steinen und Holz sind die Furtungen jedoch kein Problem. Die Klamm wird langsam enger und einige umgefallene Bäume liegen im Weg herum und müssen umgangen oder überstiegen werden. An einem Stein benötigen wir kurz die Hände. Am **Malý vodopád (4)** wird rechts mittels einer großen Eisenleiter zu einer Brücke aufgestiegen. Es folgen Trittstufen, die direkt unter der überhängenden Felswand zum nächsten Wasserfall **Veľký vodopád (5)** heranleiten. Erneut hilft hier eine Leiter, die Höhenstufe zu überwinden. Im weiteren Verlauf vereinfachen Holzleitern den Weg durch einen engen Schluchtteil und eine Kaskade. An einer Verzweigung wird links abgebogen – dort wo das meiste Wasser fließt. Ein Pfad zieht sich über eine Lichtung nochmals in den Wald und hinauf zum Ausstieg an der Kreuzung **Glacká cesta (6)**.
Über den breiten Forstweg steigen wir auf roter Markierung in zwei weiten Schleifen hinauf zur Wiese am **Wegweiser »Glac, bývalá horáreň« (7)** und folgen dem Wegverlauf über **Malá poľana, rázcestie (8)** und von dort mit blauem Zeichen bis zur Rasthütte **Glac, Malá poľana (9)**. Die hier beginnende Asphaltstraße leitet uns in etwa 15 Min. zum Unterstand an der Kreuzung **Suchá Belá, záver (10)**. Hier führt ein unbefestigter Forstweg mit gelber Markierung zur Verzweigung **Pod Vtáčim hrbom (11)**. Dort geht es auf roter Markierung geradeaus weiter und über den **Wegweiser »Nad Podleskom« (12)** wird zum **Ausgangspunkt (1)** abgestiegen.

Stichwortverzeichnis

A
Asmolovova chata 151
B
Bacúch 182
Banská Bystrica 113
Bartková 140
Beňuš 185
Beňuška 185
Besná 134
Biela Ľupča 99, 101
Bôr 97
Braväcovo 185
Brusno 146
Burg Ľupča 145
C
Čertovica 135, 183
Chabenec 132
Chata Gápel 204
Chata Kláštorisko 245, 249, 262, 265, 268, 271, 277
Chata Rita 202
Chata Štefánika 75, 134, 172, 179
Cho-pok 133
Chopok 88, 180
Čierny Balog 176
Čingov 239, 243, 245, 254
D
Dedečkova chata 169
Dedinky 207, 210, 215, 219, 221, 285
Demänováer Freiheitshöhle 82, 94
Demänovská dolina 90
Demänovská jaskyňa Slobody 82, 91
Dereše 132, 162, 181
Diel 171
Dobšinská ľadová jaskyňa 208
Donovaly 109, 126, 128
Ďumbier 89, 133, 173, 179
Ďurková 131
E
Eishöhle von Dobšíná 208
G
Geravy 223, 225, 229, 285
Großen Fatra 116
H
Heľpa 190
Hornád-Durchbruch 254
Hotel Srdiečko 162
Hrabušice 250, 254, 258, 261, 264, 268, 271, 274, 278, 282, 286
Hrdlo Hornádu 252, 255
Hron-Quelle 203
Hütte Andrejcová 57, 60, 139, 191
Hütte Ďurková 132
Hütte Gápel 204
Hütte Kláštorisko 245, 249, 262, 265, 268, 271, 277
Hütte Štefánika 75, 134, 172, 179
I
Iľanovo 79, 175
J
Jasenianska kyslá 153
Jasenie 151
Jasná 92
K
Kaďa 71, 82
Kamenná chata 88, 133, 180
Kečka 111, 125, 129
Kláštoriská roklina 259
Korytnica 125
Košiarny briežok 241
Kotliská 132, 161
Kozí chrbát 111, 129
Kozí kameň 47
Krakova hoľa 174
Kráľova hoľa 51, 141, 201
Kráľova skala 201
Kyseľ 227
L
Latiborská hoľa 122, 130
Lesnícky skanzen 177
Letanovský mlyn 252, 257
Liptovská Lúžna 106, 121
Liptovská Teplička 49, 50, 55, 58, 62
Liptovské Sliače 101
Liptovský Ján 68, 71, 75, 85
Liptovský Mikuláš 175
Lúčky 89
Ludrová 107
Luková 88
M
Malá Chochuľa 111, 130
Malá Knola 235

Noch mehr Wanderglück ...

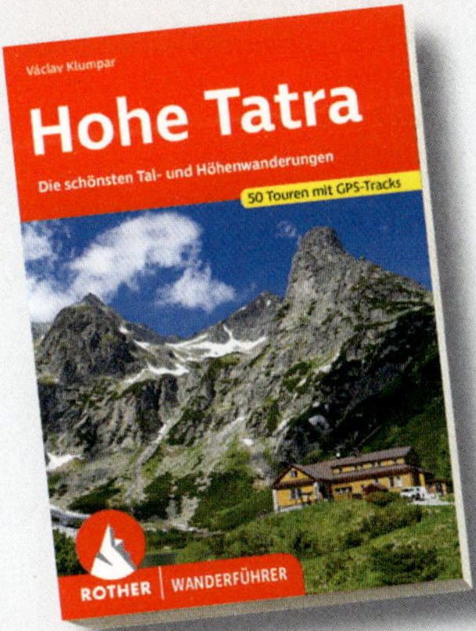

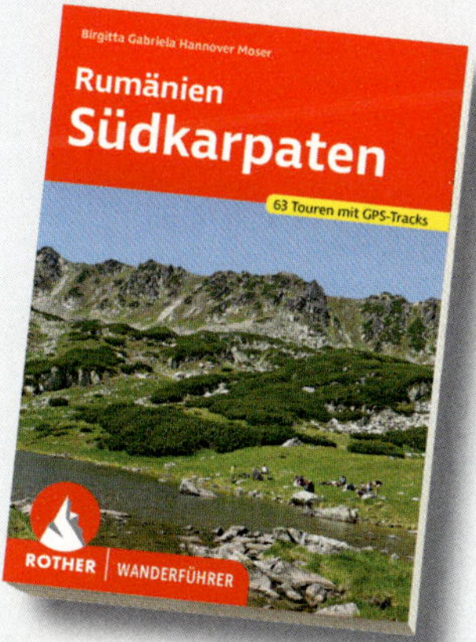

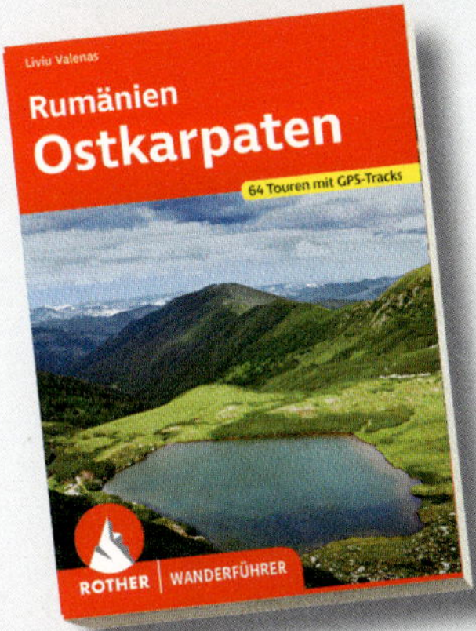

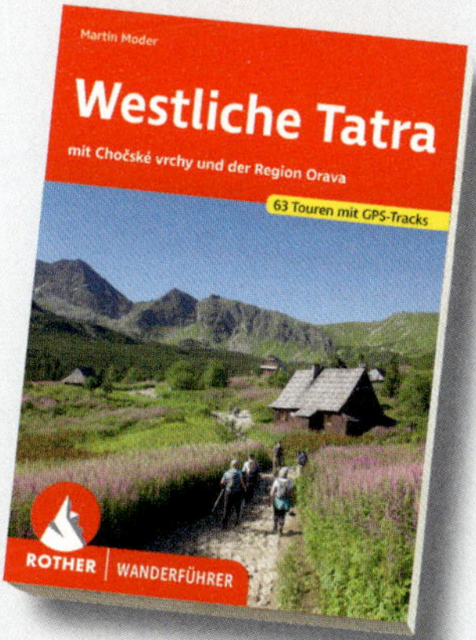

ROTHER | WWW.ROTHER.DE

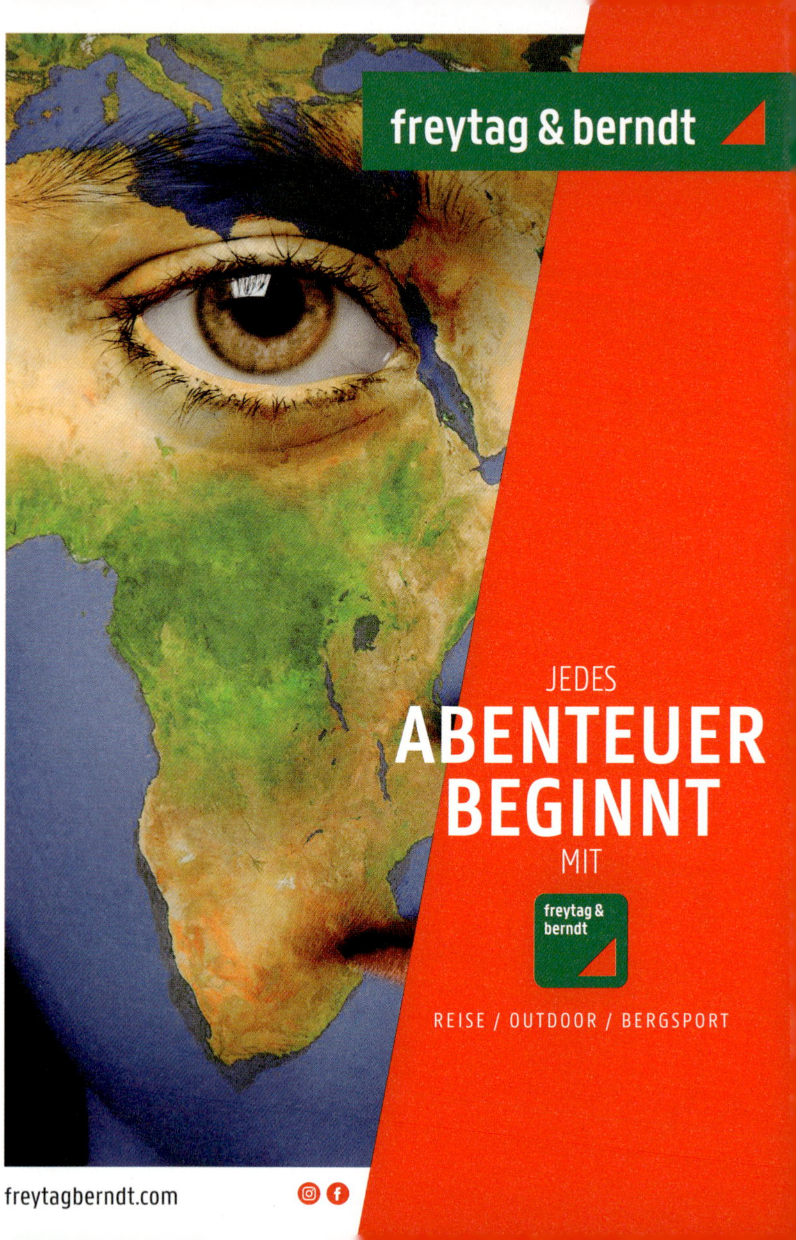

freytag & berndt
JEDES
ABENTEUER
BEGINNT
MIT
freytag & berndt
REISE / OUTDOOR / BERGSPORT
freytagberndt.com

Malužiná 65
Malý Kyseľ 269
Martalúzka 51
Matka Božia 237
Maximilianshalde 142
Medvedia hlava 237
Mikulášska chata 90, 97
Mittelgebirge Poľana 154
Mýto pod Ďumbierom 171
N
Naturkrater Kaďa 71, 82
Nemecká 149
Novoveská Huta 230, 235
O
Občasný prameň 212
Ohnište 65, 73
Ostredok 91
P
Palcmanská Maša 218
Panská hoľa 59
Panský diel 114
Partizánska Ľupča 99, 101
Piecky 278
Podlesok 254, 258, 261, 274, 278, 282, 286
Pohorelá 195
Polianka 126, 129
Polomka 186
Poludnica 79, 175
Poprad 46
Prameň Boženy Němcovej 183
Prašivá 111, 130
Predajná 154
Predná Magura 100
Priehyba 138
R
Ramža 135
Ráztoka 149
Rovná hoľa 66
Ružomberok 106, 117
S
Šachtička 113
Salatín 104, 106, 121
Siná 95
Skalka 132, 161
Slemä 72
Slovenská Ľupča 145
Sokolia dolina 227
Sovia skala 241
Špania Dolina 113, 142
Spišská Teplica 47
Stodôlky 91
Stratená 207, 213
Stratenská píla 207, 219
Stratenský kaňon 208, 213
Stražanská Huta 235
Strmá prť 202
Suchá Belá 274
Šumiac 201
T
Tále 162
Telgárt 141, 198, 202
Tomášovská Belá 224
Tomášovský výhľad 227, 251, 257
Trangoška 77, 178
U
Útulňa Andrejcová 57, 60, 139, 191
Útulňa Ďurková 131, 153
V
Váh-Quelle 50
Veľká Chochuľa 110, 130, 147
Veľká Knola 234
Veľká Vápenica 138, 191
Veľký Bok 136, 189
Veľký Kyseľ 272
Veľký Sokol 286
Vrbické pleso 86, 92, 97
Vyšná Boca 183
W
Wasserfall von Pohorelá 196
Z
Zadná hoľa 136, 189
Závadka nad Hronom 189
Zelená hora 252
Žiarska hoľa 159

Kleines Wörterbuch Slowakisch – Deutsch

Deutsch	Slowakisch
Guten Tag	Dobrý deň
Auf Wiedersehen	Do videnia
bitte/danke	prosím/ďakujem
Entschuldigen Sie	Prepáčte
ja, nein	áno, nie
Wo ist hier ...?	Kde je tu ...?
Wie komme ich zu ...	Ako sa dostanem k ...?
Haben Sie ...?	Máte ...?
für 1 Person	pre jednu osobu
für 2, 3 Personen	pre dve, tri osoby
Achtung!	Pozor!
Hilfe	pomoc
Eintritt verboten!	Vstup zakázaný!
geöffnet, offen	otvorené
geschlossen	zatvorené
hinauf/hinunter	hore/dole
... gehen	... ísť
links	vľavo
rechts	vpravo
geradeaus	rovno
über/unter	nad/pod
zurück	späť
groß/klein	veľký/malý, -á, -é
blau	modrá, -é, -ý
gelb	žltá, -é, -ý
grün	zelená, -é, -ý
rot	červená, -é, -ý
Alm, Feld	poľana
Abzweigung	odbočka
Aussicht	výhľad, vyhliadka
Bach	potok
Bahnhof	stanica
Berg	vrch
Bergrettung	Horská záchanná služba
Brücke	most
Burg, Schloss	hrad, zámok
Dorf	obec
Fahrkarte	listok
Felsen	skaly
Forsthaus	horáreň
Friedhof	cintorín
Furt	brod
Gasthaus, Kneipe	krčma
Gipfel	vrchol
Haltestelle	zastávka
Haus	dom
Höhle	jaskyňa
Hügel	kopec
Hütte	chata
Kamm, Grat	hrebeň
Ketten, Klammern	reťaze, kramle
Kirche, Kapelle	kostol, kaplnka
Kreuzung	rázcestie
Markierung	značka
Mühle	mlyn
Platz (im Ort)	námestie
Quelle	prameň, studnička
Restaurant	reštaurácia
Rinne	žľab
Rücken	chrbát
Sattel	sedlo
See	pleso, jazero
Sessellift	lanovka
Stadt	mesto
Stein	kameň
Straße	ulica
Tal	dolina
Turm	veža
Unterkunft	ubytovanie
Wald	les
Wasserfall	vodopád
Weg, Steig	cesta, chodník
Wetter	počasie
Wiese	lúka
Zelt	stan

Die wichtigsten Ausspracheregeln

á, é, í, ó, ú, ý	langer Vokal
C, c	z
Č, č	tsch (wie im deutschen »Rutsche«)
Ď, ď	dj
Ch, ch	ch (wie in »Bach«)
Ľ, ľ	»weiches« l
Ň, ň	nj
ô	uo
Š, š	sch (wie in »Schule«)
Ť, ť	weiches t
Ž, ž	sch (wie in »Journal«)

Umschlagbild:
Hütte Andrejcová.

Bild im Innentitel:
Abstieg vom Chopok zum Demänovské sedlo – im Hintergrund thront der Ďumbier (Touren 12, 22 zweite Etappe und 33).

Bild Seite 24/25:
Der Kammweg ist um die höchsten Berge mit Steinplatten ausgelegt.

Alle Fotos vom Autor.

Kartografie:
70 Wanderkärtchen im Maßstab 1:50.000, 1:75.000 und 1:100.000
Geodaten © OpenStreetMap und Mitwirkende
Kartografisches Design: Freytag & Berndt Prag, www.freytagberndt.cz;
zwei Übersichtskarten im Maßstab 1:500.000 und 1:1.100.000
© Freytag & Berndt, Wien

Werk-Nr.: 4556

2., aktualisierte Auflage 2023

ISBN 978-3-7633-4556-4

MIX
Papier | Fördert gute Waldnutzung
FSC® C147178

Wir freuen uns über jeden Korrekturhinweis zu diesem Wanderführer!
Bitte per E-Mail an: leserzuschrift@rother.de

ROTHER BERGVERLAG · München
D-82041 Oberhaching · Keltenring 17 · Tel. +49 89 608669-0 · rother.de